現代中国における
教員評価政策に関する研究
―国の教育法制・政策の地方受容要因と問題―

劉　占　富著

まえがき

　本書は、私の博士学位請求論文（東京大学大学院教育学研究科委員会、博士後期課程学位論文審査合格、2009年1月11日）をまとめたものである。
　現在、教育改革は、中国だけではなく、アメリカ、イギリス及び日本等の先進国でも共通した政策上の主要な課題である。各国は教育改革、公立学校改革を進めるため、その重要な政策の一つとして教員の能力向上に取り組み、教員評価制度を導入している。また、教員評価の改革と並行して教員の給与制度改革が共通のテーマとなっている。教員評価、教員給与の改革は、歴史的経緯、社会的構造、政治、経済の背景の違いから、その評価概要は多様な形で進められているのである。現在のアメリカでの教員評価の最大の動向は、従来のアカウンタビリティーから職能成長への移行とメリット・ペイへの反省であると考えられているのである。イギリスはアメリカの動きと異なり、従来の対集団の勤務評定から対個人の業績評価モデルへの展開が見られる。日本ではバブル崩壊以降、年功制・学歴重視及び終身雇用という雇用慣行のもたらすコスト圧力やその非効率性が問題視され、日本型の人事・雇用システムにおける抜本的な改革の必要性が提起されてきた。そうしたなかで、本研究の特徴は中国人研究者によってもこれまで用いられたことのない精確な実証的データを収集、駆使し、中国教員評価・給与制度の実態を詳らかにしたことにある。
　中国では、80年代以来、教員評価は公立学校改革の重要な課題となった。特に1999年以来、中央政府は教育評価の制度理念を変革してきた。その大きな変革は従来の業績主義的教員評価から教員の職能発展を促進する発展的評価に大きく転換している。つまり、従来の評価の選別機能と選抜機能を変え、評価による生徒発展・教員の職能成長の発展機能を促進するということである。近年では、20年前に導入された教員評価をめぐってさまざまな論議がなされるようになり、教育評価及び教員評価制度のあり方が問われるようにな

っている。

　しかし、政策上では新しい教員評価は理念が提案されたのみで、具体的な実施細則は未だに制定されていない。また、これまでの先行研究は中央政府による中央集権的な教員評価の制度紹介がほとんどで、その実態の解明は見られていない。つまり、教員評価の様相を集権的に結論していた。さらに、教員評価制度の研究としてもほとんど教員年度考課のみに焦点を当てられ、教員評価の重要な一環した職務称号評定制度、3％奨励・昇格制度にはまったく、触れられていない。つまり、総合的な教員評価の制度研究が実施されず、教員評価の実態研究も不十分であった。教員評価における中央政府の政策の見直しと地域間の運営実態に関する科学的な研究は現在まで皆無なのである。

　中央政府における教員評価政策の転換とそれに伴う法制度がどのように構築されてきたのか、また、地方において教員評価の実際の運用はどのように行われているのかを実証的に検証したうえで中国の教員評価制度の今日的課題を明らかにしていく必要性が筆者には痛感された。その理由は以下のとおりである。

　中国現行の教育管理体制は、国家マクロ指導下での地方責任、分級管理の体制である。国家は、共産党のリーダを堅持し、全国各地域の社会主義的弁学方向を保持するために、マクロ的に国家教育方針、教育法律の制定、督導（監督・検査）制度などを通して、全国の教育内容、教育政策をコントロールしている。つまり、各領域では集権的な構造を持っている。教員評価領域でも例外ではない。しかし、まったく集権的構造ではない。80年代改革開放政策が導入されて以来、国のミニアム権限に抑え、各地域では一定の裁量権があるシステムとなった。地方政府は一定の裁量権が付与されているので、横並びに相互参照することが可能であり、自己裁量でも一部が認められる。一部の地方は、中央の政策を執行する際に、地方保護主義や地方本位主義の性格も見られる。また、一部の地域は完全に中央に依頼する多元化現象がある。つまり、地方間の教員評価政策の効果における差異が大きいと考えている。この論文の貢献は、従来の集権的仮説を批判的立場で、補完することである。

つまり、中央の集権的管理と地方間の分権の実態を析出し、その地方間の格差の形成要因を解明することである。もう一つの貢献は、三つの評価制度をセットして検討することである。

本研究では現代中国の社会・経済全般にみられる市場化とそれに伴って拡大している幾重もの格差構造の分析がライトモチーフになっており、教育研究に限定されない現代中国研究としての意義を持ち合わせていることも特徴である。そのことにより、現代中国の教育問題の実態と改革課題を明らかにし、中国教育の全体的特徴、本質的な課題及び問題の理解、教員評価の改革方向にも重要な参考資料としての価値があると考えている。

　※本書を刊行するにあたっては、独立行政法人日本学術振興会　平成22年度科学研究費補助金の交付を受けた。

劉　占富

目　次

まえがき ……………………………………………………………………… 3

序　章 …………………………………………………………………………11
　第1節　問題の所在…………………………………………………………11
　第2節　先行研究のレビュー………………………………………………22
　第3節　先行研究から抽出される分析課題………………………………27
　第4節　本研究の分析枠組みとアプローチ………………………………28
　第5節　研究方法……………………………………………………………32
　第6節　本論文の概念の定義………………………………………………32
　第7節　論文の構成…………………………………………………………34

第Ⅰ部　制度研究

第1章　教員評価制度を取り巻く政策環境……………………45
　第1節　教員の概況及び形成要因…………………………………………45
　第2節　「統一指導・地方責任・分級管理・県を主とする」
　　　　　教育行政体制………………………………………………………57
　第3節　義務教育の財政体制………………………………………………62
　第4節　学校組織の特性……………………………………………………72
　第5節　教員組合の役割……………………………………………………79
　第6節　戸籍制度、都市部と農村部の「二元制」管理構造……………81
　第7節　まとめ………………………………………………………………88

第2章　教員人事制度の仕組み………………………………………97
　第1節　教員資格制度………………………………………………………97
　第2節　教員採用制度………………………………………………………99

第3節　教員研修制度 …………………………………………………111
　第4節　まとめ …………………………………………………………121

第3章　教員評価と給与制度 …………………………………………125
　第1節　教員給与に関する法制度 ……………………………………125
　第2節　教員給与制度の特徴 …………………………………………126
　第3節　現行の教員給与の財源構成 …………………………………130
　第4節　現行の教員給与の構成システム ……………………………133
　第5節　教員給与の昇給・昇格に関する規定 ………………………142
　第6節　まとめ …………………………………………………………144

第4章　教員評価制度 …………………………………………………149
　第1節　教員評価制度の導入段階での論争 …………………………150
　第2節　教員評価制度の各段階の特徴 ………………………………155
　第3節　教員評価制度の法制度 ………………………………………159
　第4節　まとめ …………………………………………………………170

第Ⅱ部　実態研究

第5章　調査地域の位置づけ及び調査概要の詳細 ……177
　第1節　調査地域の位置づけ …………………………………………177
　第2節　代表地域と学校の選定理由 …………………………………179
　第3節　調査概要 ………………………………………………………183

第6章　教員給与の地域間の比較及び
　　　　教員評価と給与の連動実態 …………………………195
　第1節　教員給与の地域間の比較 ……………………………………198
　第2節　教員給与と評価の連動実態 …………………………………257
　第3節　現場教員の給与意識 …………………………………………280

第4節　まとめ ………………………………………………………285

第7章　教員年度考課と3％奨励・昇級制度の実態及び地域間の比較 ………287

第1節　教員年度考課の地域間の実態 …………………………287
第2節　教員年度考課の効果 ……………………………………320
第3節　3％奨励・昇級制度の実態と効果 ……………………337
第4節　まとめ ……………………………………………………343

第8章　教員職務称号評定制度の実態と効果 …………347

第1節　教員職務称号評定の法制度理念・内容の再整理 …347
第2節　教員職務称号評定の資格要件の地域間実態 ………348
第3節　教員職務称号評定の実態 ………………………………356
第4節　職務称号評定の効果 ……………………………………371
第5節　職務称号評定の問題 ……………………………………376
第6節　まとめ ……………………………………………………378

第9章　教員評価に関する論争及び今後の改革方向 …381

第1節　教員評価に関する論争 …………………………………381
第2節　AA制教員評価方式（形成的教員評価方式）………385
第3節　評価制度改革に対する教員の意識 ……………………394
第4節　教員評価の制度改革の可能性 …………………………412
第5節　教員評価改革の困難点 …………………………………422
第6節　まとめ ……………………………………………………424

第10章（終章）　総括 ………………………………………429

第1節　実証的研究に基づく課題 ………………………………430
第2節　教員評価の地域間格差の形成要因 ……………………434
第3節　研究から得た知見 ………………………………………442

第4節　今後の研究課題 …………………………………………446

附　章 ……………………………………………………………453

あとがき …………………………………………………………479
参考文献 …………………………………………………………483

序　章

　この章では、教員評価を取り上げる理由を提示する。教員評価に関する国際的な議論と先行研究を考察し、その上で本論の分析課題、枠組み及び手法、そして研究方法と構成を明らかにする。

第1節　問題の所在

1．各国で実施している教育改革と教員評価の論議

　現在、教育改革は、中国だけではなく、アメリカ、イギリス及び日本等の先進国でも共通した政策上の主要な課題である。各国は教育改革、公立学校改革を進めるため、その重要な政策の一つとして教員の能力向上に取り組み、教員評価制度を導入している。また、教員評価の改革と並行して教員の給与制度改革が共通のテーマとなっている。教員評価、教員給与の改革は、歴史的経緯、社会的構造、政治、経済の背景の違いから、その評価概要は多様な形で進められているのである。

　国際的な教員評価を類型化するうえで参考になるのが熊沢誠氏の賃金労働評価分析枠組みである。熊沢氏は、図0-1-1のように潜在能力（身に宿している能力）と顕在能力（発揮された能力）の縦軸と、個人水準と社会的・集団的水準の横軸を設定し、4類型にもとづく評価システムを提案している。

図0-1-1 教員評価の今後の展開に関する分析枠組

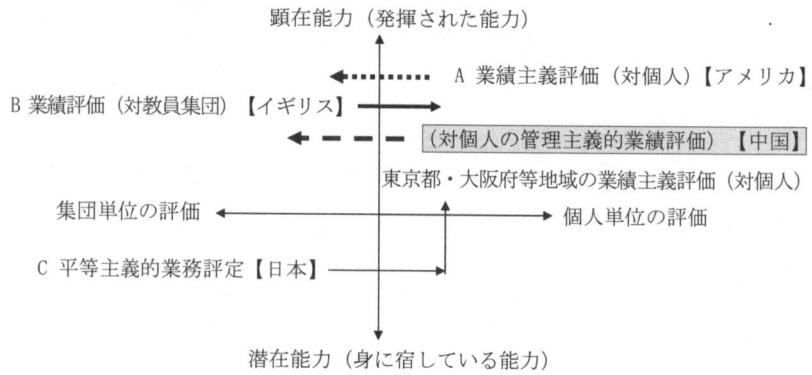

注：縦軸の右が、より業績主義的で、左が処遇上でより平等主義的。横軸の上が勤務の結果重視・業績重視、下が教員資格、職能、年齢、職歴などを重視

　潜在能力とは、二人の労働者が同じ仕事に従事しても能力水準が違えば賃金が異なるもので、人に対する支払い（属人給）である。顕在能力とは、能力水準が同一でも、仕事の種類や実績が異なれば賃金が違うもので、仕事に対する支払いである。人事考課の3要素、実績・能力・情意（態度、性格等）によって分析すれば、「顕在能力」とは実績で、「潜在能力」とは能力であろう。教員評価において、潜在能力を重視するか、それとも顕在能力を重視するかは国々によって違う。一般に、効能・利益を重視している欧米各国においては、顕在能力（実績）を重視している。それ以外にも、教員間の協力性・集団性を重視する集団的属性の評価と、個々の教員間の競争を重視する個人評価という評価モデルがある。これについても、どちらを重視するのかについて各国間の違いがあり、一国内においても、時期によって変化するので、一言で判断できない難しさがある。

　図0-1-1で示したように、アメリカでは、1980年代以来、児童・生徒の保護者及び社会納税者からの学校効能要求の高まりに伴って、教員資質や教授能力の向上に関する話題が国家的な課題となっている。教育改革気運高揚の中で教員の仕事に対する意欲や献身、勤務良好な教員の処遇改善などの教員

評価と待遇改革が進められてきたのである。教員の質の向上を促進する教員評価方法には、個々の教員に対する評価の結果を免許の更新・昇進やメリット・ペイ（能力級）などの待遇に結びつける方式がある。東京大学助教授の勝野正章が指摘しているように、アメリカ早期の教員評価の特徴には「市場競争原理をストレートに適用したものが多く、相対評価による教員の格付けを主な形態としており、業績主義給与によって教員間に競争を持ち込むことで、教育活動の質が高まるという信念に基づくものであった」[1]。

　しかし、地域間の格差問題、慢性的な教員不足、教育の質の低下などの問題を抱えていたので、国民の中には、従来の業績主義評価に基づく教育政策に対して、連邦政府と州政府の双方に根強い批判が見られた。すなわち、州や地方学校区の教育委員会は、教育の質を上げるための努力が足りないのではないかと批判されたのである。この結果、従来の競争主義的な総括的な教員評価モデルの失敗を経て、現在はその競争的な性格を薄め、教員の資質向上政策の一環という新たな制度原理のもとで新しい評価方法が打ち出されるようになったのである。この方向に関して、筆者の指導教官である小川正人教授は、「アメリカでは、メリット・ペイ等に象徴される業績評価による競争的インセンティブの教員評価と処遇システムに代わって、今日、強い関心が払われているのは、個々の教員の専門力量向上と同僚的協力関係による学校全体の改善を結びつける教員の職能成長を支援する教員評価と処遇のあり方である」[2]。つまり、現在のアメリカでの教員評価の最大の動向は、従来のアカウンタビリティーから職能成長への移行とメリット・ペイへの反省であると考えられているのである。

　イギリスでは、80年代以前、教員個人への評価は実習教員に限られていた。その時の評価目的は、教員の採用あるいは昇進に関するものでしかなかった。他の教員にはほとんど評価を実施していなかった。全国範囲の教員評価制度は80年代から始まったのである。その歴史的背景には、社会全体からの教育効能に対する査定の要求がある。1974年イギリス教育科学省（Department of Education and Science, DES）は教育成果評価機構（Assessment of Performance Unit, APU）を設立した。1991年7月、教員の勤務評定に関す

る規則 (The Education〔School Teacher Appraisal〕Regulation 1991) が制定され、勤務評定が実施された。これは教員の職能成長の必要を明らかにし、職員研修・現職教育の実施を目指したものである。つまり、この時点での教員評価は、学校内の職員評価に重点が置かれていた。1997年に誕生した労働党政権のもとで、2000年9月から新たに、教員の勤務評定に関する規則 (Education〔Teacher Appraisal〕〔England〕Regulations 2000) が試行されたことにより、これまでの勤務評定に替わり、パフォーマンスマネジメントが実施されることになっている。つまり、イギリスはアメリカの動きと異なり、従来の対集団の勤務評定から対個人の業績評価モデルへの展開が見られる。

　日本では、昭和30年代の勤務評定闘争などの影響もあって、勤務評定の結果を人事に反映させない慣行が一般化されてきた。この勤務評定は、平等主義というモデル、つまり、同一労働、同一賃金という形で、能力（潜在能力）、資格・学歴を重視する傾向が強いものである。小川正人教授が指摘しているように「勤務評定論争以後、学校・教員の評価は、親や地域社会の人びとの目に触れるフォーマルな形として表面化することなく、行政機関や学校内部のインフォーマルな人事管理や診断の資料として保有・活用されているにすぎない」[3]。つまり、日本では、教員考課制度が本格的に実施されていないのである。その理由には、①教員の異議申し立てを擁護するための制度保障の不足、②勤務評定に関する技術的困難さや手続きに関する疑問だけでなく、教員組合の勢力抑制（平等化要求）対策への批判がある。

　しかし、日本ではバブル崩壊以降、年功制・学歴重視及び終身雇用という雇用慣行のもたらすコスト圧力やその非効率性が問題視され、日本型の人事・雇用システムにおける抜本的な改革の必要性が提起されてきた。長期継続的雇用を前提とした年功的処遇は、雇用の流動化・多様化の促進と、成果主義的に再編されること、それが近年の改革における支配的な論調となっている。近年、教員の意欲や努力が報われ評価される体制を構築すべきという声がしばしば聞かれる。意欲や努力が報われるといった観点については、従来の勤務評定制度は十分に機能しているとはいいがたい。こうした中で2000年4月から、東京都で対個人の業績評価モデルが始まった。現在、制度上の不備な

どが問題となり、現場の教員、教育関係者及び教職員組合から批判されているが、従来の集団を単位とする平等主義的な勤務評定から個人を単位とする業績主義的教員評価への転換を図る取り組みが見られるようになっている。以上の流れからわかるようにアメリカ、イギリス及び日本の諸先進国にはそれぞれの悩みや国情の違いがあるため、教員評価においてもそれぞれ異なる特徴と動向を持っている。各国は、対個人の業績主義と対集団の形成的評価の調和を目指した独自の改革を進めているのである。

2．教員評価制度の問題

中国の現行評価システムは、中央政府による統一基準のもとで教員の等級の判定・資源の配分を重視するものであり、アメリカ以上に個人単位の業績主義的教員評価モデルである。例えば、教員の資質向上を促進する手段として、年度考課制度（1983）、業績主義給与制度（組み合わせ給与）(1985年)、職務称号評定制度（1986年）、3％奨励・昇格制度及び「専門技術職務等級給与制度」(1993)などが次々と導入されてきた。

しかし、教員評価を取り巻く政策環境（教育管理体制、教員の地位、人材確保条件、人材流動を促進する社会条件等）が不備なため、また、教員評価制度自体の難しさ及び教員評価理論に関する研究の不足、不適切な運用がなされていたので、教育評価制度は理念で謳われていた成果を達成できていないと指摘されている。

現在、以下の大きな問題点が生じている。第一は教員評価の等級判定が過度に重視されている。第二は現行の教員評価は教員の職能成長に不利である。第三は管理者による一方的な他者評価が多く、専門家評価、教員による自己評価があまり重視されない。第四は地域間・学校間の教員評価の運用実態の違いが大きいことである。このほか、伝統の「受験教育」方式のもとで、「考考考、老師的法宝；分分分、学生的命根」[4]ということわざにあるように、教員評価が生徒の成績を過度に重視して行われていた。従って、教員の昇給や昇格などはほとんど「生徒の成績」にリンクしていたため、教員は単純な知識伝授の機械にすぎないといわれてきた。

90年代以後、受験教育への反省と批判[5]から、これまでとは異なった「資質教育」[6]理念の導入及びその普及が、中国教育の総指針となった。資質教育の推進及び基礎教育課程の改革に伴い、現在、教員の業績評価から職能成長を重視する形成的評価への改革が求められている。例えば、国家教育部は「小・中学校における資質教育の推進に関する若干の意見」(1997年)、「21世紀に向けての教育振興計画」(1999年)を公布し、「新世紀において、大いに教員層全体の資質を向上させ、特に教員の職業道徳資質を強化すべきである」と規定した。さらに、1999年には中国共産党中央委員会・国務院(日本の内閣に相当する)は「教育改革深化と資質教育の全面的な推進に関する決定」(以下「決定」)を公布した。その「決定」は、「資質教育に適応する学校・教員と生徒評価体制を設立することが重要である」と定めた。そして正式に「新しい基礎教育[7]課程体系を設立し、従来の評価の選別機能と選抜機能を変え、評価による生徒発展・教員の職能成長の発展機能を促進する」と明確に規定した。

　また、国務院が公布した「基礎教育の改革と発展に関する決定」(2001年6月15日)、「基礎教育課程改革要綱(試行)」(2002年6月7日)は、「教員発展を促進する評価体系を立てるべきである。教員自己評価を主として、校長・同僚・生徒及び親共同参与の評価制度を実施すべきである」と規定した。国務院による改革目標を達成するために、2002年12月には、教育部による「小・中学校試験制度と評価制度改革の推進に関する通知」(以下「通知」)が決定された。この「通知」によって、以下の三つの評価体系が確立した。①生徒の総合的資質の向上を促進する目標評価体系、②教員の職業道徳と専門レベル向上を促進する評価体系、③学校教育の質の向上を促進する評価体系という三つの体系である。

　この評価体系の目的は、評価の職能成長の促進機能を重視した教員評価の改革にある。例えば、この「通知」は、「充分に、評価の発展促進機能を発揮し、評価内容を多元化し、教員の専門業務レベルの向上ばかりでなく、教員の職業道徳も重視すべきである。評価の結果だけでなく、発展と変化過程を重視すべきである。教員評価において『試験成績』を教員評価の唯一の基

準としてはいけない。また、同時に、教育行政部門の許可を得られなければ、社会団体や民間学術組織が行った『教学評比』（教授評定活動）の結果を教員の昇進・昇格などの根拠としてはいけない」と明文化していた。上述の中央政府による諸規定の概要から、従来の業績主義的教員評価が教員の職能発展を促進する発展的評価に大きく転換していることがわかる。しかし、新しい教員評価は理念が提案されたのみで、具体的な実施細則は未だに制定されていない。また、その理念の普及や教員評価の研究も不徹底で形成的評価があまり実行されていないのである。

　これまで見てきたように教員評価は、公立学校改革の重要な課題となっている。特に1999年以来、中央政府は教育評価の制度理念を変革してきた。近年では、20年前に導入された教員評価をめぐってさまざまな論議がなされるようになり、教育評価及び教員評価制度のあり方が問われるようになっている。

　しかし、これまでの先行研究[8]は、総合的な教員評価の制度研究が実施されず、教員評価の実態研究も不十分であった。ほとんどの研究は外国の教員評価内容の紹介や情緒的・主観的指摘や評価の機能論に留まっていた。例えば「評価基準が曖昧で、評価が不公正である」とか、「過度の競争が人格を歪める」とか、「形成的評価がいいか、総括的評価がいいか」などといった主観的判断に基づく研究成果である。つまり、教員評価における中央政府の政策の見直しと地域間の運営実態に関する科学的な研究は現在まで皆無なのである。中央政府における教員評価政策の転換とそれに伴う法制度がどのように構築されてきたのか、また、地方において教員評価の実際の運用はどのように行われているのかを実証的に検証したうえで中国の教員評価制度の今日的課題を明らかにしていくことが求められているのである。

3．中国における教育体制の変化

　1980年以来、義務教育を含めた教育体制[9]は、従来の単一の中央政府主導から次第に地方各級政府に委譲され、「統一指導・地方責任・分割管理」（中央の統一的指導のもと、地方の責任により管理を行う）の教育行政体制[10]が実

施されてきた。この制度体制を見ても華東師範大学教授である陳永明が指摘したように「中国では、中央による統一管理の一面もあり、地方の積極性を発揮する自主裁量の一面もある」[11]。しかしながら、大きな問題は教育における中央政府の政策決定が曖昧で、法制度[12]の整備も不十分であり、監査も機能していない。また、中央の教育政策や法制改正と地方の法制運用の間には大きな乖離が生じている。従って、中国の教育の全体像を把握するには、全国的政策目的、法制度整備と地方の実態の間にどのような乖離や問題状況が生じているのかを実証的に検証し、中国の政策上の問題点、改革課題を明らかにする必要がある。従来の多くの研究は、国家の教育政策——法制整備と地方の間の乖離等に着目して、国と地方の双方の問題や課題を明らかにしてこなかったのである。その背景には、主に以下のような中国における共産党主導、中央集権的な教育行政のシステムと運営が影響していた。

　第一は、中国の地方行政制度が中国共産党の一党支配下にある社会主義国であり、その統治制度においては党が国家に優越している。党の国家に対する優越は、地方の統治機構においても貫徹されている。つまり党機構が、中央から地方まで国家機構と並行して存在しており、どの段階においても党委員会などの党組織が国家機構を指揮している。地方の国家機構は、中央国家機構と党地方組織を通した中国共産党中央委員会の強い統制下に置かれていたのである。

　第二は、地方政府が国務院、上級の人民政府の組織とほぼ対応関係にあり、中央集権制による上下関係が存在している（憲法第106条）。

　第三は、教育行政組織における強力な中央集権構造（国家教育部——省段階の教育庁——市段階の教育委員会（局）——県段階の教育委員会（局）——郷段階の教育グループ）が依然として存在している。

　第四は、教育行政の民主化がまだ実現されていない。教育は政府の従属部門とされ、強力な中央集権の制度上の構造が機能しているため、教育学領域における先行研究は、中央政府の法制度の整理・解釈に留まっているのが実態である。そしてまた、イデオロギー面では、教育における中央集権的なイメージがまだ強い。例えば、杜育紅[13]による「中国各地域における義務教育

の体制は基本的に同じで、教育体制の効率もほとんど同じである」[14]という指摘も見られる。筆者が学校現場の教職員や教育行政機関の関係者に対してインタビューした際にも、「教育制度は中央政府機関には統一した基準があるから、皆同じである」といわれている。

　しかし、中国共産党及び中央政府部門による全国統一した支配体制が存在したとしても、中国のように国土も広く、文化的にも多様な国家を一元的に支配することは現実には困難である。中国には、省・市・県・郷の形で地方に行けばいくほど、その政治、経済、文化の発展状況が異なり、国の政策・法制度の運用実態は多様になっているからである。特に、1978年からの改革・開放政策[15]が実施されて以来、沿海部と内陸部、西部と東部、南部と北部などの地域で経済、文化、イデオロギー、人口などは大きく異なってきている。また、大都市と地方都市の差、さらに都市部と農村部の差も大きい。

　こうした状況の中で、教育における各種政策を統一管理することは不可能である。同じ教育政策であっても、地域間格差は考慮されねばならないはずであり、教員評価制度の実施状況においても、法制度の内容と実態に地域的な格差が見られるのである。従来の教育評価や教員評価領域における先行研究は、中央政府の教員評価の法制度整備にのみ焦点が当てられており、地方政府の実態に関する議論がほとんど存在しなかった。教員評価に関する通説的理解では、中央各種政府部門による強権的な地方統制が行われ、教員評価政策の実施状況が全国統一的な様相を呈していると認識されてきたのである。

4．中国における国と地方の関係

　中国の政治体制は、中国共産党による中央集権的仕組み（centralization of authority）であると言われている。1949年建国から1978年改革・開放前までの毛沢東時代では、高度集権的財政制度と政治制度のもとで中央政府はほぼ全ての公共財源の支配権を持っていた。しかし、権力の過度の集中は、官僚主義を助長し、地方の自律性を弱め、社会全体の効率や労働者・農民の生活水準の低下をもたらした。

　1978年以降、従来の計画モデルの、こうした弊害が認識され、「現代化」

が国家の重点目標として設定された。1978年の十一期三中全会から、鄧小平によって、改革・開放（体制改革・対外開放）政策の遂行と同時に、中央政府主導型から地方政府主導型（decentralization）[16]へ、計画経済モデルから市場経済モデルへの二大転換が行われた。そして計画経済から市場経済への転換に伴い、中央政府は多くの権力を地方に委譲した。地方分権化は地方政府のインセンティブを促進し、中国経済の活性化に大いに貢献したのである。しかしながら、「中国型の地方分権」は二つの大きな問題をもたらした。一つは、中央政府からの多くの政令が地方で執行されず[17]、あるいは、実施が変容された「上有政策、下有対策」[18]という問題である。もう一つは、貧富の格差や教育、医療、衛生、社会保障、福祉など国民生活に密接に関連する社会基盤の脆弱性の問題である。

このような地方分権モデルは、「中央政府によるコントロールの実効性低下への憂慮」をもたらしたとされ、1993年以来、経済に対するマクロ・コントロールを強化すると同時に、地方分権から中央集権[19]への回帰が図られた。こうした中で、2002年より胡錦濤・温家宝を中心とした中国指導者が誕生した。新指導部は「全面的な小康社会の実現」、「科学発展観」などのスローガンのもとで、格差是正、社会基盤強化と単なる成長一辺倒から、より調和ある社会の構築という方向への転換を図ったが、今のところ政策の効果はあまり見られていない。

合理的で、健全な経済育成のためには、その基盤である法制度の整備が不可欠である。しかしながら、1949年建国以来の中央・地方関係をめぐる改革の流れからわかるように、中国は中央集権を主とする単一制国家であるものの、中央と地方の関係は明確ではなく、経済の分権改革と政治の歪みがあり、市場メカニズムは必ずしも機能しているとはいえない。つまり、二者の関係がかなり曖昧であるので、中央と地方の間に常に矛盾が潜在し、非常に不安定である。如何にして「一統就死、一死就叫、一叫就放、一放就乱、一乱就統」[20]という悪いサイクルから離脱するのかは、国内外の学術領域[21]においてもかなり注目されている重要な課題である。

改革の深化に伴い、国内外の政治経済学領域では中央と地方の権限配分問

題の研究がなされている[22]。しかし、中国の中央と地方の権限の配分には、どのような問題があるか、中国において合理的分権体制を立てるにはどのような課題を解決しなければならないのかの問題はまだ解決されていない。

　本論文は、中国の教員評価を中心に、中央と地方の関係、すなわち政府間の関係を軸にして分析する。中国は改革・開放政策（現代化政策）を実施して以来、国と地方の間の乖離が次第に激しくなり、それは地方自治体の間でも顕著である。国家政策と法制度の見直しが地方段階でどのように受容・運用されているのかの視点なしに、中国の教員評価の全体像を理解するのは不可能だからである。国と地域間、そして自治体間の乖離や格差への実証的な分析を通してこそ、国の政策的・制度的意図を地方で具体化するための課題は明らかになるのである。

　教育行政学領域のいくつかの研究成果[23]には、まだ成立して日が浅いために、教育行政学（教育管理学と呼ばれる）の専門用語においてさえ以下の問題点がある。①概念の定義、教育方針、行政体制及び政策の紹介に偏重し、制度の成立過程・解釈及び評価を軽視している。②研究方法が国外の研究取り組みと比較して遅れている。③学術著作は内容が空洞的・機械的であり、実証的研究が少ない。鐘啓泉[24]が指摘したように、中国における教育研究は長い間「重思考、軽実践。重宏観、軽微観」[25]という問題を抱えていたのである。

　国内外の学者の間では、地域間の経済発展の水準における差異が地域間の教育発展の水準の不平等を拡大化したかどうかについて評価が分かれている。一部の学者は分権化がすでに中国地域間の教育差異をもたらしている[26]と結論づけている。一方、収入差異は中国教育における不平等に対してあまり影響を与えていない[27]という見解も見られる。しかし、これらの見解も限られたケーススタディーの研究に基づく結論でしかないのである。

　これまで、教員評価の法制度に焦点を当て、中央と地方の間の乖離や地方の諸条件によって中央の政策や法制度がどのように受容されるかを実証的に検討した研究は皆無である。教員評価に関する翻訳及び解説文献はわずかに存在するが、中国の教員評価制度に関する全体構造を実態的に解明したもの

はない。本研究は、中国の中央と地方の双方を視野に収めた教員評価制度を対象とした最初の実証的な研究論文である。

第2節　先行研究のレビュー

1．政治学における先行研究

　中央政府と地方政府の関係は、建国初期の毛沢東時代、改革・開放時期の鄧小平時代、そして現段階の胡錦濤時代において、しばしば「集権化」と「分権化」の問題として論議されてきた。例えば、天児恵[28]と毛里和子[29]は、「建国初期（1949年〜1978年）では、中国の中央・地方関係は中央集権的である。1978年の改革政策が実施されて以後、政治・経済領域において『地方分権』が定着するようになった」としている。一方、犬塚健司[30]は「中国は、改革開放以後、対外開放と市場経済を進めつつも、依然として、共産党の一党支配による社会主義体制を堅持していると指摘しているのである。

　上述の先行研究は、各領域において中央集権的縦割り構造を強調しながら、地方分権の問題も扱っている。これが現代中国における大きな特徴だからである。従って、中国の教員評価を明らかにするには、マクロレベルの中央政府の政策・制度、ミクロレベルの地方の実践の両方を検討することが必要になる。

2．行財政学、教育行財政学、教育社会学における先行研究

　中国の行政学研究は歴史が短く、研究者による研究成果[31]も乏しい。行政学研究はほとんど概念の定義、行政機構の紹介、行政責任者の発言の整理、中国政策・法規の簡単な紹介に留まっている。つまり、「どうなっているか」（HOW）の説明に留まり、「なぜそうなっているか」（WHY）までの考察が不十分である。

　財政学領域には、いくつかの研究成果[32]が見られる。中央政府と地方政府の関係、地域間格差に言及する研究[33]が多くなっている。しかし、これらの

研究のほとんどは財政支出、財政収入、国債、国家予算制度及び財政政策の紹介に留まっている。

教育行財政学には、日本でいう教育財政の概念に関わる学問領域として、教育経済学と教育管理学の二つがある。しかし、「教育経済学にしても、教育管理学にしても、中国においては理論的にまだ検討しなければならない問題が多いし、まだ系統立っていない」[34]。

教育社会学でも、教育政策・制度と実施過程に関して、地域間の格差の研究[35]が多く取り上げられるようになっている。しかしながら、これらの先行研究成果は、マクロレベルの統計データ（生徒の入学率、進学率、一人当たりの教育経費など）を示し、中国の地域間には教育格差があると結論づけるだけである。中国の教育財政制度の内容及び評価、格差の形成原因などについて全く触れていないのである。

3．教育評価と教員評価における先行研究

教育評価と教員評価の研究は、基礎教育カリキュラムの改革及び評価理念の変革に伴って、次第に重要な課題として位置づけられるようになっている。しかし、これらの評価は、人間評価という非常に微妙な問題に関わることや公表された文献が少ないことから、後述のように十分論議される状況にはなりえなかったのである。

（1）教育評価における先行研究

教育評価は、1920年代から西洋教育評価運動の影響を受けて始まった。国外の評価関連著作が翻訳され、教育評価組織も設立された。大学の教育学部と中等師範学校にも教育評価学課程が開設されるようになった。しかし、長期間にわたる戦争から、アメリカなどの先進国の教育評価を採用する機会を失ってしまっていた。

現代の教育評価の開始は、政策制定、理論研究、そして具体的な研究実践も1980年代以後のことである。つまり、教育評価研究の歴史はかなり短いのである。教育評価における先行研究成果[36]はいくつか見られるが数が限られ

ている。その最高水準の専門書が陳玉昆の『教育評価学』(人民教育出版社、1999)である。この著作は、「第一章：教育価値と教育評価」、「第二章：教育評価の手続きと方法」、「第三章：生徒の評価と原理」、「第四章：生徒評価の方法」、「第五章：教員評価の原理」、「第六章：教員評価の原則と方法」、「第七章：カリキュラム評価」、「第八章：授業評価」、「第九章：教育質の保障体制」、「第十章：教育政策と教育項目評価」から構成されている。

　この著作の特徴は、①教育学の角度から系統的に教員評価の機能と原理を論じた、②評価を目的に応じて総括的評価と形成的評価に分けた、③英米の教育評価及び教員評価の歴史を整理したことにある。しかしながら、①評価のあり方や原理、機能などを過度に偏重している、②教育評価や教員評価を取り巻く行財政的背景に全く触れていない、③中国の教育評価や教員評価の制度内容を整理・分析していない、④教員評価に関する研究から得られた結論はあまりにも短絡的であるという問題点も有していた。例えば、「教育評価はアメリカ・イギリス等の先進諸国において100年以上の歴史があった。早期においては、総括的機能を重視し、現在においては形成的評価機能を重視する」[37]という軽率な結論が見られる。イギリスとアメリカの教員評価の違いも全く無視されていたのである。

　朱益明、秦衛東他著『小・中学校教育の質と評価』(広西教育出版社、2000)や、唐暁潔他著『授業教授と勉強効果に関する評価』(広西教育出版社、2000)の研究成果も知られている。しかしながら、これらの著作も外国の授業方法、外国の教員・生徒の評価方法などの紹介に留まっていたのである。

（2）教員評価における先行研究

① 中国国内における教員評価研究

　教員評価は、学校現場、新聞・雑誌、そしてホームページなどのメディア及び教育研究者の間で非常に注目され、様々な視点で論じられてきた。しかし、教員評価に関する主観的意見をまとめた感想文（Ａ４紙数枚）がほとんどであり、学術的な先行研究成果がほとんど見られない。中国国内から入手した比較的水準が高い先行研究成果[38]を検討した結果、以下の問題点が明ら

かである。

　第一は、外国の評価制度に関する紹介に留まっている。例えば、王斌華による『発展性教員評価制度』(華東師範大学出版社、1998)では、発展的教員評価の生成過程・特徴及び本質、教員評価の類型、適格教員の特徴などが整理・紹介されていた。しかし、政治、経済及び教育行財政体制が全く異なるイギリスの評価方式から中国はどのような示唆が得られるのか、中国の教員評価制度を取り巻く政策環境の違いをどのように考慮したらよいのか、イギリスの教員評価方式をそのまま中国に導入することが可能だろうか、などについてほとんど触れられていない。

　第二は、いずれも評価の理論・理念の構築に偏重しており、制度内容や実態を無視している。

　厳紅の『生徒成長と教員発展を促進する評価改革』(天津教育出版社、2004)は、「第一章：私の教育評価観」、「第二章：思想・徳育評価」、「第三章：生徒試験制度改革」、「第四章：試験改革実例」、「第五章：生徒評価」、「第六章：教員評価改革」、「第七章：授業評価」、「第八章：カリキュラム開発と評価」という八章から構成されている。

　この論文では教員評価に少し触れているが、教員評価の設計、自己評価・生徒評価及び親からの評価の意義を述べているにすぎなかった。中国教員評価の制度内容、特徴や実態分析が全てなされていないのである。

　第三は、スローガンの呼びかけに留まっている。例えば、国家教育部所属の国家基礎教育課程改革グループによる『新課程と評価改革』(教育科学出版社、2001)は、以下の三つのコラムで構成されている。①「発展的評価観」、②「生徒評価」、③「教員発展性評価」である。この著作は、教員評価制度の改革を喚起する点では一定の価値がある。しかし、発展性教員評価モデルは一体何か、どのように実施するのか、現行の評価制度の法制度との関連性などには全く触れられていないのである。

　第四は、情緒的な議論や個人的な経験談の記載が繰り返され、あまり実証的に論じられていない。例えば、「形成的評価は中国小・中学校における各種評価の趨勢である」[39]、「評価過程を重視する形成的評価は、現在教育関係

者に注目されており、それは既に教育評価研究の重要な課題となった」[40]、「中国の現在状況から見れば、徹底的に賞罰を否定することは不可能でもあり、非現実的でもある」、「教員年度考課を毎年行っている。しかし、毎回教員たちの不満をもたらしている」[41]、とする記述が多いからである。なぜ、形成的評価が必要なのか、中国における教員評価の問題などについて全く触れていない。つまり、中国国内の教員評価研究は、評価の理念、機能を過度に重視し、評価の制度・内容及び実態を軽視しており、評価に関する主観的判断が多く根拠が乏しいのである。

② 海外における中国の教員評価研究

日本には、中国の教育及び教員評価に関する先行研究がいくつか存在している。代表的な研究者は、篠原清昭、大塚豊、陳永明、牛志奎である。これらの研究者は中国国内研究における機能重視、理念重視の問題を克服しようと試みている。

例えば、大塚豊は「職位条例」と「合格証書方法」をあげて、中国の教員人事考課について検討している。特に、中国の人事考課及び職位条例の制度内容を整理している。この研究は中国の国内研究の問題点を克服するものである。しかし、人事考課制度の実践・効果、評価と給与の関係、人事考課の地方・学校間の実態などを論じていない。篠原清昭の『中華人民共和国教育法に関する研究』(九州大学出版社、2001)は、中国教育法制度の形成背景、展開、内容問題などに焦点を当てたものである。法理論の角度から中国の教員年度考課の特徴、問題、地域間の格差及び格差の形成要因などについても言及している。しかし、その関心は教員人事考課の制度内容及び問題の提示に留まり、中国教員評価の成立背景、制度内容の全体像及び実践的な検証作業は行っていないのである。

また、陳永明[42]の『教員教育研究』(華東師範大学出版社、2003)では、教員教育の政策法規の整理、歴史的展開、理想的な教員評価内容・方法・手続き及び外国教員評価の指摘と紹介を行い、「発展性教員評価の観念は次第に多くの人々に認可されている」と指摘している。しかし、発展性評価方式と

は何か、中国における現行の評価方式の問題とは何か、などについては触れていない。

　牛志奎[43]の「中国における教員表彰制度に関する考察」は、中国の教員人事考課制度の内容、特徴、問題などを主に考察している。しかしながら、この研究は人事考課の実践と効果、業績主義評価と給与の関係については対象にせず、また、職務評定制度、3％奨励・昇格制度にも触れていない。

　海外における中国の教員評価研究の問題は、マクロレベルの中央政府の教員評価の制度内容を中心に展開されているが、しかし、評価制度全体の構造が明らかにされていない点にある。例えば、中央政府水準の人事考課の法制度の内容・問題に関する研究は若干見られるが、教員評価の一環である職務称号評定制度、3％奨励・昇格制度及び評価と給与の関係に関する研究がほとんどなされていない。つまり、従来の研究では、法制度内容の整理・分析が欠けており、客観的な資料に基づく評価研究が実施されていない問題も有していたのである。

第3節　先行研究から抽出される分析課題

　以上、政治学、行政学・教育行財政学、教育社会学及び教育評価・教員評価における先行研究を検討した。これらの先行研究には、中国国内のみではなく、日本・アメリカなどの海外における先行研究も含まれている。これまでの評価を踏まえて、研究考察の課題を以下の3つに整理した。

1．教育評価研究と教員評価研究の研究視点

　中国は政治的に統一した多民族国家である。国家の方針を貫徹するためには、中央政府による統一指導が必要となっている。一方、国土が広大で、人口も多く、各地域の経済発展レベルも異なる。そのため、各地域の積極性を発揮するために、地方に一定の権限を委譲する地方分権化が求められている。つまり、現代中国の各領域の特徴は、中央集権的縦割り構造に基づいて運営されながら、地方分権的な性格も持っていることにある。それゆえ、これら

の評価研究では、中央政府の法制度と評価だけでなく、地方の実態的な分析に焦点を当てた研究が欠かせない。

2．不十分な制度研究と教員評価の克服

教員評価の人事考課制度の解明を目指して行われた先行研究はいくつかある。しかし、人事考課の機能、あり方を過度に重視し、人事考課の生成背景、構造上の特徴と問題、評価をめぐる論争などについては研究していない。また、教員評価を構成した職務称号評定制度、3％奨励・昇格制度にも触れていない。

それゆえ、マクロレベルで、中国教員評価における三位一体（人事考課、職務称号評定、3％奨励・昇格）の構造、中国政府の政策意図及び特徴などを解明する必要がある。

3．政策の実態解明とその効果検証

従来の制度研究は、制度の整理・分析に留まっていた。その限界は、制度の動態とその規定要因を十分把握できていないことに起因していた。その背景には、地方における教員評価制度の実態的内容に関する資料を手に入れること自体が限りなく困難なことがある。そこで、主要な地域の実証的な現地資料に基づいて、制度の実態的運営について明らかにする研究が求められている。

第4節　本研究の分析枠組みとアプローチ

本研究は、教員評価の法制度内容、普及、そして実際の現場での実施過程を検証し、①中国の教員評価制度の全体像、②中央政策と地方実態の矛盾点、③地域間の格差を導く社会的背景などを明らかにするのが目的である。

教育に関与する主体は様々である。政策主体にしても、中央には、国務院、中国共産党中央委員会及び教育部などがある。地方レベルでは、各地方級の教育委員会、政府部門及び共産党の部門などがある。また、教員人事制度や

序　章

財政制度及び学校組織文化も関与している。さらに、中国は広大な国土に13億人以上にも及ぶ世界最多の人口を有する社会主義国である。しかも、漢民族と55の少数民族などの多民族によって構成されている。現代中国の教育を捉えるには複眼的で様々な視点や角度から出発して行わなければならない。

教員評価の法制度内容及び政策実態を解明する分析枠組は表0-4-1のとおりである。まず、教員評価を取り巻く政策環境（行財政制度、教員の地位など）を分析する。次に、教員評価の政策に焦点を当てて、その変遷や内実を追いながら検討を加える。その後、従来研究されてこなかった教員評価政策の全体像を明らかにする。

また、ミクロ的な視点で国レベルの法制度内容と地方の受容実態及び各地域間の違いも解明する。その上で、教員評価に関する動向や論争に注目し、今後の教員評価モデルの改革課題を展望する。

表0-4-1　本論文の分析枠組

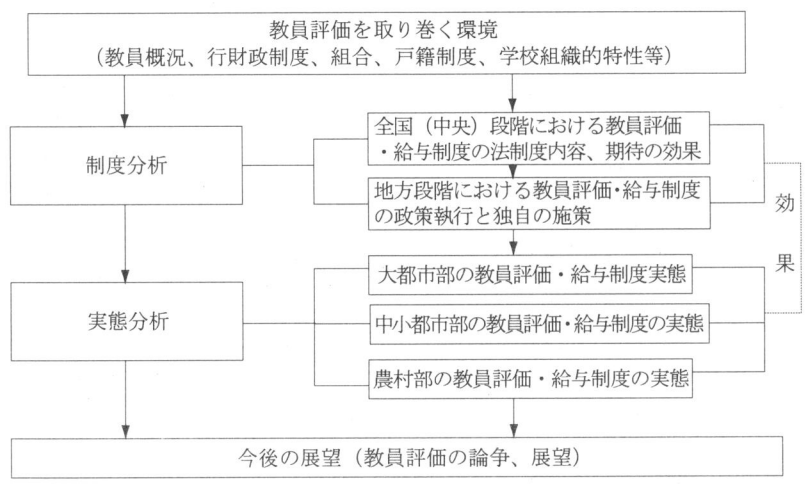

1. 制度分析の概要

制度分析では、主に以下の二点を明らかにする。

第一は、業績主義的教員評価の導入背景を整理・分析する。教員評価を取り巻く内外部環境（現代中国の教員人事制度の仕組み、教員の地位・供給・需要状況[44]、義務教育における行財政管理体制、学校組織的特性、教員団体（教員組合）の性格・役割、地域間公共基盤の整備状況）などを解明する。

第二は、全国（中央段階）の教員評価（年度考課制度、職務称号評定制度、3％奨励・昇格制度）制度の法制度内容を考察する。具体的には、人事制度全般の整合性の角度から、教員評価（職務称号評定制度、年度考課制度、3％奨励・昇格制度）に関する法律・法規内容の整理、特徴の析出、期待される効果などを分析する。三つの評価制度を総合的に検討することは今までの先行研究ではなされていない。この作業を通して、中国の教員評価の全体像を明らかにする。

2. 実態分析の概要

現代中国の教育行財政体制は、中央・地方関係が非常に複雑である。各種教育方針、指導思想の面などは中国共産党が主導的地位を堅持している。また、中央政府は、全国各地域の社会主義的な学校経営の方向を堅持するために、マクロ的に国家教育方針、政策・法律・法規の制定、督導（監督・検査）などを通して、教育内容、教育政策を管理している。中国政府行政体制の全体構造は、中央政府──省（直轄市、自治区）──市（地、盟、州）──県（市、区）──郷・村という厳格なトップダウン式上下級関係である。つまり、各領域で「集権的な構造」を持っており、教員評価領域でも例外ではない。

しかし、沿海部と内陸部、西部と東部、南部と北部などの地域は、経済、文化、イデオロギー、人口などが非常に異なっている。そのため、実態的には全国で統一した制度を実施することは不可能に近い。従って、中央は関連法律・政策を制定する際、戦略的に指導思想、方針のみを制定し、具体的な内容・措置の決定を各自治体に移譲している。特に、80年代に改革・開放政

策（現代化政策）を実施して以来、国はその権限を最小限度に抑え、各地域に一定の裁量権がある行政制度となっている。そのため、教員評価を含めた教育行財政の責任（運営・実施）も「地方分権的性格」をもつようになっている。

　教員評価の地域間の運営実態を明らかにするために、現地で集めた資料、そしてアンケートやインタビュー調査の結果[45]を基に、以下の四点を検証・分析する。

　第一は、教員評価の市場・競争モデルはどのような文脈・戦略で選択せざるをえなかったのか、運用面において中国各地域・学校はどのように教員評価（職務称号評定制度、年度考課制度、3％奨励・昇格制度）を実施しているのか、教員評価制度における共通点と違いの形成要因は何かを明らかにする。

　第二は、各地域・学校の特徴を類型化[46]した上で、それぞれの制度の効果及びその決定要因を検証する。

　第三は、地域間の教員給与制度には、実態的にどれぐらい差があるのか、その差の決定要因はどこにあるのかを解明する。

　第四は、教員評価によって教員の給与はどれぐらい変動したのか、地域間の変動格差はあるのか、あるとすれば要因は何かを実証する。

　作業仮説は、主に以下の二つを想定した。

　第一は、地域間の教員評価を取り巻く教育条件（財政力、教育発展の水準等）や教員の確保状況の違いから、教員評価に地域間の効果格差がある。

　第二は、教員の性別、年齢、学歴、給与、学校規模、職務称号の高低における教員評価の個人間格差がある。

　実態分析を通して、従来の教員評価に関する集権的仮説は批判的に分析できる。つまり、教員評価における中央集権的構造と地域間の分権実態を析出することを通して、中央段階の制度・政策における「政出多門」[47]問題や政策間の矛盾の問題、中央政府の政策理念と地方段階の実態・執行における矛盾・対立から生じた制度上と実態上の問題を明らかにできるのである。

第5節　研究方法

研究方法は、主に以下によって行う。
第一は、文献研究：内容分析、統計資料分析などの考察
第二は、資料検証：調査資料の分析・解釈を中心とし、量的調査（質問紙調査による資料分析）と質的調査（ヒアリング調査）の実施

第6節　本論文の概念の定義

1．教員評価の定義

本論文で検討する教員評価は、教員の資質及び教員の教育・授業における実践と結果を評価し、教員の職能成長を促進する活動を指す。

この教員評価には、他国に見られない制度的特徴がある。それが①教員年度考課制度、②教員職務称号評定制度、③３％奨励・昇格制度という三つの評価制度である。

2．教員と職員の定義区別

「中華人民共和国教員法」（1999年10月31日）第3条、また、「中華人民共和国教育法」（1995年3月18日）第35条は、「教員は、授業と教育活動を遂行する専門職である。学校及び他教育機構にいる管理者には教育職員制度を適用し、授業補助者及び他の技術者には専門技術職務招聘制度を実施する」と規定している。この条文から、中国の教職員は、①教育専門技術者（教員）、②行政管理者・職員、③授業補助・技術労働者と一般労働者から構成されていることがわかる。学校にいる授業補助・技術労働者と一般労働者が占める比率は非常に少ないため、本論文の対象外とする。本論文では、教育専門技術者（教員）を中心に考察する。

3．教員の性格（非国家公務員）

「国家公務員暫行条例」(1993年10月1日)[48]第3条は、「中国国家公務員の範囲は、各級国家行政機関に勤務している職員である」と明記している。この条文から、国家公務員とは国家行政機関の勤務者となる。つまり、国務院と地方各級政府の機関勤務者や各級教育委員会のような行政機関における勤務者が国家公務員である。

しかし、学校のような事業機関は国家行政機関に属していないので、学校の管理者や教員は国家公務員ではない。例えば、行政機関以外の国家機関の国家権力機関とする各級人民代表大会、裁判機関とする各級裁判所、検察機関とする各級検察院、軍事機関、共産党の事務機関[49]、さらには、企業・事業機関[50]の勤務者も国家公務員の範囲外となっている[51]。事業機関とする学校に勤務している教員も国家公務員ではないのである。

4．教育関連法律・法規、通知などの権力機関

中国には「政出多門」という言葉があるように、教員評価・給与に関する各種法律・法規の規定の出所も多種多様である。例えば、①全国人民代表大会及びその常務委員会が審議し公布する教育法律、②国家の行政活動を指導・監督する国務院（日本の内閣に相当する）が制定・公布する行政法規（条例、規定など）、③国務院所属の中国国家教育部（日本の文部科学省に相当する）、人事部（日本の人事院に相当する）が法律や国務院の行政法規に基づいて制定した規程・規定・規則、方法、④中国共産党中央委員会による各種の通知、指示、決定などがある。全国人民代表大会が決定する法律が最も権威がある。そして中国共産党の「決定」、「要綱」、「指示」などが全国人民代表大会及びその常務委員会により制定される法律と同等もしくは上位の法的地位を有している。「憲法」の前文において明記されているように共産党が国家を指導するのである。実際に、中国の教育法律の実質的立法者が中国共産党である。政治・経済・社会制度にかかる大きな枠組みや改革の方向を共産党で決め、その枠組み・方向の中で全国人民代表大会や政府部門が具体的な制度の整備

や日常の運営を担当している。つまり、共産党の各部門による各種通知・決定が重要な役割を果たすのである。これが中国教育における教育活動の総指針の特徴である。

　教育事項・教員評価に関する規定は、ほとんどが「法律主義形式」ではなく、大多数は中国共産党という政治団体の決定、各種行政部門による通知・規則・規定などの行政文書という「行政・人治主義形式」に基づいている。本論文でも、共産党の教育方針、各教育行政部門の通知及びそれ以外の法律・法規を踏まえて検討・分析する。

第7節　論文の構成

　序章（本章）は、課題の設定、先行研究の検討、分析枠組み・方法及び概念を整理する。

　第Ⅰ部は、法制度の分析を行う。まず、第1章では、教員評価を制約する教育行財政体制、義務教育の管理体制、教育委員会と政府・学校の関係、教員の社会的・経済的・政治的地位、地域間・学校間の教員の配置・供給・需要状況、学校組織の特性[52]などを整理・検討する。第2章では、教員人事制度を概説し、その後教員評価制度（教員年度考課制度、職務称号評定制度、3％奨励・昇格制度）の導入背景、歴史的経緯、制度の仕組みとその特徴、そして当面の問題を析出する。第3章では教員評価に関連している給与制度の仕組みを明らかにする。第4章では、教員評価制度の導入背景、仕組み、法制度内容、改革の流れ、そして問題点及び現段階の論争について考察する。

　第Ⅱ部は実態分析を行う。教員評価の制度理念は、実際現場にどのような影響を与えたのか実態分析する。第5章はインタビューやアンケートの経緯、資料の概要を示す。その上で、第6、7、8章は、ミクロ的な視点から、教員評価の理念は達成されているのかを実証する。第9章は今後の発展動向と論争などをさらに詳しく分析・検証する。第10章（終章）は、研究から得た知見、今後の研究課題を総括する。

序　章

[注]
（1）勝野正章『教員評価の理念と政策――イギリスと日本』（エイデル研究所、2003）p.15
（2）小川正人「教員の職能成長と教員評価」堀尾輝久・浦野東洋一他編『講座学校(7)組織としての学校』（柏書房、1996）
（3）小川正人「教員の職能成長と教員評価」堀尾輝久・浦野東洋一他編『講座学校(7)組織としての学校』（柏書房、1996）p.58
（4）「考」は試験を指す。「分」は点数の高低を指す。このことわざの意味は、各種の試験（週ごとの試験、単元ごとの試験、月ごとの試験、学期末試験など）は教員たちの宝物で、点数の高低は生徒の命である。
（5）伝統的な「受験教育」が「進学率」への一方的な追求、暗記中心の学習をもたらし、中国人の創造性を奪っているとの批判。
（6）資質教育は、「受験教育」に対立する概念である。資質教育に関する解釈は中国ではまだ統一されていない。その中心の内容は生徒の「知育、徳育、体育、審美、人間性」などにおける全面的発展を指す。
（7）基礎教育は、初等・中等教育を含む。つまり、基礎教育は義務教育を含む。
（8）国家基礎教育課程改革項目グループ「発展的教員評価に関する思考」、山東省発展的授業評価研究グループ「発展的授業評価の研究と実施案」、鐘啓泉主編『基礎教育カリキュラム改革（試行）に関する解釈』（華東師範大学出版社、2001年10月）などが見られる。
（9）「教育体制改革に関する決定」（中国共産党中央委員会、1985年5月）で「基礎教育の責任を地方に委譲すべきである」と明確にした。それまで中国では中央集権によって、国家の強力な統制下に教育がおかれており、地方の独自性を認めるのは画期的なことであった。その後、中国基礎教育の発展はますます地方の財政収入及び非政府資源の調達に依頼し、基礎教育の管理も次第に、地方政府、特に下位の県・郷（鎮）政府に委譲することになった。
（10）現行の教育行政体制は1963年に中国共産党による「統一指導・地方責任・分割管理」という根本原則によって設立したシステムである。つまり、中央に国家教育部、地方の省・市・県にそれぞれ教育庁、教育局、教育

科、教育組を設立し、地方各級教育行政組織は中央の統一指導を受ける。分割管理の意味としては、全国教育事業に対して、中央、地方（省・市・県・郷）両級管理を実施する。具体的に言えば、①高等教育は中央・省（自治区・直轄市・中心都市）によって管理される。②中等職業技術教育は地方責任で実施する。つまり、省・市・自治区に所属する中等専門学校は、省・市・自治区によって管理される。③義務教育は地方責任で、分割管理を実施する。つまり、義務教育は、中央の統一的な指導のもとに、各級機関がそれぞれ一定の管理責任を負うことである。

(11) 陳永明主編『MPA教育政策と教育法規』（華東師範大学出版社、2003年）p.381

(12) 今までの中国では、政府の行政干渉は健全な市場の形成を妨げ、市場における規範が確定していない。中央と地方の関係を規定する『国務院組織法』、『地方組織法』があるが、構成はそれぞれ11条、13条のみであり、内容もほとんど政治的抽象的言葉で、かなり不十分である。政府機構に対して、原則のみを提出しただけで、限定性の規範がなく、操作性及び規範性に欠けている。

(13) 北京師範大学教育管理学院副教授、中国教育経済学研究会副秘書長

(14) 杜育紅『教育発展の不均衡研究』（北京師範大学出版社、2000年）p.126

(15) 「改革」は国家計画解体・市場化を指し、「開放」はグローバル経済への統合化を指す。中国ではよく「改革」と「開放」と２つの言葉を結びつけて使い、「改革・開放」と呼ばれている。改革・開放政策のそのものの本質が地方政府に大幅な権限を与えて地方の活力により経済の近代化を達成しようというものである。改革・開放政策が中国経済を世界経済で無視できないものにまで押し上げる大成功を収める一方、貧富の格差や環境・公衆衛生といった社会基盤の衰弱性が政治的にも大きな課題となっている。

(16) 中国における地方分権は日本と異なる。中国の地方分権は一面的、局部的で、統一の規範に欠けている。地方自治制度のもとで憲法や法律の保障がある規範的分権ではない。現在の財政領域における地方分権は、中央政府と地方政府の行政権限、財政収入のみの分権に留まっており、財政支出、財政責任の履行については規定されていない。その理由は、支出責任の区画は多く政治方面の問題に触れるからである。これは、中国

政治体制にあって最も替えにくい敏感な部分である。つまり、1978年からの財政領域における地方分権はかなり曖昧である。これは、アメリカの経済学者のRoy・Bahlが指摘したとおり、「発展途上国の財政分権改革における普遍的文末倒置現象」(王怡「当代中国研究」[2003年][第2期(総第81期)]である。中国における地方分権の全般を知るには、新保敦子「中国における社区教育の現状と課題」、早稲田大学教育学部・学術研究 (教育・生涯教育学編第54号)、丁旭光『近代中国の地方自治研究』(広州出版社、1993年)、南部稔『現代中国の財政金融政策』(多賀出版、1991年)、東京大学大学院総合文化研究科助教授の鐘非「改革後における中国の地方分権からの教訓—事実と理論—」、『アジア経済』(2003年)、喩希来「中国地方自治論」、『戦略と管理』(2002年第4期) などが便利である。

(17) 北京大学法学院・張千帆が、「いかに中央集権のコストを節約できるか」という論文で指摘したとおり、中央政府が政令を地方で執行できない原因は、主に中央の政令は地方政府と役人の利益に影響を与えたからである。また、中央政府の情報と監査能力は限られているため、中央政府の政令はほとんど地方で実施されていない。

(18) 上に政策があり、下に対策がある。

(19) 中央のコントロールの力を強化するために、1994年の分税制 (中央、省、市、県、郷という五級予算部門の間で、それぞれ異なる税率で税金を徴収する制度)、1998年に人民銀行の省段階の支店を撤廃するなどの手段を通して、中央への集権を開始した。その後、税務、工商、統計、技術監督、商品検査、電力、石油などの部門で中央による縦割り管理を実施するようになった。しかしながら、集権化への回帰の効果はまだ見られていない。

(20) 統一すれば活力がなくなり、経済の停滞をもたらす。経済の停滞がもたらされると、分権が要求される。分権が要求されると混乱がもたらされる。混乱がもたらされると統一される。

(21) 北京師範大学政治学と国際関係学院：邢紫月「連邦分権モデルのわが国の中央・地方関係への示唆」、『黒河学刊』(2004年第4期)、魏紅英「先進国の中央・地方関係からの示唆」、『広西社会科学』(2002年第3期)、張涼一「市場経済における中央と地方関係」、『蘭州学刊』(1999年第1期)、

謝志帰「中央と地方関係を調和するには二回の分権が必要」、『江海学刊』（1998年第1期）、薄貴利『中央と地方の関係研究』（吉林大学出版社、1991年）、魏礼群主編『市場経済における中央と地方関係』（中国経済出版社、1994年）などが見られる。

(22) 例えば、呉敬璉（国務院（日本の内閣に相当）発展研究中心研究員である）は社会主義市場経済モデル下での政府分級別管理問題（呉敬璉、1990年）、魏礼群（国務院研究室主任である）・李金早（経済学博士。現在、広西壮族自治区人民政府副主席である）は中央と地方の経済管理の合理的権限配分の観点（魏礼群・李金早、1994年）、王紹光（政治学学者。現在、香港中文大学政治及び公共行政学部教授である）、胡鞍鋼（清華大学公共管理学院教授）は、中央は必ず中央集権と地方分権の混合性を実施する（王紹光・胡鞍鋼、1993年）と提案している。

(23) 蕭宗六ほか『中国教育行政学』（人民教育出版社、1996年）、陳孝彬『教育管理学』（北京師範大学出版社、1999年）、陳永明主編『MPA教育政策と教育法規』（華東師範大学出版社、2003年）、呉志宏『教育政策と教育法規』（華東師範大学出版社、2003年）、史萬兵『教育行政管理』（教育科学出版社、2005年）、呉志宏『教育管理学』（華東師範大学出版社、2006年）などがある。

(24) 華東師範大学課程研究所所長である。

(25) 鐘啓泉「教員専門化─理念、制度、課題」、中央教育研究所『教育研究』（教育科学出版社、（2001年第12期）p.15「重思考、軽実践。重宏観、軽微観。重高等、軽初等」とは、思考・理念を重視し、実証を軽視する。マクロを重視し、ミクロを軽視する。高等教育を重視し、初等教育を軽視するという意味である。

(26) 程介明『中国教育改革』（商務印書館（香港）有限会社、1992年）pp.78-90、pp.238-242。中国社会科学院工業経済研究所副研究員：魏后凱、政治学博士でアメリカシカゴ大学政治科学学部助教授：楊大利「地方分権と中国地区教育差異」、『中国社会科学』（1997年第1期）

(27) Xiaodong Niu, Policy Education and Inequalities in Communist China since 1992, Lanham, Maryland：University Press of America, 1992, p.101を参照。

(28) 天児恵『現代中国の構造変動─中央と地方の構図─』（東京大学出版会、

2000年) p.16
(29) 毛里和子『現在中国政治』(名古屋大学出版会、2004年) p.39
(30) 犬塚健司他編『発展途上国の地方分権化と環境政策』(アジア経済研究所による調査研究報告書)(2006年)
(31) 国務院弁公庁調査研究室編『中国行政管理学初探』(経済出版社、1984年)と国務院弁公庁調査研究室・中国科学院政治学研究所編『行政管理学基礎』(高等教育出版社、1989年)、何穎『行政学』(黒龍江人民出版社、2007)、唐暁陽『公共行政学』(華南理工大学出版社、2006) などが代表的である。
(32) 鄧子基他編著『社会主義財政学』(中国財政経済出版社、1982年)、王紹飛『財政学新論』(中国財政経済出版社、1984)、許毅・陳宝森主編『財政学』(中国財政経済出版社、1984)、陳共『財政学』(人民大学出版社、2007年)
(33) 胡鞍鋼の『挑戦中国』(新新聞、香港、1995年)、国務院発展研究センター・倪紅日「中国の中央・地方政府間の公共サービスの職責区分に関する研究」、黄佩華他編著『国家発展と地方財政』(中信出版社、2003年)、楼継偉他「中国の中央・地方政府間の財政配分関係に関する実証研究」(財政体制の一層の改革課題に関する国際会議資料)(2002年12月、北京)、大東文化大学経済学部の内藤二郎「財政からみた中国の中央・地方関係―改革動向と課題―」
(34) 王智新『現代中国の教育』(明石書店、2004年) p.105
(35) 王善邁『教育投入と産出研究』(河北教育出版社、1999年)、潘百福『地方教育投資研究』(北京師範大学出版社、2003年)、杜育紅『教育発展の不均衡研究』(北京師範大学出版社、2000年)、楊葆焜『教育経済学』(華中師範大学出版社、1989年)、範先佐『教育経済学』(人民教育出版社、1999年)、王蓉「わが国の義務教育経費における地域間の格差研究」(教育経済学国際研究会論文 (2001年5月)、魏後凱、楊大利 (1997年)「地方分権と中国教育の地域格差」『中国社会科学』第4期、雲南財貿学院『中国教育財政評論』(中国財政経済出版社、2005年) と余秀蘭「中国教育の都市部と農村部の差異」(教育科学出版社、2004年)、王文亮『格差で読み解く現代中国』(ミネルヴァ書房、2006年) などがある。
(36) 劉本固『教育評価の理論と実践』(浙江教育出版社、2000年)、金娣他

『教育評価と測量』（教育科学出版社、2001年）、国家基礎教育課程改革グループ『新課程と評価改革』（教育科学出版社、2001年）

(37) 陳玉昆等『教育評価学』（人民教育出版社、1999）p.19
(38) ①華東師範大学国際比較教育研究所所長、副教授である王斌華『発展性教員評価制度』（華東師範大学出版社、1998年10月）、②国家基礎教育課程改革グループ『新課程と評価改革』（教育科学出版社、2001年）、③広東珠海拱北小学校長、中学校高級教員である厳紅『生徒成長と教員発展を促進する評価改革』（天津教育出版社、2004年）、④陸如萃他訳『教員評価』（中国軽工業出版社、2005年）、Charlotte Danielson&Thomas L. McGreal. (2000). Teacher Evaluation To Enhance Professional Practice. Education. の四冊である。
(39) 季明明、李吉会他『小中学校教育評価』（北京師範大学出版社、1997年）p.190-192
(40) 劉本固『教育評価の理論と実践』（浙江教育出版社、2000年）p.117
(41) 周如俊「教員年度考課の問題と対策」、『授業と管理』（中学版）（2005年9月1日）
(42) 元筑波大学の学者であった。現華東師範大学教授である。
(43) 日本兵庫教育大学大学院の研究者であった。現北京師範大学教員である。
(44) 1998年の国家教育部の調査によると、1998年に中国の教員の有資格率は小学校90.06％、中学校80.49％、高校60.73％であり、160万人の小・中学校教員は学歴規準に達していない。この他、その構成において小・中学校教員は城鎮において編成規準を50万人超えている。農村部においては60万人足りない。農村部の多くの学校は教員が足りないため、英語、音楽、美術の授業を止めている。
(45) アンケート調査の詳細は、現代中国の教員給与・人事評価に関する調査結果「東京大学大学院教育学研究科教育行政学論叢」第26号参照のこと。
(46) 各地域・学校で実施された教員評価は、以下の類型・方式を想定する。職務称号評定制度の場合、学歴重視型、年齢・キャリア重視型、人間関係重視型。年度考課と3％奨励・昇格の場合、業績重視型、政治・思想・道徳重視型、学歴重視型、人脈重視型。
(47) 「政出多門」とは、中国においては各種政策、決議の公布機関が多くあり、また各種機関・部門の間で統一した規範がなく、相互矛盾する問題

(48) 2005年4月27日に国家公務員法に変更された。
(49) この点について、別の見方がある。例えば、商江「中国の教員と国家公務員の平均給与レベル」、『綏化学院学報』、(http://blog.edudown.net/user0610/dqddsj/)によると、「中国共産党の機関、人民代表大会、行政機関、政治協商会議、裁判所、検察院などに勤務している職員は全て公務員である」という見方も見られる。
(50) 学校は事業機関に属する。中国における事業機関は日本の法人単位に相当する。
(51) 蕭宗六他『中国教育行政学』(人民教育出版社、1996年) p.84
(52) 学校組織の特性については主に以下の二点に注目する。第一に、学校民主的管理機関としての「教職員代表大会」は機能しているかどうか、第二に、校長のリーダーシップがあるかどうかという二点である。

第Ⅰ部　制度研究

　中国の教育行政組織は強力な中央集権構造（国家教育部——省レベルの教育庁——市レベルの教育委員会（局）——県レベルの教育委員会（局）——郷レベルの教育グループ）といえる。中国では、各種の教育方針、法規などの制定は、中央レベルの各級政府部門である国務院（日本の内閣に相当）、人事部（日本の人事院に相当）、国家教育部（文部科学省に相当）などによって行われる。このほか、政権党としての中国共産党の中央委員会も国家機構を指揮する機能を発揮している。従って、中国における教員評価制度の全体像を把握するためには、上述の中央政府レベルの政策目的、法制度の内容を把握しなければならない。

　そこで、第Ⅰ部では、中央政府レベルにおける教員評価の政策や制度を、それらに関連する義務教育財政や教員人事の法制度とともに概観し、その特徴と問題を明らかにする。第Ⅰ部の構成は以下のとおりである。

　まず、第1章では教員評価に影響を及ぼしている社会経済的背景や政策環境を分析する。教員評価の法制度ならびに実態を理解するため、教員評価制度を取り巻く政策環境、置かれている状況を明らかにする。具体的に以下の四点から展開する。①中国小・中学校における教員の現状（教員の法的位置付け、社会的地位、人材確保、供給状況等）、②義務教育行財政体制の特徴と問題、③中国の学校組織の特徴、④教員組合の法制度上の性格、⑤教員の自由異動を制限している戸籍制度などを明らかにする。第2章では教員人事制度の仕組みを資格、研修、採用、給与制度の観点から解明する。第3章では、教員給与の制度と特徴及び教員給与と評価の連動措置を明らかにする。第4章では、教員評価の政策内容分析を行う。具体的に、教員評価制度（年度考

課、職務称号評定、3％奨励・昇格）の導入経緯、論争及び制度内容・理念・仕組みなどを明らかにする。

第1章　教員評価制度を取り巻く政策環境

　教員評価の制度と実態の検討では、教員評価制度を取り巻く政策環境の把握が不可欠である。本章では、①教員の概況及び形成要因、②義務教育の教育行財政体制、③学校組織の特徴、④教員団体（教員組合）の性格・役割、⑤教員の自由流動を制約する中国特有の戸籍制度を中心に概説する。

第1節　教員の概況及び形成要因

1．教員の概況

　2005年の全国の小学校の教員数は613.22万人、その内、学歴の有資格率は98.62%である。そして小学校教員と生徒の比率は1対19.43であった。同様に中学校の教員数は349.21万人、学歴の有資格率は95.22%で、教員と生徒の比率は1対17.8である[1]。

　全国小・中学校教職員の年齢構造は図1-1-1のとおりである。

図1-1-1　2003年全国小・中学校の教職員年齢構成状況

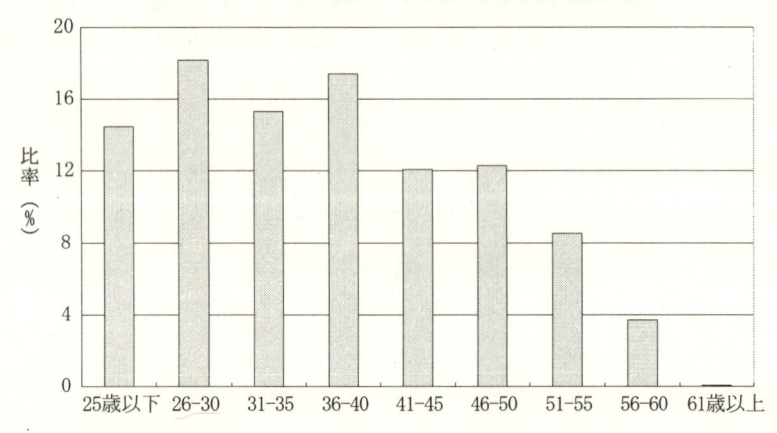

出典：中国教育統計年鑑（2004）pp. 142-143、pp. 164-165

　図1-1-1から、全国小・中学校の教職員の年齢構造は25歳から40歳が多い。つまり、若者教員が占める割合が高いことがわかる。
　この結果は全国の都市部と農村部の平均値である。中国農村小・中学校教員の年齢構造は、中国教育統計年鑑及び、葛娟の調査結果によれば次のとおりである。

図1-1-2　農村小学校の教員年齢構造

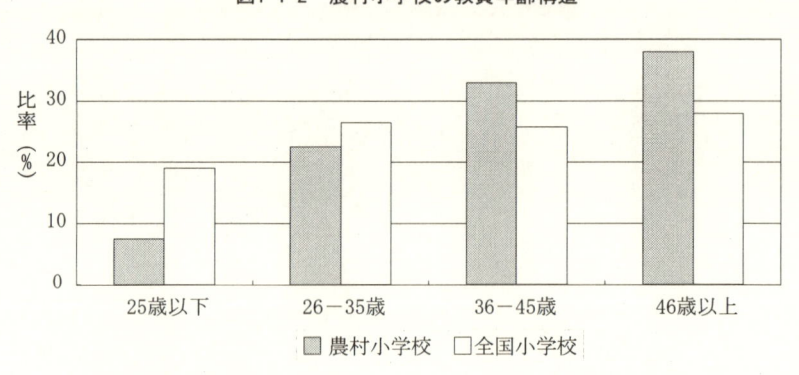

農村小学校　　全国小学校

出典：中国教育事業統計年鑑（2001）、葛娟『中国農村教員発展研究』
　　　（浙江大学出版社、2005）p. 63

第1章 教員評価制度を取り巻く政策環境

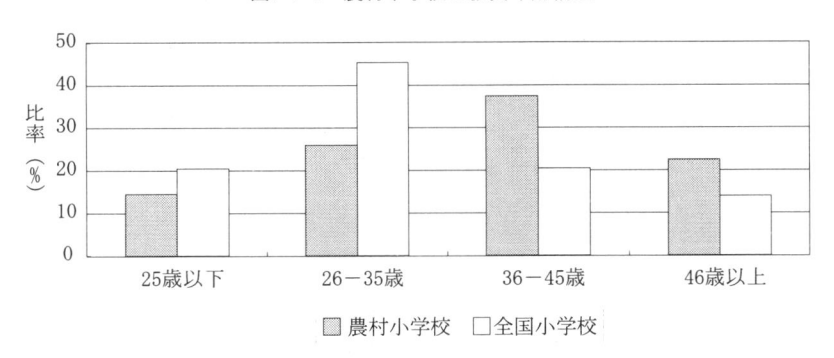

図1-1-3 農村中学校の教員年齢構造

出典：中国教育事業統計年鑑（2001）、葛娟『中国農村教員発展研究』
（浙江大学出版社、2005）p.63

図1-1-2、図1-1-3から、中国農村部の教員の年齢構造が高齢化傾向を示していることがわかる。その大きな原因は以下の二点にある。第一は、中国の農村部と都市部の二元化政策により、学校の施設・設備及び教員の勤務条件などがかなり異なり、農村部は明らかに都市部より低い水準にある。第二は、新卒者の教員には農村部の教員希望者が少ない。

全国小・中学校教職員の性別構造は図1-1-4のとおりである。

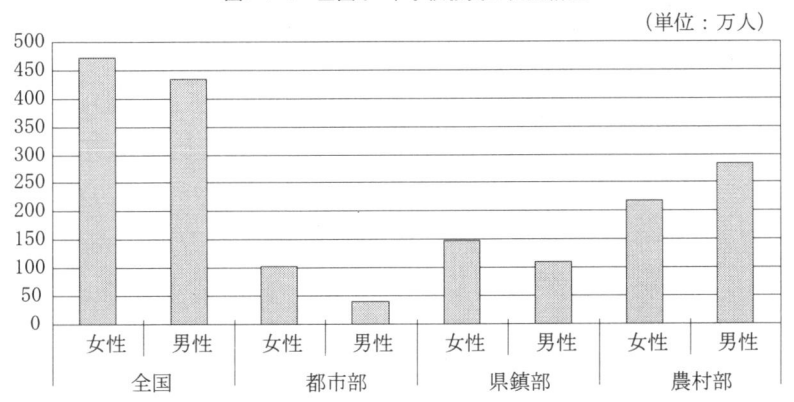

図1-1-4 全国小・中学校教員の性別構造

出典：中国教育統計年鑑（2006）pp.471-477、pp.551-557より、筆者が独自計算完成

47

図1-1-4から教員の性別構造には、農村部に教職以外の就職場所が少なく、都市部では雇用条件の良い外資系の企業等への就労機会があることから生じた以下の特徴がある。全国的に女性教員が多く、特に都市部に目立っている。女性にとっては、教職は経済的に安定しており、夏休みや冬休みの中で有給休暇もとりやすい。都市部では、人口の増大に伴い採用者が増加している。男性が少ないのは、就労選択先（特に農村）として魅力が少なく、雇用条件の良い都市部（特に県鎮部など）では他の職種を選択する傾向が高いからである。

（1）教員の法的地位

　中国の教員は公務員としての身分（public employee）は有していない。1993年に規定された「国家公務員法暫行条例」は、「公務員は国家行政機関において勤務している労働者以外の勤務者を指す」と明文化している。学校は事業機関であるが行政機関でないため、教員は公務員の範疇から除外されている。

　また、中国における教員の法的地位は曖昧であり混乱している。例えば、中華人民共和国建国（1949年）から「中華人民共和国教員法」の制定（1993年）までの間、国家事業機関（法人機関に相当する）としての教育組織における教員は「国家幹部」と見なされていた。また、1997年に改定された『刑法』の第93条では「国有企業、事業機関、人民団体に従事している勤務者及び法律に根拠し、公務に従事している勤務者は国家幹部とみなす」と規定された。中国において、学校は事業機関に属するため、この「刑法」の規定から言えば、小・中学校の教員の身分は国家幹部となる。だが、国家事業機関人事制度の改革と「中華人民共和国教員法」（1993年）が公布され、同法第3条において、「教員は教育・授業職責を遂行する専門技術者である」と規定された。しかしながら、教員の「国家幹部」身分と「専門技術者」身分の実質の違いは何か、教員の各種の法律関係における地位や権限等が明確にされていない。そのため、「国家幹部」身分であれ、「専門技術者」であれ、名義上、概念上のものに留まっている。

現在、教職を「形成中の専門職」、すなわち半専門職（semi-profession）[2]とする見解も見られるが、実際には中国における教員の法律的地位はかなり低く、「半専門職」からも一定の距離があると考えられている。

（2）人数の不足、質の低下、不合理な教員構成、不均衡な教員分布

長期間にわたり、教員の地位や質は低く、人数も不足していた。特に1966年から1976年までの10年間にわたる文化大革命の影響を受けて、教員の社会的地位と権威、教員の質は大幅に下がった。文化大革命の期間には、知識人は「臭老九」（9番目の鼻つまみ者）[3]と呼ばれた。こうした影響や、教員の給与が低いことからも、教職は人気の職種となっていない。現在でも、全国における教員不足という問題が依然として顕在している。1997年の国家教育部の編成規準によれば、高校教員は49.7万人、中学校教員は246.78万人、小学校教員は633.92万人配置しなければならないが、現に小・中学校教員は10万人足りないのである。

また、教員の質が低いことも問題である。2001年には、中国における96.81％の小学校教員が師範学校卒水準、88.81％の中学校教員は短大卒水準、70.71％の高校教員は大学卒水準である[4]。このように、現段階における中国の教員の学歴状況は未だに低い水準にある。全国教員の学歴水準が低い原因として、①教員の社会的地位、政治的地位が低く、人気職となっていない、②教員資格制度の条文は曖昧であり、また、資格制度に関する実施細則などは設定されていない、③十分に整った教員評価制度と在職研修制度に欠け、在職教員の学歴・資質を向上することができていない、ことなどが考えられる。

この他、教員の地域間、学校間の分布にバランスが取れていない問題がある。経済的に発展した大都市、沿海部地域では、教員の給与などの待遇がよく社会的地位も相対的に高い。一方で、発展していない中・小都市や農村部では、教員の給与などの待遇が悪く、社会的地位も相対的に低い。そのため、都市部では教員人数が過剰であり、農村部では普遍的に教員人数が不足している。例えば、田恵生[5]は以下のように指摘した。

中国全ての農村部において教員の質が低く、思想・知識は古く、教授方法も遅れている。また、農村部の代用教員も多い。2001年に全国中学校には6.5万の代用教員、小学校に51.54万の代用教員がいる[6]。

このように、中国農村部における教員を充足するために、やむを得ず大量の不合格代用教員を採用しているのである。

図1-1-5は、2004年の全国都市部・県鎮部と農村部における教員の「学歴不合格率」[7]の情況である。

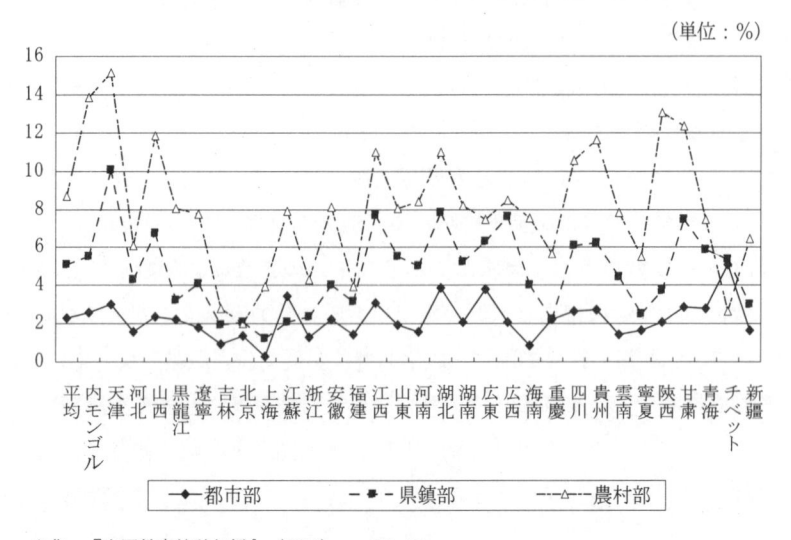

図1-1-5　2004年全国各地域の中学校の教員学歴不合格率

（単位：％）

出典：『中国教育統計年鑑』（2004）pp. 476-483

図1-1-5から中学校教員の学歴状況には以下の特徴が確認できる。まず、各省・自治区・直轄市における格差がある。そして省・自治区・直轄市における教員学歴格差より省・自治区・直轄市内における都市部・県鎮部・農村部の格差が顕著である。その大きな特徴は農村部が県鎮部（中・小都市）より学歴不合格率が高く、県鎮部は都市部より教員の学歴不合格率が高いとい

うことである。統計によると、全国都市部・県鎮部・農村部における教員学歴の不合格率の平均値は、それぞれ2.3%、5.1%、8.7%であった。つまり、中国地域間の教員配置におけるバラツキがあり、中には、国家によって規定された教員学歴要件に達していない教職員が勤めているのである。

また、同じ地域においても学校間の教員配置のバランスが取れていない。重点校、モデル校は教員数が充足し教員の質も高いが、一方で普通校、困難校は人数が足りず、質も低いという問題がある。

表1-1-1は、筆者が調査した大都市部（北京市）と中・小都市部（通遼市）内の重点学校と普通学校の全教員の学歴情況である。

表1-1-1 地域内部の各学校の教員配置状況

	学歴	C重点中学校 人数(比率)		D普通中学校 人数(比率)	
北京	修士卒	8	3.6%	0	0.0%
	大卒	150	67.6%	53	48.6%
	短大卒	28	12.6%	36	33.0%
	中等専門学校及びそれ以下卒	36	16.2%	20	18.3%
	総計	222	100.0%	109	100.0%
	学歴	G重点中学校 人数(比率)		H普通中学校 人数(比率)	
通遼市	修士卒	0	0.0%	0	0.0%
	大卒	118	60.8%	17	19.5%
	短大卒	71	36.6%	60	69.0%
	中等専門学校及びそれ以下卒	5	2.6%	10	11.5%
	総計	194	100.0%	87	100.0%

表1-1-1は2005年12月の各中学校の教員学歴比率を示している。この学歴別の配置情況からわかるように、同地域において、重点学校の教員学歴構造は明らかに普通学校より高い。例えば、北京市のC重点学校教員の修士卒の比率は3.6%、大卒は67.6%と7割以上が大卒資格を有しているが、D普通学校では修士卒はおらず、大卒者も48.6%と半数に満たない状況である。通遼市では、G重点学校の大卒者が6割であるが、H普通学校の大卒者は2割に

達せず、さらに学歴の差が広がっている。

　また、中国では教職の志願率における地域間の格差も生じている。例えば、大都市部の上海市では2002年に志願率は5倍であった。一方で、正式の師範学院（大学）卒者は農村部の学校に赴任したがらない。したがって、農村部の学校では正式の大卒者を採用することができないのが現状である。

（3）教員給与が低く、給与不払い現象が深刻である。

　「中華人民共和国教員法」第一章第4条は「全社会は教員を尊重しなければならない」、第六章の第25条は「教員の平均給与は国家公務員の平均給与を下回ってはならない」と規定している。しかし、実際には、李啓咏が指摘するとおり、「官僚本位」の中国では教員は行政権力や社会的公共資源を享有していないため、処遇面においても、社会的地位においても、公務員と比べものにならないほど低い[8]。

　給与待遇は社会的地位の重要な指標の一つである。しかし、中国の教職は社会的地位が低く、特に小・中学校の教員待遇は他職務より低い。長い間、教員の平均給与は全民所有制の15業種[9]の中で、下位の10位から12位の間に位置している。しかも、1980年代からの改革・開放、90年代以後の社会主義的市場経済方式の影響を受けて、各業種間における処遇の格差はさらに拡大した。例えば、1978年に全国の教職の平均給与は545元、15の業種の中で13位であり、トップの電力業種より305元少なく、各業種の平均より70元少なかった[10]。1980年に、小学校教員の平均給与は全国各業種の最低となり、中学校教員給与は後ろから2番目となった。1983年と1986年に小・中学校教員給与はともに全国各業種の最低ランクとなった。1992年になっても、全国各業種職員の平均給与は2,930元、教員平均給与は2,731元[11]であった。1995年になると、教員平均給与は5,435元、15の業種の中で13位であり、トップの電力より2,408元少なかった。また、各業種の平均値よりも65元[12]少なかった。

　図1-1-6は、2004年の全国城鎮（都市部と県鎮部）[13]職員の年平均給与と全国小・中学校の教職員の年平均給与の比較である。

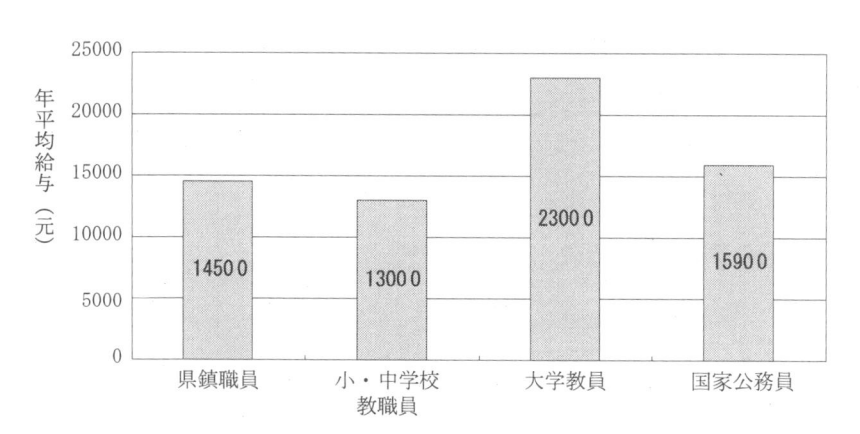

図1-1-6　全国城鎮職員と全国小・中学校の教職員年平均給与比較

出典：商江「中国中小学校教員給与・待遇」(http://567tour.com/web/6/archives/2006/330.html) 及び「中国の教員と国家公務員給与の平均給与」(http://www.lzcom.net/blog/dqddsj/archives/2006/489.html)、「中国大学教員と小中学校教員給与の比較」、『北京郵政大学学報』、(http://blog.edudown.net/user0610/dqddsj/)、また、2004年9月10日「人民日報海外版」より

　図1-1-6から、中国においては、2004年に小・中学校の教職員の給与が最も低いということがわかる。1993年2月31日に公布された中国共産党中央委員会による「中国教育改革と発展要綱」では、「教育システムの給与制度を改革し、教員の給与を向上し、教職員の平均給与を全民所有制企業の職員と同じレベルに到達させる」と規定しているが、図1-1-6を見ると、1993年に公布された国家の制度理念が11年後の2004年になっても、小・中学校教職員の平均給与は県鎮部職員（全民所有制企業の職員）の平均給与より低いことがわかる。

　教員給与が低いことは事実であるが、さらに教員給与不払い現象も生じている。「2001年10月までに全国農村小・中学校教員給与不払いの金額はすでに187億元（2,805億円に相当する）」[14]となっている。このように中国の教員給与不払いは個別的な現象ではなく、一般的な現象となっている。このことは教職員の勤務意欲に大きなマイナス影響を与えている。

（4）教員の教職意識が低下し、人材確保が困難となっている。

　計画経済方式から市場経済方式に転換されたのに伴い、市場経済の功利原則、競争原則、等価原則が教育の領域にも持ち込まれた。「金銭万能」、「個人主義」が相当程度まで氾濫し、その典型的な表現として、教育プロセスの「功利行為」、「下海熱・跳槽熱」[15]及び副業に従事することなどが出てきた。一部の教員は教員の責任感、奉職敬業精神を軽視するまでになっている。

　教員の教職への熱意について、李啓咏[16]は以下のように指摘した。

　　1993年以後、教員招聘制度の実施に伴い、勤務は不安定となり、また、激しい競争になってしまったため、大多数の教員は自分の勤務に熱意を持っておらず、60%以上の教員は待遇が同等の勤務があれば転職したいと考えている。

　教員の教育職への熱意の度合いについて、筆者の調査結果によると、以下のとおりである。

> Q3-6　あなたはチャンスがあれば転職したいと思いますか
> 　　　①とてもそう思う　②そう思う　③どちらともいえない
> 　　　④あまりそう思わない　⑤全くそう思わない

図1-1-7　教員の勤務満足度

学校	とてもそう思う	そう思う
A校（北京市）	14.60	26.44
B校（北京市）	10.64	31.91
C校（北京市）	10.14	30.43
D校（北京市）	19.28	25.77
E校（通遼市）	21.31	19.67
F校（通遼市）	10.64	40.94
G校（通遼市）	14.76	28.57
H校（通遼市）	22.50	20.00
I校（馬家村）	8.76	23.81
J校（馬家村）	10.00	22.00

凡例：□とてもそう思う　□そう思う　■どちらともいえない　■あまりそう思わない　■まったくそう思わない

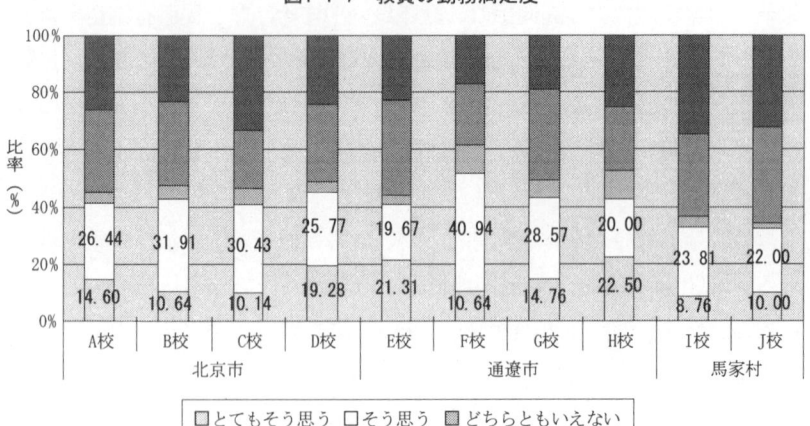

図1-1-7から、以下のことがわかる。まず、北京市であれ、通遼市であれ、馬家村であれ、3分の1余りの教職員は、「チャンスがあれば、転職したい」ということである。そして地域間の特徴から見れば、給与基準の低い農村部馬家村の教員は逆に給与の高い大都市部の北京市、中・小都市部の通遼市の教員より、転職したくないという結果となっている。こうした実態になった理由として、①農村部にいる教員の給与基準は低いが、転職の機会がほとんどないため、転職しようとしてもできない、②農村部教員の給与は都市部教員よりかなり低いが、農村部の農民や他の無職者より、職種が安定している。一部の教員特に女性教員にとっては魅力的である、という二点が考えられる。

このように、21世紀に入った現在でも、①教員の法律的、経済的、社会的地位の低さ、②低い給与水準、③正規教員不足、④教員の質の低下などは深刻な問題となっている。

2．教員現況の形成要因

中国国内では、こうした教育における諸問題の原因は財政問題と関連させて説明されることが一般的である。しかし、この問題は、単に財政力の不足という問題だけではなく、以下のような教育理念、教育政策、そして国家政策の影響を無視できない。

第一は、中国の数千年の文明史では常に「学而優則仕」[17]、「家有隔夜粮、不做教書匠」[18]というような「官僚本位主義」、「知識人軽視」の伝統があることである。特に「知識が多ければ多いほど反動になりうる」という考え方が支配的であった文化大革命期間中には、知識人は全て反動的な「資産階級」として討伐の対象とされてしまった。そのため、小・中学校の教員は政治上、勤務上、生活上で大きなダメージを受け、教員の地位はさらに低下した。改革・開放（1978年）以後、市場経済方式の導入により、職種間の収入差がさらに拡大し、利益配分も合理的ではなく、「脳体倒挂」[19]になってしまった。この現象は多くの教員を困惑させてきた。

第二は、建国以来、義務教育が軽視されてきたことである。特に1978年の改革・開放政策の実施以来、経済過熱（物価高騰・財政赤字拡大・国際収支赤

字）を理由とする教育（義務教育も含める）のような非生産部門への支出抑制政策を背景として、教育財政の責任は地方の自主裁量に任されてきた。つまり、一貫して物質資本の投資が重視され、人的資本の投資は軽視されてきた。物質資本の投入は少ないわりに結果を早く期待できる。それに対して、教育投資は結果が出るまで何十年もかかる。その上、多くの政府指導者は教育の役割に対する認識が不十分である。そのため、教育分野と他の分野の利益折衷の中で、教育への支出は軽視されたのである。1952年から1987年までの間、中国における物質資本の投資年増加率は11.3％であるが、同期の教育投資額は工業の3分の1に達していないのである。教育の総支出は常に国民総生産の約3％を占めている。これは先進国の6.1％（1985年）の比率より低く、さらには発展途上国の4％（1985年）よりも低くなっている。1970年から1995年までの間、国家財政予算において経済建設支出は約50％、教育支出は15－16％である。また、財政の分権を実施した後、多くの地方政府は本来多くない教育経費の支出を停止したのである。

　第三は、国家政策が理念的段階に留まっていることである。中央政府は教員地位の向上を呼びかけるだけで、その責任の履行を果たしていない。1978年の改革・開放以後、鄧小平は「知識を尊重し、人材を尊重する」と強調し、教員の待遇の改善、質の向上を求めた。特に、1980年に開かれた「第四回全国師範教育会議」では、師範教育の地位、役割と任務を新たに確立し、知識人を重視する政策を選択した。しかも、教員の社会的地位を上げるために1985年9月10日から「教員の日（9月10日）」が定められ、「中華人民共和国教員法」（1993年）も制定された。中央政府は教員地位の向上、給与待遇の改善に関する法律条文、いくつかの通知を公布しているが、その履行と財源調達の責任をほとんど地方に移管している。中央政府による教員地位の向上策は理念・スローガンに留まっているのである。

　教員をめぐる現況や問題が生じた根本的原因は、上述の要因のほかに、以下の教育行財政体制、学校組織特性、都市部と農村部の二元制管理体制などの要因も無視することができない。

第2節 「統一指導・分割管理・県を主とする」の教育行政体制

　教育管理方式は国によって大きく異なる。中国は、完全分権型のアメリカ、法律主義の分権型の日本、中央と地方権力共用型のイギリス[20]と異なっている。中国は中央集権・地方分権の混合制[21]である。この教育管理体制の流れは以下のようになっている。

　周知のように、中国は1949年に建国し、1978年から改革・開放政策（現代化政策）を導入した。1949年から1978年までの間、計画経済方式が主導で、集権的性格が強かった。この間、教育事業の管理権限のほとんどは中央政府にあり、各学校の人・物・金などの資源を中央政府が統一的に管理し、高度に集中的かつ統一したメカニズムを採用していた。例えば、1963年に中国共産党中央委員会（以下「中共中央」）によって認可された「全日制小学校暫定勤務条例」（草案）は、「全日制小学校は必ず中華人民共和国教育部による統一規定の教学計画、教学要綱及び教科書に基づき教育・教授活動をしなければならない」と明言し、また、同年に公布された「全日制中学校暫定勤務条例」（草案）の中でも「教学計画、教学要綱及び教科書を地方教育行政部門は修正してはならない。修正する必要のある場合は、必ず省・市及び自治区教育行政部門に報告しなければならない」と規定した。しかし、こうした高度に集中的かつ統一した管理下において、各学校には活力がなく、人的・物的資源が浪費され、勤務の不効率がもたらされた。それを是正するために、1978年の改革・開放からこれまで20年余りの間、社会主義的市場経済体制が導入され、効率重視、分権化という発展戦略が重視されてきた。その大きな転換点は1985年の「中国共産党中央委員会による教育体制改革の決定」（以下「決定」）の公布である。この「決定」は「義務教育は、地方責任・分割管理体制を実施する。その目的は、国家の財力不足の問題を解決し、地方の教育の積極性を引き上げ、教育を当該地の経済と社会的発展の実際の需要に適応させるためである」と明言していた。また、1986年の「義務教育法」、1992年の「義務教育法実施細則」などの公布により、義務教育管理における地方主

導原則がさらに強化された。農村部における教育体制改革については、1987年6月15日に国家教委・財政部が公布した「農村の義務教育管理体制改革に関する若干の意見」(以下「意見」)で示された。「意見」によると「農村の義務教育は、主に県が高校、郷が中学校、村が小学校を管理する体制を実施する」と規定している。そして「中華人民共和国義務教育法」(1995)により、「義務教育における統一指導、分割管理、県責任」という体制が明確にされた。この「統一指導」とは、中央政府による統一指導を指す。中央に国家教育部、地方の省・市・県にそれぞれ教育庁、教育局、教育科、教育組を設立し、地方各級教育行政組織は中央の統一指導を受ける。「分割管理」とは、各級政府が各級各類教育に対して異なる責任を負うことを意味する。全国教育事業では、中央、地方（省・市・県・郷）両級管理が実施されている。具体的に言えば、①高等教育は中央・省（自治区・直轄市・中心都市）が管理する。②中等職業技術教育は地方責任で実施する。③義務教育は県レベル[22]の政府責任で分割管理を実施する。つまり、義務教育は、中央の統一的な指導のもとで、各級機関がそれぞれ一定の管理責任を負っているのである。

　こうして、義務教育制度が確立するとともに、地方の責任による分割管理体制が創設された。中央政府の役割は、教育をめぐる各種基本方針、政策、法の制定、学校制度制定などを担当するとされている。次に省級政府の役割として、中央政府の政策や法律に基づく教育サービスの実施状況の管理、市や県への指導が掲げられている。市や県は、中央政府の方針に基づいた地域全体の実施計画の策定、基礎教育経費支給の責任を果たすのである。郷鎮政府は、教育サービスを管理する組織をつくり、県の指導のもとで、資金調達などを担当することが期待されている。村は危険な校舎の改修や学校運営条件の改善、教師の待遇向上、資産管理、就学期児童の入学など、学校運営全般に関わる役割を担当するとされてきた。

　特に、総人口数の75％以上を占めている農村部では、義務教育の財政調達や運営は、最も下位政府としての郷・村に委譲された。しかし、義務教育の財源調達と管理はかなり混乱する事態となった。農村部のほとんどの小・中学校は運営困難に陥っているからである。

第1章 教員評価制度を取り巻く政策環境

表1-2-1は、1949年建国以来の農村義務教育の管理体制と財政体制である。

表1-2-1 農村の義務教育管理体制と財政体制

	中央集権的（1949-1985)					
	中央	省・自治区直轄市	市（地）	県（区）	郷（鎮）	村
教職員給与	中央					
公用経費	中央					
校舎修繕	中央					
助学金（貧困生徒へ）	中央					
貧困地域使途特定補助	中央					
教具、図書	中央					
	地方責任、分割管理、郷を主とする（1986—2001)					
教職員給与					郷による統一管理・支給	
公用経費					中学校公用経費	小学校公用経費負担
校舎新築・修繕					中学校舎新築，修繕費	小学校舎新築，修繕費
助学金（貧困生徒へ）						
貧困地域使途特定補助	使途特定補助（例えば：危険校舎修繕）	中央の使途特定補助に応じ，適宜補助する。				
教具、図書						
	地方責任、分割管理、県を主とする（2001年から現在まで)					
教職員給与	困難県教職員に適宜補助	困難県教職員に適宜補助		教職員給与を統一管理，支給		
公用経費				公用経費を部分負担	公用経費を部分負担	
校舎新築・修繕	困難地域の危険校舎修繕補助	危険校舎修繕補助		新築校舎資金負担	新校舎の土地を提供	
助学金（貧困生徒へ）	専門補助金					
貧困地域使途特定補助	専門補助金					
教具、図書				図書、教具購買経費を負担		

注：都市部では、地方政府が教員の給与，学校公用経費，校舎の新築・修繕費などを調達する。

59

表1-2-1から、以下の大きな流れが見られる。

第一に、教員給与、学校運営経費、施設・設備に関連する費用は、1949年～1985年の間（計画経済方式時代）ほとんど中央政府からの財源に依存していた。

第二に、1986～2001年の改革・開放（社会主義的市場経済方式時代）による地方分権に伴い、義務教育の財政・管理権限を全て「最下位政府」としての郷・鎮・村[23]に委譲していた。中国の郷・鎮・村は財源がかなり限られていたため、農村における義務教育の停滞と地域間の格差の拡大をもたらすという状況をもたらした。

第三に、農村の義務教育における財源不足問題、効率低下などの問題を解決するために、2001年6月に国務院の主催による「全国義務教育会議」が開催された。この会議は、「義務教育管理に関して国務院の統一管理のもとで、県を主とする体制を実施する」と強調した。さらに、国務院による「基礎教育の改革と発展に関する決定」（国発【2001】21号）、「農村の義務教育管理体制の改善に関する通知」（国弁発【2002】28号）が次々に公布された。それに伴い、農村の教育財政力の強化をするために、農村部の教育は従来の郷・鎮・村から1ランク上の県が負うこととなった。

現行の県が主体となる義務教育の財政体制の狙いは、以下の三点である。①農村部の教育負担の軽減、②県内部における都市部と農村部の教員人事交流の促進、③農村の義務教育財政の統括調達である。確かに、県を主とする義務教育管理制度は、従来の県以下の郷鎮・村を主とする義務教育管理体制より、郷鎮・村内部の教育発展の不均衡を解決し、歴史的進歩をもたらした。しかしながら、現行の「県を主とする」管理体制には以下の大きな問題が存在している。

第一に、中国の県は、①中央、②省、③市、④県、⑤郷（鎮・村）という五段階の行政主体の中で、かなり下位に位置している。県レベルの財源調達能力は最下位の郷・鎮・村より高いが、中央・省・市より弱い。つまり、義務教育投資主体は依然として低いのである。多くの県は統一した資源管理・配分能力がない。財政力が不足しているため、県内における均衡的資源の配

分が不可能である。現段階で、全国には県が2,959あり、そのうち、780の都市部の県と404の県級市は財政力がある。残る1,675農業県は財政力がほとんどない。そのため、県間の格差、県内部でも貧困地域と富裕地域の格差、少数民族の県と漢民族の県における財政力の格差は激しく、地域間の教育サービスの質の格差、教員の質の格差問題が深刻である。内陸農村部では正規の資格を持たず、人件費が安いが水準も低い「代用教員」が中央政府の規定に反して大量に採用されている。また、質の格差は教員以外にも教材費の多寡、校舎の老朽の度合いなど様々な点で指摘されている。

第二は、財政体制は公開性・透明性が欠けており、また、監督システムが機能していない。さらに、県政府指導者の教育に対する熱意の度合いが異なっている。そのため、県を主とする体制のもとで、期待した効果も得られていない。多くの県の財力が足りないため、所管の農村部の学校運営はさらに困難になっている。

第三は、義務教育の地方分権は、主に義務教育の財政責任と運営責任の移譲に留まっており、学校の設置、教員編制、教育課程の決定などの教育内容の決定権が地方・学校に移管されていない。例えば、1986年に公布された「中華人民共和国義務教育法」第8条によれば、「国務院教育管理部門は社会主義現代化の需要により、義務教育の教育制度、教育内容、課程設置、教科書の審査などを実施すべきである」と規定している。つまり、義務教育には、財政運営責任と管理権力の乖離という問題が生じている。さらに、中国の義務教育の地方分権は、中央政府が財政責任を中央から地方政府に転嫁する一形式にすぎないと考えられている。例えば、「中央各級政府は市場化を口実として、わが国の公共領域において一方的に市場化を強調・重視する傾向があり、さらに、市場を口実にして政府の責任を転嫁している。この問題は、教育・医療領域では最も顕著である」[24]という指摘もある。

第四は、現行の義務教育管理における「国務院による統一管理、分割管理・県を主とする」という体制が曖昧である。「義務教育法実施細則」[25]は各政府間の具体的な財政責任・分担比率を多少明確にしている。しかし、地方各政府には省、市、県、郷四級があり、この四級政府間の責任関係は全く明確に

なっていない。そのため、県を主とする管理体制とは、常に県を主とする経費投入の体制として理解され、解釈されている[26]。

このように、中国においては税収の多い中央と省政府は義務教育責任をあまり履行せず、税収の少ない県及び県以下政府が主に義務教育の責任を負う体制になっている。1998年に教育研究センターによる全国7省26県に対する調査結果によると、義務教育支出総額の中で、県レベル以上の政府負担は12%、県政府は10%、その他は全て郷財政と農民負担であった[27]。この実態から、中央政府や省政府は義務教育に関する財政支出は少なく、最下位の行政機関が義務教育の財政を負担していることがわかる。

なぜ、中国では、財源のある中央政府と省政府が義務教育の財政責任を負わないのであろうか。その要因は以下の三点が考えられる。第一は、中国の義務教育規模が大きすぎるという現実である。2004年時点で義務教育段階の学校数は57万以上、教員数は1,200万人以上、児童・生徒数は1億8千万人いる[28]。中央政府は全て国庫負担金という形で資金調達することが現段階で不可能である。第二は、高等教育を重視し、初等・中等教育を軽視する傾向がある。中央財源と省財源はほとんど高等教育に偏っている。第三は、教育、特に義務教育の公共性に関する意識が低いままである。中国の多くの学者は義務教育を含む教育の完全市場化を主張している。例えば、中国経済学者の高洪源は「社会主義的市場経済体制のもとで、各段階の教育に対しても完全に市場管理体制を実施すべきである」[29]と主張している。

第3節　義務教育の財政体制

1．教育経費の財源

現行の教育財政体制は、1995年に公布された「中華人民共和国教育法」の第50条で、「国家の教育財政支出は、主に中央を主体として、他の多種の方法（地方政府、校営産業、社会団体と公民個人による運営経費、社会寄付金、学費など）を補助とする」と規定されている。しかし、中央政府は教育財政支

出の担当比率を定めていない。

1978年の改革・開放政策（現代化政策）が実施される以前には、中央政府が主に財政投入を負担していた。1978年改革・開放政策（現代化政策）が実施されて以来、次第に地方への財政権限・責任の移行が進んでいる（表1-3-1参照）。現在、地方政府はほとんど全ての基礎教育の財政支出を担当している。

表1-3-1　1990～2005年、中央と地方の基礎教育投資分担割合

(%)

項目	1990年	1992年	1994年	1996年	1997年	1998年	1999年	2000年	2001年	2002年	2003年	2004年	2005年
合計	100	100	100	100	100	100	100	100	100	100	100	100	100
中央	11.50	11.87	11.73	10.87	11.06	13.32	12.62	11.90	11.98	12.01	11.63	11.15	10.12
地方	88.50	88.13	88.27	89.13	88.94	86.68	87.38	88.10	88.02	87.99	88.37	88.85	89.88

出典：中華人民共和国教育部発展企画司編『中国教育統計年鑑』（1989～2006年）

表1-3-1は1990年から2006年までの資料である。85％以上の基礎教育経費の財源は地方政府の負担となっている。つまり、基礎教育の財政的教育経費における中央の支出比率が非常に少ないのである。

地方政府負担の大部分は下位政府としての県及び県以下の負担になる。例えば、国務院発展研究センターの調査によると、現段階の中国の義務教育経費投入は、約78％の財源は郷・鎮にあり、約9％は県財政負担[30]となっている。つまり、義務教育財源における最小行政機関の負担率が非常に高く、中央政府が義務教育の財政責任を十分果たしていないことが中国の特徴である。中央・地方の分担を支出内訳別に見たのが図1-3-1である。

図1-3-1　2003年度、分野別の中央・地方政府の支出割合

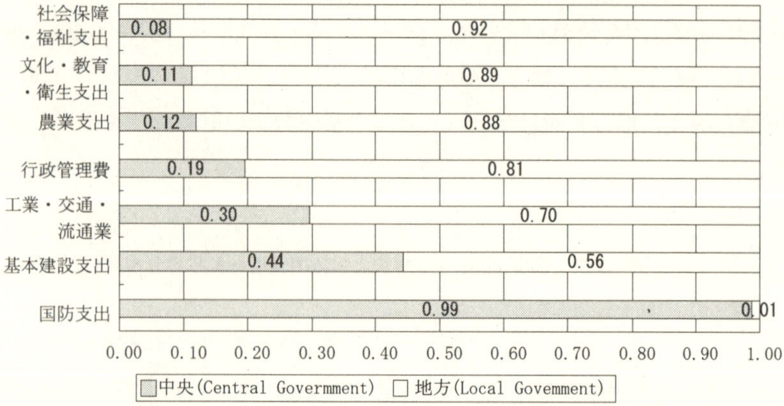

社会保障・福祉支出
0.08
0.92
文化・教育・衛生支出
0.11
0.89
農業支出
0.12
0.88
行政管理費
0.19
0.81
工業・交通・流通業
0.30
0.70
基本建設支出
0.44
0.56
国防支出
0.99
0.01
0.00 0.10 0.20 0.30 0.40 0.50 0.60 0.70 0.80 0.90 1.00
中央(Central Govermment)
地方(Local Govemment)

出典：『中国統計年鑑』（2004）

図1-3-1からわかるように、文教、衛生、社会保障・福祉など、国民生活に密接に関わる領域では地方政府の支出割合が高い。地方政府が十分な財源を得られないまま、国民生活に関わる重要な役割を負っていることは、中国の地方格差、国民の生活格差を拡大する結果に繋がっている。

2．義務教育財政体制の特徴と問題

これまで、中央政府と地方政府の義務教育の財源問題を明らかにしてきた。中国義務教育財政体制の具体的な特徴・問題は以下の四点にまとめることができる。

（1）政府による教育経費の総量が不足している。

1949年から現在までの約60年間、教育経費の投入総量のGDPにおける比率は毎年４％未満である。2004年の国家財政的教育経費はGDPにおける比率は2.79％[(31)]であり、世界平均の4.70％より低い。この点から、中国各級政府の教育への努力の程度は足りないといわざるを得ない。

義務教育経費が不足する[(32)]原因は、国家財政能力の不足にあるとするのが

一般的である。しかしながら、実際は以下の大きな要因も無視することができない。

　第一は、中国の教育予算（教員給与も含む）の位置づけが低い。これが教育財源不足をもたらす致命的な要因である。

　現代中国において、各級教育行政部門（国家教育部を含む）は独自の予算権を持っていない。教育予算は政府の一般予算に属している。その結果、教育行政管理部門の各級教育委員会は教育経費の配分に関する発言力がない。

　教育費は教育事業費と基礎建設費から構成される。教育事業費は人件費と公用経費を含め経常的運営経費である。基礎建設費は固定資産投資（建設と修繕）である。財政予算上では上述の二つの教育費種は別々に予算化されている。教育事業費は教育行政部門ではなく国家各級財政部門（中央政府の場合、財政部）、教育基礎建設費は国家の各級計画部門（中央政府の場合、国家計画委員会）によって予算編成される。両部門によって制定された予算案は最終的に各級政府・人民代表大会（中央政府の場合、国務院・全国人民代表大会）によって決定される。

　政府の各級財政部門と計画部門は予算編成を行う際、第二次産業の工業、特殊プロジェクトを優先し、教育をあまり重要視していない。つまり、現代中国においては、教育費予算の制定は、主に各地方政府の首長の政策的選好によるのである。また、実態として、教育は短期間で大きな効果（業績）を出しにくいこともあり、ほとんどの政府首長は、業績の出しやすい部門に各種資源を投下している。

　国家財政力より、教育予算の位置づけが弱いということが義務教育の財源を決定する重要な要因である。しかしながら、現在、この予算体制上の問題があまり論じられていない。

　第二は、中国の公共管理領域においては公共選択のメカニズムが形成されていない。合理的な公共選択規制がないため、教育は政府の一部門として、他の利益集団との折衝のプロセスにおいてその意思を体現できない。また、人民代表は政府に、公民は人民代表に対して事実上の制約関係を形成していない。現在の政府による政策決定、とくに資源の配分に関する政策決定は、

基本的に権力と権威の大小によって配分されている。現行の行政管理システムのもとでは、教育の主管指導者は各行政部門における地位が低い。そのため、教育部門は弱勢陣営になってしまい、必要な資源を確保することが困難となっているのである。

第三は、監督システムが機能していないため、教育経費の運用水準においても、各種の不正現象がある。篠原清昭が指摘したように「教員給与の不払い問題は、単に教育財政の運用システムの問題ではなく、運用者である地方教育行政担当者の教育政策認識の問題でもあった」[33]。

教育経費の総量は、教育予算の位置づけ、教育への重視度、地方政府の努力の程度及び教員の政治的・法律的・社会的地位などに強く関連している。このような要素を取り除かない限り、教員問題の抜本的改善は望めない。仮に一時政策上、変化があってもこれらの潜在的要因があるかぎり、政策破綻を避けることは困難である。

（2）初等・中等・高等教育予算の配分比率は不均衡である。

表1-3-2は、政府財源（中央政府と地方政府）の初等・中等・高等教育における生徒一人当たりの教育経費の支出比率である。

表1-3-2　三級教育の児童・生徒一人当たり教育経費の支出比率

（単位：％）

年	高等教育	中等教育	初等教育
1996	85.53	10.52	3.95
1997	86.33	9.92	3.75
1998	88.2	8.49	3.31
1999	88.87	7.6	3.53
2000	87.61	8.27	4.12
2001	85.68	9.3	5.02
2002	84.13	10.15	5.72

出典：雲南財貿学院『中国教育財政評論』（中国財政経済出版社、2005）p.9

表1-3-2から、中国では1995年以後、高等教育学生一人当たりの教育経費

が三級教育経費に占める比率は85％前後を維持し、遥かに中等、初等教育を超えていることがわかる。高等教育に投入した一人当たりの教育経費は中等教育（小・中学校）の8～10倍、初等教育の20～25倍となっているという特徴が見られる。

なぜ、中国では、初等教育への配分は少なく、高等教育への配分は多いという現象が生じたのだろうか。その理由は、①多くの政治指導者は中国経済の発展は高等教育次第であるという認識を持っている。高等教育を重視する戦略が取られやすい[34]。②経済実力は弱く、国民の収入は低く、初等教育の規模は大きすぎるのが重要な要因である[35]という指摘も見られる。

（3）義務教育段階の教育財政における地域間の配分が不均衡で、格差も大きい。

義務教育経費の総量が不足する問題、また、初等・中等・高等教育における配分が不均衡という問題のほかに、教育経費の地域間の配分もかなり不均衡である。教育経費の不均衡問題は主に以下の二つの方面に現れている。第一は省・市間の財政支出の不均衡である。第二は都市部と農村部間の義務教育財政支出の不均衡である。例えば、表1-3-3は中国各省の中学校生徒の一人当たりの教育経費と省間平均値の差額である。

表1-3-3　各省の中学校の生徒一人当たりの教育経費と省間平均値の差額

(単位：元)

地　域	1988年	1993年	1996年
北京	294.1	1036.64	1488.2
天津	202.72	353.18	836.13
上海	395.92	812.18	1907.22
遼寧	41.59	106.23	-7.55
吉林	21.51	-22.86	-48.11
江蘇	20.53	54.55	339.31
浙江	26.24	127.23	488.79
山東	-0.46	-34.88	-122.75
広東	65.86	512.99	780.4
河北	4.73	-68.04	-233.75
山西	-31.76	-10.96	-41.01
黒龍江	0.07	-21.27	-177.46
安徽	-69.47	-223.7	-418.25
福建	23.59	147.5	173.28
江西	-59.18	-241.6	-492.81
河南	-53.91	-159.92	-265.5
湖北	-3.73	-27.39	-79.15
湖南	-23.16	-66.69	-121.55
海南	52.36	619.83	181.85
四川	-42.29	-119.06	-149.68
陝西	-31.57	-95.75	-180.54
内モンゴル	25.31	-51.53	-204.36
広西	13.41	-55.3	-315.91
貴州	-93.35	-310.64	-652.78
雲南	-22.42	48.36	216.81
チベット		1072.72	616.99
甘粛	-63.78	-208.2	-414.68
青海	110.15	-75.6	-77.81
寧夏	15.39	-192.79	-419.99
新疆	76.19	78.56	49.91

出典：杜育紅『教育発展の不均衡の研究』（北京師範大学出版社、2000）pp.33-34

　左欄の各地域（日本の都道府県レベルに相当する）の一人当たりの教育経費格差を表すには、各地域の一人当たりの教育経費及び各省間の一人当たりの教育経費の平均値を計算する必要がある。北京、上海、天津などの各省間の

第1章　教員評価制度を取り巻く政策環境

一人当たりの教育経費の平均値は表1-3-3に示されていない。各欄内の数字は平均値からの距離である。例えば、1996年に上海市内部の一人当たりの教育経費は各省間の一人当たりの教育経費の平均値より1,907.22元高い。しかしながら、貴州省内部の一人当たりの教育経費は各省間の平均値より652.78元低い。北京、上海、天津など各省間の一人当たりの教育経費の平均値は900元とすれば、上海市の一人当たりの教育経費は1,907.22＋900＝2,807.22元になる。貴州省の一人当たりの教育経費は900－652.78＝247.22元になる。

　表1-3-3の特徴をより明らかにするために、1996年を例に図1-3-2のように図式化した。

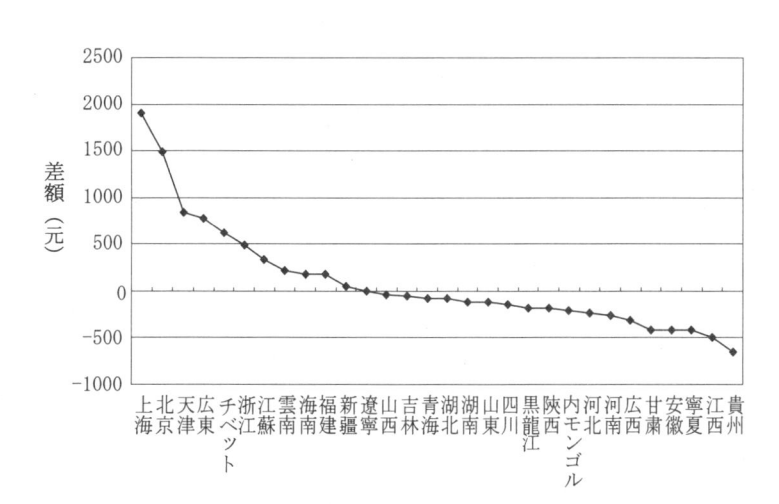

図1-3-2　各省の中学校生徒の一人当たりの教育経費と省間の平均値との差額（1996年）

図1-3-2から以下のことが読み取れる。第一は、省内の生徒一人当たりの教育経費が各省間の平均値より高い省は、上海、北京、天津、広東、チベット、浙江、江蘇、雲南、海南、福建、新疆である。省内の生徒一人当たりの教育経費が各省間の平均値より低い省は、遼寧、山西、吉林、青海、湖北、湖南、山東、四川、黒龍江、陝西、内モンゴル、河北、河南、広西、甘粛、安徽、江西、貴州である。第二は、生徒一人当たりの教育経費が最も高い省

69

は、北京市、天津市、上海市、広東市及びチベットであり、生徒一人当たりの教育経費が最も低い省は、安徽、寧夏、江西、貴州である。第三は、省間の生徒一人当たりの教育経費における格差は激しい。

　この分析結果からわかるように、生徒一人当たりの教育経費が高い地域は、主に沿海部の経済発展地域に集中しており、生徒一人当たりの教育経費が低い地域は内陸部の経済発展が弱い地域に集中している。チベットと新疆は沿海発展地域ではないが、この両地域で生徒一人当たりの教育経費が高い原因は以下のことが考えられる。①チベットと新疆はチベット族と新疆ウイグル族の少数民族の地域で人口密度が非常に低い。②中央政府は民族団結と政治的安定への配慮からこの二つの重点民族地域に特別に多額の支援金を支給している。

（4）義務教育の財政責任は地方分権的で、税金制度は中央集権的である。つまり、財政責任の遂行と財政力にズレがある。

　中国では、1949年の建国から1978年の改革・開放まで、財政責任面と税金制度面においても中央集権的であった。しかし、画一化問題及び効率低下問題が生じたため、1978年以後、「分権的」な政策が取られた。例えば、「地方責任・分割管理・県を主とする」という制度導入が図られた。しかし、この中国における財政の分権制は、アメリカ・日本など先進国のような財政負担と税金委譲をセットした地方分権ではない。義務教育管理・財政責任を県、郷・鎮に委譲しただけで、税金制度は依然として中央集権的である。例えば、2003年の全国財政総収入の総額は21,691億元で、そのうち、中央政府の財政収入は12,464億元であった。中央政府の財政収入は全国総収入の57.5％を占めている。つまり、全国財政総収入において中央政府の財政は大部分を占める。また、中央政府財政以外の収入はほとんど省水準にある。一方で、下位政府としての市、県、郷・鎮にほとんど財源はない。しかしながら、義務教育の管理・財政責任の執行は、ほとんど財源のない県・郷・鎮・村という「下位政府」に任されていたのである。

　義務教育における財政力と財政責任の遂行におけるズレを図式化すれば、

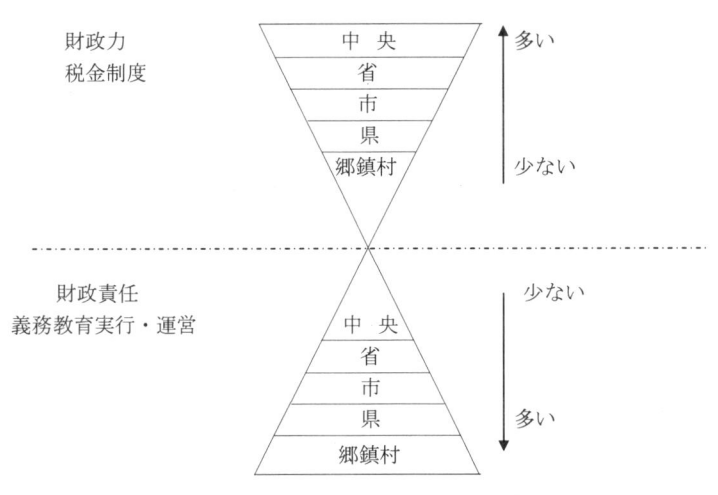

図1-3-3 義務教育制度の財政力と財政責任の関係図

財政力
税金制度

中央／省／市／県／郷鎮村　多い→少ない

財政責任
義務教育実行・運営

中央／省／市／県／郷鎮村　少ない→多い

注：筆者が独自に作成

図1-3-3のとおりである。

　図で示したとおり、中国の現段階の特徴は、義務教育の政策決定主体・財政力が上位の中央政府・省政府にあり、資金調達や管理運営の責任主体は「下位政府」としての県・郷・鎮・村に集中していることである。つまり、中国では「各級政府の財政力と事務権のずれがある」[36]。

　現在、中国では、日本のような地域間の格差を是正するための地方交付税制度がまだ出来ていない。一部税源は中央から地方に返還されているが、その返還方法・基準は以下の特徴を持っている。まず、地域間の格差の是正のためではなく、地方から中央に納めた増殖税、消費税及び所得税などの税金の多少に応じて返還する。こうして、収めた額が多い地方は返還される額が大きく、収めた額の少ない地域は返還される金額が少なくなる。つまり、現段階の中央による税金の返還は地域間の格差の是正の機能を果たしていない。さらに中央からの税金返還はほとんど使途特定金である。主に校舎の修繕、実験設備の購買、図書の購入などに限定されている。学校の通常の運営を維持する経常性経費（人件費と公用経費）に関する交付金制度はまだ設定され

ていない。つまり、中国では、現在、義務教育諸学校の通常の運営を維持する公用経費と人件費は、ほとんど「下位政府」の県・郷・鎮及び家庭共同による負担となっている。これは特に農村部で顕著である。

中央政府は地方交付税制度を導入しておらず、教育の責任を予算の確保が難しい市、県、郷・鎮に押し付けている理由については、以下のように考えている。第一は、義務教育の予算が膨大にかかり、中央政府の財政調達能力がまだ限られている。第二は、中央と地方関係に関する研究は遅れており、中央、省、市、県、郷・鎮の役割分担は曖昧である。

第4節　学校組織の特性

1．学校組織と教育委員会、政府の関係

中国の学校組織の特徴は日本やアメリカなどの先進国と異なる。学校と地方政府、教育委員会の関係は図1-4-1で示す。

図で示すように、教育行政システムは独立しておらず、学校外部には政府管理による行政系列と共産党による政治監督の系列がある。つまり、中国における教育は独立しておらず、政府（行政）と政党（共産党）に従属している。教育行政法理体系において、公立学校は実質的に政府の教育行政部門の延長、あるいは、教育機関に準ずるものである。教育部（文部科学省に相当する）を含む各教育部門の人事権・財政権は、各教育行政部門ではなく、政府の人事部門・組織部門にある。各教育行政部門に付与されている権限は、学校管理・運営権のみである。各級教育行政部門（教育行政委員会）は、政府及び共産党の委員会によって管理されている。教育委員会のリーダー（教委主任）の人選は、地方政府の首長及び共産党の組織部門によって任命されている。

学校組織も行政系列の上級「教育委員会」及び政党系列の「教育工作委員会」の管理を受ける。学校長の任命権限も行政系列の「教育委員会」及び政党系列の「教育工作委員会」にある。

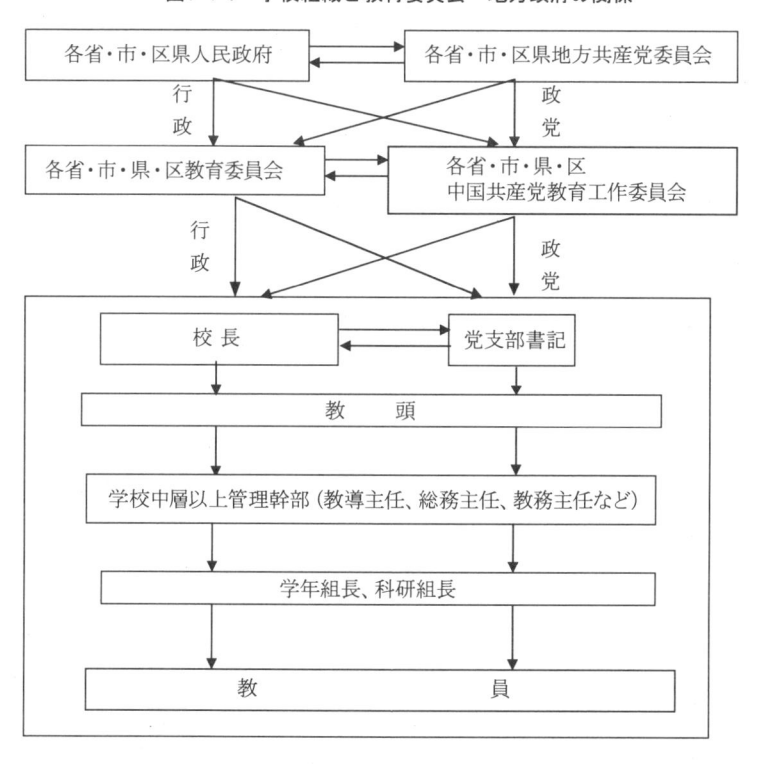

第1章 教員評価制度を取り巻く政策環境

図1-4-1 学校組織と教育委員会・地方政府の関係

```
┌─────────────────────┐         ┌─────────────────────┐
│ 各省・市・区県人民政府 │ ←─→    │ 各省・市・区県地方共産党委員会 │
└─────────────────────┘         └─────────────────────┘
         │  行                              政  │
         │  政                              党  │
         ↓                                     ↓
┌─────────────────────┐         ┌─────────────────────┐
│ 各省・市・県・区教育委員会 │ ←─→ │ 各省・市・県・区       │
│                     │         │ 中国共産党教育工作委員会 │
└─────────────────────┘         └─────────────────────┘
         │  行                              政  │
         │  政                              党  │
         ↓                                     ↓
┌─────────────────────────────────────────────────────┐
│    ┌──────────┐              ┌──────────┐           │
│    │  校 長   │ ←─────────→  │ 党支部書記 │           │
│    └──────────┘              └──────────┘           │
│         │                                           │
│         ↓                                           │
│    ┌─────────────────────────────────────┐         │
│    │              教  頭                  │         │
│    └─────────────────────────────────────┘         │
│                    │                                │
│                    ↓                                │
│    ┌─────────────────────────────────────────────┐ │
│    │ 学校中層以上管理幹部（教導主任、総務主任、教務主任など）│ │
│    └─────────────────────────────────────────────┘ │
│                    │                                │
│                    ↓                                │
│    ┌─────────────────────────────────────┐         │
│    │       学年組長、科研組長             │         │
│    └─────────────────────────────────────┘         │
│                    │                                │
│                    ↓                                │
│    ┌─────────────────────────────────────┐         │
│    │            教       員               │         │
│    └─────────────────────────────────────┘         │
└─────────────────────────────────────────────────────┘
```

　また、学校組織内部では、校長による行政管理と党支部書記による政治・思想監督という二元管理を実施している。中国の学校組織における二元制管理体制は、欧米における学校管理中の「二元管理」という概念とは異なる。「欧米の『二元構造』とは、学校管理中における行政管理と学術管理である。行政管理は校長の行政権力で、学術管理は学者の学術権威による」[37]。アメリカであれ、イギリスであれ、日本であれ、「教育の政治的中立性」という原則のもとで、政権党が直接学校教育に参与し、管理することは不可能とされている。しかし、中国の学校における二元構造は、「共産党」と「教育行政」の両面による管理である。中国における二元制管理は教育領域だけではなく、あらゆる領域に渡っている。

　中国の学校組織構造における「二元制」構造は、「小・中学校内部管理体

73

制改革のさらなる推進に関する意見」(1990年6月28日、京政文教［1990］32号）
では、「小・中学校の党支部が、学校における共産党の路線・方針・政策の
貫徹を保証し、学校の社会主義的発展方向の保障に対して重大な責任を担っ
ている。校長責任制を実施しても、学校の党支部は政治的核心として監督作
用を発揮すべきである」と明言している。また、中国の各級各類学校の「二
元制管理体制」は政治的及び現実的要因がある。「政治方面から見れば、中
国は一党執政であるから、執政党として学校教育に対して管理や監督をすべ
きである。それを通して、各級各類学校に執政党の方針に応じて授業・教育
活動をさせることができる。次に、中国で二元管理を実施することは合理性
を持っている。中国は長く伝統文化に影響され、『人治思想』が根付いてい
る。法律意識は弱く、法制度も不完全である。また外部環境による学校への
制約はかなり限られている。よって、組織内部の構造的制約を通して運営し
ていくほかない」[38]という指摘も見られるからである。

2．校長と党支部書記による「二元制」管理

中国では、建国以来の学校内部の体制改革はいつも党（共産党支部書記）
と行政（校長）の関係及び民主・集中制度を中心に改革が展開されていた。
中国の学校における二元制管理構造は具体的にどのように導入され、制度形
成の要因はどこにあるのだろうか。

学校管理体制の流れは、1949年の建国からこれまでおよそ以下の8段階に
分類することができる[39]。つまり、①校務委員会制度 (Council)(1949-1950)[40]、
②校長責任制（1954-1957)[41]、③党支部書記指導の校長責任制 (1958-1962)[42]、
④党委員会・教育行政部門指導下の校長責任制（1963-1966)[43]、⑤革命委員
会制 (1967-1978)[44]、⑥党支部指導下の校長責任制 (1978-1985)[45]、⑦校長責
任制 (1985-2001)[46]、⑧校長招聘制（試行中）(2001年から現在まで）である。
このように、中国では建国からこれまで学校の内部管理体制に関する改革が
何度も行われてきた。早期の民主的な「校務委員会制度」は当時の学校の秩
序の安定に対して一定の役割を果たしたが、この体制は学校内部の責任者が
不在であったため、管理効率の低下という問題を生じた。その後、校長責任

制が開始された。しかし、この校長責任制度のもとでは合理的な監督規制が
なかったため、校長による独裁的管理という問題に拡がった。そこで校長の
独裁を抑制し、校長の権力を牽制するために、党支部書記指導下での校長責
任制が導入された。しかし、この体制での学校の権力構造は共産党支部書記
によるある種の権威主義的官僚支配をもたらした。教員人事、学校財政から
教育課程に及ぶ広範囲の学校管理事項に関して、党支部書記が包括的な管理・
監督権をもち、学校を支配したからである。言い換えれば、この体制のもと
では、党（政党）・政（行政）不分（党務と行政の役割の曖昧化）や共産党によ
る一極管理となってしまい、教育活動の非効率化、素人による教育管理が大
きな問題となってきた。それを是正するために、校長の権限を強化すること
が求められた。こうして、1963年3月に教育部による「全日制中学校暫行勤
務条例」が公布された。それによると、「校長が学校の行政責任者であり、
全学校の勤務に責任を負う。学校党支部は学校行政に対して監督と保証の責
任を持つ」と規定された。この体制のもとで、党支部と校長の役割分担が以
前より明確となり、学校秩序が安定し、教育活動が向上した。しかしながら、
教職員の学校の民主的管理・民主的参加が不足しすぎた。1966年に文化大革
命が爆発し、従来の学校内部の管理体制も全部否定され、学校の教育活動は
ほとんど停止された。1976年に文化大革命が終わり、1978年に教育部による
「全日制中学暫行勤務条例」（修訂）が公布され、「小・中学校は全て党支部
書記指導のもとで校長責任制を実施する。学校の全ての重大決定は、必ず党
支部の討論を経て決定しなければならない」と決められた。この規定は、学
校内部における共産党支部の復権と判断することができる。この体制は学校
の正常な秩序の安定、学校教育の質の向上に対して、一定の役割を果たした
が、党支部と校長の分掌管理責任については曖昧なままであった。1985年以
後、国有企業の工場長制の導入を契機として、学校長の責任の強化、民主的
管理の強化が再び求められた。例えば、1985年5月27日の中国共産党・中央
委員会の指示である「中国教育体制改革に関する決定」は、「中等及び中等
以下の学校において、校長責任制を逐次的に実施すべきである。今後の学校
管理体制を改善し、校長による統一管理・指揮、党支部書記による保障・監

督、「教職員代表大会」による民主的管理・監督という三位一体の構造を実施する」と明確にした。また、1995年3月18日に公布された「中華人民共和国教育法」第30条は、「学校の教学及びその他の管理運営は校長の責任、政治・思想の監督は党支部書記の責任とし、教員を主体とする『教職員代表大会』を教職員の民主的管理と民主的参加の機関とする」と再び強調した。上述の法律条文から、近年、従来見られた権力の校長や党支部書記への極端な一極集中を抑制し、党支部と校長の両者の均衡を図り、さらに教職員による学校の民主的管理の強化が求められていることがわかる。

現行の学校組織管理方式を図式化すると、図1-4-2のとおりである。

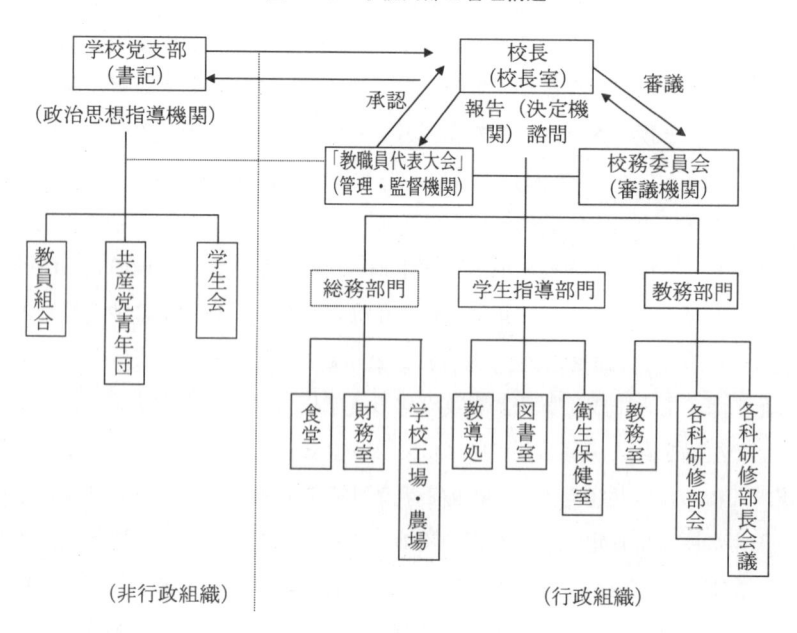

図1-4-2　学校内部の管理構造

出典：篠原清昭『中華人民共和国教育法に関する研究』p.235 を基に、筆者が修正

図1-4-2からわかるように、現在の学校管理組織の大きな変化には、以下の二点がある。第一は、校長・党支部書記の独裁を制御する「校務委員会」の設置である。第二は、教職員の学校管理・運営参加機関としての「教職員

代表大会」の設立である。校務委員会は、学校内の各組織相互の情報伝達や調整を図るとともに、校長の方針決定を補助する諮問機関である。「校務委員会」の構成員はほとんど学校中層以上（正校長・副校長、教務主任、総務主任、学校党支部書記、学校「共産主義青年団」書記、教育組合主席等）の幹部である。構成員が多くないことにより、容易に召集できる。この組織は学校外の上級党委員会や教育行政部門の主要指示が伝達され、学習する場であり、学校の人事、財務、教育カリキュラムを決定する場という性格を持っている。

組織構造及び形式から見れば、現行の校長の統一指揮、党支部書記の保障監督、教職員集団の民主的管理・監督の三位一体構造は分権的な印象を与えるかもしれない。実際には、学校組織内部において以下の四つの問題が生じている。

第一は、学校内部における厳格的・階層的なピラミッド式の組織構造

これは学校管理を規範化（ルールの明確化と透明化）して、効率の追求の面で一定の役割を果たしている。しかし、そのデメリットも少なくない。例えば、陳大超・劉興春は「わが国の校長―教頭―教導主任―科研組長―教員という五段階の階層は、教員の民主的管理・民主的参与に悪影響を与えている。教員の意見は少なくとも上の四つの階層を経由して自分の意見を校長のところに届けられる。この種の内部における厳格な組織制度は、情報の交流、政策決定の効率に悪影響を与えている」[47]と指摘した。「中華人民共和国教員法」では「教員は、授業・教育活動を行う専門者である」と明言している。つまり、中国の教員は教育専門職であることが法律で規定されている。しかしながら、上図の学校組織構造からわかるように教員は専門職より「学校管理の対象者である」とされていることがわかる。現代中国の法律規定と実態の間には、常にこうした歪みが存在しているのである。

第二は、校長と党支部書記の役割・権限が不明確である。

「中華人民共和国教育法」第三章第28条は、学校長の権限と機能について「①国家の規定に従い、自主的に学校を管理する、②学校の教育・教授活動

を組織する、③生徒の募集をする、④生徒の学籍を管理する、⑤生徒への卒業証明書の交付、⑥教員の招聘、採用、評価、賞罰をする、⑦学校経費の管理などである」と規定している。

学校党支部書記の権限[48]は以下のとおりである。

> ①共産党支部は学校の政治管理の核心であり、学校行政活動の指導・指示・監督者であり、各種大衆組織（共産主義青年団組織、教員組合など）の指導者である。②実態面では、党組織は学校の重要業務（学校運営方針、発展計画及び幹部の任免）の決定において、行政代表者（校長）に協力し、各方面の意見を聴取する。③校長と行政部門の勤務を支持し、校長及び学校行政部門の党の教育路線・方針・政策の執行状況を監督する。④学校内部の各幹部と大衆に対して思想教育を行う。⑤教員、学校幹部の思想状況を把握する。⑥「教職員代表大会」、「共産主義青年団」及び組合と学生会の活動を管理する。⑦党員教育と党組織発展に向けた活動をする。

この条文から、学校党支部書記の役割は主に政治・思想管理が中心で、校長は教育内容・活動の組織、教員人事の管理、学校財務の管理などが中心であることになっている。しかし、学校教育活動はかなり複雑であり、職務内容によっては政治活動と教育行政活動の明確な区分が難しい。それゆえ、常に校長と党支部書記の管理責任問題が潜在化するのである。

第三は、学校管理における教員の民主的管理・参加機構は機能していない。

学校の民主的管理を強化するために、「校務委員会」、「教職員代表大会」制度が導入されてきた。しかしながら、「校長」、「党支部」、「教職員代表大会」、「校務委員会」のそれぞれの権限規定及び解釈が曖昧であるため、現場が混乱した状態になる。

学校の「校務委員会」は諮問機関であり、審議・権力機関ではない。学校内部の最終権力は校長にあり、「教職員代表大会」は法的拘束力を持っていない。「教職員代表大会」も校長の管理に服従することを前提としている。

校長が校務委員会や教職員代表大会との意見が一致しない場合、最終的に校長の決定が尊重される。つまり、「校務委員会」や「教職員代表大会」は教職員参加による民主的管理の形式をとっているが、最終的な責任者としての校長の権限は尊重されることになる。言い換えれば、現段階の民主的管理機構としての「教職員代表大会」の権限は限られたものでしかないのである。

従って、今後、法律で学校長の権力と責任、民主的管理機構としての「教職員代表大会」等の学校審議機構の権力及び責任をさらに明確に規定する必要がある。

以上、中国の学校組織における共産党と校長による縦割り的二元制管理構造を明らかにしてきた。①学校内部のピラミッド型分掌組織問題、②党支部書記と校長の管理責任問題、③民主的管理機構の形骸化問題は、教員評価制度を分析・検討する上で不可決な問題なのである。

第5節　教員組合の役割

アメリカ、イギリス及び日本において、教員組合は教員評価政策に対して一定の役割を果たしている。では、中国の教員組合の役割はどうなっているだろうか。

「中華人民共和国組合法」は1950年6月29日に成立し、1992年4月3日に改正され、現在に至っている。その第二条は、「組合は職員が自発的に組織する大衆組織である」、第三条は、「中国における企業・事業体において、給与収入を主要来源とする肉体労働者と精神労働者は、民族・種族・性別・職業・宗教・教育程度を問わず、組合を組織する権利を有する」、また、第十六条は「企業・事業機関で、いかなる団体や個人であれ職員代表大会制度また他の民主的管理制度に反する場合、組合は抗議する権利を有する」と規定している。これらの関連規定を受けて、教育領域において中国全国教育組合が設立され、1950年8月2日に第1回全国代表大会が開かれた。その後、1956年8月6日に第二回、1987年第三回、1993年第四回、1998年五回全国代表大会が開かれた。中国の教員組合には教員の権利・勤務条件などを保障す

る団体争議権が付与されている。しかし、中国における教員組合の特殊な点は以下の規定に見られる。1989年12月21日に中国共産党中央委員会によって公布された「各企業・事業機関の組合・「共産主義青年団」及び婦人連合会に対する管理に関する通知」によれば、「共産党による管理を堅持することは、組合・「共産主義青年団」[49]及び婦人連合会の活動をよくする根本的保障である」と定められていた。つまり、自発的な組織としての教員組合が共産党からの管理を受けることになっていたのである。

それを受けて、1992年に国家教育部・全国教育組合による「『中国共産党中央委員会による組合・「共産主義青年団」及び婦人連合会に関する管理の通知』の貫徹についての意見」が採択された。その第3条は、「学校共産党の組織は学校教員組合への管理を強化する。組合の正確な政治方向を保証する」と明文化している。つまり、教員組合は政権党としての共産党によって管理・監督される組織と位置づけられたのである。この点が、海外研究者に中国に教員組合がないと思われる理由の一つであると考えられる。以上の整理・分析を図式化すると、図1-5-1のとおりである。

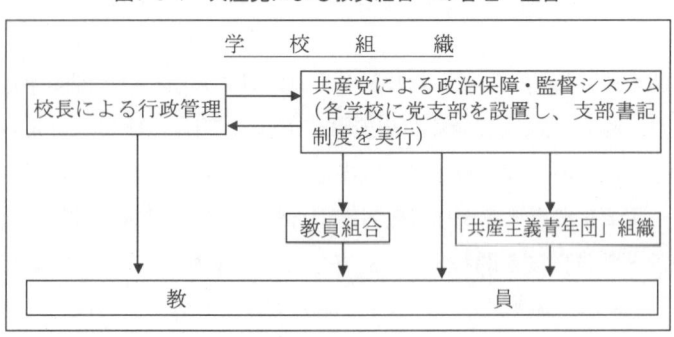

図1-5-1　共産党による教員組合への管理・監督

```
┌─────────────────────────────────────────┐
│           学　校　組　織                │
│  ┌──────────┐  ┌──────────────────┐   │
│  │校長による │←→│共産党による政治 │   │
│  │行政管理  │  │保障・監督システム│   │
│  │          │  │(各学校に党支部を │   │
│  │          │  │設置し、支部書記 │   │
│  │          │  │制度を実行)      │   │
│  └──────────┘  └──────────────────┘   │
│       │          │          │         │
│       │     ┌────────┐ ┌──────────┐  │
│       │     │教員組合│ │「共産主義│  │
│       │     │        │ │青年団」組織│  │
│       │     └────────┘ └──────────┘  │
│       ↓          ↓          ↓         │
│  ┌─────────────────────────────────┐ │
│  │           教　　　員            │ │
│  └─────────────────────────────────┘ │
└─────────────────────────────────────────┘
```

注：本図は、筆者が独自に作成

図1-5-1で示したように教職員の労働条件、福祉待遇の改善を目的とする教員組合は、共産党の直接管理のもとで活動を展開しているため、その役割が歪められやすいのである。中国における教員評価の実態・特質・効果等に関

する分析では、教員組合のこうした特質を無視することができないのである。

第6節 戸籍制度、都市部と農村部における「二元制」管理構造

1．戸籍制度形成の流れ

　教員評価制度を取り巻く政策環境を理解するために、教員の自由流動を制約している戸籍制度を解明する必要がある。

　先進諸国での日本では戸籍は相続などの時以外には、ほとんど話題にならない。だが、中国は全く異なる。戸籍がすべての勤務の前提なのである。李宝元が指摘したとおり、人力資本の流動を制約する最大の障害は、都市部・農村部を分割する戸籍制度にある[50]。

　中国では戸籍は大きく二つに分けられる。一つは「農業戸口（農村戸籍）」であり、全人口の約75％を占める。残りが「非農業戸口（都市戸籍）」である。

　1949年の新中国成立まで、中国の人口移動は相対的に自由であった。1958年に全国人民代表大会常務委員会が「戸籍登記条例」を発布してから、都市戸籍と農村戸籍はそれぞれ固定化した身分を表すものとなり、法定の隔離制度が実施されてきた。都市部の市民に対して、政府はほとんどの各種公共サービス（教育、食糧の配給・住宅・医療・健康保険・就職）を提供し、農村部の農民に対しては放任政策を取っている。つまり、国家は都市部住民と農村部の農民に対して公共サービス整備における差別化戦略を実施している。現在でも、戸籍を離れれば生存さえ困難になりかねないほど、厳しく人々の行動の自由を束縛している。教育領域も例外ではない。

　なぜ、中国では、都市部と農村部における二元制管理体制が形成されたのか。農村部と都市部における二元制管理の形成要因は、①戸籍制度の導入初期に工業化を実現するため農業から原始的蓄積を図るという当時の国家戦略が大きく関連している、②中国は農村人口がかなり多く、また、中央財源が少ない。そのため、農村部と都市部における公共サービスの整備を平等に行

うのは不可能である、③「利益集団の影響力に関係がある」[51]。つまり、改革解放以後、中国では基本的に都市部と農村部という二大利益集団が形成された。そこでは都市部の利益集団の実力が大きいので、政府は公共資源を配分する時に常に都市部の需要を優先するという都市部傾斜政策を取ってきた。

戸籍規制による二元的社会構造は都市部と農村部における資源配置（文化、教育、衛生、基盤施設建設、社会保障など）の不平等をもたらしてきたのである。

２．都市部と農村部における「二元制」がもたらした問題

（１）農村部教員の生活環境はかなり困窮している。

都市部と農村部の二元制管理のもとで、長期間、中国政府は資源の配分における都市部と農村部の区別管理を実施していた。都市部では、義務教育の教員給与、学校公用経費、学校の校舎と施設建設及び修繕費などは全て国家政府予算から調達されている。しかし、農村部では、教育財源のほとんどを農民が負担することになっている。

国家教育発展研究センターの調査によると、厚生経費の配分割合は、都市部では85％、農村部では15％を占めている[52]。この制度の影響を受けて、農村部における学校は不利な立場におかれ、農村部学校の教員確保が困難となり、教育の質の低下をもたらしているのである。

都市部と農村部における教員の生存環境、配置状況、地位及び教員の質は以下のとおりである。図1-6-1は1990年から2003年までの全国都市部職員と農村部職員（教員を含める）の一人当たりの年所得格差である。

図1-6-1から、都市部職員と農村部職員の一人当たりの収入格差は1990年に２倍以上、2003年に3.40倍となっている。こうした格差はさらに拡大傾向にある。

都市部と農村部の消費水準状況が図1-6-2である。

図1-6-1及び図1-6-2から、以下のことがわかる。一つには、中国各省・自治区・直轄市において、都市部と農村部における消費格差はかなり顕著であ

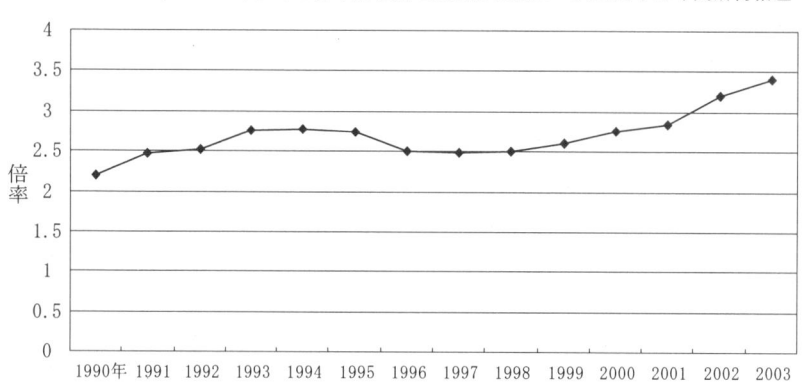

第1章 教員評価制度を取り巻く政策環境

図1-6-1 1990年～2003年までの都市部職員と農村部職員の一人当たりの年間所得格差

出典:『中国統計年鑑』(2004)、また、「2003年国民経済と社会発展統計公報」及び国家教育発展研究中心『中国教育緑書―2004 Green paper on Education in China』(教育科学出版社、2004)p.7、p.113

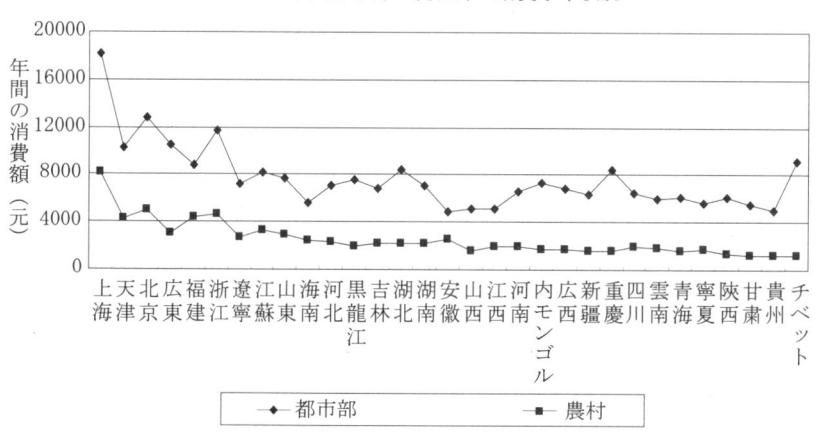

図1-6-2 中国都市部と農村部の消費水準状況

出典:『中国統計年鑑』(2004)

る。その格差の幅は1.9～7.1倍となっている。さらには、省内部の都市部と農村部における消費格差も拡大していることである。

農村部の生活水準及び消費水準をさらに明確にするために、2004年度中国都市部と農村部の100戸家庭ごとの耐用消費品の状況を表1-6-1に示した。

83

表1-6-1 2003年度都市部と農村部の100戸家庭ごとに有している耐用消費品の状況

消費品名	都市部	農村部	都市部と農村部の比率
エアコン	62	3	20.7
カメラ	44	3	14.7
冷蔵庫	89	16	5.6
ビデオ	18	4	4.5
携帯	111	35	3.2
洗濯機	94	34	2.8
カラーテレビ	131	68	1.9

出典:『中国統計年鑑』(2004)

　表1-6-1は、都市部と農村部の100戸家庭ごとに（教員を含む）耐用消費材の数量を表したものである。100戸ごとのうち、エアコンが都市部は農村部の20.7倍、カメラが都市部は農村部の14.7倍、冷蔵庫が都市部は農村部の5.6倍、ビデオが都市部は農村部の4.5倍、携帯が都市部は農村部の3.2倍、洗濯機が都市部は農村部の2.6倍、カラーテレビが都市部は農村部の1.9倍となっている。また、都市部の市民が享有している乗用車、パソコンなどは農村部ではほとんど使用されていないのが現実である。
　中国都市部と農村部における収入面、消費面における格差と同時に、都市部と農村部の地域間の環境整備面での格差もかなり深刻である。例えば、都市部はインフラ整備面、医療保険面、交通、情報面がかなり進んでいる。それらが原因で、「都市部の市民の平均寿命は農村部より平均して5歳高い」[53]。医療保険を受けている人は、中国農村地区の住民の15％にすぎないのに、都市部ではほぼ全員である。農村4.9億人の就業人口の平均教育年限は7年間であるのに対して、同期の都市部では就業人口の平均教育年限が10.2年であった。その差は3年余りである」[54]。つまり、農村学校の勤務条件は悪く、農村教員は給与・福祉等の面において不利な立場に置かれ、研修・昇進等の機会も明らかに都市部の教員より不利である。このほか、一部の農村地域では農村における中堅教員への奨励策として、「人事評価を通して人為的に農

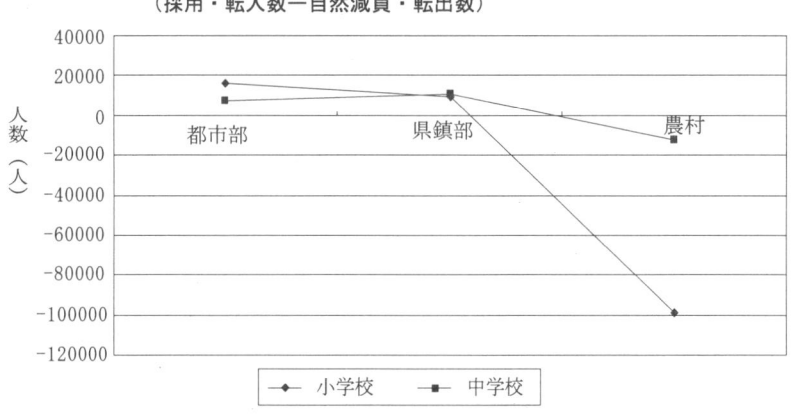

図1-6-3　全国小・中学校教員の地域間の採用・転入と自然減員・転出状況
　　　　（採用・転入数―自然減員・転出数）

出典：『中国教育統計年鑑』（2004）

村における優秀教員を都市部に転入させている」[55]のである。

　これらが原因となり、以下の二つの問題をもたらしている。第一は高学歴の教員のほとんどが農村の学校への就職を希望しない[56]。第二は農村の優秀教員（特に若手教員）の人材確保が問題となっている[57]。図1-6-3は、2003年度の中国小・中学校教職員の変動状況である。

　図1-6-3が示すように、小学校であれ、中学校であれ、都市部から転出した教員数は少なく、農村部から転出した教員数は多いのである。この結果、農村学校における中堅教員の流失は、本来教育力が弱い農村教育をさらに悪化させてしまい、地域間の教育における不均衡を拡大しつつある。

　中国では、人口の自由流動に対して戸籍制度からの制約があり、公共サービス（文化、教育、衛生、社会保障、交通、通信）などが地域間で平等に整備されていない。こうした環境は教育現場の生徒の質に対してどのように影響しているだろうか。

表1-6-2　1999年全国普通小・中学校の児童・生徒一人当たり教育経費支出

(単位：元)

項目	生徒一人当たり教育経費支出		生徒一人当たり財政予算内教育経費支出	
	中学校	小学校	中学校	小学校
全国	1102.5	625.45	625.46	378.72
都市・鎮	1423.85	841.11	811.69	515.27
農村	861.64	519.16	485.82	310.58
都市・鎮と農村の比率	100:60.5	100:61.7	100:59.9	100:60.3

出典：農業部農村経済研究センター編「中国農村研究報告」
（中国財政経済出版社、2002) p.616

（2）　農村部生徒の教育環境は厳しい。

　表1-6-2は、1999年の全国普通小・中学校生徒一人当たり教育経費の支出表である。表1-6-2から、中国の都市部、農村部における教育力の格差がわかる。

　表1-6-2から、生徒一人当たりの教育総経費から見ても、農村部は生徒一人当たりの財政予算内教育経費支出が都市部より明らかに低いことがわかる。

　また、授業科目の開設に関しても、農村部と都市部において違う措置が見られる。例えば、1983年の国家教育部による「普通中学校教育の質のさらなる向上に関する通知」では「都市部では、国語・歴史・地理・音楽と美術の科目を重視し、授業時間数を確保しなければならない。また、学校条件のよい学校ではさらに選択科目を開設してもよい。農村部の学校では、教員や経費が不足するため、県教育局の許可を得て、国語・数学・政治・農業基礎地域などの科目を主とする」[58]と明言していた。つまり、教育カリキュラムの編成では都市部と農村部で差別戦略を取っている。その結果、音楽、美術、体育、パソコンなどの科目は農村部ではほとんど開設されていないとも言われている。表1-6-3は、2001年の中国農村学校の最も教員不足の五科目の教員一人当たりの生徒数である。

第1章 教員評価制度を取り巻く政策環境

表1-6-3 農村学校の最も教員不足の五科目の教員一人当たりの児童・生徒数

(単位：人)

項目		情報技術	体育	音楽	美術	労働技術
全国本教科の教員総数	中学校	39151	132454	56329	56927	30642
	高校	10098	43908	3621	4078	1638
教員一人当たりの生徒数	中学校	1643	486	1142	1130	2099
	高校	1391	320	3880	3445	8577

出典：葛娟『中国農村教員発展研究』（浙江大学出版社、2005）p.62

　表1-6-3の教員一人当たりの生徒数からわかるように、カリキュラムの開設、教員数の確保の面においても農村部の学校の条件は非常に悪いのである。現在、「中国農村の約30％の小・中学校には体育教員がいない。約16％の生徒は体育の授業を受けていない。約28％の小中学校は、「国家小・中学校体育指導要領」の要求する水準に達していない[59]と指摘されている。その上、農村の教育施設・設備の不整備と老朽化問題はさらに深刻となっている。例えば、「2003年に全国農村小・中学校の校舎は64,492.1万平方メートル、そのうち、危険校舎が5,621.5万平方メートルで、農村校舎総面積の8.72％を占めた」[60]とのことである。

　上述の都市部と農村部の格差問題を是正するために、2003年9月に国務院は1949年の建国以後、初めて全国農村教育会議を開催し、「農村教育の発展・深化に関する決定」を公布した。その決定は農村教育を重点中の重点と明確にし、農村教育の発展を図ることが重要な課題とされた。しかし、農村教育の発展を促進するプロジェクトは目下進行中で未評価状態である。前述のように、①教育予算の位置づけが弱い、②中国の義務教育の規模が大きすぎる、③地域間の政治・経済・文化に違いがある、④中央政府の財政調達能力も限られているので、地域間の格差解決はそれほど簡単な課題ではないと考えられる。

第7節　まとめ

　本章では、中国の教員評価を取り巻く教員の社会的地位・人材確保状況、義務教育の教育行財政体制、学校組織の特徴、教員団体（教員組合）の性格・役割、戸籍制度を分析し、問題点を示した。これらの諸課題の整理と検討を通して、以下のことを明らかにした。

　第一は、中国の教員の社会的地位が低く、人材確保が困難であり、地域間の配分は不均衡である。

　第二は、1980年代以後、義務教育管理・財政体制における地方分権化の実施に伴い、地域間の格差が激しい。

　第三は、学校内部管理体制に関して、従来の党支部書記の一極管理から、学校長と党支部書記の共同管理・校長責任制が導入されてきた。しかし、学校の民主的管理機関としての「校務委員会」・「教職員代表大会」などがあまり機能していないため、校長の独走になりやすい。また、学校長と党支部書記の二元管理構造は、校長と党支部書記の役割・権限をあいまいにしているため、学校管理行政に混乱をもたらしている。

　第四は、中国においても教員組合という組織があるが、その位置付けにおいて共産党の管理のもとで機能しているため、教職員の勤務条件などの交渉は禁止され、民主的組織としての役割を果すことができない。

　第五は、教員の自由流動を制約する戸籍制度があり、制度上で中国都市部と農村部の二極化を生じさせ、農村部の資源・財源・サービス（交通・医療・住居・保健・就業等）は都市部より、非常に遅れているため、農村部の人材確保が非常に困難である。

　人事考課の先決条件としては、教員給与・待遇の適正化、教員の社会的地位の向上の他、豊富な教員資源、自由な労働力市場、職業選択の自由、国内移転の自由、戸籍制度の緩和、農村と都市間の格差の縮小などがある。しかしながら、本章のこれまでの分析から明らかになったように、中国では、教員の人材確保の困難さ、待遇の低下、自由な労働力市場の欠如、都市部と農

村部の格差、共産党による学校管理などの問題を抱えている。これらは中国における教員評価（年度考課、職務称号評定、3％奨励・昇格）制度の発展を妨げる大きな要因ともなっているのである。

[注]

（1）『中国教育年鑑』（2006年）教育部「2005年度全国教育事業発展統計公告」による。
（2）孟衛青「中国公立小中学校教員の法律地位」褚宏啓主編『中国教育管理評論』第2冊、（教育科学出版社、2003）p.334、馬嘯風『中国師範教育史』（首都師範大学出版社、2003）p.71、陳永明主編『MPA教育政策と教育法規』（華東師範大学出版社、2003）p.85を参照。
（3）「臭老九」は、中国の文化大革命期間において知識人を軽蔑する代名詞として使われた称呼である。当時の社会における悪人は9種類に分けられた。その9種類の悪人は、地主、富農、反革命分子、悪人、右派、資本主義路線の権力者、裏切り者、スパイ、知識人である。
（4）陳永明『教員教育研究』（華東師範大学出版社、2003）p.23
（5）中央教育科学研究所の所長。
（6）田恵生「農村教員層の問題」、中央教育研究所『教育研究』（教育科学出版社、2003年第8期）p.6
（7）「学歴不合格率」とは、教員の学歴が国家によって規定された基準に達していない教員の比率を指す。
（8）李啓咏「教員招聘制度への観察と思考」、『小中学校管理』（2003年2月）
（9）15業種とは、(1)農林・牧畜僕・漁業、(2)伐採業、(3)製造業、(4)電力・ガス及び水力、(5)建築業、(6)地質調査業、(7)交通運輸業、(8)卸売・飲食業、(9)金融・保険業、(10)不動産業、(11)社会サービス業、(12)衛生・体育・社会福祉業、(13)教育・文化・放送業、(14)科学研究と総合技術諮問業、(15)国家機関・政党機関と社会団体。
（10）『教授育人』（2001年第8期）貝清華「わが国の教員層の現状と原因」
（11）章典華「小中学校教員の社会的地位」、中央教育研究所『教育研究』（教育科学出版社、1985年第1期）p.19、北京師範大学：袁連生「中国教育経費の不足」、中央教育研究所『教育研究』（教育科学出版社、1988年第

7期）p.25、杭州大学の呉華「わが国教員経費不足の現状、趨勢と対策」、中央教育研究所『教育研究』（教育科学出版社、1995年第1期）p.23
(12) 『教授育人』(2001年第8期) 貝清華「わが国の教員層の現状と原因」。
(13) 城鎮職員について、国務院「城鎮職員の医療保障制度の設立に関する決定」によると、その範囲は城鎮における全ての単位の全職員を指す。それは、企業（国有企業、集団企業、外商投資企業、個人経営企業等）、各種機関・事業部門、社会団体などの職員を含む。しかし、郷鎮企業の職員は城鎮職員に属しない。
(14) 陳永明『教員教育研究』（華東師範大学出版社、2003）p.20
(15) 「下海熱・跳槽熱」の「熱」はブームを指す。「下海」は元の職場をやめて商売を始めること。「跳槽」は転職することである。下海熱、跳槽熱とは商売が好き、さらによい就職先を見つけたいとして職を探すブームのことをいう。
(16) 李啓咏「教員招聘制度についての観察と思考」、『小・中学校管理』(2003年2月)
(17) 「学而優則仕」という言葉の意味は、成績の優秀な人は、官僚になりたいということである。
(18) 「家有隔夜粮、不做教書匠」とは、生きていける限り、教員になりたくない。
(19) 脳体倒挂とは、精神労働と肉体労働の価値の大きさが逆になること。（通常精神労働者は肉体労働者より価値があると認識されている。）
(20) 華東師範大学の呉志宏「教育管理権限の下位政府主導方式の国際比較」、中央教育研究所『教育研究』（教育科学出版社、1994年第6期）p.19を参照。
(21) もちろん、「集権制」、「分権制」、「有限的分権制」などの見解も見られる。これらの見解は、黄巍『教員教育体制の国政比較』（広東高等教育出版社、2002年12月）p.123、許建国「農村の義務教育経費の保証システムに関する研究」、雲南財貿学院『中国教育財政評論』（中国財政経済出版社、2005）p.88を参照。
(22) 中国の「県」は日本の「県」と全く異なる。中国での県（県鎮（town）とも言える）は市以下のレベルに属する。つまり、中国における「県」は日本の「県」のレベルより低い。中国における現行の行財政体制は、

中央、省、市（地）、県（区）、郷（鎮）村（中国の郷・鎮・村は、日本の町村に相当）五級である。中国の行政体制はかなり複雑であるため、他の分け方も見られる。例えば、「①中央、②省・直轄市・少数民族自治区、③市・県・区、⑤郷・鎮、⑤町・村」という分け方もある。中国の行政体制に関する理解は、潘百福『地方教育投資研究』（北京師範大学出版社、2000年）p.11、中央教育科学研究所研究員の曾天山「農村教育管理体制の健全は農村教育発展の鍵である」、中央教育研究所『教育研究』（教育科学出版社、2003年第8期）pp.8-9、兵庫県立大学環境人間学部助教授鄭秀「中国義務教育財政の現状と問題」、『世界の教育事情』週間教育資料）、田恒平「県を主とする農村の義務教育管理体制の問題」、『小中学校管理』（2005年第1期）、河南信陽師範大学教授張新光「中国郷鎮改革15年」p.3、http://www.cpasonaline.org.cn/cpaweb/qw11/qw11_051001.html、中央教育科学研究所教育督導と評価研究センター：任春栄「一費制度政策の現状と効果」、中央教育研究所『教育研究』（教育科学出版社、2004年第8期）p.74を参照のこと。どちらの分け方も、中国の県レベルの政府はレベルが低いことが共通である。

(23) 河南信陽師範大学教授張新光「中国郷鎮改革15年」pp.3-5、http://www.cpasonaline.org.cn/cpaweb/qw11/qw11_051001.html及び中央教育科学研究所教育督導と評価研究センター：任春栄「一費制度政策の現状と効果」、中央教育研究所『教育研究』（教育科学出版社、2004年第8期）p.74によると、2004年9月30日の時点で郷鎮数は37166あり、村の数は2003年時点に65.8万あった。

(24) 2007年3月26日、中国経済周刊：http://news.qq.com/a/20070326/000118.htm

(25) 例えば同細則第28条によると、「地方各人民政府が設置した義務教育学校の事業費と基本建設費は地方各人民政府が責任を負う。中央は困難地域と少数民族地域を適切に補助する」と規定されている。

(26) 楊志勇、施文波、張馨ほか「福建省の農村の義務教育経費投入に関する研究」、雲南財貿学院『中国教育財政評論』（中国財政経済出版社、2005）p.22

(27) 王善邁・袁連生「規範的な義務教育財政体制の設立について」、中央教育研究所『教育研究』（教育科学出版社、2002年第6期）p.4

(28) 兵庫県立大学環境人間学部助教授鄭秀「中国義務教育財政の現状と問題」、『世界の教育事情』週間教育資料。
(29) 李軼「校長の性格と職能に関する再認識」褚宏啓主編『中国教育管理評論』第2冊、(教育科学出版社、2003) p.308
(30) 陳永明主編『MPA教育政策と教育法規』(華東師範大学出版社、2003) p.440
(31) 中国国家教育部、国家統計局及び財政部による『2004年全国教育経費執行状況統計公告』による。
(32) http://www.stats.gov.cn/tjsj/qtsj/gjsj/2006/t20071107_402442909.htm及び世界銀行統計データによる。
(33) 篠原清昭『中華人民共和国教育法に関する研究』(九州大学出版社、2001) pp.223-225
(34) 曲恒昌「わが国農村の義務教育の問題」、『小中学校教育』(2003・8)
(35) 陳共、王俊「わが国教育支出の規模・構造と効益分析」、雲南財貿学院『中国教育財政評論』(中国財政経済出版社、2005) pp.8-15
(36) 袁桂林「県を主とする教育管理体制の現状と問題」、『小中学校管理』(2004年第4期)
(37) 黄巍『教員教育体制の国政比較』(広東高等教育出版社、2002年12月) p.175
(38) 黄巍『教員教育体制の国政比較』(広東高等教育出版社、2002年12月) pp.175-177
(39) 宗裁銘、林晶華、陳租植著『普通学校管理』(四川教育出版社、1986) pp.114-117 及び市川博「中国プロレタリア政権下における国家権力と民衆の教育権―貧農・下層中農による学校管理と関連させて―」『世界教育史大系四 中国教育史』(講談社、1975年) pp.356-405
(40) 校務委員会のメンバーは優秀な教職員代表と生徒代表から構成され、校長は政府によって委任される体制である。この体制は、当時、学校体制の改造、学校秩序の維持、民主制度の発揮などに対して、一定の役割を果たしていた。しかしながらこの体制は極端な民主制と責任不在の問題があった。
(41) 1952年3月、政務院(国務院の前身)の許可を得て、中央教育部『中学校暫定規定(草案)』と『小学校暫定規定(草案)』を公布した。この二

つの暫定規定は学校管理体制を以下のように明確に規定した。小中学校では校長責任制を実施する。校長一人が学校全部の仕事をリードする。校長は政府によって委任され、直接に政府に責任を取る。学校の全ての権限を校長に付与する。この体制は、共産党の政府・方針の貫徹に有利で、従来の学校責任不在の問題を解決した。そのデメリットには相応した監督システムが不在のため、校長の独裁問題もあった。

(42) 1957年に全国で開始された『風紀整頓・反右派』運動の影響を受けて、従来の校長責任が全面否定された。全国の小中学校内部に党支部を設置し、党支部指導のもとでの校長責任が導入された。しかし、この制度のもとでは、以下のデメリットがあった。①党（共産党支部）と政（校長）の葛藤、責任不明があった。②校長の替わりに共産党による一極管理現象をもたらし、行政機構の校長の役割は果たせなかった。③授業や教育活動より、政治が重要視されていた。

(43) 1963年3月、中央教育部は『全日制中学暫定勤務条例（草案）』、『全日制小学暫定勤務条例（草案）』を公布した。この規定によると、「校長が学校の行政責任者である。管轄地域の共産党の委員会及び教育行政部門のリーダーのもとで、学校の勤務全体に責任を持っている」とされた。また、学校党支部の職能については、「学校行政の仕事に対して保障と監督の機能を実施する」と明確にした。この体制のもとでは、以下のメリットがあった。①学校の党支部書記と校長の責任不在及び葛藤の問題は少し減少した。②学校行政組織の役割も以前より権限が強くなった。③学校の教育活動が重視され学校の教育の質が改善された。しかし、左の思想の影響は依然として存在しているため、共産党支部と行政の責任の曖昧問題、共産党による学校教育活動の管理問題はまだ徹底的に解決されていない。

(44) 文化大革命（1966－1976）年の10年間、学校の管理は混乱に陥った。従来の学校をトップとする管理体制は全て取り消され、共産党による学校管理も破壊された。そのかわり、革命委員会（一般の労働者＋宣伝隊＋貧困中農など）による学校管理体制が導入された。

(45) 1978年に「全国教育勤務会議」が開催された。その後、中央教育部は『全日制中学校暫定勤務条例（草案）』を修訂した。その規定によると、「中学校では、党支部書記のリードのもとでの校長責任制度を実施する。

学校の全ての重大な決定は必ず党支部の討論によって決定されなければならない」と決めた。この体制には、文化大革命期間の各種の不正常の現象の解決に対して、一定の役割を果たした。しかし、この体制は以下のデメリットがあった。①管理と責任はセットされていなかった。つまり、党支部の管理権限を決めたのみで、党支部書記と校長の責任は決められなかった。②共産党書記と校長の役割分担は依然として曖昧であった。③校長権限は弱かった。

(46) 学校の管理の効率化と教育の質の向上を達成させるために、1985年5月に中国共産党中央委員会は『教育体制改革に関する決定』（以下「決定」）を公布した。この『決定』では明確に、学校では「校長責任制を実施する」と明確化した。この制度の公布により、各学校の校長の地位及び権限は強化された。

(47) 陳大超、劉興春「小・中学校教員学校参与の政策決定の調査研究」褚宏啓主編『中国教育管理評論』第二冊、教育科学出版社、2003) pp.183-184

(48) 陳孝彬『教育管理学』(北京師範大学出版社、1999) pp.423-424

(49) 中国の進歩的な青年の組織である。構成員の年齢が14－28歳で、共産党組織の後衛部隊である。

(50) 李宝元『人力資本と経済発展』(北京師範大学出版社、2000) p.170

(51) 王世忠・王一洵「農村部義務教育管理体制の完備に関する思考」、『基礎教育参考』(国家教育部基礎教育司基礎教育参考編纂部、2005年第1期)

(52) 国家教育発展研究中心『中国教育緑書―2004 Green paper on Education in China』(教育科学出版社、2004) p.6

(53) 「知音報」平成12年9月19日。

(54) 国家教育発展研究中心の研究報告の『中国教育緑書―2004 Green paper on Education in China』(教育科学出版社、2004) p.54

(55) 葛娟『中国農村教員発展研究』(浙江大学出版社、2005) pp.66-67

(56) 例えば、唐松林は「中国においては多くの農村部の中堅教員は都市部に転職することを理想としている」と指摘している。唐松林『中国農村教員発展研究』(浙江大学出版社、2005) pp.66-67

(57) 例えば、陳永明は「市場経済は大いに教員の流動化を促進した。一部の優秀な人材、特に農村部における若く優秀な教員の流失を促してしまっ

ている」と指摘した。陳永明『教員教育研究』(華東師範大学出版社、2003) p.51

(58) その具体的な規定は以下のとおりである。①外国語科目の開設については教育部の「外国語教育に関する意見」(1979年)によると、小・中学校の外国語教育を強化しなければならない。まず、重点中学校と条件のある都市中学校で開設し、鎮の中学校と農村中学校では、開設しなくてもよい」と決めた。②教科書については、国家教育委員会による「9年制義務教育課程の教材に関する座談会」(1991年2月19日)では「農村の経済発展レベル、農村の親の経済負担を軽減するために、都市部向けの教科書は、大きいサイズ、カラーで印刷する。農村部向けの教科書は、小サイズ、黒白印刷とする」と決めた。

(59) 李小偉「中国農村小中学校の体育授業現状」、『中国教育新聞』(2002.4.25)

(60) 2003年教育経費統計年鑑及び馬海濤「現在の農村の義務教育財政政策に関する研究」、雲南財貿学院『中国教育財政評論』(中国財政経済出版社、2005) p.99

第2章　教員人事制度の仕組み

　教員評価は教育人事管理の重要な一環をなす制度であるため、その制度をどう構築し運用していくかは、人力資源開発・管理システムと大きな関係がある。そこで、本章では、教員評価に関係するそうした制度（教員資格、採用、研修制度など）を取り上げて、それら各法制度と相互の関連を整理しておく。

第1節　教員資格制度

　教員資格制度は、国家による職業許可制度である。その基本法が「中華人民共和国義務教育法」(1986年)である。この法律は、「国家は教員資格考課制度を成立し、合格教員に免許状を交付する」と規定している。その後1986年「義務教育法」、1993年「中華人民共和国教員法」及び1995年「教員資格条例」、そして2000年「教員資格条例実施方法」によって、次第に教員資格制度は明確に規定されるようになった。

　各教員資格は表2-1-1のように規定されている。

表2-1-1　教員の学歴資格一覧

中国教員資格	
教員資格	学歴要求
幼稚園教員	幼児師範学校卒及びそれ以上の学歴
小学校教員	中等師範学校卒及びそれ以上の学歴
中学校教員	短大卒及びそれ以上の学歴
高校教員	本科卒及びそれ以上の学歴
中等職業学校教員	本科卒及びそれ以上の学歴
中等職業学校実習指導教員	国務院教育行政部門による規定
大学教員	修士・博士卒あるいは本科学歴

各教員資格に特定の学歴要件を指定していても、学歴不備の無資格教員が多く存在している。そのために教員の質の低下をもたらしていると批判されている。これは、現代中国における教員養成とリクルート、職能開発のための諸制度が未整備であることに起因している。

　それゆえ、先進国と同じように法令上に教員資格が明記されていたとしても、教育人口数に対して教員数が絶対的に不足している状態は改善されないままなのである。従って、先進国のような教員資格基準が存在したとしても、資格制度に即して認定教員が確保され、職員研修が十分確保されていることを意味しないのである。

　教員資格の認定機構は、「中華人民共和国教員法」によって規定されている。例えば、県レベル以上の人民政府・教育行政部門は、「小・中学校教員資格」と「中等専門学校・技術労働者養成学校教員資格」、そして国務院、または、省・市・自治区教育行政部門は、「普通高等学校教員資格」の認可業務を担当している。教員資格を取得した教員は、通常1年間の臨時任用期間を経なければならない。

　学歴認定の概要は上述のとおりであるが、しかしながら、実際に教員の有資格率（学歴合格率）はどのような現状となっているのであろうか。図2-1-1は、小・中・高校の教員の有資格率の推移である。

　小・中・高校の教員の有資格率は以下の特徴を持っている。

（1）1985年から2006年まで、小・中・高校の教員の有資格率は少しずつ高まる傾向にある。これは、1985年以来、国家が教育を重視し、教員の学歴基準を強化した成果である。

（2）2006年に入っても、無資格の教員が依然として存在している。例えば、2006年全国教員の有資格率は、小学校98.9％、中学校96.3％、高校86.5％になった。つまり、小・中・高校では、それぞれ1.1％、3.7％、13.5％の教員が無資格教員である。

（3）この統計結果は正規教員のみのデータである。農村部の非正規の教員（代用教員、民費教員等）を入れると無資格の教員はさらに高くなると予測される。国家教育部師範教育司の司長の管培俊の話によると、現

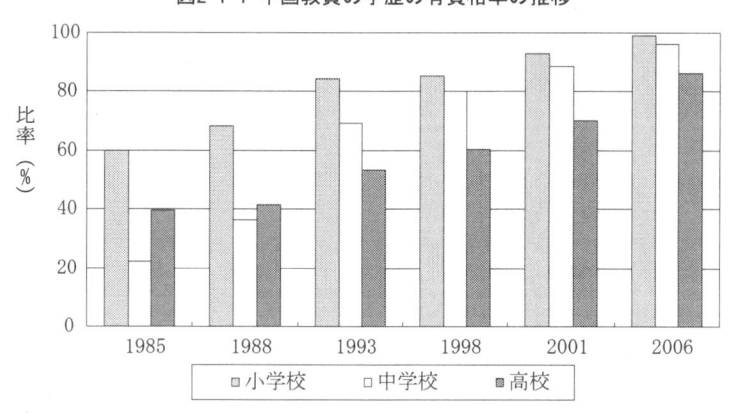

図2-1-1 中国教員の学歴の有資格率の推移

出典：朱益明「わが国の小・中学校の教員の学歴に関する研究」、『教育発展研究』雑誌「光明日報」（2007年8月28日）

在、全国には30万名余りの教員は無資格教員で、その多くが農村部に存在している[1]ということである。

多くの無資格教員が存在している大きな要因は、以下のことが考えられる。第一は教員の社会的、経済的、政治的地位が低く、教職は人気職となっていない。第二は、教員の給与などの待遇が低く、一部の地域、特に農村部では教員給与の不払い現状は依然として深刻である。第三は、都市部と農村部における二元化政策のもとで、多くの教育資源は都市部に集中しており、農村部の教員の充足率は足りていない。

第2節　教員採用制度

教員採用制度は、建国（1949年）から現在まで、主に二つの改革が進められた。一つは、教員任命（派遣）制である。他の一つは現行の教員招聘制である。以下でそれらの制度の概要について詳述する。

1. 教員任命（派遣）制度［建国（1949年）から教員法の制定（1993年）］

建国以来、国家が集中かつ統一した教育行政を実施していた。「教員任命（派遣）制」とは、上級教育行政機関と組織人事部門が計画的に学校に教員を派遣する制度である。教員の人事権は完全に上級教育行政機関にある。学校は採用する権利を持っていないため、教員に対する考課と選択の権利を保有していなかった。この採用制度の利点としては以下の三つが挙げられている。第一は、採用手続きが簡単で、教育行政部門の教員管理に役立つことである。第二は、全国の小・中学校に教員を効率的に配置できることである。第三は、一定の資質の教員を配置することで、教員集団を形成しやすいことである。問題点としては以下の五点があげられている。第一は、上級機関が全ての事柄を決定するので、学校自身による自立した運営には限界がある。第二は、教員の選択・要望による学校選択ができないので、教員の長所を発揮する余地が少なく、教員の積極性も引き出せなかった。第三は、教員の雇用選択権も認められないことから、学校の許可なしに転職できない。第四は、上級教育行政機関において不正と官僚主義を形成しやすい。第五は、昇進に関わる奨励メカニズムが存在しなかったことである。これらの問題を是正するために、教員招聘制が導入された。

2. 教員招聘（契約任期）制度[2]［教員法の制定（1993年）から現在まで］

（1）教員招聘制度の特徴

計画経済から市場経済への転換（改革・開放―1978年以後）に伴い、教員任命制度は不適格教員の輩出や教員の資質・力量の向上の阻害などの点から批判されるようになり、教員採用に関して新たな採用方法が検討されるようになった。1986年中国共産党中央・国務院は「職務称号評定改革・専門技術職務招聘制に関する規定」を発表した。更に、1993年「中華人民共和国教員法」、1995年「中華人民共和国教育法」が公布され、新しい教員採用に関する基本指針が規定された。例えば、「中華人民共和国教員法」第17条は、「学校とその他の教育機構は徐々に教員招聘制を実施すべきである」と定めている。

教員招聘制度の理念は、学校と教員の双方は平等の原則で契約の内容に応じて、責任を遂行することにある。この制度は、学校と教員の間で契約すること、あるいは学校から招聘書を教員に交付することを通し、一定期間（通常1年から3年まで）採用する方式なのである。

教員招聘制度は、従来の教員任命（派遣）制度とは、以下の違いがある。第一は、任命制は支配と服従の行政権力関係をもとにしたものである。招聘制は学校と教員の双方が地位平等原則に基づき、双方の意見が一致した上での民事法理関係にある。第二は、派遣制の行為主体は上級教育行政部門にある。招聘制の行為主体は契約双方にあり、学校は自由に教員を選択し、不適格な教員を解雇できる。教員も契約継続及び転職の権利を有する。第三は、派遣制は教員の自主性・選択性を無視しがちであったが、招聘制は公平な選抜、平等な競争の選抜採用システムを導入したので、教員の責任感と向上心を引き出すことが可能である。招聘制は、任命制の公的配置方式から人的市場方式に転換するもので、教員採用の人的市場への開放化を図るものと言われている。

採用者決定の方法については、一般に、教員を募集する学校はまず採用定員を定め、その学校を管轄している教育行政機関に報告する。教育行政機関に承認された後、学校や教育行政機関が募集定員を公開して、受験者を選択する。教員の採用受験は一般に筆記試験と面接がある。このほか、多くの農村や僻地などでは、教員数を確保するために、特定地域からの入学定員を設定して学生を募集し、卒業後、同地域に戻して教職に就かせている。

しかしながら、中国では、教員の処遇の低さから、師範学院・師範大学を卒業しても教職に就かずにほかの職種に就職する、また、教員養成機関の志望者が減少して優秀な学生が確保できないなどの問題がある。また、教員招聘制度の方向と方針は決めているが、教員招聘に関する具体的な実施条例が規定されていない。その上、中国での学校組織と教育委員会の権限規定の不明確さ、教員の学校における地位の低下の問題は大きな課題であり続けている。それゆえ、教員採用の状態は、実態的には非常に混乱している。例えば、教員招聘の決定権は国家の教育行政機関なのか、それとも学校長にあるのかにつ

いての対立が顕在している状態である。例えば、北京市教育委員会主任の徐錫安は「現行の教員招聘制度は、「中華人民共和国教員法」の各規定に一致していない。招聘の手続きが規範的ではなく、随意性が大きい。また、制約・監督システムは不完全で、公平・平等な競争システムになっていない」[3]と批判しているのである。

　この制度に賛成の声も見られる。例えば、「①招聘制度の実施は従来の活力の無い平均主義を打破し、資源の合理的配置に利する。②教員招聘という競争メカニズムの導入により、教員の危機感・競争意識と勤務意欲を促進し、従来のよく頑張る教員と頑張らない教員に対して平等に対処する問題を是正した。また、招聘制度は若手教員の支持を得ている」[4]というような指摘である。このほか、1999年12月の『人民日報』は「教員の招聘制度の実施は、教員の「大鍋飯」(親方日の丸)意識、教員人事の終身雇用制度を打破した。学校人事管理制度の法制化、公開・平等・競争の原則の貫徹に有利であり、社会の優秀な人材の吸収及び教育事業の発展にも有利である」[5]と論評している。

　筆者は、教員招聘制度を次のように考える。教員と学校とが平等な契約の締結を通して、雇用と被雇用の関係を構成しようとする理念は意義がある。しかし、これは理念にとどまる可能性が高い。その理由は、第一に、教員と学校の法的関係では、教員の主体的地位が不明確で、教員は不利な状況にある。第二に、招聘制度を実施する権利主体が曖昧なため、現場で混乱を生じやすい。例えば、「中華人民共和国教員法」(第17条)では、「教員招聘と解雇の権利は全て学校にある」と明文化しているが、国務院による「基礎教育の改革と発展の決定」は、県及び県レベル以上の人民政府が、小・中学校校長・教員管理及び学校の授業・教育活動に対して責任を負う」と規定している。つまり、招聘の権利所在は学校にあるのか、それとも上級教育行政部門にあるのかについて混乱が生じているのである。

（2）教員招聘制度の効果

教員招聘制度は1993年の導入から現在まで10年間以上も経過している。その制度自体の評価が必要である時期に来ている。

表2-2-1は、大都市北京市X学校1993年〜1998年の教員招聘制度の実施状況である。

表2-2-1　北京市 X 学校、1993年〜1998年までの教員招聘状況

単位：人

	項　目	1993	1994	1995	1996	1997	1998
応募者	応募者総数	62	129	207	417	515	486
	大学新卒者の応募数	29	57	76	195	237	229
	修士・博士卒の応募数	3	7	8	19	35	27
	地元の中学校教員の応募数	16	31	59	127	151	143
	他地域の中学校教員の応募数	7	13	19	21	29	25
	中等専門学校・大学教員の応募数	3	5	9	12	18	14
	定年になった教員の応募数	1	5	11	13	12	17
	他業種の職員の応募数	3	11	25	30	33	31
実際の招聘（採用）者	実際の招聘（採用）数	24	34	38	30	41	41
	大学・修士新卒者の招聘数	3	6	10	8	11	5
	地元の中学校教員の招聘数	12	20	19	11	16	16
	他地域の中学校教員の招聘数	1	1	1	2	3	6
	中等専門学校・大学教員の招聘数	1	3	2	1	2	3
	定年になった教員の招聘数	3	3	4	5	7	7
	他業種の職員招聘数	4	1	2	3	2	4

出典：「我が校の教職員招聘制に関する報告」（校長：劉志毅）、北京市教育委員会人事処編『積極的に小中学校内部管理体制改革』（中国紡織品出版社、2000）p.247）

注：応募者総数欄について、そのデータは筆者の計算により、異なったことがあるので、以下のように変更した。1993年、63を62に、1996年、1997年の418、516をそれぞれ417、515に変更した。

表2-2-1において、北京市では、教員招聘制を実施して以来、応募者が増えつつある。特に、修士・博士修了者が多く応募する特徴が見られる。

図2-2-1は、本学校1993年〜1998年までの応募者と実際の招聘者数の推移である。

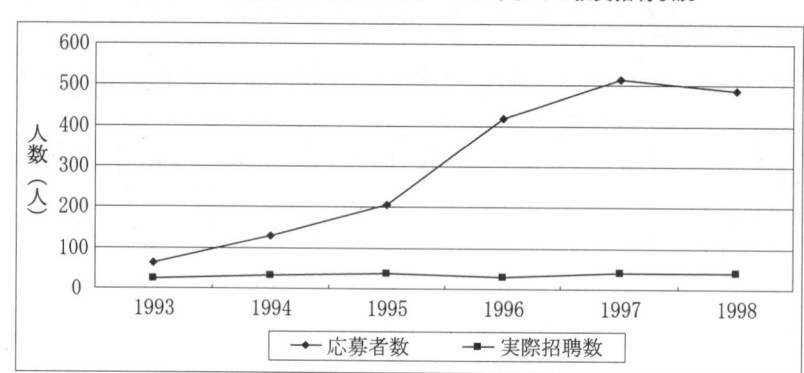

図2-2-1　北京市 X 学校、1993年～1998年までの教員招聘状況

```
600
500
400
人数（人）
300
200
100
0
     1993   1994   1995   1996   1997   1998
        ―◆― 応募者数    ―■― 実際招聘数
```

　図2-2-1において、1993年から北京市では、教員応募者数と実際の招聘（採用）数の倍率が年ごとに高くなる傾向が見られる。例えば、1998年の時点では、応募者数は招聘者数の10倍となっていることがわかる。この傾向の要因としては、教職員の給与・待遇、北京市の公共環境の整備などが関連していると考えられる。例えば、篠原清昭は「すでに一部の地域で実施されている教員招聘制度は、従来の職務の行政配分主義と終身雇用主義の弊害を克服し、さらに教員人事上の「大鍋飯」（親方日の丸：配分上の悪しき平均主義）現象を克服すると期待されている」[6]と指摘していた。

　このほか、華東師範大学教育管理学部の田凌暉・李亜東[7]が2002年に上海で実施した調査結果は、「調査を受けた85.7％の教員は教員招聘制度に賛成している。また、69％の教員は教員招聘制度の実施は、教員の意欲を増進し、教員の自主的な流動体制の形成に資すると評価していた」。教員招聘制度の実施は、北京市のように一部の経済的に裕福で、学校管理が民主的な地域では、一定の役割を果たしているかもしれない。

　しかし、農村部ではどのように実施されてきたのだろうか。表2-2-2は、2005年12月5日から2006年1月16日までの間、筆者が中国内モンゴル自治区馬家村のY学校で実施した調査結果である。

第 2 章 教員人事制度の仕組み

表 2-2-2 馬家村 Y 学校の2000年～2005年までの教員招聘状況

単位：人

項　目			2000	2001	2002	2003	2004	2005
応募者		応募者総数	7	9	7	7	6	11
	応募者総数の内訳	大学新卒者の応募数	1	0	0	0	0	1
		修士・博士修了者の応募数	0	0	0	0	0	0
		地元の中学校教員の応募数	5	6	7	5	4	7
		他地域の中学校教員の応募数	0	0	0	0	0	0
		中等専門学校・大学教員の応募数	0	1	0	0	0	0
		定年になった教員の応募数	1	1	0	2	1	2
		他業種の職員の応募数	0	1	0	0	1	1
実際の招聘（採用）者		実際の招聘（採用）数	11	9	8	11	9	14
	実際の招聘数（採用）の内訳	大学新卒・修士終了者の招聘数	1	0	0	0	0	0
		地元の中学校教員の招聘数	3	3	4	3	5	5
		他地域の中学校教員の招聘数	0	0	0	0	0	0
		中等専門学校・大学教員の招聘数	0	1	0	0	0	0
		定年になった教員の招聘数	1	1	0	2	1	2
		他業種の職員招聘数	1	1	0	0	1	1
		代用教員	5	3	4	6	2	6

表2-2-2から以下のことがわかる。

（1）農村部の馬家村では、大学卒及びそれ以上の者がほとんど応募していない。

（2）地域からの応募者もほとんどいない。

（3）応募者は地元の教員と定年になった教員に集中し、また、実際の招聘（採用）も地元者に集中している。

（4）応募定員を補塡するために、代用教員を多く採用している。

図2-2-2は、本学校2000年～2005年までの応募者と実際招聘者数の推移である。

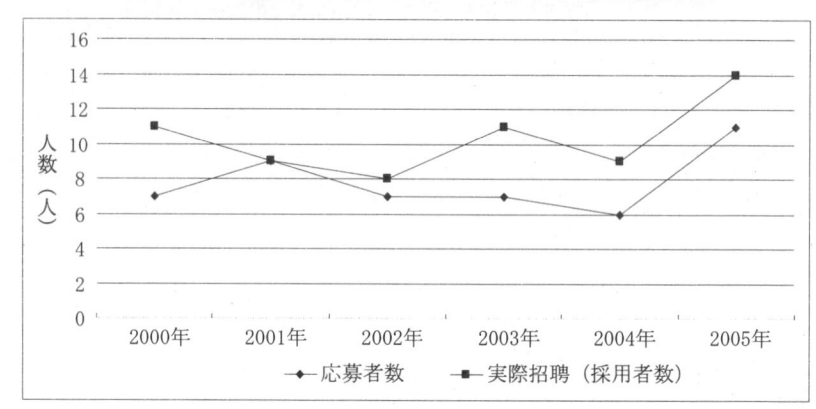

図2-2-2　馬家村Y学校、2000年～2005年までの教員招聘状況

(グラフ：応募者数と実際招聘（採用者数）、2000年～2005年)

　図2-2-2から、2000年以後、馬家村では、2001年を除けば毎年の応募者は実際の応募定員数より少ないことがわかる。

　こうした傾向が生起してきた大きな要因は、馬家村の教職員の給与・待遇の低下、公共環境整備の不足などに関連していると考えられる。余秀蘭は「改革・開放以後、わが国の教育も迅速に発展してきた。しかし、教育における不平等問題は依然として存在している。主に階層による差異、地区による差異、性別による差異、民族による差異と農村・都市部による差異などが現れている。そのうち、都市部と農村部の差異が非常に顕著である」[8]と指摘している。

　都市部・農村部という二元的構造のもとで、都市部と農村部における経済発展レベルの格差が生じている。収入・消費の差異、生活方式の差異、教育における差異及び思想観念の差異などがすでに重大な社会問題となっている。今後、都市部と農村部の差異が拡大すると、有能な人々が農村部での就職を希望しないことが続くかもしれない。

（3）教員招聘制度の理念・問題

　教員招聘制度に関して、2005年12月に国家教育部教員人事管理担当と国家人事部の幹部に実施したインタビューでは、以下の四点が明らかになった。

第一は、学校現場における人脈重視問題を改善し、公正な有能者の選抜を促す。
　第二は、人材の「単位所有制」[9]を打破する。
　第三は、人材の自由流動を促進する。
　第四は、教員の質の向上を図る。

　しかしながら、実際の内容は「教員職務招聘制の実態は、教員間の競争を形成しておらず、各地域で教員がほとんど全員採用されている。つまり、期待された結果は全く果たせていない」[10]。
　教員職務招聘制度は、社会の発展・市場経済の確立に伴い、次第に当初の導入理念と実態の間に大きな乖離が生じてきている。
　例えば、人材の「単位所有制」を打破するためには、その基盤にある人事管理体制構造を構成する檔案（ダンアン）制[11]と戸籍制度を改善しなければならない。しかし、檔案（ダンアン）は、中国の多くの単位（所属部門）が労働者の就職に強く結びついた制度である。労働者が原単位から転職する際、原単位は個人檔案（ダンアン）を提供しなくてもよい。しかし、採用する単位では檔案を得られなければ採用できないのである。
　戸籍管理制度は労働者の職業選択を厳しく制限する制度である。それゆえ、労働者がA地域からB地域に移動することはきわめて困難である。現在の法制度のもとでは、教員招聘制度を実施する環境が十分整っていないのである。例えば、先進的な北京市教育系統では、教員の契約期間は最長10年間、3〜5年が普通である。しかし、契約満了後、教員は異動するかどうかを決定できるとされていても、民営学校以外における教員の自由な転出入がかなり制限されている。
　こうした問題について、顔智華は「中国の現状況のもとで、公立学校の教員採用は、伝統的な派遣制であれ、現行の招聘制であれ、なかなか教員の学校への付属（依頼）関係を離れることができない」[12]と指摘している。
　また、現行の招聘制度の問題について華東師範大学教授である陳永明は以

下のように指摘[13]している。

①招聘の対象は単一である。主に学校内部の招聘に留まっている。学校間、地域間における広域的公開招聘はほとんどない。このため、優秀な人材を取り入れることができない。②小・中学校教員の招聘制度は大学などの事業機関での招聘とほとんど同じである。業種間の特徴、特に小・中学校教員の教育労働の特徴を体現できていない。③制度の形骸化、教員の招聘は教員自身の切実な利益に関連している。教員が招聘されないと生活が困窮した状態となり、教員と学校管理者のトラブルを形成しやすい。そのため、多くの学校は教員を招聘する際、教員が適格かどうかを問わず、ほとんど全員招聘している。こうして、教員招聘の本来の意義が弱まっている。④招聘が規範的でない。多くの学校は、校長の独裁となっているため、教員の権益が損害されている。

これらの考察から、以下の四点に問題点をまとめることができる。

第一は、制度上の不公平が依然として存在している。
教員招聘制度が機能するには、学校組織の人事制度が整合性をもつことが必要である。現段階では、教員招聘制をうまく機能させる環境が存在していない。例えば、学校管理権限については、制度上普遍的に校長に委ねるという「校長責任制」を実施している。しかし、学校と教育委員会の権限関係では、教育委員会は校長に対する任免権を持っており、縦割りの命令系統が作られている。学校内では中間管理層が校長によって任免されるので、校長に過度の権力が集中している。その結果、教職員の任免が非常に閉鎖的で、不公平になりがちである。

第二に、教員の自由が確保されていない。
教員が潜在能力を発揮するためには、教員の自由を保障する独自の政策と権利が必要である。しかし、教員の自由を保障する体制は整っていない。例

えば、小・中学校で実施された招聘制方式では、教員の自発性を発揮できない。教員の任免権は校長が独占的に有しているので、校長の裁量によって全ての教員が評価される弊害を生じている。教員招聘制度の理念に反する結果をもたらしやすいのである。

　第三に、監督のない権力は腐敗の温床となっている。
　教育委員会は校長を、校長は学校中間管理層・教員を招聘するという体制であるため、教職員は上級管理者から完全に管理される体制となっている。幹部と教員の関係は「老板と雇員」[14]の関係になってしまうのである。権力者は自分の既得権益のため、上（教育委員会）に対してゴマをすり、下（教員）に対して威圧的になりやすい。また、学校内部での民主的管理機関とされる「教職員代表大会」は十分機能していないため、教員評価（年度考課、職務称号評定、3％奨励・昇格）における不正が生じている。

　第四に、「末位淘汰制」の濫用は競争の無秩序性を強めた。
　「末位淘汰制」とは、企業内部の目標管理制度である。現在多くの学校がこの制度を学校管理に安易に導入している。学校が教員招聘制度の名目のもとで、生徒の成績などで教員たちに等級評定を行い、下位クラスの教員を首にするという制度を実施している。しかし、この制度は二つの点で問題を有している。①生徒の成績は、教員の教育能力に関連するばかりでなく、生徒の資質、学習習慣、家庭環境、社会環境などに関連している。②教員は工場で稼動している機械ではない。機械のように教員に等級・順序をつけて評価することは教育の本質に合わないことである。
　教員の多くは、「末位淘汰制」の実施に伴い、高い評価を目指して受験教育を競って重視することになったのである。
　さらに、現在の教員招聘制度は、教員の質の向上を図る目的もあった。しかし、管理体制の制約から、実態的には、特に農村部において、教員数の不足を生じるだけではなく、多くの学歴不合格教員が採用されているのが現状なのである。

（4）解決策

　教員招聘制度は、全国1千万人以上の小・中学校の教員に関連している。この制度が理念に即した実施を今後も進めていくために、以下の点が今後の課題になると考える。

　第一は、学校の校務公開を実施し、民主的財務管理を図る。そのためには、校務（とりわけ財務管理）の乱用防止規定を新たに導入すべきである。学校財務の公開は、国家機密に触れない問題とされているので、公開することが可能である。これまで多くの学校が財務守秘の原則により、教員に財務を明らかにしてこなかった。これが、不正の温床となっているのである。

　第二は、公正・透明な選抜手続きと科学的・公開的な選抜基準を制定すべきである。教員の招聘には、必ず教員を授業・教育及び管理水準から評価しなければならない。そうしなければ、招聘制は本来の機能を果たせないからである。そのためにも、公正・客観・合理的な「教員評価基準と規則」の制定が必要である。

　第三は、教職員による校内監督グループを新たに成立し、教員の自己管理を強化する。第1章で分析したように、現在の工会（学校教職員組合）、「教職員代表大会」による学校校務の監督は、形式的なものに留まっている。教職員組合の本来の役割を復活させ、「教職員代表大会」の性格をさらに明確にする必要がある。

　第四は、「末位淘汰制」を中止する。幹部と教員の質の向上のために教育目標責任制を導入する。教育目標責任制度とは、学校の経営目標と養成目標を実現するために、各部門と各参与者の職責を明確にし、各業務が効率的・調和的に運用することを目指した管理制度である。教職員の目標と責任を明確にする必要がある。校長であれ、教員であれ、適切な職務を遂行しない場合には雇用の継続が困難となる職場環境の確立が必要である。

　第五は、招聘訴訟制度を位置づけ、法律によって教員の合法的権利を保障する。教員の権利は、「中華人民共和国教員法」に基づいて教育行政部門が保障することになっている。しかし、教員による訴訟事案を処理する場合に

は、公平な実施を進めるためにも教員代表者の参加が不可欠である。

第3節　教員研修制度

　教員の質の向上には、教員研修制度の確立が必要である。中国には独自の教員研修制度がある。まず、この制度の沿革を記載し、その制度内容、問題、実態及び研修と評価の関係などを明らかにする。

1．教員研修の沿革

　1949年の建国から現在まで、教員研修制度は主に三段階（学歴補償型研修、資質向上型研修、普及型研修）で取り組まれてきた。

（1）学歴補償型研修（1949年～1970年代末）

　1949年以後、教員数が不足した。この問題を解決するために、教育部は多くの学歴不足の知識人や文教幹部を教員として採用することになった。そのため、学歴補完のための教員研修が喫緊の課題となった。例えば、1953年教育部・財政部による「小・中学校の在職教員の研修に関する通知」は、「現在、研修の任務を学歴の補完を中心とする」と定めていた。また、1954年4月政務院による「小・中学校教育発展の改進に関する指示」は、「研修を通して、教員の授業・教育能力、政治意識を強化する必要がある」と明記していた。つまり、研修は学歴補完の他に、政治学習の補強であるとされていた。この段階の教員研修では、各級教員研修学院と研修学校が大きな役割を果たしていた。

（2）資質向上型研修（1980年～1990年末）

　1980年に開かれた全国教育会議では、「各級教員研修学校は小・中学校在職教員研修の基地である。積極的に教員研修を通して、教職員の資質を向上させる」と提案した。

　国家教育部が1986年に採択した「在職小・中学校教員研修に関する意見」

は、教員研修の任務と課題、形式と手段、原則、範囲などを全面的に規定したものである。1990年の国家教育委員会の「全国小・中学校教員研修会議」は、「全国小・中学校の学歴補償教育と持ち場合格研修を遂行した後、全国小・中学校の質の向上を促進するために、さらに教員の政治思想資質と教育・授業能力の向上を目標とする研修を行うべきである」とする指示を発表した。また、1993年「中華人民共和国教員法」は、「教員は、研修と他の形式の養成訓練に参加する」、「たえず思想的政治的認識と授業・教育レベルを向上することは教員の基本的権利と義務」と位置づけた。1995年11月1日には人事部が「全国専門技術者継続教育暫行規定」（［1995］131号）の第9条に基づいて、「高級・中級専門技術者は毎年現場を離れて研修時間は40時間以上、初級専門技術者は毎年累積で32時間以上としなければならない」と決定した。その第11条は、「研修の機構は、専門研修機構や、大学、大学院などである」と規定していた。

　上述の教員研修規定から、以下のことが明らかである。第一は、教員の政治思想資質の向上と教育・授業能力の向上を最大の目的にしていた。第二は、この段階では、教員の職務称号に応じる高級・中級専門技術者研修、初級専門技術者研修、教員の経験・能力に応じる中堅教員研修がそれぞれ細かく規定されたことである。

（3）普及型研修（1990年末～現在まで）

　1999年に国務院は「21世紀に面する教育振興計画」を公布した。それは「資質教育理念を積極的に推進し、教員の資質教育の実施能力を向上させることを目標とし、3年間以内、異なる形式で全国の小学校長と全教職員に対して、研修と継続教育を行う」と指示していた。1999年以後は、小・中学校教職員の全体素質の向上を目的とする教員研修が開始された。この理念を貫徹するために、教育部による「小・中学校教員継続教育規定」（以下「規定」）が公布された。規定によると、「小・中学校の継続教育は教員の資質教育実施能力の向上を重点とする」となる。また、継続教育の内容は、①政治思想教育と道徳資質の向上、②専門知識の更新、③現代教育理論と実態の把握、

④教育科学・研究、⑤パソコン応用技術の普及など、が示されている。この継続教育内容から、教員の研修内容が次第に拡充し、深化・発展するようになった。

2．教員研修のシステム

教員研修システムは非常に複雑で多重構造になっている。教員研修の大半は教育学院と教員研修学校が担当している。それらの学校には、中央政府機関が経営するものと、各省・市・自治区が経営するもの、さらに、それ以下の地区や県が経営する施設の3種類が存在している。

国家統計局の全国統計結果では、教育学院：245ヶ所、在学生：23.1万人、教員研修学校：2,065校、在学生：50.2万人である。教育学院と教員研修学校の内訳は、中央政府機関（教育委員会や郵政省など）が経営するのは6校、その他は地方政府が経営するものである。中央政府機関が経営する教育学院と教員研修学校は主に地方の教育行政幹部、高校や中学校の校長、教務主任の研修と再教育、省・市・自治区の教育学院と教員進修学校は主に中学校の教員と管理職の研修業務、県レベルの教育学院と教員進修学校は主に小学校及び幼稚園の教員と管理職の研修と再教育を担当している。

1987年から、中国教育テレビが通信衛星のチャンネルによる教員研修番組を放送している。各地の教育行政機構である教育委員会には、小・中学校の教材や教授方法を研究する教育研究室が設置され、小・中学校の教員のための教授法や教材開発に関する研修が実施されている。

3．教員研修と教員評価の関係

教員研修と評価の連動に関する法律規定は現在まで見られていない。例えば、第8回全国人民代表大会で可決された「中華人民共和国教員法」（1993年10月31日）、人事部による「事業機関における勤務者考課の暫定規定」（1995年12月14日）では、「教員考課の結果は、招聘、昇給、昇進、昇格、賞罰の根拠とする」と明文化しているが、年度考課の結果と研修の関係を規定していないのである。つまり、図2-3-1で示したように、現在、教員研修と教員

図 2-3-1　教員評価と研修の関係

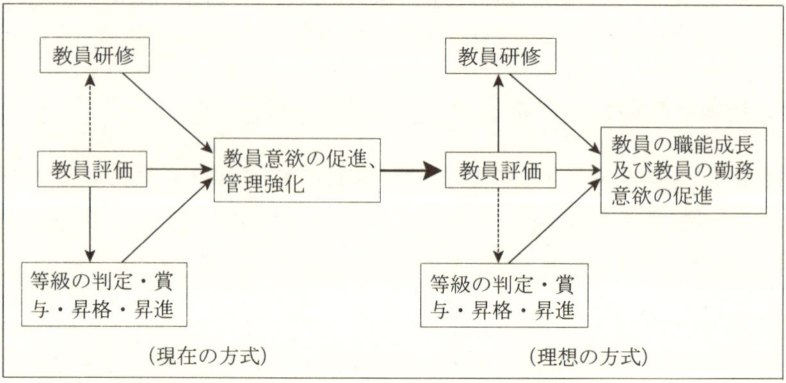

```
（現在の方式）                          （理想の方式）

教員研修                                教員研修
  ↕                                      ↑
教員評価 → 教員意欲の促進、        →   教員評価 →  教員の職能成長
          管理強化                        ↕         及び教員の勤務
  ↑                                                意欲の促進
等級の判定・賞                          等級の判定・賞
与・昇格・昇進                          与・昇格・昇進
```

注：この図は筆者が独自に作成

評価とはリンクしていない。教員研修の目的は、教員の職能成長・人材育成のためではなく、単に学歴補完、政治・思想教育のために実施していることがわかる。今後、教員研修の行政管理的性格を弱め、教員の職能成長及び教員の勤務意欲のための研修体制の整備が必要であると考えられる。

4．教員研修の実態と問題

　教員研修に関する法制度や研修制度が整備されるようになったが、研修方法・内容上の問題、研修予算上の問題等の課題がまだ多い。例えば、研修経費の責任は、中央政府にあるのではなく、地方各級人民政府教育行政部門、特に義務教育の場合には、県以下の行政機関及び学校に移管されていたからである。つまり、中央によって統一的に研修制度を保障する教育予算制度が確立していないのである。そのため、教員研修は以下のような全く異なる五つの特徴を地方ごとに現すようになった。

　（1）地域間の教員研修内容に格差が生じた。通常、都市部は農村部より重視されている。

　（2）教員研修制度は自主的な研修ではなく、上級教育行政機関からの命令に基づく研修となりがちである。

(3) 研究の内容・目的が教員の授業・教育能力の向上だけではなく、学歴補完、政治学習の性格が目立つようになった。
(4) 新規採用の正規教員の研修は、職務命令によって初任者研修を受けることが義務付けられていた。しかし、その研修内容は官制研修の場となりがちで、職場が求める内容との間にかなりのズレが生じた。
(5) 地方政府と教育行政部門の間で小・中学校の教員研修に関する役割分担が不明確という問題もある。

筆者は2005年12月5日～2006年1月16日の期間、大都市部の北京市、中・小都市の通遼市、農村地域の慶和郷（鎮）・馬家村を対象にして下の教員研修アンケートを実施した。その調査結果は、以下のとおりである。

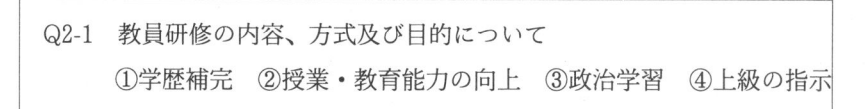

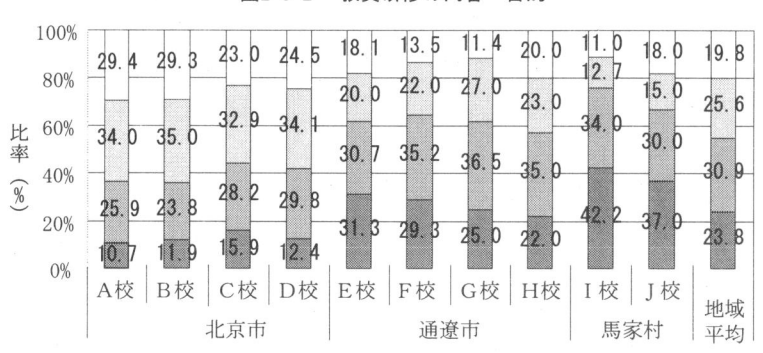

Q2-1　教員研修の内容、方式及び目的について
　　　①学歴補完　②授業・教育能力の向上　③政治学習　④上級の指示

図2-3-2　教員研修の内容・目的

学校	学歴補完	授業・教育能力の向上	政治学習	上級の命令
A校	10.7	25.9	34.0	29.4
B校	11.9	23.8	35.0	29.3
C校	15.9	28.2	32.9	23.0
D校	12.4	29.8	34.1	24.5
E校	31.3	30.7	20.0	18.1
F校	29.3	35.2	22.0	13.5
G校	25.0	36.5	27.0	11.4
H校	22.0	35.0	23.0	20.0
I校	42.2	34.0	12.7	11.0
J校	37.0	30.0	15.0	18.0
地域平均	23.8	30.9	25.6	19.8

（北京市：A校・B校・C校・D校／通遼市：E校・F校・G校・H校／馬家村：I校・J校）

図2-3-2から、以下の二点が読み取れる。
（1）教員研修目的・内容に関する各学校の平均値は、「学歴補充」が23.8％、「授業・教育能力の向上」が30.9％、「政治学習」が25.6％、「上級の命令」が19.8％である。この結果からも教員研修は、学歴補充や政治・思想学習のためのものであることがわかる。

　　これは、国家教育行政部門の教員研修理念に合致している。教育部・財政部は「小・中学校の在職教員の研修に関する通知」（1953年）の「現在、研修の任務を学歴の補完を中心とする」、そして、国家教育委員会が「今後の小・中学校在職教職員の研修は、継続して学歴補償を行うと同時に、研修重点を次第に持ち場訓練にする」（1990）[15]などの指示を出しているからである。これからも、教員研修は、授業・教育能力の向上の他に、学歴補完や政治教育の性格を有していたことがわかる。

（2）教員研修に関する地域間の格差が見られることである。図2-3-2のA校、B校、C校、D校は大都市部の北京市にある。E校、F校、G校、H校は中・小都市の通遼市にある。I校、J校は慶和郷・馬家村の学校である。大都市北京市の教員研修の「政治学習」が占める比率は明らかに中・小都市通遼市及び農村部慶和郷・馬家村より高い傾向が見られる。この他、農村部のI校、J校の「学歴補充」が占める比率は大都市の北京市及び中・小都市の通遼市より高い傾向も見られる。その要因は、農村部で人材確保が困難であり、学歴不合格の教員が多いことに関連していると考えられる。

第2章 教員人事制度の仕組み

> Q2-2 あなたは教員研修に参加したことがありますか
> ①よく参加している ②参加する ③どちらともいえない
> ④あまり参加していない ⑤全く参加しない

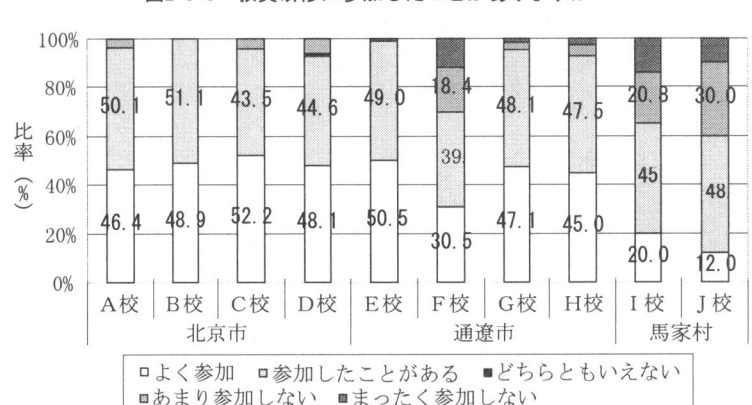

図2-3-3 教員研修に参加したことがありますか

	A校	B校	C校	D校	E校	F校	G校	H校	I校	J校
よく参加	46.4	48.9	52.2	48.1	50.5	30.5	47.1	45.0	20.0	12.0
参加したことがある	50.1	51.1	43.5	44.6	49.0	39	48.1	47.5	45	48
どちらともいえない／あまり／まったく						18.4			20.8	30.0

北京市：A校・B校・C校・D校
通遼市：E校・F校・G校・H校
馬家村：I校・J校

この調査結果から以下のことがわかる。

（1）大都市北京市、中・小都市通遼市の教員は農村部馬家村の教員より、研修参加の機会が多いと見られる。この原因は、地域の財政状況と地方リーダーの教育への重視度が大きく関係している。

（2）上掲のグラフのF校は、中・小都市部の通遼市の少数民族向けのモンゴル族学校である。この結果から、中国では、少数民族教育の地位が低く、教育研修の機会が少ない傾向も指摘できる。

Q2-2A 教員研修は、あなたの授業・教育能力の向上に役立っていると思いますか
　　①とてもそう思う　②そう思う　③どちらともいえない
　　④あまりそう思わない　⑤全くそう思わない

図2-3-4　教員研修はあなたの教育授業能力の向上に役立っていると思いますか

	A校	B校	C校	D校	E校	F校	G校	H校	I校	J校
そう思う	44.8	45.6	40.2	44.3	45.9	43.4	39.5	40.0	40.5	38.0
とてもそう思う	25.7	27.4	25.6	26.1	34.4	43.4	42.8	43.0	48.0	52.0

北京市：A校、B校、C校、D校
通遼市：E校、F校、G校、H校
馬家村：I校、J校

□とてもそう思う　■そう思う　■どちらともいえない
■あまりそう思わない　■まったくそう思わない

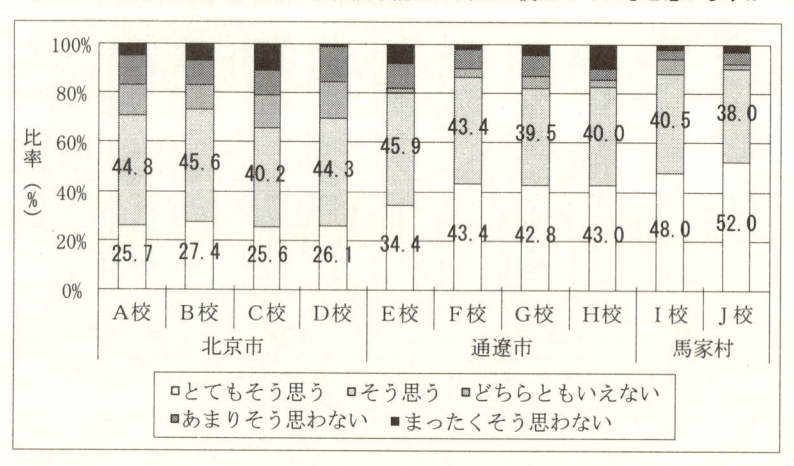

図2-3-4から、以下のことが読み取れる。

（1）授業・教育能力の向上に対する効果が比較的に高い。特に中・小都市部通遼市と農村部馬家村ではそれが顕著である。

（2）地域間・学校間の格差が見られることである。具体的にいうと、大都市部北京市のA、B、C、D校の教員は、中・小都市部通遼市のE、F、G、H校の教員及び農村部馬家村のI、J校の教員より低く評価している。その大きな原因は、①都市部、特に大都市部の教員は一般に学歴が高く、教育研修などの各種教育制度の評価が比較的厳しい。②都市部、特に大都市部の教員の研修内容は教員の授業・教育能力の向上より、政治学習の性格が強い。③研修形式も上級命令が多く、研修内容が古く、学校現場の実態からズレているなど、が考えられる。

第2章 教員人事制度の仕組み

Q2-3　あなたは教員研修制度に期待しますか
　　①非常に期待　②期待　③どちらともいえない
　　④あまり期待しない　⑤全く期待しない

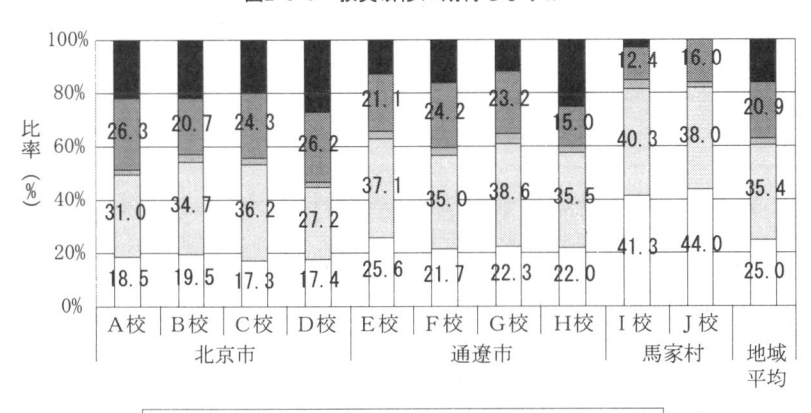

図2-3-5　教員研修に期待しますか

	A校	B校	C校	D校	E校	F校	G校	H校	I校	J校	地域平均
非常に期待	18.5	19.5	17.3	17.4	25.6	21.7	22.3	22.0	41.3	44.0	25.0
少し期待	31.0	34.7	36.2	27.2	37.1	35.0	38.6	35.5	40.3	38.0	35.4
どちらともいえない											
あまり期待しない	26.3	20.7	24.3	26.2	21.1	24.2	23.2	15.0	12.4	16.0	20.9
まったく期待しない											

（北京市：A校～D校／通遼市：E校～H校／馬家村：I校・J校）

図2-3-5から以下の二点がわかる。

（1）教員研修への期待感の平均値は、「非常に期待」25％、「少し期待」35.4％、「どちらともいえない」2.7％、「あまり期待しない」20.9％、「少しも期待しない」16％である。半数以上の教員は教員研修に期待していることがわかる。

（2）農村部の馬家村の教員は、大都市部の北京市、中・小都市部の通遼市の教員より、研修に期待している。その原因は①農村教員の学歴は普遍的に低いため、学歴補完を希望している。②教員研修機関はほとんど都市部にあるので、都市部の教育・授業が進んでいると考えがちである。

張守祥[16]が指摘したように、「中国農村部では教育経費が足りないため、

119

施設・設備における条件整備、教員研修の実施はほとんどなされていない」のである。また、陳永明[17]は教員研修の問題を以下のように指摘している。

①政府の財政投入が不足している、②教員資質の向上より、学歴補償教育を重視している、③研修内容が古く、質が低く、研修方式は保守的である、④農村部の教員より、都市部教員の研修を重視している。

教員研修と評価の連動実態は以下の結果となった。

Q4-23 現行人事考課制度の結果は教員研修に反映されていると思いますか
　　　①とてもそう思う　②そう思う　③どちらともいえない
　　　④あまりそう思わない　⑤全くそう思わない

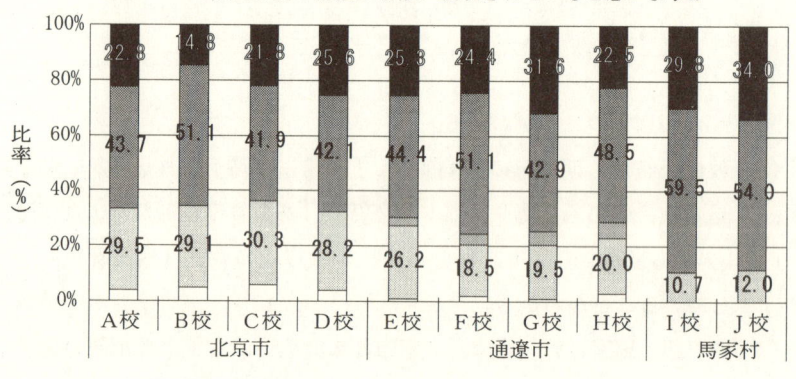

図2-3-6　教員評価の結果は研修に反映されていると思いますか

	A校	B校	C校	D校	E校	F校	G校	H校	I校	J校
あまり/まったく	22.3	14.8	21.8	25.6	25.3	24.4	31.6	22.5	29.8	34.0
どちらともいえない	43.7	51.1	41.9	42.1	44.4	51.1	42.9	48.5	59.5	54.0
そう思う／とてもそう思う	29.5	29.1	30.3	28.2	26.2	18.5	19.5	20.0	10.7	12.0

A校～D校：北京市　　E校～H校：通遼市　　I校・J校：馬家村

□とてもそう思う　■そう思う　■どちらともいえない　■あまりそう思わない　■まったくそう思わない

図2-3-6から、以下のことがわかる。
（1）現在、多くの教員は考課の結果は教員研修に反映していないととらえている。

（２）地域間の違いがある。考課の結果が教員研修に反映されていると思っている教員の比率は、大都市部の北京市は中・小都市の通遼市より、中・小都市部の通遼市は農村部の馬家村より、少し高い傾向が見られる。

　その要因としては以下の二点がある。①中央政府は教員研修制度を整備しただけで、研修と評価の連動については明文化していない。こうして、教員研修の実施は地方政府の主導となっている。②都市部、特に大都市部は農村部より、財政力があり、教育発展レベルも高いので、教員研修と評価の連動を重視している。

　中国における教員研修はこれまで20年余りの歴史があるが、上記の分析で明らかにしたように、教員研修制度が教員の授業・教育能力を改善したのは事実であるが、研修と評価とがリンクしていない問題がある。そして、研修における地域間の格差問題、政治学習の重視などの問題が山積している。

第4節　まとめ

　中国には、教員の学歴資格制度はあるが、教員数が不足している。人材確保が困難なために、教員の学歴資格は国家の期待に応えていない。招聘制度は国の戦略として実施されるようになった。しかし、制度上の不備及び学校内部の民主的管理機構の機能不全などの問題から、実際には「能者上、庸者下」という理念上の役割を果たしていない。教員の資質向上の最強手段として研修制度がある。しかし、研修予算制度は地方政府（農村部の場合、郷・鎮）が担当しているので、研修の運用実態は地域間の格差が激しいのである。

　言い換えれば、中国には、教員人事管理は戦略上教員資格制度、招聘制度、研修制度などが整備されているが、本当に機能しているかどうかが疑問である。「科学・技術による国の振興」が叫ばれる今日、いかに全体の教員の質を向上させ、教員の勤務意欲を促進させるかが人事戦略上の重要な課題となっている。

[注]
（1） 新京報（2007年9月11日）http://news.sina.com.cn/c/2007-09-11/
014112543325s.shtml
（2） 教員招聘：contract of teaching
（3） 1999年7月27日「小中学校内部管理体制改革会議」での発言、北京市教
育委員会人事処『積極的に小中学校内部管理体制改革を推進する』（中国
紡織出版社、2000）p.4
（4） 陳永明『教員教育研究』（華東師範大学出版社、2003）pp.228-229
（5） 中華人民共和国教育部人事司編『全面的に小中学校人事制度改革を進め
る』（教育科学出版社、2003）p.70
（6） 篠原清昭「校長責任制の実現プロセス―」『日本教育経営学会紀要』第36
号、1994年）pp.90-91
（7） 田凌暉・李亜東「教員招聘制度の深化と完備」、『小中学校管理』（2003年
第2期）
（8） 余秀蘭『中国教育の都市部と農村部の差異』（教育科学出版社、2004）
（9） この単位所有制の「単位」は中国特有の概念である。英語で表現すれば、
「public service unit」である。一般的に、公有制単位（国家所有ある
いは集団所有の事業・企業、例えば、病院、学校、研究所等）と政府機
関を指す。これらの単位に勤めている勤務員は国家が提供する全ての福
祉を享有することができる。一方で、これらの単位に勤めている勤務員
の個人の檔案（個人身上書）と戸籍などは全て当該単位の所有となって
いる。勤務員個人は転職する場合、単位がこれらの書類の交付の権限を
持っている。この書類が交付されない場合、転職できないことになる。
（10） 黄巍『教員教育体制の国政比較』（広東高等教育出版社、2002年12月）
p.186
（11） 檔案（ダンアン）は所属する職場・機関・団体の人事部門が保管する個
人の身上書、行状記録である。記載される事項は、姓名・性別・生年月
日・民族・学歴・結婚・本籍・現住所などの一般的な経歴にとどまらず、
「家庭出身」（出身階級）、「本人成分」（本人の所属階級）、「政治面目」
（所属政党）、「社会関係」（非直系親族や友人との関係）、「海外関係」（海

外華僑や外国人との関係）など細部にわたる。中学入学時から記録され始め、以後、一生ついて回り、入試・就職・転勤・昇進・留学などに際して重要な役割を果たす。「人事処」（人事部）などの人事担当部門に厳重に保管され、本人は見ることができない。

(12) 中国教育ホームページhttp：//edu.cn/20020424/3025404.shtml　顔智華『普通学校官本位体制と粗放型教育活動は改革すべきである』論文より、p.3
(13) 陳永明『教員教育研究』（華東師範大学出版社、2003）p.229
(14) 「老板」とは、bossで、（商店や中小企業の）経営者、社長、支配人を指す。「雇員」とは、（役所などの）臨時の職員、臨時雇いを指す。
(15) 馬嘯風『中国師範教育史』（首都師範大学出版社、2003）p.232
(16) 張守祥「農村の義務教育管理体制：進展・問題・提案」、『基礎教育参考』（教育部基礎教育司基礎教育参考編纂部、2005年第1期）
(17) 陳永明『教員教育研究』（華東師範大学出版社、2003）p.56

第3章　教員評価と給与制度

　教員の給与制度は教員人事管理の重要な措置である。評価制度の運用において評価結果と給与をどのように関連させていくかは評価制度の性格やその機能に大きく影響を及ぼす重要な課題である。しかし、中国では、給与制度が非常に複雑である。その上、教育財政が透明ではないため、これらの問題に関する研究は不十分であった。

　本章は、教員給与制度の全体像を把握することを目的にしている。そのためには、給与制度の法制度、制度改革の流れ、教員給与の財源、給与体系など、多面的に分析する必要がある。特に、教員評価と給与制度の関係は、教員の質の向上とも密接に関わるだけに、重要な課題であると考える。

　第6章では、実証的角度から、再度教員給与の実態、地域間・学校間での格差問題を考察する。こうした分析を通して、教員評価の特質や問題、そして今後の課題について明らかにすることにした。

第1節　教員給与に関する法制度

　中国では、「中華人民共和国義務教育法」、「中華人民共和国教育法」、そして「中国教育改革と発展要綱」などにおいて、明確に教員の定義、職務責任、そして労働条件などを規定している。例えば、「中華人民共和国義務教育法」[1]第14条は、「国家は、教員の合法的権益を保護し、絶えず教員の地位・待遇を向上させ、優秀な教員を奨励する」、「中華人民共和国教員法」[2]第一章「総則」の第3条は、「教員は、教育を遂行する専門技術者である」などと明らかにしている。

　確かに、教員を「専門技術者」と定義し、教員の給与は国家公務員の給与を下回ってはならないと明文化してある。しかし、重要なのは、法律がどの

ように施行され、改訂されているか、なのである。

　実際には、教員は公務員としての性格が付与されず、また、教員の社会的・政治的地位は依然として低いのが実態である。地方政府が教員給与の重要な責任機関であるため、経済基盤が弱い地方では、教員給与の不払い現象は多く見られるのである。

第 2 節　教員給与制度の特徴

　1949年の建国以来、機関・事業部門[3]の給与制度は何度も改革が行われてきた。特に、1956年、1985年、1993年に実施された三大改革は、それぞれ違った時代背景と特徴を有していた。この章では、現行の教員評価に最も関係がある1985年と1993年に焦点を当ててそれら改革の特徴を整理しておく。

1．1985年の給与制度改革

　1978年以後、国の発展戦略として改革・開放政策（現代化政策）が実施された。学校教育との関連では、人事採用の終身雇用、給与配分の平均主義によるモチベーション低下問題、教育効率の低下問題などが改革・開放の大きな課題となった。

　従来の教員の年齢と学歴に基づく「職務等級給与」が改められ、1985年から「組み合わせ給与制度」が実施された。また、1987年10月1日より「教職調整額」[4]が導入されている。1992年からは、社会主義的市場経済方式の成立に伴い、教員給与総額における業績主義給与の割合が拡大したのである。

　組み合わせ給与制度[5]（「分解給与」や「構造給与」や「総額請負制給与」とも言われている）には次の特徴があった。

　第一は、従来の中央政府による教員給与の統一した支給方式が停止された。その代わり、教員給与の負担は、中央政府、地方政府及び学校による自主調達という三者負担となっていた。この給与制度では、学校は中央政府財源以外（地方政府及び学校による自主調達）の教員給与の財源部分を、自由に使用・配分することが可能になったのである。

組み合わせ給与は、基礎給与＋職務給＋勤務年数手当＋奨励給与[6]（各種手当）から構成されていた。基礎給与は勤務員の基本生活を保証する部分であり、行政代表者から一般勤務員まで同じ基準で支払われている。職務給は、実際の職務に応じた給与部分である。「小・中学校教員職位試行条例」に規定された4ランクのそれぞれの俸給であり、職務が変わらなければ給与も変わらないのである。勤務年数手当は教員の勤務年限[7]に基づいて支給する手当である。奨励給与（各種手当）とは、教職員の実際貢献・勤務業績に応じた奨励給与である。例えば、教員の「授業時間超過手当」、事務職員・管理職の「目標管理手当」などはそれに属する。

組み合わせ給与の前三項目（基礎給与＋職務給＋勤務年数手当）は、「基本給与」（檔案給与ともいえる）である。この部分は、中央政府の財源で、教員給与の「国家最低基準定額」ともいわれている。奨励給与（各種手当）は「非基本給与部分」である。奨励給与（各種手当）の支給は各学校の自由裁量となっている。

第二に、組み合わせ給与は、1986年から導入された「職務称号評定制度」と連動していることである。つまり、「組み合わせ給与制度」のもと、教員の給与待遇は実際の職務と密接に関連していたのである。

この改革の狙いは、以下の四点にあった。

（1）各学校が従来の活力のない教員給与制度を是正する。教員の積極性を向上させるために、教員の業績を評価し、評価結果と給与・職務昇進などの待遇にリンクさせる。
（2）小・中学校などの教育機関の教員不足問題を解決する。小・中学校、中等専門学校、幼稚園の教員の教職意識を改善するために、勤務年数手当を新設する。
（3）職務に対応する昇給制度を設立する。
（4）級別ごとに管理する給与体系を確立する。

この改革は、当時一定の役割を果たしていた。しかし、教員給与は国家機

関公務員の給与基準に準拠しても、国民経済の発展と経済体制改革に適応した形で運用することができなかった。そのため、以下の問題が継続・悪化することになった。

- 教職員の貢献を反映できず、平均主義現象を改善できなかった。
- 教員給与の基準額が低く評価されることに繋がった。
- 定期昇給制度がないため、教員の勤務意欲を向上させることができなかった。
- 管理職員と専門技術者（教員）の給与バランスが取れなかった。
- 業績主義給の部分が低く設定され、教員給与間の平均主義問題を克服できなかった。

上記の問題を克服することが課題となった。そこで競争を給与の奨励作用と「杠杆作用」（梃子作用）に活用することが要請されるようになった。

2．1993年の給与制度改革

1993年11・12月に国務院は二つの通知「機関・事業部門における勤務者の給与改革に関する通知」（国発［1993］79号）、「機関・事業部門における給与改革に関する三点の実施方法に関する通知」[8]を公布した。それに基づいて、人事部・国家教育委員会は「高校学校・小・中学校・中等専門学校における教員の給与制度改革方案」（1994年2月5日）を、国家人事部・教育部が「事業機関勤務者の給与制度改革方案に関する実施意見」（以下「実施意見」、1994年2月5日）を同時に発表した。

これらにより、教育機関などの事業機関に「専門技術職務等級給与制度」が導入された。それは以下のように規定された。

> 新しい給与制度は、小・中学校専門技術（職員の場合：職務）等級給与制度である。その構成は、専門技術（職員の場合：職務）等級給与と手当の二部から構成される。専門技術（職員の場合：職務）等級給与は、固定部分であ

る。この部分は、勤務能力・責任・貢献・労働の複雑度などを体現する。手当部分は、持ち場の勤務特徴・労働の量と質を体現する。割合は、専門技術（職員の場合：職務）等級給与が70％、手当部分が30％である。この手当部分の支給は、勤務者の勤務量と質を根拠とし、考課を実施したうえで支給する。

この制度改革の目的は、以下の二点であった。
（1）従来の中央政府財源の教員給与の国家基準定額を、「職務給」（70％）、「国家基準定額手当」（30％）の二部に分割した。「職務給」は職務称号評定の評定等級に応じて支給される。「国家基準定額手当」は1985年以後の国家財源の平均主義配分を打破することにある。そして手当支給は各学校の自由裁量となった。
（2）給与の奨励機能を発揮させ、小・中学校教員の勤労意欲を向上させることにある。たとえば、国弁発［1993］78号は、「全国小・中学校の教員給与を確保し、小・中学校教員の奨励システムを強化することが今後の改革の方向である」としている。

今回の改革の具体的な特徴は以下のとおりである。
・性質が異なる事業機関（学校、病院、研究所など）を科学的に分類し、管理する。
・競争・奨励システムを強化する。
・年度考課と連動させ、正規の定期昇給システムを設立する。
・給与の機能を発揮し、僻地地域や職種内容の軽重に基づいて給与額を調整する。
・適時に（普通、2年に1回）職務給の基準を見直し・調整する。
・地区手当制度を導入する。
・賞与制度を導入する。

この教員給与方式の最大の特徴が「按労分配原則」（労働者の労働量の多少、責任及び内容によって給与を支給する原則）を導入したことにある。それは、

教員給与を年度考課、職務称号評定、そして3％奨励・昇格制度に連動させることによって、教員間の競争を強化することを目的にしていた。それを図式化すると以下のとおりである。

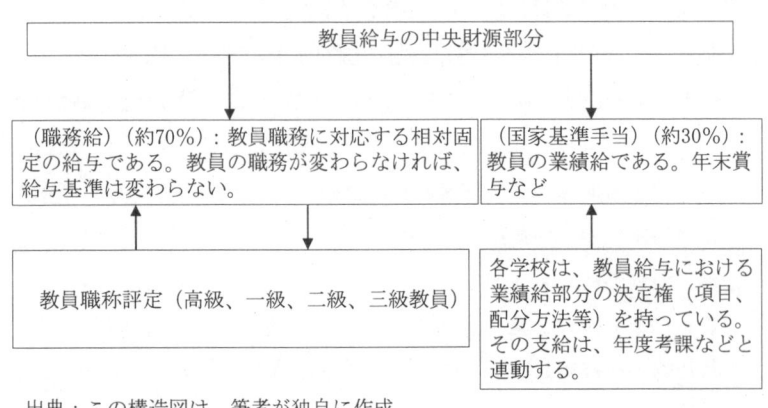

図3-2-1　中央財源の給与基準の給与と評価の連動図

```
┌─────────────────────────────────────────────┐
│           教員給与の中央財源部分              │
└─────────────────────────────────────────────┘
        ↓                              ↓
┌─────────────────────────┐  ┌─────────────────────────┐
│（職務給）（約70％）：教員 │  │（国家基準手当）（約30％）：│
│職務に対応する相対固定の   │  │教員の業績給である。年末賞 │
│給与である。教員の職務が   │  │与など                     │
│変わらなければ、給与基準は │  │                           │
│変わらない。               │  │                           │
└─────────────────────────┘  └─────────────────────────┘
        ↑↓                              ↑
┌─────────────────────────┐  ┌─────────────────────────┐
│教員職称評定（高級、一級、 │  │各学校は、教員給与における │
│二級、三級教員）           │  │業績給部分の決定権（項目、 │
│                           │  │配分方法等）を持っている。 │
│                           │  │その支給は、年度考課などと │
│                           │  │連動する。                 │
└─────────────────────────┘  └─────────────────────────┘
```

出典：この構造図は、筆者が独自に作成

図3-2-1からわかるように、中央政府財源部分の最低基準定額の教員給与の支給は、平均的に教員に支給するのではなく、教員評価（年度考課と職務称号評定）と連動しているのである。この連動措置の結果、従来の平等主義的な給与システムが次第に打破されつつある。

第3節　現行の教員給与の財源構成

中国の教員給与の財源は、日本のような「上位政府」としての中央政府・都道府県が担当していない。中央政府は最低基準定額を保障するだけで、他の部分は下位の地方政府（県鎮・郷・村）及び各学校の責任として移管されている。言い換えれば、教員給与に関しては有限的地方分割制度なのである。

教員給与の財源構成の詳細は以下のとおりである。

1．中央政府財源

　中央財源の具体的な項目は以下のとおりである。第一は、職務給：「小・中学校（幼稚園）教員専門技術職務等級給与基準」、「小・中学校管理（職員）職務等級給与基準」、「小・中学校技術労働者・普通労働者等級給与制度基準」を基に、各学校の教員編制基準に応じて交付金を支給する。第二は、教職調整額：職務給の10％で計算される。第三は、国家基準手当：教職員勤務の量・質と貢献の多少に応じて、支給する変動部分である。第四は、中央財源の手当[9]である。

　中央政府財源が教員月給総額に占める比率は地方によって異なっている。財政力のある地域は、教員月給総額の3分の1しか占めていない。しかし、財政力の乏しい農村地域は、教員給与財源の自己調達能力がない。そのため、教員給与の基準がかなり低く、国家最低基準定額のままで維持されている。

2．地方政府財源

　教員給与の中央財源の最低基準定額のほかに地方手当制度がある。この部分の教員給与の財源は地方政府にある。その関連規定は、中国人事部・教育部による「事業機関勤務者の給与制度改革方案に関する実施意見」（以下「意見」、1994年2月5日）などが挙げられる。この「意見」の第八条は、以下のように規定している。

　　各地域の自然環境、物価水準と経済発展レベルなどに鑑み、各地域は地域手当を実施する。地域手当は、「困窮地域手当」と「地域付加手当」に分ける。「困窮地域手当」の制定は、地域の気候条件・海抜高度・物価レベルなどの要因を根拠とし制定する。「地域付加手当」の制定は各地域の経済発展レベルと生活費用の支出状況、そして事業機関と企業部門の給与のバランスなどの要因を根拠とし、地域付加手当制度を実施する。

　この実施意見から、各自治体が財政、物価などの状況に応じ、独自に手当

項目、給与基準を設定できるという制度上の狙いがわかる。

3．各学校の自主財源

　教育の財政収入は、予算内収入と予算外収入に分かれている。予算外収入と予算内収入を合わせたものが「財政収入」である。予算内収入は国家教育予算資金である。それは日本の教育予算に相当する。予算外資金[10]とは、税収以外で、各地域・各部門・各法人単位が国家の関連規定に応じ、独自調達・自由に使用できる国家予算外資金である。この資金[11]は、主に以下の五点を含む。①地方各財政部門が国家規定に応じ、管理している各付加収入、②事業・行政機関が独自に調達した国家予算に納入しない資金、③国営企業及び主管部門が管理している各専門資金、④地方と中央主管部門所属の予算外企業収入、⑤他の国家規定に応じ、予算に納入しない各種の収入である。

　上述から、事業機関としての学校は予算外資金の調達や自由使用ができることがわかる。この点について、陳永明[12]は「市場経済の影響のもとで、各段階の学校が学校利益の最大化を図るために、一部の学校は変質してしまい、すでに商店・会社になってしまった」と指摘した。なぜ、この予算外資金が認められているのか。その大きな要因は、政府内予算資金の不足にある。現在は政府予算内資金だけでは義務教育の各学校を含めた各単位・部門の正規の運営を維持できないのである。

　各学校の予算外資金の調達方法は、主に生徒の寮費、平日以外の授業補導費、学校選択生徒の親からの学校賛助費・寄付金（3万元〜10万元）、校弁産業収入（学校が経営する収益事業による収入：店舗経営の利潤、部屋貸出費など）である。例えば、1998年12月21日に北京市教育委員会・北京市人事局・北京市財政局による「小・中学校校内部組合せ給与制度の完備に関する通知」（京教人字［1998］37号）では、「学校が自主的に経営している企業などの利潤は、小・中学校教育経費と教職員組合せ給与財源の重要な補充である」と明文化している。北京市の学校自己調達資金の金額は、1996年に「2.98億元」[13]（円換算：44.7億円）であった。

　しかしながら、全ての学校が予算外資金を調達できる能力を持っているわ

けではない。大都市にいけばいくほど、資金調達の機会が多くなる傾向があるからである。北京市教育委員会主任の徐錫安は、「地域間、学校間の組合せ給与における大きな格差は学校の教職員の意欲にマイナスに影響し、教職員の合理的流動に不利である。また、管理システムが不健全であるために、教職員の労働の質と量に応じる給与分配原則は実現されていない」[14]と指摘した。

また、都市部であっても、重点学校のほうが普通学校より調達しやすい。重点学校は、上のランクの教育機関や大学に入る可能性が高く、親・地域から多額な賛助費や寄付金などを徴収しやすいからである。

こうして、一部の都市部の学校と重点学校校長は学校選択寄付金、学校部屋賃貸資金などの利益を利用し、教員の手当支給や施設・設備の改善ができた。他方、普通学校及び多くの農村部学校は、自主財源を調達できず、図書やチョークの購入にまで、上級教育行政部門に申請しなければならなくなったのである。

第4節　現行の教員給与の構成システム

教員給与の構成はかなり複雑である。その具体的な内容が表3-4-1である。

表3-4-1からわかるように、教員給与は「国家最低基準定額」と「諸手当」から構成されている。

国家最低基準定額は、「職務給」、「小・中学校教職調整額」及び「国家基準手当」から構成される。これらが中央政府財源である。また、諸手当は、中央政府財源（ごく一部）の「勤務年数手当」、「特殊教員手当」、「イスラム教員手当」、「クラス担任手当」及び地方財源の「風砂費」、「知識人補助」、「生活福祉手当」、「寒冷地域手当」などから構成される。地方財源の地方手当は、その基準が制定されていないため、地域によって異なっている。この地方手当の部分の教員給与が中央財源の最低基準定額より超過している地域が少なくない。一方、国家最低基準定額のままで運営している地域も多く存在している。

教員給与の各構成部分を以下に詳しく説明する。

133

表3-4-1　小・中学校の教職員給与構成

現代中国の小・中学校教職員の給与構成				財源
国家最低基準定額給与(国家基本給与ともいえる)	職務給：「小・中学校専門技術職務等級給与基準一覧表」の定額			中央財源
^	小・中学校教職調整額：上記の職務給×10%の金額			^
^	国家基準手当：(職務給＋教職調整額)÷7×3という公式が適用される。	授業手当（参考）		^
^	^	管理職手当（参考）		^
^	^	職員持ち場目標管理手当（参考）		^
^	^	他の手当（参考）		^
諸手当	勤務年数手当			中央財源
^	特級教員手当			中央財源
^	イスラム教員手当			中央財源
^	クラス担任手当			中央財源（一部）
^	授業基準定数超過手当			地方財源
^	地域手当	風砂費（気候の悪い地域）、寒冷地域手当		地方財源
^	^	知識人補助		地方財源
^	^	他の諸手当（生活福祉手当、通勤補助、住居手当等）		地方財源

出所：筆者作成

1．国家最低基準定額給与

国家最低基準定額給与は、「基本給与」や「檔案給与」ともいわれている。中央統一財源なので、大都市部、中・小都市部、そして農村などすべて同じである。

2．国家財源の諸手当

（1）勤務年数[15]手当

中国労働・人事部は「教員の教育年間手当に関する若干の規定」（労人薪[1985]19号、40号）によって勤務年数手当を決定している。その基準は表3-4-2のとおりである。

表3-4-2　小・中学校の教員勤務年数手当基準表

元/月

勤務年数	5－10年	11－15年	16－20年	21年以上
手当基準	3	5	7	10

第3章　教員評価と給与制度

　上述の基準からわかるように、中央政府財源としての教員勤務年数手当の金額は非常に少ない。21年以上の教員の勤務年数手当は10元と規定されているが、この10元は日本円にすると約140円に相当する。財源のある大都市部では、国家基準の何倍もの金額を支給していると言われている。例えば、筆者は、2005年12月5日から2006年1月16日までの期間、大都市部の北京市、中・小都市部の通遼市、農村部の慶和郷（鎮）・馬家村で教員手当実態調査を行った。通遼市と馬家村は、国家の基準のままで運営している。しかし、北京市は、勤務年数手当が教員の勤務年数の2倍（勤務年数×2）で支給されており、財源の足りない部分は地方政府が補填していることが明らかになった。

（2）イスラム教徒教員への食事手当
　国発［1993］79号によれば、教員がイスラム教[16]の場合、食事手当が毎月2元支給される。
　この制度から、現代中国の教員給与制度は、漢民族以外の少数民族の特殊性を考慮に入れていることがわかる。しかし、政策執行においては、イスラム教徒教員手当制度を実施していない地域[17]がある。

（3）小・中学校クラス担任手当、授業基準定数超過手当
　1979年11月27日国家教育部・財政部・国家労働総局は「小・中学校クラス担任手当制度の試行方法」［教計字489号（79）］の文書を発表した。そこでは下のように説明されている。

> 担任手当について、原則として一クラス（生徒40〜50人）に担任を一人設置する。学校の分布、校舎条件、クラスの人数などの条件に応じ、その手当の基準は、通常、中学校：クラス人数の35人以下の場合5元、36-50人の場合6元、51人以上の場合7元とする。小学校：生徒が35人以下の場合4元、36-50人の場合5元、51人以上の場合6元とする。一クラスの生徒数は20人以下の場合、適当に削減する。

上記の規定から以下の二点がわかる。①中央財源の担任手当の基準は非常に少ない。大体月に5～7元[18]である。②中学校の担任手当基準は小学校の担任手当の基準より少し高い。

　1988年に人事部・国家教育委員会・財政部が下の「小・中学校クラス担任手当の増加と小・中学校教員授業定数超過手当制度の設立に関する通知」（人薪発［1988］23号）を公布している。

　　小・中学校では、1988年9月から、小・中学校のクラス担当の手当基準を向上し、小・中学校教員勤務基準量（主に授業）制度を実施する。その具体的な方法は以下のとおりである。①小・中学校クラス担当の手当基準の向上の幅と教員授業基準定数の超過部分の手当基準は、各省・自治区・直轄市によって自主的に制定・実施する。②各地域、各学校が小・中学校の教職員の授業手当制度を実施するには、基準の授業定数の制定が前提である。授業の質を確保する上で、授業定数を超える場合には、超過部分の手当を支給すべきである。③その超過部分の手当の財源は、各学校の自主裁量となる。

　これらの文書によると、国家は制度上の方針だけを設定し、具体的な実施方法、金額基準、財源などは、各省・自治区・直轄市の自由裁量としている。筆者の前述の調査によると、北京市では、クラス担任教員の手当金額は学校によって若干異なるが、月に約300～1,000元で、中・小都市の通遼市は、約0～120元であった。農村部の学校では、クラス担任手当はほとんどなかった。また、教員の授業基準定数超過手当は、北京市では教員の職務称号の高低及び担当科目の重要度などに基づいて授業手当制度が実施されていた。通遼市では、授業手当制度があるが、教員全員一律に1コマ2元とされていた。しかし、農村部の学校では、授業手当制度自体が存在していなかった。

（4）国家規定の年末賞与制度
　「機関・事業部門勤務者の給与制度改革方案及び実施方法」（国発［1993］

79号）の「六、奨励制度」は、「現行の奨励制度を是正し、事業機関の実際に応じ、特殊な貢献のある勤務者及び最も優秀な勤務者に対して奨励する。その方法は、(1)特殊な貢献のある専門家、学者及び科学研究人に対して継続的に政府の特殊手当[19]を実施する。(2)大きな貢献をした専門技術者に対して、一時奨励金を支給する。(3)年度考課と連動し、当年度において合格・優秀と評価された全ての教職員に年末ボーナス「一ヶ月の基本給与の部分：職務給＋教職調整額＋国家手当を支給する」と規定している。

3．地域手当制度

　国家人事部・教育部による「事業機関勤務者の給与制度改革方案に関する実施意見」(1994年2月5日) の第8条によると、以下のとおりである。

　　地域手当制度を実施する。各地域の自然状況、物価水準と経済発展レベルなどに基づき、地域手当を実施することができる。

　この規定から、各地方自治体が、地域の実情に応じて地域手当制度を実施できることになる。しかし、地方の経済力及び教育への重視度などの違いが大きいため、地方手当の実施基準の格差は大きい。例えば、湖南省教育委員会の朱俊傑・夏智倫は、「多くの地方自治体は、この地方手当や奨励給与に関する自治権を使用する際、随意性が大きく、教育を重視せず、教育への資金調達を怠った」[20]と指摘している。その範例的事例が表3-4-3である。

表3-4-3　湖南省Ｘ県教員、月給における奨励給与と地方手当、補助の情況

（単位：元）

項目	1991年		1993年	
	金額	比率	金額	比率
省財源	67	81.7	138	54.1
市財源	15	18.3	117	45.9
合計（元）	82	100	255	100

出典：湖南省教育委員会：朱俊傑・夏智倫「小中学校教員給与不支払い現象分析」、中央教育研究所『教育研究』教育科学出版社、1994年第4期、p.38

表3-4-4 中国北京市における教職員の地域手当一覧表

項目	手当項目	法律・法規・通知による規定
奨励手当	政府特殊手当（特殊貢献のある教職員）	「北京市政府特殊手当の実施に関する通知」（京人発［2001］94号）
	市レベル学科リーダー手当	「北京市幼稚園・小・中学校各学科リーダー、中堅教員の選抜に関する暫行方法」
	市レベル中堅教員手当	「北京市幼稚園・小・中学校各学科リーダー、中堅教員の選抜に関する暫行方法」
新聞代	中級職務称号、四級職員以上幹部	京財行［1994］2635号
	初級職務称号、五級職員及び以下の幹部	京財行［1994］2635号
	一般労働者	京財行［1994］2635号
技術労働者持ち場手当	初級労働者	京人工［1992］26号
	中級労働者	京人工［1992］26号
	高級労働者	京人工［1992］26号
洗髪代	男性教職員全体	京財行［1994］2635号
	女性教職員全体	京財行［1994］2635号
仕事標準量（授業）超過手当	仕事標準超過教員	市教育局行字［79］145号通知（1984年9月から）
暖房費（寒冷地域手当）	無料のボイラーを享有していないすべての教職員	京労険［99］60号（1999年から）
盛夏の冷房手当	全体正式の教職員	京財行［94］2635（1995年1月から）
通勤補助	全体正式の教職員	京財行［92］1776号（1992年10月1日から）
一人っ子補助	一人っ子の教職員	京革発行［79］564号（1979年11月から）
		京財行字［86］770号（1986年11月）
		京行字［94］2080号（1995年1月）
住居手当	全体正式の教職員	［2000］京房改弁字第080号、［2000］京房改弁字第150号（2000年4月1日から）
組合せ給与手当	全体正式の教職員	京政弁発［93］70号（本制度は1991年9月1日からスタートした。当時の標準は、10元／人、その後逐年調整）
目標管理賞金	全体正式の教職員	北京市1997年11月10日の口頭通知（本制度は、1995年1月1日からスタートした。当時の標準は、40元／人、その後逐年調整）
職務手当	全体正式の教職員	北京市2004年の口頭通知（本制度は、1995年1月から、スタートした。当時は一人当たりの基準は、42元であった。その後、逐年調整）
クラス担任手当	クラス担任	北京市教育局145号通知（1984年9月から実施。当時の基準は12元／人、その後逐年調整）
兼職（授業）手当	授業を兼職している校長、党支部書記及び他行政人員	1984年8月に公布された市教育局145号通知（1984年9月から）
他の各種福祉手当		例えば、親族訪問手当、電話手当、親族死亡手当など

出典：この表は、北京市教育システム人材交流服務センター『給料・福祉実用手引』（2005引』（第8巻、1995年）（第13巻、2004年）の関連規定により、筆者が独自に作成

第3章　教員評価と給与制度

表3-4-3からも、地方政府の予算決定はかなり任意性があることがわかる。

前述の筆者の調査結果に基づく実態的な内容が表3-4-4である。

表3-4-4からわかるように、北京市では地域財政的な力があるので、教職員に支給されている地域財源の手当は非常に多い。例えば、「奨励手当」、「新聞代」、「技術労働者持ち場手当」、「洗髪代」、「寒冷地域手当」、「冷房手当」、「通勤手当」、「一人っ子補助」、「住居手当」、「組み合わせ手当」、「目標管理賞与」、「職務手当」、「クラス担任手当」など多岐に渡っている。しかも、各手当はかなり高額の支給となっている。

金額
毎回、10000元
毎回、1200元以上
毎回、1000元以上
27元/月
25元/月
23元/月
6元/月
12元/月
18元/月
20元/月
26元/月
① 最低基準を超え、最高基準を超えていない場合：中学校1コンマ1元、小学校1コンマ0.80元 ②最高基準を超える場合、中学校1コンマ1.50元、小学校1コンマ1.20元
一人当たり、140元/年
毎年の6月～9月、一人当たり、20元/月
一人当たり、10元/月
一人っ子代：一人当たり、5元/月
ミルク代：親ともに、4元/月
幼児補助：親ともに40元/月
一人当たり、90元/月 （職務等級に応じ、支給する）
一人当たり、56元/月（1993年1月1日から）
一人当たり、15元/月（1997年1月1日から）
一人当たり、245元/月（2004年1月1日から）
一人当たり、12元/月
中学校：1コマ：0.80元、 小学校：1コマ：0.60元

がある。

年）、北京京市人事局『給料・福祉手

中・小都市部の通遼市の地域手当の内容は表3-4-5である。

表3-4-5　通遼市の教職員の地域手当基準表

地方手当		法律・法規・通知による規定	金額
寒冷地域手当	全体正式の教職員	内モンゴル自治区人事庁・財政庁による「機関・事業単位仕事人員知識人手当・辺境手当などの通知」[1992]（5号）（1992年から）	一人当たり、500元/月
一人っ子手当	全体正式の教職員	同上	一人当たり、5元/月
生活福祉手当	全体正式の教職員	同上	一人当たり、170-270元/月
食料手当	全体正式の教職員	同上	一人当たり、18元/月
知識人手当	全体正式の教職員	同上	10-25元/月（職務称号の高低に応じ、支給する）
辺境地域手当	全体正式の教職員	同上	40元/月
女性教職員手当	全体正式の教職員	通遼市教育局による「女性教職員の手当に関する通知」[2001]（14号）	一人当たり、5元/月

出典：内モンゴル自治区人事庁・財政庁による「機関・事業部門勤務者の知識人手当・辺境手当などの通知」[1992]（5号）
注：実際では、この表にある限られた手当項目・基準額をきちんと執行できない時期や地域もある。

　通遼市は財政が大都市に比べ弱いため、教育職員への手当項目が少なく金額も抑えられている。しかし、農村部の農家村の地方手当（表3-4-6）と比較すると、逆に地方基準の財源が多くなる。

表3-4-6　馬家村における教職員の地域手当基準表

	地方手当	法律・法規・通知による規定	金額
一人っ子手当	全体正式の教職員	内モンゴル自治区人事庁・財政庁による「機関・事業単位仕事人員知識人手当・辺境手当などの通知」[1992]（5号）（1992年から）	一人当たり、5元/月
生活福祉手当	全体正式の教職員	同上	一人当たり、43元/月
食料手当	全体正式の教職員	同上	一人当たり、18元/月
知識人手当	全体正式の教職員	同上	10－25元/月（職務称号の高低に応じ、支給する）
辺境地域手当	全体正式の教職員	同上	40元/月
女性教職員手当	全体正式の教職員	通遼市教育局による「女性教職員の手当に関する通知」[2001]（14号）	一人当たり、5元/月

出典：内モンゴル自治区人事庁・財政庁による「機関・事業部門勤務者の知識人手当・辺境手当などの通知」[1992]（5号）

　馬家村は通遼市に所属する農村部である。しかし、都市部と農村部の二元制の影響を受けて、地域手当における違いが見られる。例えば、通遼市と馬家村はともに寒冷地域に属する。しかし、通遼市所属の教員は寒冷地域手当（月に500元）を享有しており、馬家村所属の教員は寒冷地域手当を享有していないのである。これが典型的な都市部・農村部の差異である。また、生活福祉手当における対処の差異も見られる。

　小・中学校教職員の給与制度は、以下のようにまとめることができる。

・1949年建国以後、特に80年代の市場経済方式の導入に伴って、個々の教員に給与格差をつける制度となっている。
・1993年新給与制度のもとで、教員給与は国家基準定額と諸手当の二部構成となった。
・上述の諸手当の内容は、中央財源の手当と地方財源手当からなる。前者は低額な基準であり、後者は地域間の格差が激しい手当である。

第5節　教員給与の昇給・昇格に関する規定

　教員の昇給・昇格は、主に①年度考課の結果に伴う給与の昇格及び年末賞与の支給、②教員の職務称号の評定に伴う職務給の変動、③3％奨励・昇格評定に伴う給与の昇格、④国家人事部（人事院）による定期の給与基準調整に応じて実施されている。

1．職務昇進

　教員の職務称号評定に伴い、教員の職務称号が与えられる。1993年から、新しい給与制度「専門技術職務等級給与制度」が導入された。表3-4-7が「小・中学校の専門技術職務等級給与基準一覧表」である。表3-4-7を基にして、教員給与と職務称号の関係を概説する。

表3-4-7　小・中学校の専門技術職務等級給与基準一覧表

単位：元／月

職務等級	職務給料標準（号俸）														
	一	二	三	四	五	六	七	八	九	十	十一	十二	十三	十四	十五	十六
中学高級	643	686	729	772	815	870	925	980	1035	1090	1145	1200	1255	1310		
中学一級	481	508	535	562	589	626	663	700	737	774	811	848	885	922	959	996
中学二級	392	410	428	454	480	506	532	558	584	610	636	662	688	714		
中学三級	346	361	376	398	420	442	464	486	508	530	552	574	596	618		
小学三級	334	348	362	382	402	422	442	462	482	502	522	542	562			

出典：北京市教育系統人材交流センター『給料・福祉実用手引』p.7より、筆者作成
注：
①この表は、小・中学校における教職調整額（上記の基準の10％増）の部分と国家基準における手当部分を含めない。
②中学一級は小学校高級、中学校二級は小学校一級、中学校三級は小学校二級教員に相当する。
③国家の規定によると、大学卒業者の教員の初任給（試用期満了後）は中学校二級（小学校一級に相当する）2号俸に相当する。本基準表での金額は410元（月給）である。

第3章 教員評価と給与制度

　学校教員と他事業機関（法人単位）の専門技術者は、社会の評定（勤務年限、勤務上の業績、外国語テストなど）を受けて、上位の職務に昇進する場合、新職務の職務給の最低号に昇進するとされる。また、追加規定としては、仮に元の職務給がすでに新任職務給の最低号を上回る場合、さらに1ランク（号）昇格するとされると規定している。
　表3-4-7の横軸は当該教員の給与号俸（一から十六まで）を指し、縦軸は職務称号の級別を指す。横軸と縦軸の組み合わせで、当該教員が現在享有している職務給を代表する。例えば「中学一級」（五号俸）」（職務給：589元）が適用されているA教員は「中校一級」職務称号から「中学高級」教員に昇進した場合には、現在享有している「中学一級五号俸」（589）から昇給するはずである。当該教員の新しい職務称号は「高級教員」であるので、縦軸の「高級教員」給与が適用される。つまり、「中学高級」職務給（一号俸の643元から十六号俸の1310元）が適用される。規定により、教員が新しい職務給が適用される場合、当該の「職務給」の最低号俸が適用される。従って、当該教員の新しい職務給は、「中学高級」給与の最低号（一号）（643元）が適用される。

2．年度考課に伴う給与の昇格（各職務に対応する給与号俸を指す）

　給与の昇給・昇格は年功序列制ではない。年度考課と連動し、教員の勤務態度・業績に応じて昇給する。例えば、国発［1993］（85号）によれば、事業機関ごとに、厳格に考課をしたうえで給与の正常昇格制度を実施する。考課結果は、「優秀」、「合格」、「不合格」の3種類に分かれる。連続（累積付加）で2年間「合格」と評価された教職員は、1ランク昇格する。「不合格」の場合には昇格しない。考課年度は通常学年度ごとに実施する。9月から翌年の8月を1考課の周期とする。連続2年間合格と評価された教職員は、第2学年度の10月1日から職務給が1ランク昇格する。
　この規定及び表3-4-7に基づき、教員給与と年度考課の関係を以下に説明する。例えば、A教員は2005年1月に「中学校二級3号給」（428元）を得た場合には、2006年、2007年の2年間の間、年度考課で「合格」と評価される

143

と、2007年10月1日から「中学校二級4号」（454元）が適用される。昇給額は26元である。昇給の金額は教員の職務によって少し異なる。その金額は上表からわかるように大体20～55元である。

3．中央政府による定期の給与と手当の調整

　中央政府は、経済発展状況、企業職員の給与状況、住民生活費用の増加状況、また、機関公務員の基準を参照にして、適切に事業機関の給与基準を調整している。

第6節　まとめ

　現在の教員給与制度改革は、規定等級と本俸主義から評価結果と給与とが連動した能力・業績評価主義に重点が移っている。従来の平均主義を改善し、市場競争主義を導入して、教育の停滞を克服し、教員の積極性を引き出そうとするのである。しかし、①教員の社会的・政治的地位が低い。②中央政府の最低基準定額が低い。③財源確保の責任主体が地方、学校に下ろされてくることで主体の財政力の格差が拡大し、教育水準、教員給与の格差が拡大してきている。そのため、学校運営において大きな問題をもたらすことになった。例えば、地域間・学校間の教育格差問題、学校の各種諸費用の乱徴収の問題などが挙げられる。結局、教員給与の調達を含めて、学校運営経費の調達義務は校長が背負うことになる。多くの校長は、教育活動よりも教育経費の調達に専念しなければならなくなった。

　教員給与と教員評価の制度特徴は明らかになったが、教員給与と評価結果の実態的内容はまだ不明確である。第6章では、教員給与の実態分析に焦点を当てて論じることにする。

[注]
(1) 「中華人民共和国義務教育法」は、1986年4月12日に第6回全国人民代表大会第4回会議で可決され、1986年4月12日に中華人民共和国主席令により公布された。
(2) 「中華人民共和国教員法」は、1993年10月31日第8回全国人民代表大会常務委員会第4回会議で可決され、1993年10月31日に中華人民共和国主席令15号により公布された。
(3) 事業機関は、日本の法人単位に相当する。例えば、教育部門、科学研究部門、衛生、農業、林業、水利、気象、地震設計、新聞、出版、ラジオ、技術監督、商品検査、環境保護、博物館などは事業機関に属する。1993年の給与改革において、全国における全ての事業機関を五種類にわけ、それぞれに相応の給与基準を制定した。そのうち、教育、科学研究、衛生などは第一類とし、専門技術職務等級給与制を実施した。また、地質、測量、交通、海洋、水産などは第二類とし、専門技術職務持ち場給与制を実施した。文化芸術、芸能界などは第三類とし、芸術結構給与制を実施したのである。スポーツ界は第四類とされ、体育手当・賞与制度が実施された。金融界は第五類とし、行員等級給与制度が実施された。学校は、事業機関に属する。
(4) 「教職調整額」の基準は、労働部・人事部薪 [1988] 2号の規定によると、1987年10月から、小・中学校、幼稚園、農業中学校、職業学校、特殊教育（盲聾唖）学校、中等専門学校、技術学校、中等・初等成人教育学校の教師及び法人単位に属する教師の給料標準をさらに10％上げる。「教職調整額」は「職務給」の給与額×10％の結果である。
(5) 人事部法律・法規普及グループ編『人事管理常用法規』（遼寧人民出版社、1998）p.333、「給与総額請負制度」とは、請け負う制度である。国家・政府は、各学校の正式教職員編制人数に応じて、各教員の国家基準定額を各学校に交付する。その交付された国家基準定額部分の資金分配については、各学校は自主分配権、特にその国家基準定額の30％部分の分配権を持っている。
(6) 手当・奨励給与は、出勤手当・授業数手当・業績手当・持ち場手当などを含む。

（7）勤務年数手当は、年を単位としながら逐年に増加する手当ではない。その支給規定は以下のとおりである。5-10年は3元、11-15年は5元、16-20年は7元、21年以上は10元とする。
（8）三つの方法は、①機関勤務者給与制度改革法案、②事業機関勤務者給与制度改革法案、③機関・事業部門における僻地の地区手当の実施方法から構成される。
（9）国家財源となる諸手当制度がある。しかしながら、その項目は少なく、手当基準もかなり低い。例えば、勤務期間が21年以上の教員の勤務年数手当は10元である。
（10）予算外資金の英語は、off-balance budgetあるいはextra-budgetである。この概念は外国人にはわかり難いが、中国の各組織が伝統的にそれぞれ独自の収入源を有し、そこからの収入を財政当局の関与を経ないで、自由に資金配分をするものである。
（11）1986年4月13日に国務院による「予算外資金の管理強化に関する通知」より。
（12）陳永明『教員教育研究』（華東師範大学出版社、2003）p.51
（13）1999年7月27日「小中学校内部管理体制改革会議」での発言、北京市教育員会人事処『積極的に小中学校内部管理体制改革を推進する』（中国紡織出版社、2000）p.4
（14）1999年7月27日「小中学校内部管理体制改革会議」での発言、北京市教育員会人事処『積極的に小中学校内部管理体制改革を推進する』（中国紡織出版社、2000）pp.4-5
（15）年齢について、初任者の場合、一律に翌年の1月1日から計算する。
（16）イスラム教の人々は、飲食における禁忌があるため、特別待遇されている。
（17）例えば、筆者が、2005年12月5日から2006年1月16日までの間に、大都市部の北京市、中・小都市部の通遼市、農村部の慶和郷（鎮）・馬家村で行った調査によると、農村部の慶和郷・馬家村では実施されていないことが明らかになった。
（18）1988年に人事部・教育部によって小中学校クラス担当の手当向上に関する通知が公布されたものの、その財源の調達は各学校と各自治体に移譲されたので、小中学校クラス担任の手当における国家基準定額は1979年

の基準のままである。大体 7 - 9 元である。
(19) 国家教育委員会・人事部・財政部による『特級教員選抜規定』(教人〔1993〕38号) によれば、毎月120元支給する。
(20) 湖南省教育委員会：朱俊傑・夏智倫「小中学校教員給与不払い現象分析」、中央教育研究所『教育研究』(教育科学出版社、(1994年第4期) p.38

第4章 教員評価制度

　1978年から開始した改革・開放政策（現代化政策）以後、中国の各領域で市場化改革が進められた。この目的は、競争メカニズムを導入し、国民経済・社会の効率を向上させることにある。地域間の均衡発展から、地域間の重点発展戦略（不均衡発展）へと、方針転換を図ったのである。

　各地方・学校の自主性・積極性が重視され、義務教育の教育管理権限が地方政府（県鎮）へと移管された。教育の質の改善への議論を契機にして公立学校改革が推進された。例えば、教員の質の向上を目指して、年度考課制度（1983）、職務称号評定制度（1986年）、3％奨励・昇格制度（1993）などが次次と導入されてきたことは前章で見たとおりである。

　これらの業績主義的教員評価制度は、すでに20年余りを経過している。しかし、教員評価制度自体が複雑なため、2000年まで先行研究はほとんど見られなかった。近年、教員評価制度に関する研究[1]が注目されるようになった。それらの研究は二つの点で問題を含んでいた。第一は、教員評価制度への短絡的非難が多く、実証的分析に欠けている。第二は、劉本固[2]が指摘したように、教員評価制度の概説紹介に留まり、教育評価・教員評価の実態分析が不十分なことである。

　現代中国の教員評価制度は、その制度史を含めて包括的に考察しなければならない。また、新しい評価制度の効果評価については実態的な分析が欠かせないのである。本章では、制度分析の視点から、教員評価制度の導入背景、制度の仕組み、法制度内容、改革の流れ、そして問題点及び現段階の論争について考察する。各地方・学校での教員評価制度の実態・効果分析は第Ⅱ部の第7章、第8章で詳しく論ずることにした。

第1節　教員評価制度の導入段階での論争

1．導入前期（1949年～1978年）

　この時期は、中国の建国初期である。計画経済を主とし、地域間の均衡・平等、大政府主義が重視された。中央政府が全教育の統制を強めた時期でもあった。公教育への管理は集権的で縦割りに行われた。いわゆる大政府主義のもとで、政府以外が教育に介入することは非常に限られていた。その結果、以下の大きな問題が生じることになった。①競争原理が導入されていなかったため、財政的非効率が急激に進んだ。②雇用慣行が定着し、「大鍋飯」（親方日の丸）現象、資源・人材浪費が拡大した。③規制が強化された結果、市場メカニズムが機能せず、国民サービスが悪化した。④中央政府が学校全体の管理強化を進め、学校組織の画一化、教育の質の低下が生じた。例えば、彭虹斌[3]は以下のように指摘した。

　　伝統的計画経済方式のもとで、わが国の公立学校は政府の下級部門として、学校の管理・運営は全て政府組織から強いコントロールを受けていた。こうして、効率の低下、活力のなさ、画一化という問題があった。

　この時期は、20年代の西洋教育評価運動、特にアメリカ教育評価運動の影響を受けていた。大学の教育学部と中等師範学校に教育評価学課程が開設されるまでになった。しかし、戦争の影響を受けて、教育評価運動は停滞した。

2．導入期（1978年～90年代末）業績主義的教員評価制度

　いわゆる鄧小平・江沢民時代には、改革・開放政策（現代化政策）が導入された。地域間の不均衡発展戦略、効率・市場重視という発展戦略が採用された。中国共産党中央委員会は、「教育体制改革に関する決定」（以下「決定」1985年5月27日）を公布した。この決定は、義務教育管理権限の地方下位政

府への委譲、学校自立の拡大、校長招聘制・責任制などの学校管理体制改革の指針と言われている。さらに、90年代以後は、社会主義的市場経済政策が採用されるようになった。例えば、中国共産党第14回全国代表大会は、社会主義的市場経済体制の確立を改革の総目標とし、教育を優先的に発展させると宣言した（1992年10月12日〜18日）。

1993年2月31日には、「中国教育改革と発展要綱」（以下「要綱」）が公布され、「教員の資質・意欲を向上させるために、従来の教員間の平均主義・年功序列を打破し、さらに、思想教育と物質奨励主導を運用する。貢献が大きく、業績の良い教職員にはさらに高い給与を支給し、職員の積極性を向上させる」ことになる。

国務院が公布した「基礎教育の改革と発展に関する決定」（2001年5月29日、国発［2001］21号）では、「教員人事制度改革を深化し、小・中学校の教員層の建設を強化する」とし、また、「積極的に教員招聘制度を推進し、教員評価制度を健全化し、不適格の教員を解雇する」と明記された。

中国において、教育評価活動の重要な指標となったのは、国際教育評価組織に参加したことであった。それ以後、例えば、「中国教育報」での教育評価の議論から発展して、北京・上海などの各市で教員評価を含めた教育評価研究グループが結成された。北京市教育科学研究所内には、教育研究者・教育行政管理者・学校幹部・教員による教育評価研究組織が設立されたのである。

学校組織に業績主義を導入することに関する論争も広がった。孫震は「競争は社会主義初級段階の重要な特徴である。競争を通して、資源の効率配置を実現し、優勝劣敗を実現することができる。競争方式の導入はわが国教育発展の必然的趨勢である」[4]、李軼は「市場経済方式のもとで、教育に対しても市場競争管理体制を実施すべきである」[5]と指摘した。

それに対して、業績主義の導入に否定的見解を持っている論者は以下のように主張している。例えば、畢天璋[6]は以下のように論じた。

学校教育は人材・知識を生産する場所である。人材生産の過程は周期が長く、

複雑であるため、単純に経済効率という指標だけで学校の教育活動を評定してはならない。総合的に法律的、行政的、政治思想的、道徳的と経済的手段を使用し、教育活動の発展と効率を促進する必要がある。ゆえに、競争は一定の範囲内、一定の程度まで役割を果たすことができるが、教育における競争の役割には一定の限界がある。言い換えれば、競争は学校発展と効率促進を図る唯一手段ではなく、単純に競争を通して教育発展を図ることは不可能である。また、競争は全ての教育領域に適用するわけではない。例えば、義務教育領域では競争原理の導入は不適正である。

また、河北師範大学の馮忠漢、梁蘭芳[7]も、学校教育に競争原理を導入するという改革方針を強く批判した。その理由は以下のとおりである。

①商品経済と教育は本質上においてかなり異なっている。商品経済領域では優勝劣敗の原則のもとで、社会のニーズに応じて、商品の質・価格の最適配置を図り、経済の発展を促進する。しかし、教育の根本任務は、全部の生徒の成長・発展を図ることにある。競争を学校に導入したら、生徒たちが商品として取り扱われることになり、教育の本来の目的に反してしまう。②商品経済領域では、その効果の達成スピードが早い。従って、競争原理の導入により、さらに、技術の革新や管理の効率化などを促進することができる。しかし、教育領域における教育の質の向上は、長期性と複雑性という特徴を持っている。③競争原理は商品経済における他の要因と絡み合って商品経済の発展に対して、その役割を果たしている。しかし、教育は商品経済と異なる性質を有している。こうした特質を無視して、学校に競争原理を強引に導入することは学校の各種教育活動を商品化してしまう。

3．是正期（2002年～現在まで）

教員個人を単位とする業績主義の教員評価は、学校現場においてほとんど生徒の成績・進学率で判定しているため、次第に各種の問題をもたらした。例えば、「業績主義的教員評価方式のもとで、教員たちが単純に生徒の成績・

進学率を追求するという問題を助長してしまっている」[8]、「業績主義的教員評価は、評価結果が賞罰・昇進などの利益に切実にリンクしているため、教員間の過度な競争を形成してしまう」[9]、この他、教育部「国家基礎課程改革――教員と生徒の発展のための評価」に関する研究グループメンバーの趙希斌[10]は伝統的業績主義評価を以下のように指摘した。

　①賞罰は、教員の発展を促進できないばかりでなく、多くのデメリットがある。例えば、教員の緊張感、恐怖感をもたらし、評価者と被評価者の関係の対立を形成してしまう。②教員の職業道徳や授業能力は総合的なものである。教員の教育活動には目に見えるものがあり、目に見えないものもある。従って、教員に対して統一した量的基準をもって等級判定をすることは不合理である」などの批判的論点が見られる。

さらに、1990年代に入って以来、教育の質的向上、総合的資質を備えた人材の育成の重要性をますます意識するようになった。そして、これまでとは異なった教育観念である「資質教育」が話題にされ、義務教育カリキュラムの全面改革[11]も開始されるようになった。1999年中国共産党中央委員会・国務院は「教育改革深化と資質教育全面推進に関する決定」を発表した。そこでは「新しい義務教育課程体系を設立し、従来の知識を過度に偏重し国家が一極指導するカリキュラムから国家課程・地方課程・学校課程という三級課程システムを設立し、生徒の総合的能力・教員の勤務能力の発展を重視する」ことが明記されたのである。

資質教育の推進及び新しいカリキュラムの改革には、教員評価制度の改革が不可欠であった。「発展的教員評価体制を確立し、教員の自己評価を重視する」[12]ことが求められるようになったのである。例えば、1999年中国共産党中央委員会・国務院が公布した「教育改革深化と資質教育の全面的推進の決定」は、「資質教育とカリキュラム改革に合う学校・教員と生徒評価体制を設立することがかなり重要である。地方各級政府は進学率を学校評価や教員評価の基準としてはいけない」と規定し、国務院による「基礎教育課程改

革要綱（試行）」(2002年6月7日)では、「教員発展を促進する評価体系を立てるべきである。教員の自己評価を主として、校長・同僚・生徒及び親共同参与の評価制度を実施すべきである」と規定した。これは、従来の業績主義主導の教員評価理念からの大きな転換を意味した。

さらに、2006年3月7日に中国共産党中央総書記、国家主席、中央軍事委員会主席の胡錦涛は、「調和社会の構築、都市部・農村部の共同発展は今後の発展方向である」(「全国政治協商会議」)と語った。また、2006年10月11日、中国共産党第16回中央委員会第6回会議で可決された「社会主義調和社会の構築に関する決定」では、社会における各種不公平を是正し、各種矛盾を解決し、調和社会の構築を今後の総任務とすると明確に定めた。つまり、現在、過度の格差がもたらした各種の問題に関する反省点と是正点に直面し、調和社会の構築・共同発展[13]が重視されるようになったのである。

現在、資質教育及び新しい基礎教育カリキュラム改革が進行している。そして、教員評価改革が論争の焦点となっている。例えば、厳紅は「教員評価の目的は教員の職能の発展である。新しいカリキュラム改革のもとで、学校による教員評価は従来の縦割り的管理方式ではなく教員の自己評価を重視すべきである」[14]と指摘している。

しかしながら、一部の教員及び研究者は新課程改革に否定的である。例えば、陳永明は「中等学校進学試験、大学進学試験制度がほとんど変わらないもとで、新しいカリキュラムを導入することは意味がない」[15]と指摘している。

中国の教員評価制度の改革の流れは上述のとおりである。教員評価の問題点を、特に業績主義的教員評価制度との関係に焦点を当てて以下で概説する。

第2節　教員評価制度の各段階の特徴

　前述のように教員評価制度は、教員評価制度を制定した法律に基づいて分析すると、大きく三つの時期に区分することができる。

1．第一段階（1983年〜1993年）：年度考課制度、職務称号評定上の運用

　1983年に教員考課制度が始まった。この制度は、建国以来の教員不足や学歴不合格教員問題を改善するためのものであった。その後、1985年5月27日中国共産党中央委員会は「教育体制改革に関する決定」（以下「決定」）を公布した。この「決定」は、①教育事業の管理権限では政府が学校を過度に管理しているために学校に活力がなくなっている。②義務教育の発展が弱く、学校数は不足し、教育の質も悪化している。③学校には学歴合格教員が少ないことを指摘していた。

　この「決定」の理念を実現するために、「中華人民共和国義務教育法」（1986年4月12日）、そして、「中学校教員職務試行条例」、「小学校教員職務試行条例」、「小・中学校教員職務試行条例に関する実施意見」（1986年5月国家教育部）が国務院によって公布され、教員職務称号評定制度が開始された。

　職務称号評定制度の導入に伴い、年度考課は教員の職務称号評定の一つの条件になった。例えば、「中学校教員職務試行条例」第16条は、「学校は、教員の政治思想態度、文化専門知識レベル、教育・教授能力、勤務業績及び職責遂行の状況に対して定期あるいは不定期の考課を実施し、教員職務称号の評定と招聘あるいは任命のための根拠を提供すべきである」と規定している。

　小学校、中学校、高等学校の教員は、「中学高級」、「中学一級」（小学高級）、「中学二級」（小学一級）、「中学三級」（小学二級）、「小学三級」の5水準に区分され、各職位の職責、条件が明確になった。表4-2-1は、全国小・中・高校における職務称号の実際の構成比率である。

表4-2-1　全国小・中・高校の各職務（級別）称号の構成比率

(2003年)

	各級別教員の構成比率					
	合計（人）	高級教員	1級教員	2級教員	3級教員	未定
小学校	5702750	35.73%	44.45%	12.34%	0.69%	6.52%
初級中学	3466735	4.88%	32.29%	42.61%	10.33%	9.89%
高級中学	1070575	17.90%	35.24%	32.70%	3.17%	10.89%

出典：「全国普通学校の教員陣の現状」、『中国教育新聞』（2004年9月1日）及び文部科学省『諸外国の教員』（国立印刷局発行、2006年）
注：未定とは、級別が未だ定まっていない教員であり、試用期間中の新任教員も含まれる。

表4-2-1からわかるように、全国小・中学校において、初級職務としての「中学二級・小学一級」の教員は最も多く、高級職務としての「初級中学高級」の教員は少ない。

この制度の狙いは、教員給与制度の改革と合わせ、ベテラン教員と一般教員を区別して取り扱うことにある。小中学校教員の地位・給与を向上させ、学校内部の教員間の競争意識を喚起し、教員の質を向上させることを図ったのである。

以上のように、この第一段階は、考課結果による教員資格、職務称号評定が実施される時期で、教員評価の内容には、教員の資質・勤務過程・勤務業績などが含まれている。

2．第二段階（1993年～1999年）：教員招聘制度への運用、定期昇給、年末賞与や3％奨励・昇格制度の適用

第2章で見てきたように、教員の採用では、建国以来「任命制」を実施していた。任命制とは、上級教育行政機関と組織人事部門によって計画的に学校に教員を派遣するものである。この制度では、人事権は上級教育行政機関にある。学校は不採用にする権利、教員に対する考課及び選択権を有していなかった。また、檔案（個人身上書）などの影響のため、教員は学校の所有財産になってしまう。教員は学校に採用されると、学校の許可なしで転職で

きなくなるからである。

　任命制の問題点については第2章で指摘したとおりであるが、その任命制の問題を改善するために、1985年中国共産党中央委員会・国務院は「中国教育改革と発展要綱」(1993年2月、以下「要綱」)を公布した。この「要綱」は、任命制の問題点を改善するために「合理的な教員定数の上で、教員の招聘制・任命制と職務責任制[16]を実施し、給与制度改革に関して、思想教育と物質奨励手段を運用し、さらに、平均主義を打ち壊し、多くの教員の意欲を喚起するため、勤務の実績による給与の格差をつける」とした。第八回全国人民代表大会で可決された「中華人民共和国教員法」(1993年10月31日) 第24条でも、「教員考課の結果は、招聘、昇給、昇進、昇格、賞罰の根拠とする」と規定されたのである。

　従来の雇用慣行がもたらしてきた画一化問題と効率低下の弊害を是正するために、1980年代以後、市場・競争原理が重視されてきたのである。教員採用では、教員採用の統一的管理が是正され、学校の採用権限が付与された。また、教員の希望・要望・選択を重視する教員招聘制度(契約制)も導入されるようになった。

　1993年国務院は「事業機関勤務者の給与制度改革法案」を公布した。これ以後、教育機関などの事業機関では、「専門技術職務等級給与制度」が導入されるようになった。この「専門技術職務等級給与制度」の導入に伴い、教員給与の定期昇給制度が開始されるようになった。定期昇給は「年度考課にリンクし、2年間連続で合格と評価された教員は1ランク昇格する」ことが原則になったのである。

　さらに、同年国務院弁公庁は「機関・事業部門勤務者の給与制度改革に関する三点の実施方法に関する通知」(以下「通知」)を発表した。この「通知」によって、教員年末賞与、3％奨励・昇給制度が開始されるようになった。教員の年末賞与は定数の制限がない。年度考課で適職（合格）と評価された教員には、賞与を支給する。その賞与の金額は教員月給の全部ではなく、中央政府財源部分の職務給＋国家基準手当＋教職調整額の合計額である。この3％奨励・昇格制度の3％とは、各部門総人数の3％以内の比率で奨励・昇

格させるもので、給与の3％増を意味するものではない。しかし、「3％奨励・昇格」と評価されたら、当年給与の昇格も適用されるのである。

第二段階の教員評価の大きな特徴は、評価結果と採用（招聘）と給与（定期昇給、年末賞与、3％奨励・昇格など）の連動にある。つまり、そのねらいは給与及び招聘制による刺激を通して、教員の意欲を向上させることにあった。

3．第三段階（1999年～現在まで）：教員の職能成長への重視

2002年には、「小・中学校評価と試験改革新方案」（以下「方案」）が公布された。これは、中国建国以後、始めて教育部によって公布された小・中学校評価とテストに関する全面的な指導方針である。そして、この方針を具体的に実施するために、「小・中学校試験制度と評価制度改革の推進に関する通知」（以下「通知」、2002年12月）が公布された。この「通知」によって、三つの評価体系が確立された。それが、生徒の発展を促進する目標評価体系、教員の職業道徳と専門レベル向上を促進する評価体系、学校教育の質の向上を促進する評価体系である。本通知は「充分に、評価の発展促進機能を発揮し、評価内容を多元化し、教員の専門業務レベルの向上ばかりでなく、教員の職業道徳も重視すべきである。評価方法は、多様的科学的である。評価は結果だけでなく、発展と変化過程を重視すべきである。各学校は生徒の授業評価の結果（生徒の成績、優秀率など）を教員昇進、昇格、昇給などの根拠としてはいけない」と明文化している。

これらの条文には、教員評価に関する理念上の変革が見られる。つまり、今後の中国における教員評価の中心的な課題は、陳永明が指摘したとおり発展的教員評価の確立である[17]。しかし、中央政府は、教員評価改革の方針を指示しただけで、具体的な実施措置はまだ規定していない。こうした中で、学校現場では、依然として教員の等級判定を重視する業績主義評価を実施している。2004年国家教育発展研究センターによる「2004 Green paper on Education in China」[18]では、「教員評価考課の重点内容は教員の思想・職業道徳、業務レベル、授業能力と業績である。考課の結果は昇給・昇進・採

用の根拠とする」ことが明記されている。この報告から教員評価は、依然として昇給・昇進・採用との関連で論じられていることに注目する必要がある。

第3節 教員評価制度の法制度

以上、見てきたように、教員評価制度には、年度考課制度（1983）、職務称号評定制度（1986年）、3％奨励・昇格制度（1993）がある。次に、それら教員評価制度における評価基準の内容や評価手続き等を概観、整理しておく。

1．教員年度考課制度

（1）教員年度考課の法制度内容

「中華人民共和国教員法」(1993年)、そして「事業機関[19]勤務者考課に関する暫定規定」(1995)が「教育体制改革に関する決定」の継続法として公布された。これらの法律では、再度教員評価の内容、方針・基準、評価者、評価方法、評価結果の扱い方などに渡って規定された。その内容は表4-3-1のとおりである。

表4-3-1 教員年度考課の法規定

項目	「中華人民共和国教員法」（第五章）	「事業単位仕事人員考課に関する暫定規定」
考課の内容	政治思想・業務レベル・勤務態度・勤務業績（第22条）	徳・能・勤・績四項、重点は業績（第4条）
方針及び等級	客観・公正・正確（第23条）	優秀・合格・不合格（第6条）
評価者	教育行政部門は考課業務に指導・監督する（第22条）	考課は本単位の法人代表が責任を取る（第12条）
評価方法	―	普段考課、年度考課、定量・不定量（第11条）
評価結果の運用	教員の招聘、任用、給与の昇給、昇進、昇格、賞罰の根拠（第24条）	連続（累積付加）で2年間合格と評価された教員は1ランク昇格する。不合格の場合、昇格しない。また、毎年少数の特別に優秀な教員（上位3％の教員）は、1ランク昇格する。毎年、合格教員に対して、年末ボーナスを支給する（第18条）。年度不合格者は年末ボーナスを支給されず、連続2年不合格者は降級・減給・解雇（第19条）。

159

これらから、教員評価の法制度の特徴を整理してみると、①政治・思想も教員評価の一つである。しかも、評価基準は曖昧である。②評価結果は昇進・採用・給与等の待遇にリンクされている。③教員評価の内容は主に「徳」、「能」、「勤」、「績」の四項目から構成されている、ことがわかる。
　教員評価の中央レベルの教員評価の「徳」、「能」、「勤」、「績」内容の詳細は下記のとおりである。
　（1）徳は、政治思想方面を指す。主に、教員の社会主義への態度、共産党と国家の路線・方針・政策への態度及び勤務規律、思想品性などを考察する。
　（2）能は、業務レベル方面を指す。能力とは、それぞれの職種に求められている職務を遂行するために必要な専門的な知識や技能の保有、判断力などを指す。通常、教員の知識能力と業務能力を考察する。知識能力とは人文科学知識、教育科学知識と専門知識、技能を含む。業務能力は教育・教授能力、説明・調整力、判断力、企画力、情報収集・活用力、独学能力、創意工夫などを含む。
　（3）勤は、勤務の態度方面を指す。これは意欲（職務遂行の過程におけ取り組み姿勢）に相当する。通常、職務を最後までやり遂げようとする責任感、組織規律性、新しい分野に挑戦する勤務積極性、周囲の状況を把握し、自ら連携、協力しようとする団結協力精神、さらには、学校目標などの達成に向けての自己の役割や職責を踏まえた取り組みの姿勢を評価する。
　（4）績は、勤務実績、職務遂行の状況と結果を指す。中国では、通常教員の遂行した勤務数量、勤務質量と勤務成果を考課する。勤務数量は通常教授勤務量（授業準備量、授業量、授業外学習指導量、宿題量、学生課外活動指導量）、思想教育勤務量、他の勤務量（科研、社会活動等）。勤務質量は通常教授勤務質量、生徒指導勤務質量と他の勤務質量を指す。勤務質量は教員業務レベルを評価する主な内容である。勤務成果は教員の勤務効果と勤務業績への評価である。主に生徒の学習成績によって実施する。

教員の任期期間の任職考課は、人事部によって以下のように規定されている[20]。

　招聘や任命単位は、招聘された教員の業務水準、勤務態度と成績を定期的あるいは不定期的に考課しなければならない。人事考課の成績は昇級、昇給、賞罰と再採用の根拠とする。2年間「合格」と評価された教職員は、昇給する前にそれぞれ「事業機関管理者・専門技術者職務変動審査表」、「機関・事業部門労働者技術等級（職務）給与変動審査表」に記入し、審査後、教職員本人の檔案（ダンアン）に保存する。
　人事考課は主に政治・思想を重視し、勤務の業績を主とする。また、職業道徳、勤務態度と勤務表現を評価しなければならない。人事考課の方式は、定性と定量の結合、普段と年末の結合、リーダーと大衆の結合を重視しなければならない。人事考課の結果は、優秀、合格、不合格に分ける。優秀と評価された教員だけが職務昇進の資格がある。合格と評価された教員は再び招聘される資格がある。不合格者は解雇される。考課を厳格にし、不適格者を解雇することを通して、優秀な人材を重用することができる。働き者と働かない者における待遇の差をつけることを通して、教員の積極性を誘発する。

　上述のような全国的に統一した法制度の基準はあるが、以下の制度上の問題が存在している。①中央政府は方針・理念を公布しただけで、具体的な実施手続きや実施細則などは制定していない。それゆえ、地方政府は法律の運用ではかなりの自己裁量が可能である。このため、中央政府と地方の間には、政策面と実施面でかなりのズレが生じるようになった。例えば、評価内容は「徳」、「能」、「勤」、「業績」の四項目であると規定しているが、しかし、それぞれの割合について規定していない。②評価は客観的・公正であると規定しているが、評価者がほとんど学校長となっているため、多くの教員が適切に評価されていないのである。それゆえ、問題教員の発見や業務の効率化に対しては十分機能していないと考えられている。これらの問題については第

Ⅱ部の第7章で検証する。

(2) 教員年度考課の評定機構

「中華人民共和国教員法」は第22条第1項で、「学校あるいは他の教育機構は教員の政治思想、業務レベル、勤務態度と勤務成績に対して考課すべきである」と規定している。この法律規定によれば、教員考課の担当機構は教員採用の学校あるいは他の教育機構である。しかし、中国各教育行政部門と直属学校の関係は「嫁姑関係」にある。中国の公立学校は実質的に政府教育行政部門の管理下に置かれている。中央政府の教育行政部門は、学校に対して人的・物的に管理統制権を有しているのである。

(3) 教員年度考課の評定過程及び方法

この評価過程は、教員による自己申告 → 同僚グループ評価（民主評議）→ 学校グループ評価 → 公布、教委への報告、というプロセスを辿る。

考課結果は、「優秀」、「合格」、「不合格」に分けられる。優秀教員の評定は主に上級主管機関である教育委員会が実施している。優秀率は普通15％以内である。通常学校は教員の業績を評定する際、問題がこじれないようにできるだけ教員を「合格」にして配慮して評価するのが常であった。

年度考課の内容、考課機関の設置、考課過程及び方法を見ると、その内容・理念が細かく設定されていることがわかる。しかし、それが適切に運営されていないことから、現場において本制度への強い反発を生じているのである。

教員年度考課制度（1983年）の法制度内容は上述のとおりである。次に職務称号評定（1986年）の法制度内容を整理・分析する。

2．教員職務称号評定制度[21]

(1) 職務称号評定の法制度内容

1986年共産党中央・国務院は「職務称号評定改革・専門技術職務招聘制に関する規定」（以下「規定」）を公布した。その後、この「規定」に基づいて、「中学校教員職務試行条例」、「小学校教員職務試行条例」、「小・中学校教員

職務試行条例に関する実施意見」(国家教育部)が施行された。これらの諸規定により、職務称号評定制度が開始された。職務称号評定とは、学校教員を一定の資格要件(勤務年限、学歴、業績など)に応じて異なる職務等級に分けることである。中学校には、「中学高級」、「中学一級」、「中学二級」、「中学三級」という等級があり、小学校には、「小学高級」、「小学一級」、「小学二級」、「小学三級」という等級がある。

(2) 職務称号評定の機構

教員の職務称号評定機構は、学校の実情に応じて、高級・中級・初級職務評定委員会をそれぞれ設け、教育行政部門が監督を担当することになった。通常、初級評定委員会は学校内部に設置、中級評定委員会は上級の教育行政機関に、高級職務評定委員会は国務院各部門と各省・自治区・直轄市に設立されている。

職務評定評価委員会の設立は、人事部による「新たな専門技術職務評価委員会の設立に関する通知」(1991年4月25日、人職発[1991]8号)で以下のように規定している。

> 高級評価委員会は各省、自治区、直轄市の人事部門から構成されるべきである。中・初級評価委員会は普通上級の人事部門からリードする。評価委員会は任期制で、通常2年間とする。職務評定は個人申告を必要とせず、単位の人事担当は考課の結果(必ず優秀と評価された人)に基づき、推薦する。評価委員会は、推薦された教員に対して、業績、成果(論文・著作など)、学歴、資格、外国語レベルなどを総合審査する。評定結果は、人事部門の許可を得なければならない。

(3) 各職務教員の任職条件[22]に関する規定(国家の評定基準)

職務称号評定の全国共通の資格要件は、主に以下の五点である。
第一に、教員の政治・思想状況：
国家教育部による「中学校教員職務試行条例」(小学校は中学校と似ている)

の第三章の第八条（任職条件）は、教員の各職務レベルの政治・思想要件について以下のように規定した。

　　中国共産党を擁護し、社会主義国を愛し、マルクス・レーニン主義と共産党の路線・方針と政策を習い、良好な教員思想・道徳があり、各種ルール・法律を遵守し、生徒を愛し、生徒を道徳、知識、体育などの方面から全面的に発展させ、本職に専念する。

　第二に、学歴要件：
　国家教育委員会は「小学校教員職務試行条例」、「中学校教員職務試行条例」（1986年5月19日）を発表した。この二つの条例では、各職務レベルの教員学歴に対して、以下のように明確に規定している。「第一に、中学校では①中学校三級教員は短大及びそれ以上卒、②二級、一級、高級教員は本科卒及びそれ以上卒、第二に、小学校では①小学校の二級教員は中等師範及びそれ以上卒、②一級教員は短大及びそれ以上卒、③高級教員は本科及びそれ以上卒の学歴を持たなければならない」と定めている。
　第三に、外国語成績：
　人事部による「職務称号評定における外国語条件に関する通知」（人職発［1991］4号、1991年3月28日）は、「各地域・各部門は職務称号評定に際して、外国語要件を厳格に審査しなければならない」と規定している。また、国務院による「職務称号評定のテストに関する通知」（国改弁発［1992］3号、1993年3月16日）では、職務称号評定のための外国語試験が必要であると明文化した。
　第四に、年度考課の結果：
　国家教育委員会・人事部による「小・中学校教員職務評定・採用に関する通知」（教人［1991］48号、1991年10月11日）は、「教員の年度考課制度を健全化し、考課の結果は教員本人の檔案（ダンアン）に記入し、職務称号評定や職務昇進の根拠とする」と明文化している。高級職務称号教員の評定は年度考課における「優秀等級」の獲得を要件としている。一級、二級、三級教員

の職務称号評定は、年度考課において2年間以上「合格」以上を要件としている。

第五に、勤務年数要件：

勤務年数要件について、国家教育部による「中学校教員職務試行条例」（1986年5月19日）の第三章（任職条件）は以下のように規定している。「中学校二級教員の任職条件の一つは中学校三級教員として2年間以上、中学校一級教員の任職条件は二級教員として4年間以上、中学校高級教員の任職条件は一級教員として5年間以上勤務しなければならない」と規定されている。また、「小学校教員職務試行条例」の第三章（任職条件）は、「三級教員の認定は学校での勤務期間は1年間以上、二級教員の評定条件は三級教員として3年間以上勤務、一級教員の評定条件は二級教員として3年間以上勤務、高級教員の評定条件は一級教員として5年間以上勤務しなければならない」と規定している。

教員の職務称号評定に関する中央政府の諸規定からわかるように、教員の職務称号評定の要件はかなり多い。教員の政治・思想資質、学歴、勤務年数、年度考課の結果などが評定の要件となっている。

中央政府は、教員職務称号評定の全国統一した資格要件を制定している。しかしながら、以下の問題がある。①教員の政治・思想態度の要件規定は曖昧である。学校現場では、ほとんど学校長の主観的判断となっている。②職務称号評定は定数上の制限があるため、職務称号評定をめぐる教員間の競争がかなり激しく、多くの有能者が高い職務称号を得られない。③地方政府・各学校は教員の職務称号評定をする際、地方・学校の実情に応じて独自に中央政府の要件を追加したり、削減したりして実施している。つまり、地域間・学校間の教員職務称号評定における格差が生じている。これらの問題については第Ⅱ部の第8章で検証する。

（4）教員職務招聘制度と各職務の定数に関する規定

1986年国務院は、「専門技術職務招聘制度の実施に関する規定」（1986年2月28日）を公布した。この「規定」は、招聘制度と各職務の定数に関して細

かく定めているので、重要な条文を箇条書きで示すことにした。

・第2条
「専門技術職務は国務院の各関連部門が制定・解釈する。学校内部の職務設置は国の基準に応じて設定しなければならない。設定する職務その内容は、職務名称、等級、適用範囲、高・中・初級職務の比率、持ち場職責、任期、任職条件、評定、審査などである。国務院各部門と各省・自治区・直轄市は国家に認められた編制のうち、本部門、本地区の所属単位における各専門技術職務の構造比率を制定すべきである。」

・第6条
「事業機関の専門技術職務は通常職務招聘制度を実施する。職務招聘制度を実行できない地区においては、当面任命制度を援用し、次第に、職務招聘制度を実施する。招聘され、あるいは任命された専門技術者（教員を指す）に対して、業務水準、勤務態度と成績を定期的、不定期的に考課しなければならない。考課の成績は被評価者本人の檔案（ダンアン）に記入し、昇級、昇給、賞罰及び再採用の根拠とする。」

・第7条
「専門技術者は管理職・一般職員の職務を兼任する場合、その任職期間における給与待遇は、高い職務給基準で実施する。」

これらから、①各学校における各級別職務の教員構成比率は学校によって異なる。②教員職務の定数の決定権限は国務院各部門と各省、自治区、直轄市の部門（日本の都道府県レベルに相当する）にあることが明らかである。しかし、その一方でこうした規定も、詳細に検討すると下のような問題点があることがわかる。

例えば、各級別専門技術職務者などについても、細かく規定しているが、都市と農村などの地域の実情はあまり考慮されていない。重点学校の職務比率では、一級教員（中級職務者数）と高級教員（高級職務者数）の定数が多く、普通学校の場合にはその定数は少ないため、重点校が普通校より制度的に有

利になる。また、農村部の学校は都市部の学校より、高級教員・中級教員の割合が少ないため、都市部の学校が高く評価される傾向が生じる。

また、職務称号評定制度の中央と地方の関係についても、以下の問題点を孕んでいる。例えば、「企業・事業部門における専門技術職務評定の若干の問題に関する暫定規定」[23]（1990年11月10日、人事部）（人職発［1990］4号）では、「各省・自治区・直轄市と国務院の各部門は必ず国家統一した評定基準で評価しなければならない」と規定している。つまり、教員の職務称号評定の基準は全国共通であるべきである。しかしながら、関連法規は全国共通ではないことを原則にしている。それゆえ、国家人事部は1999年に「企業・事業部門における専門技術職務評定の若干の問題に関する暫定規定の説明」(1991年5月20日)（人職発［1991］11号）を発表しなければならなくなった。この規定が明文化しているように「職務称号の評定は評定地域しか通用しないことを原則とする。その理由は各地区の経済、文化、教育の発展レベル、持ち場の状況と勤務者の状況が異なるからである」[24]。

（5）職務称号評定と職務採用（招聘）の関係

「専門技術職務招聘制度の実施に関する規定」（国務院、1986年2月28日）では、「専門技術職務の採用は、招聘制度を実施する」と明文化しているが、職務称号の評定と職務採用（招聘）の関係については非常に混乱した状態にある。この二者が実際にはどのような関係にあったのか、以下で明らかにすることにする。

①職務称号評定と評定後の職務採用（招聘）のセット段階（1986年～1999年）

人事部による「企・事業機関における職務称号評定に関する若干の規定」(1991年5月20日）は、職務称号評定制度が実施されて5年後に公布された。この規定では、「仮に、ある単位で持ち場（職務ポスト）が満員の状態であれば、さらに専門技術職務を評定してはいけない」としている。こうして、教員の職務称号の評定は、学校内部に空いた持ち場（ポスト）がある場合のみに限定された。つまり、学校内部において空いた職務ポストがある場合には、

高い職務と評価されたら教員は自動的にそのポストの地位につけるのであった。言い換えれば、職務称号評定と職務採用はセットにされ、教員が一度高い職務称号を得たら、設定された給与待遇で常に対処しなければならなかったのである。

職務称号評定と職務採用のセットの理由について、教育部人事司の司長の李衛紅は「全国小・中学校の人事制度改革と経験交流会議」(1998年5月22日)でこう語った。「法律・法規の規定により、学校の需要に応じ、持ち場を設置すべきである。評価と職務採用を結合し、相応の待遇を適用する。もし、職務称号評定と職務採用を分離したら、学校教員全体の素質の安定に影響することになってしまう」[25]ということである。

しかし、以下の三点で問題を含んでいた。①職務終身制が定着してしまい、教員の職務成長と勤務意欲の促進には十分機能しなかったのである。②最上位の「高級教員」として評定された後、「高級教員」より上位の目標は存在しないため、これらの教員の勤労意欲が逆に喪失してしまうという深刻な問題も抱えることになった。③職務称号の評定は教員の業績より、学歴・キャリア・人脈が重視されるという現実も存在した。こうした問題は教員評定での大きなマイナス要因として機能したのである。

教員職務称号評定を通して、教職員全体の積極性をいかにして高め、教員の資質向上を図るかが重要な課題となったのである。

②職務称号評定と評定後の職務採用の分離段階（1999年～現在まで）

1999年6月に全国教育会議、2001年6月に全国基礎教育会議が開かれた。これらの会議では、競争主義を導入することによって、教員の質と勤務意欲を増進させることが答申された。改革の一貫として課題となったのが、教員職務称号評定と職務採用の分離であった。

従来の職務称号評定では、学校内部に空いた職務（ポスト）がある場合、各職務級別の任職条件に適った教員を評定できた。また、高級職務として評定された教員はすぐに採用され、相応の待遇が提供されていた。

新制度の理念は、各学校で空いた職務（ポスト）の有無を問わず、各教員

の級別に対応する任職条件に見合えば、誰でも各職務称号評定の資格が認定されることになる。しかし、ポストのない場合には、職務採用はできない。こうして、教員職務称号の評定は、名称（肩書き）だけの性格を持つようになった。

　この制度の狙いと理念は、①従来の中央が統一管理して生じた平均主義や職務終身制度による効率の悪さを改善する。特に高級教員の意欲を喚起する。②個々の教員の責任意識を高め、教員間の競争を通して、業績と貢献に基づいて給与を支給する。③人材の合理的流動性を高めることにある。

　職務称号評定と評定後の職務採用の分離について、肯定的立場と否定的立場が見られる。例えば、兪佩忠[26]は、「教員の職務称号の評定と職務採用（招聘）の分離原則は、学校組織の活性化を促進し、教員の勤務意欲を向上した」と評価している。一方、以下のような批判もなされている。

　　①多くの教員はこの新しい制度に抵抗感を持っているため、多くの学校では、依然として、教員の職務称号評定と招聘とは分離していない。②職務評定と招聘の分離原則は、教員の専門技術者としての厳粛性を弱めた[27]。

　実際、現行の職務称号評定には以下の三つの問題を抱えている。①各地域、各学校の職務称号定数の配分に不平等が存在する。②教員の給与予算の責任が各地方・学校に移管され、財源の安定した確保が困難である。③年功序列や人脈偏重なども問題が改善されていない。こうした問題の地域間格差が拡大し、特に、農村部では大きな課題となっている。

　これまで、教員評価（年度考課、職務称号評定制度、3％奨励・昇格制度）導入の背景、制度の沿革、内容、問題などについて検討してきた。結論的には、中国の教員評価は典型的な業績主義評価であることは疑いがない。インセンティブ的な業績主義の年度考課、職務称号評定と3％奨励・昇格制度は、どのように教員の教育・教授活動と連動しているのであろうか。それについて、図4-3-1のように図式化した。

図4-3-1 業績主義的教員評価と教員の教育活動

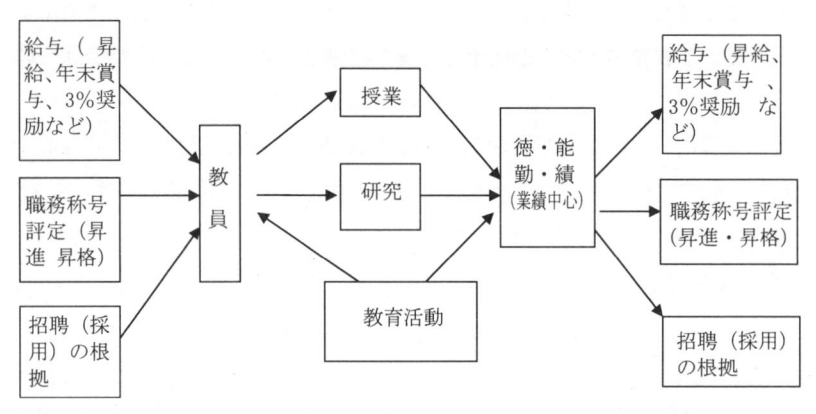

```
┌─────────┐                                        ┌─────────┐
│給与（昇 │          ┌──────┐                      │給与（昇給、│
│給、年末賞│       ┌─→│ 授業 │─┐                   │年末賞与、│
│与、3％奨│       │  └──────┘ │  ┌──────┐         │3％奨励 な│
│励など） │       │            ↓  │徳・能 │         │ど）      │
└─────────┘       │  ┌──────┐   │勤・績 │         └─────────┘
    ↓         ┌──────┐│ 研究 │─→│(業績中心)│─→  ┌─────────┐
┌─────────┐   │ 教員 │──→└──────┘  │         │      │職務称号評定│
│職務称号 │──→│      │↑              └──────┘      →│（昇進・昇格）│
│評定（昇 │   └──────┘│                              └─────────┘
│進 昇格）│       │  ┌──────┐                      ┌─────────┐
└─────────┘       └─→│教育活動│─┘                   │招聘（採用）│
    ↓                └──────┘                      │の根拠    │
┌─────────┐                                        └─────────┘
│招聘（採 │
│用）の根 │
│拠       │
└─────────┘
```

出典：筆者独自に作成

図4-3-1で示したとおり、現行の教員評価結果は昇給、年末賞与、職務の昇進・昇格、招聘採用等の待遇にリンクしている。つまり、外部刺激を通して、個々の構成員を競わせ、教員の意欲、勤務への積極性の向上を図るという成果主義が、中国の教員評価の制度上の特徴である。

第4節　まとめ

現行の教員評価制度は、主に、複雑な年度考課、職務称号評定及び3％奨励・昇格制度から構成されている。管理手段の一つとして競争を導入し、昇給・昇進などの待遇と結び付けて、教員の意欲と勤務効率を向上させることに焦点が当てられている。この制度のもとでは個々の教員の業績が重視されている。そのため、生徒の成績・進学率などが教員の良し悪しの判定基準となってしまい、教員間の過度な競争を刺激してきた。

資質教育及び基礎教育カリキュラム改革の推進に伴い、2002年以来、教員の職業道徳の向上、職能成長を重視する発展的教員評価理念が導入されている。しかし、発展的教員評価のあり方は、試行錯誤の状態が続き、まだ理念段階に留まっている。

第 4 章　教員評価制度

　教員評価に関する中央政府の法制度上の政策・制度の概要、その問題点は本章で明らかにすることができた。しかし、実態的な分析を通して、教育現場の問題をより詳細に明らかにすることが必要であると考える。この課題に取り組んだのが第 7 章、第 8 章である。

[注]
（1）王成全「発展性教員評価の理念・過程と方法」、『小・中学校管理』（2003 年第 8 期）、元・日本兵庫教育大学大学院の研究者（現在、北京師範大学の教員）である牛志奎による「中国における教員表彰制度に関する考察」、大塚豊は「職位条例」と「合格証書方法」、篠原清昭『中華人民共和国教育法に関する研究』（九州大学出版会、2001）等が見られる。
（2）劉本固『教育評価の理論と実践』（浙江教育出版社、2000）p.95
（3）彭虹斌「わが国公立小中学校の体制改革に関して」、『小・中学校教育』（中国人民大学出版社、2005 年 10 月）
（4）長春光機学院：孫震「競争は社会主義初級段階の重要特徴である」、中央教育研究所『教育研究』（教育科学出版社、1988 年第 7 期）pp.17-19
（5）李軼「校長の性格と職能に関する再認識」褚宏啓主編『中国教育管理評論』第 2 冊、教育科学出版社、2003、p.308
（6）河南教育学院：畢天璋「教育領域における競争の問題」、中央教育研究所『教育研究』（教育科学出版社、1988 年第 7 期）pp.19-20
（7）河北師範大学：馮忠漢・梁蘭芳「競争原理は学校に導入すべきではない」、中央教育研究所『教育研究』（教育科学出版社、1988 年第 7 期）pp.21-22
（8）王悦鋼（2004）、崔暁明（2004）
（9）王悦鋼（2004）、田愛麗（2004）、姜風華・張秋玲「基礎教育カリキュラム改革と教員評価に関する思考」、『教育導刊』（広州）（2003）
（10）教育部基礎教育司『新課程の理念と改革』（高等教育出版社）2004
（11）資質教育の改革を推進するために、1999 年に中国共産党中央委員会・国務院による「教育改革深化と資質教育全面推進に関する決定」により、正式に「新しい基礎教育課程体系を設立し、従来の知識を過度に偏重し国家が一極主導するカリキュラムから国家課程・地方課程・学校課程という三級課程システムを設立し、生徒の総合的能力・教員の勤務能力の

発展を重視する」と定めた。これは基礎教育課程政策と管理体制の重大変革である。
(12) 国家基礎教育課程改革グループ曾琦、陳向明他『新課程と教員役目の転換』(教育科学出版社、2001) pp.27-66
(13) 厳紅主編『生徒成長と教員発展を促進する評価改革』(天津教育出版社、2004) p.7
(14) 厳紅主編『生徒と教員発展を促進する評価制度改革』(天津教育出版社、2004)
(15) 陳永明主編『MPA教育政策と教育法規』(華東師範大学出版社、2003) p.328
(16) 職務責任制：持ち場責任制ともいえる。つまり、a system of personal responsibility for each post
(17) 陳永明『現代教員論』(上海教育出版社、1999) p.346
(18) 国家教育発展研究中心『中国教育緑書―2004 Green Paper on Education in China』(教育科学出版社、2004) p.70
(19) 事業機関とは日本の法人機関に相当する。採算を要求されない学校・研究機関・郵便局・病院等。
(20) 人事部法律・法規普及グループ編『人事管理常用法規』(遼寧人民出版社、1998) pp.86-98、pp.192-194
(21) 職務称号評定制度は、教員に適用し、職員の場合、適用しない。
(22) 国家教育部による「中学校教員職務試行条例」、中国職務称号評定制度改革グループ編『中国職務称号改革政策法規全書』pp.516-521
(23) 人事部法律・法規普及グループ編『人事管理常用法規』(遼寧人民出版社、1998) p.188
(24) 人事部法律・法規普及グループ編『人事管理常用法規』(遼寧人民出版社、1998) p.196
(25) 中華人民共和国教育部人事司『全面的に全国小・中学校人事制度改革の推進に関して』(教育科学出版社、2003) p.21
(26) 俞佩忠「小中学校の教員職務称号評定制度―終身制を打破する」、『嘉興日報』(2007年9月25日)
(27) 華学坤「小・中学校教員職務称号評定と採用の分離における問題点」、『校長週刊』(2006年8月27日) p.33

第Ⅱ部　実態研究

　第Ⅰ部の制度分析では、教員評価の導入の経緯、制度内容及び教員評価を制約する行財政の背景などを明らかにした。

　中国でも義務教育管理体制の理念・方針上は、各地域共通となっている。しかし、中央政府は、方針・理念を決定するだけで、制度の整備や運用の大部分が各地方・学校に委譲されている。

　その上、都市部と農村部、民族地域と漢民族地域、重点学校[1]と普通学校の間の社会的経済的、文化的背景や学校教育の抱える課題などの違いが存在している。そのため、教員評価制度の制定する理念や法制度の方針は地方や学校の段階で多種多様に展開されている。つまり、中央政府の政策理念・内容と地方政府・学校における執行実態には乖離・格差があるのである。従って、教員評価を全面的に把握するために、単なる制度分析に留まるだけでは、不十分である。

　そこで、第Ⅱ部では、教員評価の実態を客観的に把握するために、研究視野を一部の地域に限定せず、都市部、農村部を対象にして、それぞれの共通の性格と異質的な側面を明らかにする。また、小・中学校における重点学校・普通学校の違いに焦点を当て、教員評価制度（年度考課・職務称号評定と3％奨励・昇格制度）の地域間ならびに学校間の実態分析に基づいて、教員評価制度の特徴や効果などを実証する。その上で、さらに現象・状況の生成要因を明確にする。これらの作業を通して、教員評価の実態と課題を明確にし、今後の教員評価制度の改革に示唆を提示することにした。

　第Ⅱ部の構成は以下のとおりである。

　第5章は、調査地域の設定理由、実施したアンケート調査の経緯及び調査

概要の詳細を掲示する。

　第6章は、教員給与の地域間の比較、給与と年度考課、職務称号評定及び年末賞与の実態などについて検証する。以下の四つの視点から分析する。①地域間の教員給与の構成内容と特徴、②地域間の教員給与と他職種の比較、③教員評価と給与の実態、④教員給与の問題と要因分析という四つの視点である。

　第7章は、教員年度考課と3％奨励・昇格制度の実態と効果を中心に考察し、年度考課・3％奨励・昇格制度の実態、地域間の対応措置の違い、それぞれの特徴と課題を明らかにする。

　教職員年度考課と3％奨励・昇格の実態を把握するために、地域間、特に、大都市（北京市と天津市）、中・小都市部（通遼市・赤峰市）、農村部（馬家村・育新村）の教職員年度考課の概要を析出する。その上で、地域間の相違が生じた要因を分析する。

　地域間・学校間の教員年度考課の方案・内容・制度理念の整理に留まるのではなく、その実施方法と効果の両面から検証を加える。教員評価の効果分析は、主に以下の六つの点から実施する。①教員学歴の変化、②教員の教授能力・指導力の変化（子どもの成績・入学率・進学率）、③教員の勤務態度の変化（教員の出勤率・欠席率）、④教員の勤務への満足度（教員の転職・退職率）、⑤個人努力の程度・業績状況（授業数・宿題量の変化、研修の変化、論文の出版数・受賞状況等）、⑥教員意識上の効果（勤務意欲の促進意識の有無、心理圧力感の有無等）である。

　第8章は、教員職務称号評定の実態を中心に、資格要件の地域間の違い及び形成要因、評定結果の適用及び地域間の差異、職務称号評定の効果などについて検証する。

　具体的な分析視点は以下のとおりである。①地域間の職務称号評定資格要件の実態、②地域間の職務称号評定方式・手段の実態、③地域間の職務称号評定と給与の連動実態、④職務称号評定の役割と意義、⑤職務称号評定の問題の五つの視点から検討する。

　第9章は、現段階における教員評価制度改革に関する論議、今後の発展方

向を考察する。
　第10章（終章）は、研究から得た知見を示し、今後の課題を提示する。

[注]

（1）学校の教育発展レベルを判断する要因として学生成績、在校生人数、入学率、進学率、就業率、施設、設備などがある。中国の場合、重点校の設置は国家戦略の一つであった。例えば、1979年に鄧小平が共産党の「国家発展方針検討会」の会話からわかる。「一部の地区、一部の企業、一部分の労働者を先に裕福させてもいい。」つまり、効率優先・不均衡発展が原則となってきた。教育の領域も例外ではない。また、1978年4月22日に全国教育会議で、鄧小平は「迅速に人材を育成し、教育の質を向上させるために、不均衡を承認し、重点大学や重点小中学校を重点的に建設しなければならない」「教育の経費や投資と教員配置も優先的に先進地域に集中しなければならない」と論じていた。この優先・不均衡発展戦略政策は、都市部と農村の場合、都市部が優先であるということである。これに関して、「重点学校の弁学環境は優れており、優越の施設・設備があり、安定の経費来源、政府の支持もある」との指摘もある（徐志勇「現代学校制度の構築邏輯と政策意味」、褚宏啓主編『中国教育管理評論』第二冊、教育科学出版社、2003）p.128

第5章　調査地域の位置づけ及び調査概要の詳細

本章は、第Ⅱ部の実証分析、特に第6章、第7章、第8章で使用する調査資料の詳細を明らかにする。

第1節　調査地域の位置づけ

中国の行政区画と構造[1]は図5-1-1のようにかなり複雑である。また、沿海部と内陸部、東部と西部、南部と北部などの違いがあるため、教員評価の地域間の特色や実態を適切に把握するのは容易ではない。

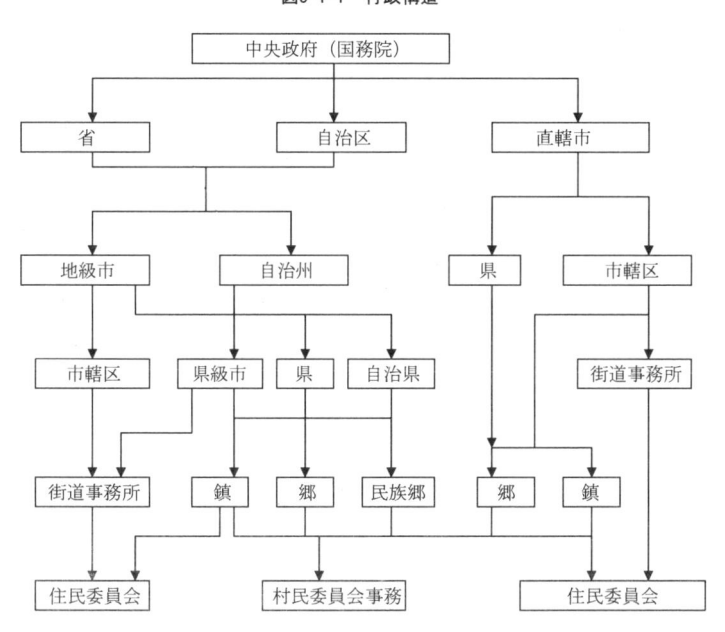

図5-1-1　行政構造

```
                    中央政府（国務院）
            ┌────────────┼────────────┐
            ▼            ▼            ▼
           省          自治区        直轄市
            │            │       ┌────┴────┐
            ▼            ▼       ▼         ▼
          地級市        自治州   県      市轄区
       ┌────┼────┬────┐              ┌────┴────┐
       ▼    ▼    ▼    ▼              ▼         ▼
     市轄区 県級市 県  自治県         街道事務所
       │                              
       ▼                              ▼    ▼
    街道事務所  鎮   郷   民族郷     郷    鎮
       │                              
       ▼         ▼                    ▼
    住民委員会  村民委員会事務       住民委員会
```

出典：王文亮『格差で読み解く現代中国』（ミネルヴァ書房、2006）p.72

中国は13億余りの人口を抱えており、中央、省段階（省、自治区、直轄市）、市段階（市、自治州など）、県段階（県、県段階の市、自治県など）、郷鎮段階（郷、鎮、自治郷など）という世界でも稀な5層の政府により統治されている。更に、郷・鎮の下には、自治組織とされる村民委員会[2]が地方政府としての扱いをうけていないが、教育、医療の分野で一定の役割を果たしている。

　各段階の政府は、原則として一つ上の政府に帰属し、また、一つ下位の政府を指導する立場にある。日本の都道府県と市町村が基本的に対等な関係にあるのとは根本的に異なる。予算の執行や決済もこうした形で行い、飛び越えて行うことはない。しかし、各段階の政府の役割分担（「事権」あるいは「職責」と呼ばれる）と財源は極めて不明確かつ不均衡であるという実態が存在している。

　省段階の政府は、比較的財政にゆとりを持ち、余った資金を都市建設等に運用している。県と郷鎮段階の政府は不安定な財源から、少ない予算の中で、義務教育、医療サービスの提供といった住民への最低限の行政サービス提供の義務を負わされ、給与遅配問題等が恒常的に発生していると言われている。

　本論文は、主に①中央政府、②日本の都道府県に相当する省・自治区・直轄市（北京市、天津市）、③中・小都市[3]（県級市としての通遼市、赤峰市）、④郷・鎮（慶和郷、育新郷）、⑤農村（馬家村）という縦割り的地域次元で分析する。

第5章 調査地域の位置づけ及び調査概要の詳細

表5-1-1 調査地域の位置づけ

政府級別	政府名称		各級政府の平均人口数	調査地域	代表学校
一級	中央政府		13億人		
二級 (省級政府)	省	23	4169万人	北京市 天津市	A、B C、D校
	自治区	5			
	直轄市	4			
三級 (市級政府)	地級市など	333	388万人	―	
四級 (県級政府)	県、県級市、市轄区	2861	45万人	通遼市 赤峰市	E、F G、H校
五級 (郷級政府)	郷鎮	44067	2.9万人	慶和郷 育新郷	J校
(自治組織)	村民委員会、 住民委員会	74万地区	1700人	馬家村	I校

出典：2003年統計年鑑及び日本財務省財務総合政策研究所研究部・大西靖「中国財政・税制の現状と展望」(2004年12月)、『統計年鑑』(2003年) より。太字部分は筆者が記入。

注：県以下の行政改革が進行中、県・郷の統廃合により、行政単位数が大幅な減少傾向にある。これによって行政と財政の関係に変化が生じている。

第2節　代表地域と学校の選定理由

代表地域・学校の選定理由は主に以下の四点である。

第一は、地域間の格差に焦点を当てる。
1978年に改革・開放（市場経済、不均衡発展戦略）が実施されて以来、社会主義的市場経済の中で地方自治権が拡大しつつある。中央からの権力委譲により、各省・自治区・直轄市における社会経済、文化、政治、教育が相対的に独立するに従い、教育評価の政策・実態に違いが生じている。
現在、地域間の教育発展による格差に着目し、中国社会における不平等現象を指摘・分析すること[4]が重要な研究課題となっている。しかしながら、これまでの先行研究は、省段階の間の教育財政の違い（予算、生徒一人当た

りの教育経費などの変数)、即ち横割りの格差を偏重し、縦割りの格差（例えば：省内部の都市と農村）の違いをあまり重視していない。

　第二は、都市部と農村部における二元管理構造を検証する。
　都市部と農村部では、義務教育財政制度においても施設・設備、教育発展目標、教職員編制基準などで二元制管理が実施されている。王善邁と袁連生が指摘しているように、都市部と農村部の区別管理が中国義務教育財政体制における大きな特徴なのである[5]。都市部と農村部における義務教育の違いは以下のとおりである。
　（1）教育経営経費調達の違いである。都市部の子どもは雑費[6]・文房具費のほかには、ほとんど教育経費を負担しない。しかし、中国農村部の子どもは雑費や文房具費の他に、義務教育費付加[7]や教育集金の費用を負担しなければならない。つまり、農村部の義務教育学校の教育運営経費はほとんど農民負担となっている。
　（2）学校の基礎施設・設備の整備・管理の違いである。「義務教育法実施細則」の第30条では「義務教育段階の学校新築・改築・修繕などの費用は、都市部では都市部の人民政府が責任を取り、農村部では郷・村が責任を負う」と明文化している。
　（3）国家の教育発展目標の違いである。中国共産党中央委員会・国務院による「農村学校教育の強化に関する通知」（1983年）は、「農村学校の任務は、主に、新しい時代の農村労働者の科学文化知識を向上し、農村の社会主義建設を促進することにある。都市部義務教育の目標は二つある。①上級の学校に人材を供給する。②都市づくり人材の養成である」と明言している。つまり、農村部の学校教育の目標は農業・農村の発展、都市部学校の教育目標は都市部発展と各種人材の養成である。
　（4）国家レベルの教員編制基準の違いである。中国小・中学校中央編制弁公室・教育部・財政部による「小・中学校教職員の編制基準に関する意見」[8]（2001年10月8日）によると、中国小・中学校の教職員の編成

は、小・中・高校という教育段階、都市部と農村部という地域の区別及び教員と生徒数の比率で決められる。その具体的な基準は表5-2-1のとおりである。

表5-2-1 小・中学校の教職員編制基準[9]

学校類別		教職員と生徒の割合
高校	都市部	1:12.5
	県鎮	1:13
	農村	1:13.5
中学校	都市部	1:13.5
	県鎮	1:16
	農村	1:18
小学校	都市部	1:19
	県鎮	1:21
	農村	1:23

出典：中華人民共和国教育部人事司『小・中学校人事制度の全面的改革』
（教育科学出版社、2003）p.138
注：都市は省轄市以上の大中都市地域を指す。
　　県鎮は県・市政府所在の地域

表5-2-1からわかるように、教員編制基準は、都市部、県鎮部、農村部という順に次第に低くなる。つまり、農村部にいけばいくほど、教員一人当たりの生徒数は多くなる。

これは農村部教員の不足に関連していると考える。この点について、張守祥[10]は次のように指摘している。

　　長い間、都市部と農村部の二元制管理は都市部と農村部における経済、教育
　　発展レベルの格差を加速化させてきた。この差異は小・中学校義務教育段階
　　でも顕著である。これは、義務教育における公平性原則に反している。

　　都市部・農村部における二元制管理方式のもとで、都市部と農村部における
　　教員評価の格差が非常に激しいのである。それゆえ、どの程度の格差があ

るかについて、その実態を解明する必要がある。

　第三は、国家教育理念における重点校と普通校の格差を実証する。国家教育部による「重点小・中学校の設立に関する通知」(1962年12月21日)によれば、「国家は、一部の重点学校を集中的に建設する。これを通して、教育の質を向上する。これらの学校を改善するために、合理的に教育資源を配置し、教育に必要な教育条件を充実する」と決定した。1963年9月の統計によると、当時「全国には重点中学校が487校あった。これらの学校はほとんど都市部に配置された」[11]。

　1978年4月22日に全国教育会議で、鄧小平は「迅速に効率的に人材を育成し、教育の質を向上させるために、不均衡を承認し、重点大学や重点小中学校を重点的に建設しなければならない。教育の経費や投資と教員配置も優先的に先進地域の都市部に集中しなければならない」と命じた。この論旨から、中国の学校教育制度は、日本の「普及向上型」[12]と異なり、「エリート選抜型」であることがわかる。

　現在では、義務教育段階における重点学校制度は教育部によって禁止されているが、楊東平などが指摘したように、実際には歴史的に形成された重点学校と普通学校の格差(教育投資、教員の質、基礎施設建設、生徒の質など)は依然として存在している[13]。

　なぜ、重点学校制度は国家教育部によって禁止されているにもかかわらず、現実には存在し続けているのだろうか。その大きな理由には、次の三点が考えられる。①政策伝達の不十分、②業績プロジェクトへの追求、③利益追求である。少数の重点学校は重点学校の名目を通して、政府・親から多くの財政資源・経済利益を得ているのである。

　公共教育の財源は納税者の税金であるから、公立義務学校における資源配分は、公平・公正でなければならない。しかし、依然として多くの重点学校に大量の資金・設備が投入されており、公立教育における不平等をもたらし、義務教育における学校間格差を激化させているのである。

第四は、各地域の個別的特徴が格差拡大に与える影響を明らかにする。
　上述の要因のほかに各地域の個別的特徴も格差拡大に大きな影響を与えている。例えば、北京市は中国の首都として、政治・経済・文化・教育の中心的な役割を果たしている。また、中央レベルの各政府・教育行政部門も北京に設置されている。北京市の教員評価の動向の解明を通して、中国最新の改革動態・理念を把握できる。天津市は、人口が1,043万人[14]で中国四大直轄市（北京市、天津市、上海市、重慶市）の一つである。北京市、天津市における教員評価の実態の検討を通して中国大都市部の特徴を把握できる。
　通遼市と赤峰市は、教育発展の水準から見ても、人口規模や経済発展の水準から見ても、共通する特徴を持っている。従って、二つの都市の検討を通して、中国中・小都市部に共通する特徴を析出できる。最後に、慶和郷馬家村及び育新郷育新村は、農村部の代表といえる。なぜなら、①二つの農村部はともに通遼市の管轄範囲である。更に、二つの農村は、経済、文化、福祉、インフラ面で通遼市とは異なる構造となっている。②二つの農村は、人口規模や経済発展及び教育発展の水準もほとんど同じである。従って、二つの農村部との比較を通して、農村部の共通の特徴のみでなく、都市部と農村部の格差も明確にすることができるからである。
　なお、各代表地域内部の学校は、現地の教育行政機関の教育人事担当と相談した上で選んだ代表学校である。

第3節　調査概要

1．実施時期と対象

［第1回］
　期間：2003年8月4日から9月10日
　調査地域・対象：中国先進地域北京市、中・小都市部の通遼市及び最貧困
　　　　　　　　地域の慶和郷・馬家村における小・中学校（公立、民営
　　　　　　　　公助）学校教職員

[第 2 回]
　期間：2005年12月26日から2006年 1 月15日
　調査地域・対象：教育面で進んでいる大都市部の北京市（人口 1 千万人以上）、中・小都市としての通遼市（人口20万人未満の県鎮部）、貧困地域の慶和郷・馬家村（人口24,509人）の地域次元[15]特質と重点校・普通校の学校次元の特質を考慮し、国家教育部人事司、北京市政府及び北京市崇文区教育委員会、通遼市政府及び通遼市教育局・通遼市科爾沁区教育局、慶和郷政府及び郷政府の教育管理担当、馬家村の村民委員会の主任・教育管理担当、学校校長・党支部書記・人事幹部への現地訪問と資料収集

[第 3 回]
　期間：2007年 6 月から 7 月
　地域・対象：大都市部の北京市、中・小都市部の通遼市、農村部馬家村の教員評価の実態の補完として、大都市部の天津市、中・小都市部の赤峰市、農村部の育新村の教員評価の実施内容の調査

本論文は第 2 回と第 3 回の現地調査を中心にまとめたものである。

2．アンケート調査の概要

今回の調査では、上述の資料収集、インタビュー[16]の他に、2005年12月26日から2006年 1 月15日にかけて大都市部の北京市における中学校 2 校（重点校 1 校）・小学校 2 校（重点校 1 校）、中・小都市部の通遼市における中学校 2 校（重点校 1 校）・小学校 2 校（重点校 1 校）、また、農村部の郷政府レベルの中学校 1 校（慶和郷中学校：馬家村エリア）、村レベルの馬家村中心小学校 1 校に勤務している一部の教員660人（回収561、回収率：85%）を対象としてアンケート調査を実施した。アンケート調査と共に、上記の各学校全教職員の資料（年齢、職務称号、学歴、勤務年数等）を収集した。

第 5 章　調査地域の位置づけ及び調査概要の詳細

（1）地域・学校別の内訳

表5-3-1　北京市の調査学校概要

校種	小学校		中学校	
	重点小学校A	普通小学校B	重点中学校C	普通中学校D
発送数	100	50	80	100
アンケート数	87	47	69	97
回収比率	87%	94%	86%	97%

表5-3-2　通遼市の調査学校概要

校種	小学校		中学校	
	重点小学校E	普通小学校F	重点中学校G	普通中学校H
発送数	70	60	40	50
アンケート数	61	47	21	40
回収比率	87%	78%	52.5%	80%

表5-3-3　馬家村の調査学校概要

（重点学校：無）

校種	小学校 I	中学校 J
発送数	50	60
アンケート数	42	50
回収比率	84%	83%

(2) 調査地域の学校概況

調査した各地域・学校の概況は表5-3-4のとおりである。

表5-3-4　調査学校の概要

地域	学校種別	学校	生徒数	クラス数	1クラスの生徒数	教員数	教員と生徒数との比率	アンケートの回収数
大都市部の北京市	小学*	A校	2056	49	41〜42	168	1:12.2	87
	小学	B校	1222	27	45〜46	97	1:12.6	47
	中学*	C校	2118	51	41〜42	222	1:9.5	69
	中学	D校	989	26	38〜39	109	1:9.1	97
中小都市部の通遼市	小学*	E校	3074	51	72〜73	132	1:23.3	61
	小学	F校	2585	39	66〜67	113	1:22.9	47
	中学*	G校	3588	53	67〜68	194	1:18.5	21
	中学	H校	812	14	58〜59	87	1:9.3	40
農村部の馬家村	小学	I校	1350	21	40〜41	55	1:24.5	42
	中学	J校	218	7	31〜32	51	1:4.3	50

注：①符号の＊は重点学校を示す。②農村部には重点学校がない。
　　③H校、J校は合併中である。

表5-3-4から、次の二つの傾向が見られる。①重点学校が普通学校より生徒数が多い。②生徒と教員の比率から見れば、ばらつきがある。

(3) 有効サンプルの構成
①教員性別
　このアンケートの地域間の教員性別構成の比較は表5-3-5のとおりである。

表5-3-5　地域間の教員性別構成の比較表

地域・学校			教員性別 女	教員性別 男	合計
北京市	学校	A校	78	9	87
		B校	44	3	47
		C校	54	15	69
		D校	70	27	97
	合計		246	54	300
通遼市	学校	E校	56	5	61
		F校	36	11	47
		G校	18	3	21
		H校	27	13	40
	合計		137	32	169
馬家村	学校	I校	30	12	42
		J校	25	25	50
	合計		55	37	92

　表5-3-5から、大都市部の北京市、中・小都市部の通遼市、農村部の馬家村ともに、女性教員が多いことがわかる。特に都市部では顕著である。

②教員年齢

実施した調査地域及び学校における教職員の年齢構造の実態は表5-3-6のとおりである。

表5-3-6　地域間の教員年齢構成の比較表

地域・学校			教員年齢					合計
			17-25	26-34	35-43	44-52	53-60	
北京市	学校	A校	13	35	28	9	2	87
		B校	3	24	17	3	0	47
		C校	10	25	9	18	7	69
		D校	18	25	19	23	12	97
	合計		44	109	73	53	21	300
通遼市	学校	E校	5	30	19	6	1	61
		F校	12	19	14	2	0	47
		G校	1	5	13	1	1	21
		H校	1	17	12	10	0	40
	合計		19	71	58	19	2	169
馬家村	学校	I校	5	4	6	12	15	42
		J校	2	4	16	17	11	50
	合計		7	8	22	29	26	92

表5-3-6から、大都市の北京市、中・小都市の通遼市では26－34歳の若手教員が多く、農村部馬家村では44－52歳の年配教員が最も多くなっている。つまり、農村部の教職員は高齢化していることが明らかである。

③教員学歴

表5-3-7　地域間の教員学歴構成の比較表

地域・学校			教員学歴					合計
			高校及びそれ以下卒	中等師範学校卒	短大卒	大学卒	修士及びそれ以上卒	
北京市	学校	A校	0	7	27	51	2	87
		B校	0	2	26	19	0	47
		C校	1	6	7	52	3	69
		D校	2	3	21	68	3	97
	合計		3	18	81	190	8	300
通遼市	学校	E校	0	1	12	48	0	61
		F校	0	2	7	38	0	47
		G校	0	0	2	19	0	21
		H校	1	0	16	23	0	40
	合計		1	3	37	128	0	169
馬家村	学校	I校	7	15	14	6	0	42
		J校	4	25	16	5	0	50
	合計		11	20	50	11	0	92

表5-3-7から、中国では都市部、農村部という順に教員の学歴水準は逓減していく傾向が見られる。

④教員給与

表5-3-8　地域間の教員給与構成の比較表

地域・学校			教員給与					合計
			1000元以下	1001-1500	1501-2000	2001-2500	2500元以上	
北京市	学校	A校	0	1	6	29	51	87
		B校	0	5	5	32	5	47
		C校	0	2	7	34	26	69
		D校	0	2	19	43	33	97
	合計		0	10	37	138	115	300
通遼市	学校	E校	0	21	40	0	0	61
		F校	2	22	23	0	0	47
		G校	0	5	16	0	0	21
		H校	0	33	7	0	0	40
	合計		2	81	86	0	0	169
馬家村	学校	I校	29	13	0	0	0	42
		J校	32	18	0	0	0	50
	合計		61	31	0	0	0	92

表5-3-8から、都市部の教員給与は、明らかに、農村部より高いことがわかる。

⑤教員職務称号

教員の身分・地位を表す職務称号は、教員の待遇・昇進などに強く結びついている。教員職務称号の構成状況から教員の配置状況を把握できる。

表5-3-9　地域間の教員職務称号構成の比較表

地域・学校			教員年齢					合計
			無職務称号	三級教員	二級教員	一級教員	高級教員	
北京市	学校	A 小学校	2(2%)	2(2%)	2(2%)	45(52%)	36(41%)	87
		B 小学校	0	0	0	32(68%)	15(32%)	47
		C 中学校	2(3%)	1(1%)	30(43%)	22(32%)	14(20%)	69
		D 中学校	3(3%)	2(2%)	43(44%)	32(33%)	17(18%)	97
	合計		7(2%)	5(2%)	75(25%)	131(44%)	82(27%)	300
通遼市	学校	E 小学校	3(5%)	0	3(5%)	33(54%)	22(36%)	61
		F 小学校	8(17%)	0	11(23%)	22(47%)	6(13%)	47
		G 中学校	0	0	12(57%)	5(24%)	4(19%)	21
		H 中学校	0	2	21(53%)	15(38%)	2(5%)	40
	合計		11(7%)	2(1%)	47(28%)	75(44%)	34(20%)	169
馬家村	学校	I 小学校	8(19%)	6(14%)	3(7%)	25(60%)	0	42
		J 中学校	0	3(6%)	34(68%)	13(26%)	0	50
	合計		8(9%)	9(10%)	37(40%)	38(41%)	0	92

表5-3-9は、アンケート調査結果における10校の学校教員（561名）の職務称号構造である。職務称号評定では、小学校の「高級教員」は中学校の「一級教員」に相当し、小学校の「一級教員」は中学校の「二級教員」に相当する。つまり、職務称号の水準では、小学校教員は中学校教員の1段階下である。

表5-3-9から、①大都市部の北京市、中・小都市部の通遼市、農村部の馬家村ともに、中学「二級教員」が占める比率は高い。②都市部、特に大都市部における「高級教員」が占める比率は農村部より高い。つまり、都市部は農村部より、職務称号の高い教員が多いことが明らかである。

[注]
（1）中国においては、行政区画が混乱しているため、大都市、中・小都市、農村に関する定義も統一されていない。中国を行政区画と経済の特徴によって区画すれば、以下の種類の分け方がある。例えば、第一に、東部、中部、西部というわけ方、第二に、省・自治区・直轄市を地域単元とした省級段階（日本の都道府県に相当する）の行政区（23省、5自治区、4直轄市、2特別行政区）という分け方、第三に、華北、東北、華東、中南、西南、西北という六大行政区の分け方、第四に、国家計画委員会によって提出された上海を中心とする揚子江デルタ地域、広州を中心とする珠江デルタ地域、北京・天津を中心とする環渤海地域、西南華南部分省区、西北地区、中原地区と東北地区という七大経済区という分け方、第五に、中国研究所編『中国年鑑』(2007)による第1級の省級、第2級の地区級、第3級の県級、第4級の郷鎮級という四級の分け方がある。また、教育部財務司は義務教育の発展状況に応じて、全国を以下の三大地域に分けている。つまり、一類地域（北京、上海、天津、遼寧、吉林、江蘇、浙江、山東、広東という9省市）、二類地域（河北、山西、黒竜江、安徽、福建、江西、湖北、湖南、海南、河南、四川、陝西という12省市）、三類地域（内モンゴル、寧夏、雲南、広西、貴州、新疆、青海、甘粛、チベットという9省市）である。

（2）村民委員会は、農村部では村と呼び、都市では居民委員会と呼ぶ。

（3）大都市、中・小都市、県鎮・農村の定義に関しては、①省会都市・大都市（metropolis）、②一般中・小都市、県鎮（Country Seats & Town）、③郷鎮・農村（village）を指す。人口規模（資料来源：http://data.acmr.com.cn/member/city/city_md.aspより）に応じて分ければ、以下のとおりになる。人口が50万以上は大都市、20-50万は中等都市、20万以下は小都市・県鎮に属する。

（4）例えば、杜育紅『教育発展の不均衡研究』（北京師範大学出版社、2000）、王蓉『わが国の義務教育経費における地域間の格差研究』（教育経済学国際研究会論文（2001年5月）、余秀蘭『中国教育の都市部と農村部の差異』(教育科学出版社、2004)がある。

（5）王善邁・袁連生「規範的な義務教育財政体制の設立について」、中央教

育研究所『教育研究』(教育科学出版社、2002年第6期) pp. 4 - 5
(6) 2001年から、生徒の親から徴収する雑費は「一費制度」に転換された。その基準は、小学校一人当たり120－160元/学期、中学校一人当たり230－260元/学期。
(7) 農村教育費付加は、国務院によって公布された「農村学校経費の調達に関する通知」で規定されたものである。その内容は、「農村教育費付加の徴収対象は農村部の農民にある。郷政府によって統一徴収する。徴収の比率は全国で統一規定しない。各省、市、自治区は当該地の財力に応じて、自主決定する」
(8) 資料来源：中華人民共和国教育部人事司『小中学校人事制度の全面的改革』(教育科学出版社、2003) p.138
(9) 中国の実際の編制基準は「2001年に全国小学校21.64：1、中学校は17.98：1であった」。中央教育科学研究所所長の田恵生「農村教員層の問題」、中央教育研究所『教育研究』(教育科学出版社、2003年第8期) p.6
(10) 張守祥「農村の義務教育管理体制：進展・問題・提案」、『基礎教育参考』(教育部基礎教育司基礎教育参考編纂部、2005年第1期)
(11) 余秀蘭『中国教育の都市部と農村部の差異』(教育科学出版社、2004) p.73
(12) 陳永明『教員教育研究』(華東師範大学出版社、2003) p.38
(13) 北京理工大学高等教育研究所副所長：楊東平「教育の公平について」、中央教育研究所『教育研究』(教育科学出版社、2004年第7期) p.30、李子彪、趙海利、王紅『教育財政学研究』(広東人民出版社、2003) pp.332-333
(14) 中華人民共和国国家統計局『中国統計年鑑2006』(中国統計出版社)
(15) 中国データセンタのホームページ、http://data.acmr.com.cn/member/city/city_md.adpより人口100万以上の大都市は34、50－100万の大都市は47、20－50万の中等都市は153、20万以下の小都市は、468都市がある。
(16) インタビューの実施時間は一回目が2005年12月中旬から2006年1月中旬まで、二回目が2007年8月から9月までである。実施対象は、以下のとおりである。第一に、国家教育部人事司の人事担当、第二に、北京師範大学教授（王善邁等）、第三に、北京市崇文区政府人事局局長、北京市

崇文区教育委員会弁公室主任及び人事課長、北京市崇文区D校党支部書記及び人事幹部、北京市C校校長及び都市部書記、第四に、通遼市教育委員会人事課課長、通遼市E校党支部書記・校長、F校人事幹部、G校人事幹部、校長及び党支部書記、H校党支部書記及び人事幹部、会計士、第五に、慶和郷・馬家村郷政府の教育グループのリーダー、I校・J校校長を中心にインタビューをし、関連資料を集めた。

第6章　教員給与の地域間の比較及び教員評価と給与の連動実態

　第3章では、教員給与制度の導入経緯、法制度内容及び評価結果と給与の連動関係を整理・分析した。しかし、教員給与の各地方・学校の運用実態、給与と評価に関わる決定要因などについての実証的な検証が乏しいと考えられる。

　本章では、教員給与の地域間の比較と教員給与の運用実態の解明を中心に取り上げる。検証資料は、2005年12月5日から2006年1月16日までの期間、大都市部の北京市のD校、中・小都市の通遼市のH校、貧困地域の慶和郷・馬家村のJ校の全教職員に対して調査した給与状況である。三地域のそれぞれの学校の選定は以下のインタビューを実施した上で、決めたものである。

表6-0-1 インタビュー調査の説明

調査時期	地域	調査先	調査内容・項目
2005年12月	北京市	北京市教育委員会・中等教育課担当	①北京市の教育及び教員の概況 ②北京市の教育経費状況 ③北京市の各区の教育発展状況
		北京市崇文区教育委員会・弁公室主任・人事課課長	①全区の学校概況（学校数、校種別、教員数及び学生数等）②区の財政状況及び教育財政状況 ③区の代表学校の推薦・選定
		北京市D校党支部書記・人事幹部	全校の教員データ（年齢、性別、学歴、職務称号、給与等）
2006年1月	通遼市	通遼市教育局副主任	①通遼市の教育及び教員の概況 ②通遼市の財政状況及び教育経費状況
		通遼市・科爾沁区教育局人事課	①全区の学校概況（学校数、校種別、教員数及び学生数等）②全区の教育財政状況 ③全区の代表学校の推薦・選定
		北京市H校党支部書記・人事幹部	全校の教員データ（年齢、職務称号、給与等）
2006年1月	馬家村	慶和鎮政府教育グループ 担当	①慶和鎮の教育及び教員の概況 ②慶和鎮の教育経費状況
		馬家村村民委員会主任	①馬家村の学校概況（学校数、校種別、教員数及び学生数等）②馬家村の教育財政状況
		馬家村J校校長・党支部書記	全校の教員データ（年齢、職務称号、給与等）

第6章　教員給与の地域間の比較及び教員評価と給与の連動実態

代表学校地域別の内訳は表6-0-2のとおりである。

表6-0-2　調査学校地域別の内訳

地域代表学校	教員年齢					
	21-30歳	31-40歳	41-50歳	51-60歳	61歳以上	合計
北京市D中学校	22(20%)	32(29%)	12(11%)	42(39%)	1(1%)	109(100%)
通遼市H中学校	12(14%)	22(25%)	35(39%)	18(22%)	0(0%)	87(100%)
馬家村J中学校	9(18%)	11(22%)	19(37%)	12(24%)	0(0%)	51(100%)

地域代表学校	教員学歴					
	小中校卒	高校卒	中等専門学校	短大卒	大学以上卒	合計
北京市D中学校	0(0%)	2(2%)	9(8%)	29(27%)	69(63%)	109(100%)
通遼市H中学校	1(1%)	0(0%)	2(2%)	50(57%)	34(39%)	87(100%)
馬家村J中学校	3(6%)	2(4%)	25(49%)	16(31%)	5(10%)	51(100%)

地域代表学校	教員勤務年数					
	1-10年	11-20年	21-30年	31-40年	41年以上	合計
北京市D中学校	27(25%)	27(25%)	5(5%)	50(46%)	0(0%)	109(100%)
通遼市H中学校	14(16%)	24(28%)	29(33%)	20(23%)	0(0%)	87(100%)
馬家村J中学校	12(24%)	11(22%)	17(33%)	11(22%)	0(0%)	51(100%)

地域代表学校	生徒数	クラス数	1クラスの生徒数	教員数	教員と生徒との比率	女性教員の比率
北京市D中学校	989	26	38〜39	109	1:9.1	78(72%)
通遼市H中学校	812	14	58〜59	87	1:9.3	50(57%)
馬家村J中学校	218	7	31〜32	51	1:4.3	25(49%)

注：①H校、J校は合併中である。②教員数は正規教員の数である。

この調査結果は、以下のことを明らかにした。
（1）学歴から見れば、大卒者及び大卒以上の高学歴教員が最も多い地域は、大都市部の北京市である。逆に、農村部では、低学歴（中等専門学校卒）の教員が最も多い。
（2）教員の性別比較では大都市北京市D校での女性教員の比率が72%と最も多い。
（3）教員編制基準（教員と生徒の比率）は、北京市D校、通遼市H校はそれぞれ1:9.1、1:9.3で、農村部のJ校は1:4.3である。

第1節　教員給与の地域間の比較

　教員給与の法制度、仕組みは複雑である。中央政府財源としての国家最低基準定額の他に、地方政府及び学校自主財源の諸手当がある。学校独自の財源は寄付金や学校経営の企業収入などであり、収入が多ければそれだけ教員への配分も多くなる。日本のような定型的な算定方式は存在していない。したがって、教員の収入は、地域や学校ごとに異なることになる。
　これらの資料に基づいて、大都市部の北京市、中・小都市部の通遼市、農村部の馬家村の学校を抽出し、比較・検証することにした。
　まず、大都市部の北京市を中心に検討する。

1．大都市部の北京市

　北京市の教員給与の構成はかなり複雑で二つの部分から構成されている。一つは中央政府・地方政府（一部）財源としての定額部分、他の一つは地方政府と学校自主財源の組み合わせ部分（業績給与部分）である。教員給与の両部分の内容は以下のとおりである。

（1）教員月給の中央政府・地方政府（一部）財源の定額部分
　この部分の内容は、大都市部北京市のD校を例に表6-1-1に示した。
　表6-1-1の資料は、北京市D校2005年12月の実際給与額である。

　左側の「教員番号」は個々の教員を表している。D校には109名教員がいる。項目欄の「職務給与」（職務給ともいえる）は、「小・中学校の専門技術職務等級給与基準一覧表」が適用され、当該教員の実際の職務に応じて支給される部分である。これは全国で統一されている。「教職調整額」は国家が教員給与の低下問題を解決するために、1987年から導入した給与項目である。その金額が「職務給」×10％である。「国家手当」は（「職務給」+「教職調整額」）÷7×3という支給率の額である。

上述の三つ項目（職務給、教職調整額、国家手当）の財源は全て中央政府財源である。この部分の合計額は、「最低基準定額」あるいは「基本給与」ともいえる。この「最低基準定額」の部分は全国共通である。

「勤務年数手当」（「教齢手当」と呼ばれている）は、教員の勤務年数に応じて支給される項目である。その金額は「教員の勤務年限手当に関する若干の規定」（労人薪「1985」19号）によると、5－10年は3元（月額、以下同）、11－15年は5元、16－20年は7元、21年以上は10元となっている。この基準の財源は中央政府財源である。しかしながら、この基準はかなり低い。そのため、財政力のある大都市部の北京市は、国家が規定した基準を補塡し、勤務年数1年間ごとに2元を加算している。例えば、勤務年数が30年の場合、30×2＝60（元）となる。つまり、北京市における教員の勤務年数手当は国家が規定した基準をはるかに超えているのである。「通勤手当」は教員の全てが同額で一人当たり13元である。「新聞補助」は新聞購読への補助である。「住宅手当」は教員の職務称号に応じた支給基準となっている。中学高級職務教員は100元、中級職務称号（中学校一級、小学校高級）教員は80元、初級職務称号（中学校二級、三級、小学校一級、二級）及び無職務称号教員は70元である。「工齢」は勤務年数が長く（20年間以上）、勤務業績が優秀である教員への奨励である。その金額基準は、教員の職務称号の高低に応じて支給される。勤務年数が20年以上の高級教員は6元、中級教員は5元、初級教員は4元となる。「洗髪代」は教員の散髪への補助である。その基準は女性教員が26元、男性教員は20元である。「一人っ子奨励」は、一人っ子の教員を奨励するための補助で、一人当たり5元である。「幼児補助」は幼児を持っている教員への補助で、一人当たり40元である。「イスラム教員補助」は、イスラム教徒教員への補助である。国の支給基準は毎月2元である。この手当の設立理由は、イスラム教徒の教員は飲食面で細かな教義があるからである。この基準は低いため、財政力がある北京市では、地方政府が補塡して、毎月9.5元が支給されている。

中央・地方政府財源の教員給与の特徴の一つは、「職務給」が大きな比率を占めていることである。図6-1-1からその特徴がわかる。

表6-1-1　D校教員月給総額の中央政府・地方政府（一部）財源の定額部分

教員番号	職務給与	教職調整額	国家手当	勤務年数手当	通勤手当	工
1	686	68.6	324	60	13	
2	410	41	194	4	13	
3	428	42.8	202	8	13	
4	532	53.2	251	32	13	
5	480	48	227	22	13	
6	506	50.6	239	18	13	
7	410	41	194	2	13	
8	686	68.6	324	32	13	
9	562	56.2	265	22	13	
10	454	45.4	215	10	13	
11	535	53.5	253	24	13	
12	589	58.9	278	34	13	
13	925	92.5	437	62	13	6
14	626	62.6	296	44	13	
15	535	53.5	253	36	13	
16	925	92.5	437	64	13	6
17	410	41	194	2	13	
18	410	41	194	2	13	
19	562	56.2	265	24	13	
20	535	53.5	253	18	13	
21	410	41	194	2	13	
22	535	53.5	253	20	13	
23	589	58.9	278	34	13	
24	454	45.4	215	10	13	
25	663	66.3	313	58	13	5
26	925	92.5	437	68	13	6
27	506	50.6	239	30	13	
28	480	48	227	14	13	
29	589	58.9	278	22	13	
30	410	41	194	2	13	

第6章　教員給与の地域間の比較及び教員評価と給与の連動実態

聞助	提租（住宅手当）	洗髪代	一人っ子奨励	幼児補助	イスラム教員補助	合計
7	100	26				1304.6
7	70	26				785
7	70	26				816.8
7	70	26	5	40		1049.2
7	70	26				913
7	70	26	5	40		994.6
7	70	20				777
7	100	26	5			1281.6
7	80	26				1051.2
7	70	20				854.4
7	80	20	5	40		1050.5
7	80	20	5			1104.9
7	100	20				1682.5
7	80	20				1168.6
7	80	26	5			1028.5
7	100	20				1684.5
7	70	26				783
7	70	26				783
7	80	26	5			1058.2
7	80	26	5	40		1050.5
7	70	26				783
7	80	26	5			1012.5
7	80	26	5			1110.9
7	70	26				860.4
7	80	26				1251.3
7	100	26				1694.5
7	70	26	5			966.6
7	70	26				905
7	80	26	5			1098.9
7	70	26				783

31	454	45.4	215	10	13
32	480	48	227	20	13
33	589	58.9	278	22	13
34	480	48	227	10	13
35	870	87	411	70	13
36	410	41	194	2	13
37	535	53.5	253	22	13
38	535	53.5	253	28	13
39	454	45.4	215	10	13
40	870	87	411	60	13
41	0			12	13
42	700	70	331	60	13
43	815	81.5	385	62	13
44	663	66.3	313	52	13
45	925	92.5	437	46	13
46	508	50.8	240	16	13
47	589	58.9	278	58	13
48	428	42.8	202	8	13
49	772	77.2	364	46	13
50	626	62.6	296	26	13
51	589	58.9	278	24	13
52	589	58.9	278	24	13
53	410	41	194	4	13
54	663	66.3	313	44	13
55	410	41	194	2	13
56	428	42.8	202	8	13
57	562	56.2	265	22	13
58	686	68.6	324	50	13
59	562	56.2	265	32	13
60	506	50.6	239	32	13
61	428	42.8	202	2	13
62	558	55.8	264	36	13
63	454	45.4	215	12	13
64	729	72.9	344	68	13
65	506	50.6	239	30	13
66	535	53.5	253	26	13
67	584	58.4	276	58	13
68	663	66.3	313	62	13

第 6 章 教員給与の地域間の比較及び教員評価と給与の連動実態

7	70	26				860.4
7	70	26	5	40		956
7	80	26	5			1098.9
7	70	26	5	40		946
7	100	20				1604
7	70	26				783
7	80	26	5	40		1054.5
7	80	20				1009.5
7	70	26				860.4
7	100	26				1594
7	70	20				142
7	80	26				1307
7	100	26				1509.5
7	80	26				1245.3
7	100	20				1666.5
7	80	26	5	40		1005.8
7	80	26			9.5	1144.4
7	70	26				816.8
7	100	26			9.5	1440.7
7	80	26				1156.6
7	80	26	5			1100.9
7	80	26	5			1100.9
7	70	20				779
7	80	26	5			1237.3
7	70	20				777
7	70	20				810.8
7	80	26	5			1056.2
7	100	26				1300.6
7	80	26	5			1066.2
7	70	26	5		9.5	978.1
7	70	26				810.8
7	70	20				1043.8
7	70	26				862.4
7	100	26				1379.9
7	70	26	5	40		1006.6
7	80	26	5			1018.5
7	70	20				1110.4
7	80	20				1244.3

69	428	42.8	202	4	13
70	442	44.2	50		13
71	442	44.2	50		13
72	442	44.2	50		13
73	442	44.2	50		13
74	442	44.2	50		13
75	442	44.2	50		13
76	442	44.2	50		13
77	0			6	13
78	0				13
79	589	58.9	278	32	13
80	535	53.5	253	10	13
81	589	58.9	278	34	13
82	925	92.5	437	62	13
83	626	62.6	296	44	13
84	535	53.5	253	44	13
85	925	92.5	437	64	13
86	410	41	194	24	13
87	410	41	194	24	13
88	562	56.2	265	22	13
89	535	53.5	253	18	13
90	454	45.4	215	18	13
91	480	48	227	20	13
92	589	58.9	278	22	13
93	480	48	227	10	13
94	870	87	411	62	13
95	410	41	194	22	13
96	535	53.5	253	22	13
97	535	53.5	253	28	13
98	454	45.4	215	22	13
99	870	87	411	62	13
100	428	42.8	202	22	13
101	558	55.8	264	36	13
102	454	45.4	215	24	13
103	729	72.9	344	64	13
104	506	50.6	239	30	13
105	535	53.5	253	26	13
106	584	58.4	276	58	13
107	663	66.3	313	62	13
108	428	42.8	202	44	13
109	442	44.2	50	10	13

出典：筆者の調査による。

第6章 教員給与の地域間の比較及び教員評価と給与の連動実態

7	70	26				812.8
7	70	26				672.2
7	70	26				672.2
7	70	26			9.5	681.7
7	70	26				672.2
7	70	26				672.2
7	70	26				672.2
7	70	26				672.2
7	70	26				142
7	70	26				136
7	80	26	5			1108.9
7	80	20				991.5
7	80	20				1099.9
7	100	20				1676.5
7	80	20				1168.6
7	80	26				1031.5
7	100	20				1678.5
7	70	26				805
7	70	26				805
7	80	26				1051.2
7	80	26				1005.5
7	70	26				868.4
7	70	26				911
7	80	26				1093.9
7	70	26				901
7	100	20				1596
7	70	26				803
7	80	26	5	40		1054.5
7	80	20				1009.5
7	70	26				872.4
7	100	26				1596
7	70	26				830.8
7	70	20				1043.8
7	70	26				874.4
7	100	26				1375.9
7	70	26	5	40		1006.6
7	80	26				1013.5
7	70	20				1106.4
7	80	20				1244.3
7	70	26				852.8
7	70	26				682.2

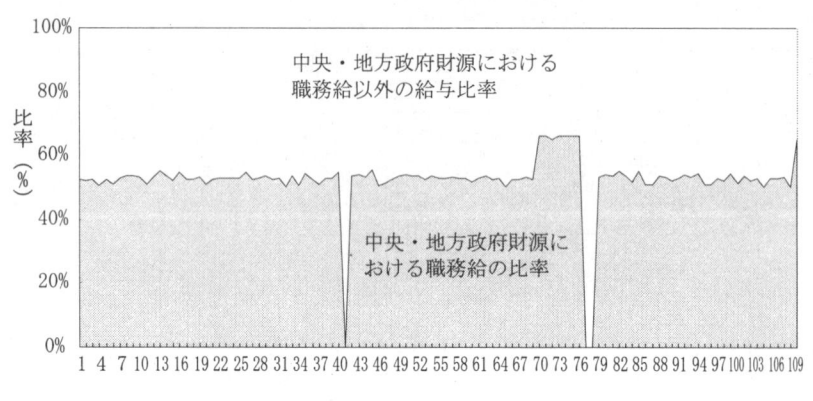

図6-1-1 北京市D校の中央・地方政府財源の教員給与の構成特徴

中央・地方政府財源における職務給以外の給与比率

中央・地方政府財源における職務給の比率

個々の教員番号　　N=109

　図6-1-1の横軸は、個々の教員ID番号を指す。紙面の制限のため、全ての番号を示すことができない。41番、77番、78番の教員は無職務称号なので、職務給はゼロである。中央政府財源におけるその他の教員の職務給は過半数であることが確認される。

　中央・地方政府財源の教員給与のもう一つの特徴は、給与の配分が年功序列傾向を呈していることである。つまり、教員の勤務年数が長ければ長いほど、中央・地方政府財源部分の教員給与が高くなる。この特徴は、以下の教員の各年数段階における平均給与からも明らかである。

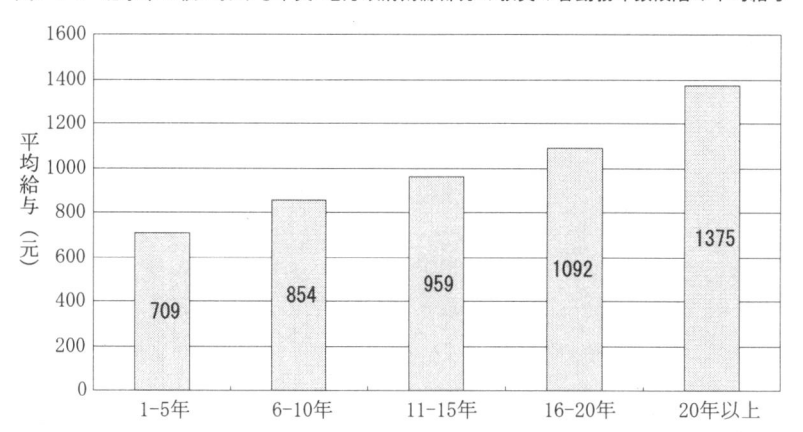

第6章 教員給与の地域間の比較及び教員評価と給与の連動実態

図6-1-2 北京市D校における中央・地方政府財源部分の教員の各勤務年数段階の平均給与

勤務年数	平均給与（元）
1-5年	709
6-10年	854
11-15年	959
16-20年	1092
20年以上	1375

図6-1-2からわかるように、中央・地方政府財源の教員給与は、教員の勤務年数が長いほど、平均給与も高くなる傾向がある。

北京市D校における教員月給の構成は、上記の中央・地方政府財源のほかに、下記の地方政府・学校自主財源の「組み合わせ給与」の部分もある。

（2）教員月給の組み合わせ給与部分（業績給与部分）

北京市D校における教員月給の組み合わせ部分の構成は表6-1-2のとおりである。

表6-1-2　北京市D校の教員給与構成の組合せ部分

教員番号	学年	担当科目	月授業数	1コマ授業費	月授業費	出勤賞	教育研究長手当	授業案長手当	クラ担任
1	中1	国語							
2	中3	国語	40	30	1200	150			
3	中3	国語	40	30	1200	150		40	45
4	中1	国語	40	32	1280	150		40	
5	中2	国語	40	32	1280	150			45
6	高2	国語	20	32	640	150			
	高3	国語	24	32	768				
7	高2	国語	40	32	1280	150			30
8	高2	国語	40	38	1520	150	200	40	
9	高3	国語	52	35.5	1846	150		40	
10	高3	国語	52	32	1664	150			45
11	高1	国語	40	34	1360	150		40	
12	高1	国語	40	34	1360	150			55
13	中2	数学	40	34.5	1380	150			
14	中3	数学	40	32	1280	150		40	55
15	中1	数学	40	32	1280	150		40	50
16	中3	数学	40	34.5	1380	150	200		
17	高2	数学	48	32	1536	150			
	高2	製図	8	25	200				
18	中1	数学	40	30	1200	150			40
19	高3	数学	48	35.5	1704	150	200	40	50
	高3	製図	8	28.5	228				
20	高1	数学	40	34	1360	150			
	高1	製図	8	27	216				
21	高3	数学	48	32	1536	150			
	高3	製図	8	25	200				

第6章 教員給与の地域間の比較及び教員評価と給与の連動実態

手長当	中堅教師手当	化学教師補助	授業兼職補助	老齢補助	授業定数超過補助	組合長手当	職務補助	師徳賞金	合計	組合せ部分の合計
								100	100	100
							80	100	1530	1530
							80	100	2020	2020
							110	100	1680	1680
							110	100	2090	2090
			100				80	100	1070	1838
									768	
							80	100	1910	1910
0	30						140	100	2680	2680
0							110	100	2746	2746
							80	100	2444	2444
							110	100	1760	1760
							110	100	2270	2270
						10	140	100	1780	1780
							110	100	2230	2230
							110	100	2180	2180
	30						140	100	2000	2000
				20			80	100	1886	2166
							80		280	
							80	100	1930	1930
	30		20				80	100	2824	3052
									228	
				20			110	100	1740	1956
									216	
				20			80	100	1886	2086
									200	

22	高1	数学	40	38	1520	150		40	500
	高1	製図	8	31	248				
23	中2	英語	32	32	1024	150			
24	中3	英語	40	30	1200	150			
25	中3	英語	40	32	1280	150		40	550
26	中1	英語	32	36	1152	150	200	40	
27	中1	英語	16	30	480	150			
28	高2	英語	40	32	1280	150			450
29	高2	英語	40	35.5	1420	150		40	550
30	中1	英語	16	30	480	150			
	高2	英語	20	32	640				300
31	高3	英語	56	32	1792	150			450
32	高1	英語	60	32	1920	150			
33	高3	英語	56	34	1904	150	200	40	
34	高1	英語							
35	中3	物理	24	31	744	150		40	
	中3	電工	8	25.5	204				
36	中3	物理	24	26.5	636	150			
	中3	電工	8	21	168				
37	高1	物理	48	30.5	1464	150		40	
	高2	物理	20	30.5	610				
38	高校	物理	52	30.5	1586	150			
39	高1	物理	32	28.5	912	150			
	高3	物理	20	28.5	570				
40	高2	物理	20	33	660	150	200	80	
	高3	物理	40	33	1320				
41	高1	物理	12	28.5	342	150			450
	高2	物理	52	28.5	1482				
42	中3	化学	24	28.5	684	150		40	
	中3	職業指導	8	23	184				

第6章 教員給与の地域間の比較及び教員評価と給与の連動実態

30	20				140	100	2500	2748
							248	
					110	100	1384	1384
					80	100	1530	1530
					110	100	2230	2230
30		50			140	100	1862	1862
					80	100	810	810
					80	100	2060	2060
30					110	100	2400	2400
	80			10	80	100	900	1890
		50					990	
			80		80	100	2652	2652
			120		80	100	2370	2370
30			80		110	100	2614	2614
					100	100	100	
	20	50			140	100	1244	1448
							204	
	20				80	100	986	1154
							168	
	60			10	110	100	1934	2544
							610	
					110	100	1946	1946
					80	100	1242	1872
	60						630	
30	100		32		140	100	1492	2812
							1320	
	60		64		80	100	1246	2728
							1482	
30	20	20			110	100	1154	1338
							184	

211

43	中3	化学	24	31	744	150			
	中3	職業指導	8	25.5	204				
44	高2	化学	56	30.5	1708	150		40	
45	高3	化学	40	33	1320	150	200	40	
46	高1	化学	36	30.5	1098	150		40	50
	高3	化学	20	30.5	610				
47	中2	政治	16	25	400	150			55
	中3	政治	32	25	800				
48	高1	政治	24	25	300				
49	高3	政治	52	33	1716	150	200		55
50	高2	政治	40	28.5	1140	150			55
	高3	政治	24	32	768				
51	中2	歴史	16	25	400	150			50
	中3	歴史	32	25	800				
	高1	歴史	12	27	324				
52	高2	歴史	16	27	432	150			
	高3	歴史	20	30.5	610				
53	中1	歴史	48	23	1104	150			45
	高1	歴史	24	25	600				
54	高1	歴史	36	27	972	150	200	80	
	高3	歴史	20	30.5	610				
55	中2	地理	16	23	368	150			
	高2	地理	16	25	400				
56	中1	地理	32	25	800	150			45
	高3	地理	20	28.5	570				
57	高1	地理	36	27	972	150		80	
	高3	地理	20	30.5	610				
58	中1	生物	48	27.5	1320	150			
		栽培	16	25.5	408				
59	高2	生物	32	27	864	150		80	
	高3	生物	12	30.5	366				

第6章 教員給与の地域間の比較及び教員評価と給与の連動実態

		20				140	100	1154	1358
								204	
		20				110	100	2128	2128
	30	20		50		140	100	2050	2050
		20	60			110	100	2078	2688
								610	
			40			110	100	1350	2150
								800	
							100	400	400
	30					140	100	2886	2886
	30		40			110	100	2120	2888
								768	
)0						110	100	1760	2964
								800	
			80					404	
			40		10	110	100	842	1452
								610	
			60			80	100	1944	2544
								600	
			60			110	100	1672	2282
								610	
			40			80	100	738	1138
								400	
			40			80	100	1620	2190
								570	
			60			110	100	1472	2612
0	30							1140	
				50		140	100	1760	2188
			20					428	
						110	100	1304	1750
			80					446	

213

60	高1	パソコン	48	25	1200	150	200	40
61	中1	美術	16	21	336	150		
	高2	美術	20	21	420			
62	中2	美術	8	21	168	150		
	中3	美術	16	21	336			
63	中1	音楽	16	21	336	150		
	中3	音楽	16	21	336			
64	高1	音楽	24	25.5	612	150		
	中2	音楽	8	25.5	204			
65	中1	体育	24	24	576	150		
	中2	体育	16	24	384			
66	中3	体育	40	24	960	150		50
67	高2	体育	48	22	1056	150		
68	高3	体育	48	24	1152	150	200	
69	高1	地理	36	25	900	150		45
70	中1	パソコン	16	15	240	150		
	中2	物理	16	18	288			
	中2	パソコン	8	15	120			
	中2	無線電	8	15	120			
71	高1	数学	40	22	880	150		
	高1	製図	8	18	144			
72	高1	国語	40	22	880	150		
73	高2	生物	24	18	432	150		
74	中1	体育	24	16	384	150		
	中1	パソコン	16	15	240			
75	高1	体育	40	16	640	150		
76	中1	国語	40	20	800	150		30
77	高1	化学	36	28.5	1026	150		30
78	高2	化学	36	22	792	150		
79	高1	英語	60	34	2040	150	40	
80	高1	国語	40	34	1360	150		

第6章　教員給与の地域間の比較及び教員評価と給与の連動実態

						80	100	1770	1770
		20				80	100	686	1106
								420	
		20				80	100	518	854
								336	
		20				80	100	686	1022
								336	
		20				140	100	1022	1226
								204	
		40				110	100	976	1360
								384	
					10	110	100	1830	1830
						80	100	1386	1386
						110	100	1712	1712
						80	100	1680	1680
		40				80	100	610	1138
								288	
								120	
								120	
		20			10	80	100	1240	1384
								144	
						80	100	1210	1210
						80	100	762	762
		20				80	100	734	974
								240	
						80	100	970	970
						110	100	1460	1460
	20					80	100	1676	1676
	20					80	100	1142	1142
				120		110	100	2560	2560
							100	1610	1610

215

81	高1	国語	40	34	1360	150			55(
82	中2	数学	40	34.5	1380	150			
83	中3	数学	40	32	1280	150			55(
84	中1	数学	40	32	1280	150			50(
85	中3	数学	40	34.5	1380	150	200		
86	高2	数学	48	32	1536	150			
	高2	製図	8	25	200				
87	中1	数学	40	30	1200	150			40(
88	高3	数学	48	35.5	1704	150	200	40	50(
	高3	製図	8	28.5	228				
89	高1	数学	40	34	1360	150			
	高1	製図	8	27	216				
90	高3	英語	56	32	1792	150			
91	高1	英語	60	32	1920	150			
92	高3	英語	56	34	1904	150	200	40	
93	高1	英語	0						
94	中3	物理	24	31	744	150		40	
	中3	電工	8	25.5	204				
95	中3	物理	24	26.5	636	150			
	中3	電工	8	21	168				
96	高1	物理	48	30.5	1464	150			
	高2	物理	20	30.5	610				
97	高校	物理	52	30.5	1586	150			
98	高1	物理	32	28.5	912	150			
	高3	物理	20	28.5	570				
99	高2	物理	20	33	660	150	200	80	
	高3	物理	40	33	1320				
100	中1	美術	16	21	336	150			
	高2	美術	20	21	420				
101	中2	美術	8	21	168	150			
	中3	美術	16	21	336				

第6章 教員給与の地域間の比較及び教員評価と給与の連動実態

				110	100	2270	2270
				140	100	1770	1770
				110	100	2190	2190
				110	100	2140	2140
				140	100	1970	1970
				80	100	1866	2146
				80		280	
				80	100	1930	1930
30				80	100	2804	3132
					100	328	
				110	100	1720	2036
					100	316	
			80	80	100	2202	2202
			120	80	100	2370	2370
			80	110	100	2584	2584
				100	100	100	
		50		140	100	1224	1668
				140	100	444	
	20			110	100	1016	1184
						168	
	60			110	100	1884	2594
					100	710	
				80	100	1916	1916
				80	100	1242	1812
						570	
30	100		32	140	100	1492	2812
						1320	
				80	100	666	1086
						420	
				80	100	498	834
						336	

102	中1	音楽	16	21	336	150			
	中3	音楽	16	21	336				
103	高1	音楽	24	25.5	612	150			
	中2	音楽	8	25.5	204				
104	中1	体育	24	24	576	150			
	中2	体育	16	24	384				
105	中3	体育	40	24	960	150			50
106	高2	体育	48	22	1056	150			
107	高3	体育	48	24	1152	150	200		
108	高1	地理	36	25	900	150			45
109	中1	パソコン	16	15	240	150			
	中2	物理	16	18	288				
	中2	パソコン	8	15	120				
	中2	無線電	8	15	120				

出典：筆者の調査による。

　表6-1-2の左側の「教員番号」は個々の教員を表している。他の各給与項目は全て当該学校が自主的に設定した項目である。そのうち、「学年」は教員が担当する授業の学年を指す。「担当科目」は教員の教授担当科目を指す。「1コマの授業手当」は、表6-1-3に示したように、中学校の授業、高校の授業の授業手当がそれぞれ異なる。また、各科目の重要度によって1コマの授業手当も異なる。授業手当に関する具体的な規定は表6-1-3のとおりである。

第6章 教員給与の地域間の比較及び教員評価と給与の連動実態

					80	100	666	1002
							336	
					140	100	1002	1206
							204	
					110	100	936	1320
							384	
					110	100	1820	1820
					80	100	1386	1386
					110	100	1712	1712
					110	100	1710	1710
			40		80	100	610	
							288	1138
							120	
							120	

表6-1-3　北京市D校の授業手当措置

校種	中学校授業											
類別	一		二		三				四			
科目	国語	数学	外国語	物理	化学	歴史	地理	政治	生物	体育	音楽	美術	労働技術
高級教員	22+12.5=34.5			20+11=31		18+9.5=27.5				17+8.5=25.5			
一級教員	21+11=32			19+9.5=28.5		17+8=25				16+7=23			
初級教員	20+10=30			18+8.5=26.5		16+7=23				15+6=21			
見習教員	20+0=20			18+0=18		16+0=16				15+0=15			
校種	高校授業												
類別	一		二		三				四			
科目	国語	数学	外国語	物理	化学	政治	生物	歴史	パソコン	地理	体育	音楽	美術	労働技術
高級教員	24+12.5=36.5			22+11=33		20+9.5=29.5				17+8.5=25.5			
一級教員	23+11=34			21+9.5=30.5		19+8=27				16+7=23			
初級教員	22+10=32			20+8.5=28.5		18+7=25				15+6=21			
見習教員	22+0=22			20+0=20		18+0=18				15+0=15			

注：① この表は、筆者の調査より作成。
　　② 中堅教員（正）：+1.5元、異なる学級を兼任する教員：+2元。

表6-1-3からわかるように、当該学校は、教員の職務等級の高低及び担当科目の重要度に応じて、1コマの授業手当を支給している。例えば、「国語」、「数学」、「外国語」の三科目の重要度を一等級とし、「物理」、「化学」の二科目を二等級としている。国語科目を担当する高級教員の一コマの授業手当は34.5元で(一級教員なら32元)、物理科目を担当する高級教員の一コマの授業手当は31元である（一級教員なら28.5元)。

　表6-1-2の「月授業費」は「月授業数」×1コマの授業手当の結果である。「出勤賞」は、教員の出勤を奨励する項目である。「出勤賞」の支給基準は、教員が自己都合で休講にしなかった場合には一人当たり150元である。「教育研究長手当」は教育研究長を奨励する手当である。一人当たり200元である。「授業案長手当」は、各科目の授業案作成の責任者を奨励する手当である。一人当たり40元である。勤務年数20年以上の熟練教員が授業案長を担当する場合には、一人当たり80元支給される。「クラス担任手当」はクラス担任を奨励する補助手当である。その支給基準は、以下のとおりである。①勤務年数が20年以上の場合550元、②15年～20年の場合500元、③10年～15年の場合450元、10年以下の場合300元となる。「学年長手当」の支給基準は一人当たり500元である。「中堅教員手当」は、県級及びそれ以上の教育行政部門によって認定された優秀（中堅）教員への奨励手当である。一人当たり30元支給される。「化学教員手当」とは、化学科目を担当する教員に特別に支給する手当である。この手当の設定理由は、化学教員が実験室で危険な作業を伴う各種の実験を行うためである。その支給基準は一人当たり20元である。「授業兼職補助」とは、教員が1科目・1クラスの授業を担当するのではなく、多数のクラスで1科目以上の課程を担当する場合に支給される。これらの教員を奨励する措置で、支給基準は学校によって異なっている。当該D校においては20元、40元、60元、80元、100元という五つの基準がある。担当科目の重要度と担当の学年の違いによって異なる。例えば、高校2年、3年の必修科目の「物理」を共同で担当する教員に100元支給している。「老齢補助」とは、52歳以上の女性教員、57歳以上の男性教員への奨励手当である。一人当たり50元である。「授業定数超過補助」は、学校が規定した基準授業数を

第6章　教員給与の地域間の比較及び教員評価と給与の連動実態

超えた教員に対する奨励手当である。「組合長手当」は、組合長への奨励手当である。一人当たり10元である。「職務補助」は、D校が独自に設定した補助手当である。教員給与の低下問題を解決する手当で、学校の自主財源から支給されている。職務補助の支給基準は職務称号の高低に応じて支給される。それらは、初級職務称号の教員：80元、中級職務称号の教員：110元、そして高級職務称号の教員：140元となっている。「師徳賞与」は、教員の職業道徳の遂行状況に応じて支給される奨励手当である。支給基準は一人当たり100元である。

　北京市D校の組み合わせ部分の教員給与の構成は、教員の労働の量（授業等の労働）と質に応じ、独自に設定された項目である。地方・学校によってこれらの項目と金額は異なっている。組合せ部分の給与財源は、地方政府からの地方交付金と学校内部の自主財源である。D校では、表6-1-2の各項目における「職務補助」と「師徳賞与」は学校の自主財源で、他の項目はほとんど地方政府の財源でまかなわれている。

　表6-1-2からわかるように、北京市D校の組み合わせ給与は次の特徴を持っている。①給与改革理念の「按労分配」[1]の原則を体現している。例えば、「クラス担任手当」、「出勤賞」、「中堅教員手当」などの手当制度がそうである。②組み合わせ給与部分の総額は授業費の多少と強い正の相関が確定できる。組み合わせ部分の給与総額と授業費の関係を示すために、表6-1-2の資料を基に図6-1-3の北京市D校における組み合わせ部分の教員給与額と授業費の関係図を作成した。

図6-1-3　北京市D高校の組み合わせ部分の教員給与額と授業費の関係

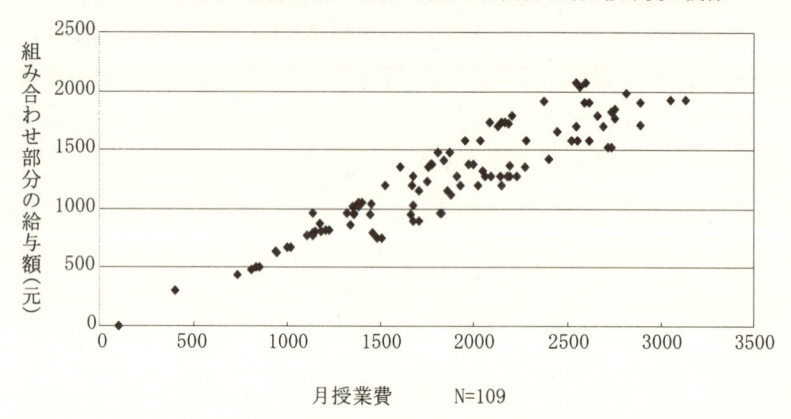

表6-1-4　記述統計量

記述統計量			
	平均値	標準偏差	N
組み合わせ給与	1844.08	655.697	109
月授業費	1246.44	469.978	109

図6-1-4　北京市地方政府・学校自主財源の組み合わせ部分の教員給与の構成特徴

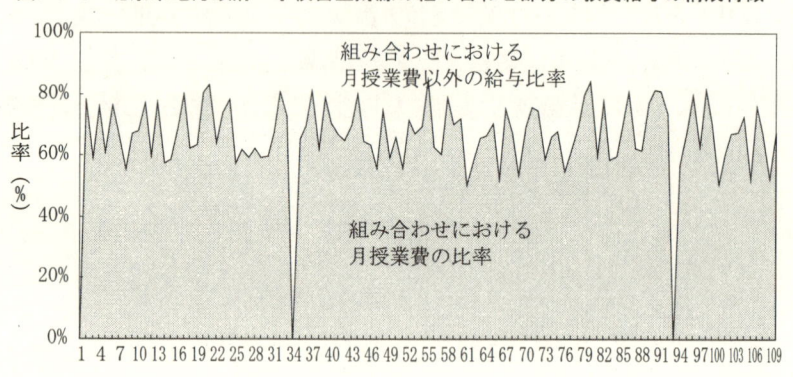

第6章 教員給与の地域間の比較及び教員評価と給与の連動実態

　図6-1-4の1番、34番、93番の教員は授業を担当していない。そのため、授業費はゼロである。他の教員の授業費と教員組み合わせ給与における比率は過半数である。北京市では、授業時数手当制度の導入により、教員評価に基づく給与差別化が進んできた。これは、中国教育改革の理念としての「按労分配」（労働者の労働の質と量に応じて給与を支給する）原則に合致している。教員給与の多少は授業費（授業時数）と関係が深いように見えるが、実際はそうではない。例えば、授業手当制度を導入していない中・小都市部や農村部ではこうした特徴は見られないからである。

　これまでは、北京市D校の教員月給構成の二つの部分、つまり、「教員月給の国家・地方政府財源（一部）の定額部分」と「地方政府・学校自主財源の組合せ部分」の構成内容を明らかにした。上記の構成一（中央・地方政府財源部分の教員給与）と構成二（地方・学校財源の教員組み合わせ給与）の合計がD校教員の月給総額である。

（3）教員月給の特徴

　教員月給構成の二部（中央・地方政府財源の教員給与と地方・学校財源の組合せ給与）はそれぞれどのような割合になっているだろうか。図6-1-5は北京市D校の例である。

図6-1-5 教員給与総額における中央・地方政府財源と地方政府・学校自主財源の構成比率

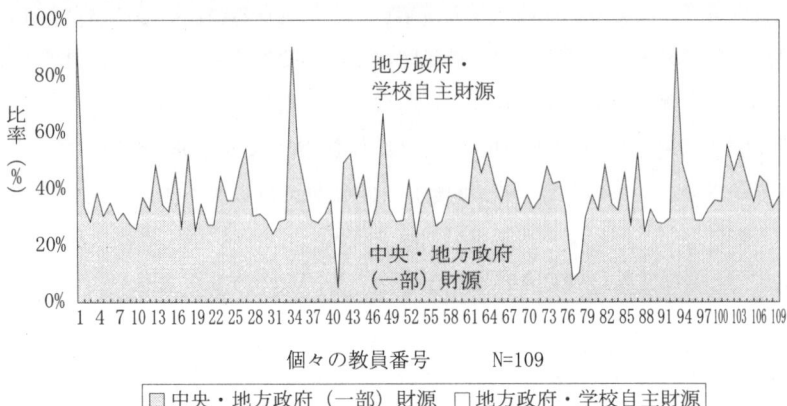

[グラフ:縦軸 比率(%) 0%〜100%、横軸 個々の教員番号 1〜109、N=109。凡例:□中央・地方政府(一部)財源 □地方政府・学校自主財源]

図6-1-5の横軸は、D校の全教員(109名)のID番号を示している。紙面の制限で、全教員の番号を示すことができない。縦軸は教員月給総額における中央・地方政府(一部)財源及び地方政府・学校自主財源部分の給与比率を指す。

1、34、93番教員は、中央・地方政府(一部)財源部分の給与が教員月給に占める比率が非常に高く、80%以上を占めている。1、34、93番教員は、身分は教員であるが授業を担当していない。そのため、「授業手当」がなく、中央財源部分の比率は相対的に高くなっている。これらの「教員」は、次の二点に該当している。①学校及び教育課程(科目)の統廃合に伴い、生じた余剰教員である。②授業を担当する能力がないと評価された「教員」である。これらの「教員」を解雇すれば、最低生活が脅かされ、社会不安を生じる影響がある。そのため、学校は自主的に学校内部の受付や檔案(ダンアン)の管理などの業務に従事させ、「教員」として給与を支給しているのである。

一方、41、77、78番の教員は、地方政府・学校自主財源の組み合わせ給与部分が教員月給に占める比率が高い。その理由は、D校の党支部書記・人事幹部へのインタビュー調査によれば、41、77、78番の教員は本学の正規教員ではなく、非常勤教員であるとのことであった。三人の非常勤教員は正規教

員しか受け取ることのできない「国家基準定額給与」の対象とならない。その結果、三人の組み合わせ部分の給与比率は相対的に高くなる。

　図6-1-5が示すように、1、34、93番の教員を除き、地方政府と学校自主財源部分の組み合わせ給与が月額給与の50％以上を占めている。このような給与実態を生じる理由には、教員給与の中央政府財源の国家最低基準定額の部分が約1,000元で非常に低いことが考えられる。従って、北京市は教員給与が不足する問題を解決し、優秀教員を確保するために、学校が管理施設の賃貸、学校選択生徒の親からの寄付金などの財源と地方政府からの地方交付金を教員の手当（組み合わせ給与）等の支給を充当せざるをえないのである。

　北京市D校の組み合わせ給与の大きな特徴は、①教員月給総額における比率は高く、50％を超えている、②組み合わせ給与額は授業費の多少と強い正の相関が確認できることである。

　以上、北京市D校の教員給与を、二部に分けてそれぞれの内容と特徴を整理・分析した。しかしながら、教員給与の総額（二つの部分の合計）の特徴はまだ不明確である。それは、中央・地方政府財源の教員給与と地方政府・学校自主財源の組合せ給与の合計は、教員勤務年数、授業費、職務給とはどんな関係があるのか明らかではないからである。

　以下は北京市D校の教員月給総額と教員勤務年数、職務給及び授業費の関係を示した図である。

図6-1-6　北京市D校の教員月給総額（二つの部分の合計）と勤務年数の関係

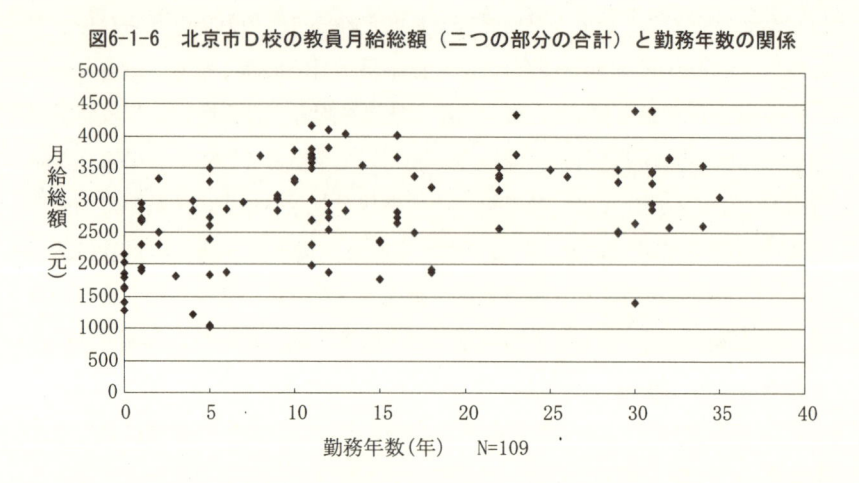

図6-1-7　北京市D校の教員月給総額（二つの部分の合計）と職務給の関係

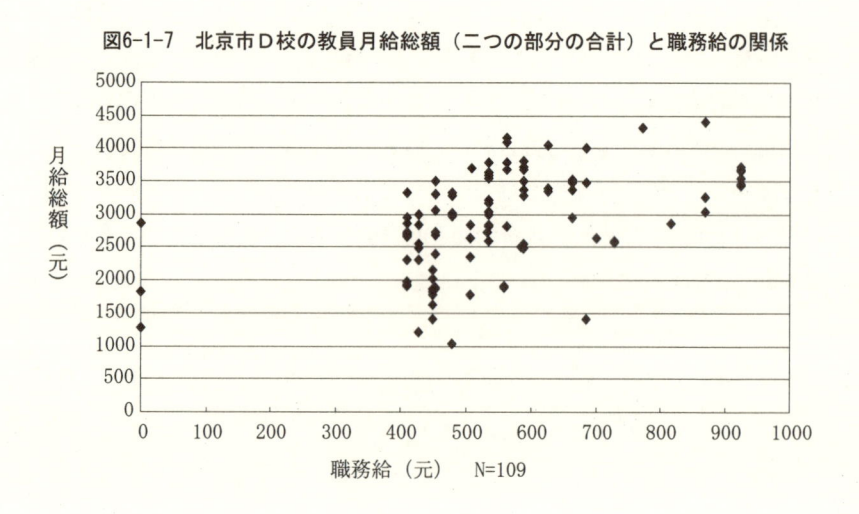

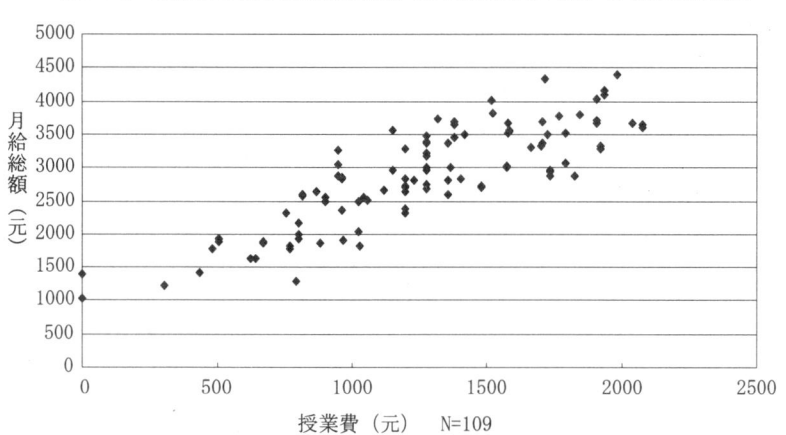

第6章 教員給与の地域間の比較及び教員評価と給与の連動実態

図6-1-8 北京市D校の教員月給総額（二つの部分の合計）と授業費の関係

表6-1-5 記述統計量

記述統計量				
	平均値	標準偏差	N
教員月給総額（二つ部分の合計）	2869.53	769.81	109
月授業費	1246.44	469.98	109
職務給与	546.38	168.31	109
勤務年数	13.8	10.39	109

表6-1-6 相関係数

		教員月給総額 (二つ部分の合計)	月授業費	職務給与
教員月給総額(二つ部分の合計)	pearsonの相関係数			
	有意確率(両側)			
	N			
月授業費	pearsonの相関係数	0.861**		
	有意確率(両側)	0.000		
	N	109		
職務給与	pearsonの相関係数	0.509**	0.131	
	有意確率(両側)	0.000	0.173	
	N	109	109	
勤務年数	pearsonの相関係数	0.406**	0.058	0.795**
	有意確率(両側)	0.000	0.549	0.000
	N	109	109	109

** 相関係数は1%水準で有意(両側)です。

図6-1-6、図6-1-7、図6-1-8及び表6-1-5、表6-1-6が示すように、大都市部の北京市は、教員月給総額が教員の「勤務年数」や「職務給」より、「授業費」と強い正の相関が確認できるはずである。

これまで北京市D校の教員給与の実態と特徴を述べた。こうした北京市の教職給与を他の職種と比較すると、どのような特徴が見られるのだろうか。

(4) 北京市の教職給与と他職種の比較

北京市には、国有企業単位、学校のような事業機関、教育委員会のような機関単位がある。また、企業単位には、私営企業、外資系企業、各種サービス業などがある。特に、私営企業、外資系企業における給与基準は統一されておらず、どの業種と比較すべきか判断するのがかなり難しい。

北京市の教員給与と他業種の職員・社員の給与状況を比較するために、国家機関の北京市A区教育委員会の全公務員給与、国有企業部門のC国有企業の全体職員の給与とD校の全教員給与を調査し、関連資料を網羅的に集めた。

第6章 教員給与の地域間の比較及び教員評価と給与の連動実態

上述の三業種間の給与状況を比較する前に、まず、比較する三者の概要を明らかにする。

①北京市崇文区教育委員会、D校とC国有企業の位置づけ

北京市A区教育委員会は、北京市における八つの教育委員会の一つである。北京市の各区における教育委員会は国家公務員制度を適用している。A区の教育委員会は他区の教育委員会の公務員と共通の性格を持っている。

D校は北京市崇文区における普通中学校である。D校の本区における位置づけを以下のように示す。

表6-1-7　D校の位置づけ

学校番号			H校	S校	W校	Y校	G校	Q校	P校	D校	C校	X校	U校	A校	F校	E校
クラス数	中学校	1学年	4	8	9	12	6	8	6	4	3	7	1	8	10	12
		2学年	0	8	8	9	6	8	7	2	3	7	1	8	8	17
		3学年	0	4	7	10	8	10	9	4	3	6	1	6	11	17
	高校	1学年	12	10	10	13	10	4	4	6	6					
		2学年	12	11	11	16	12	5	4	5	6					
		3学年	12	10	10	16	12	5	4	5	6					
生徒数	中学校	1学年	127	298	363	450	245	137	199	96	91	112	12	305	284	475
		2学年	0	261	305	354	254	184	217	21	68	127	20	282	260	643
		3学年	0	137	280	379	342	264	286	107	86	118	25	233	414	686
	高校	1学年	486	383	492	512	473	195	187	248	214					
		2学年	508	475	489	604	543	186	176	188	237					
		3学年	513	368	471	688	494	208	171	201	233					
教職員数	教員		124	142	149	244	196	135	108	109	82	65	5	23	39	85
	行政人員		43	40	64	97	67	50	14	15	31	36	1	6	19	29
	授業補助		7	28	14	14	10	5	35	25	2	3	0	1	4	7
	労働者		7	5	19	18	20	9	5	12	2	6	0	0	3	2
	代用教員		2	0	0	0	0	0	0	0	0	0	0	0	0	0
	兼任教員		5	0	0	0	0	4	0	0	0	2	0	0	30	0

注：本表は、筆者の調査より作成

表6-1-7のクラス数・生徒数、教職員数から見ても、D校はA区内の14か所の公立中学校において、他校とは異質であると判断できない。つまり、サン

プルとしての条件を有している。

　また、C国有企業は北京市都市建設集団付属の会社の一つである。当都市建設集団には現在140余りの法人企業・事業機関がある。調査したC国有企業は、その140余りの法人企業・事業機関の一つで、現在、管理者・職員：71人と労働者：128人が勤めている。教員給与をC国有企業と比較する理由は、以下のとおりである。①国有企業に属する。職員給与に関する中央政府の統一基準がある。②構成員の学歴構成状況は事業機関として学校と大きな差が見られない。

②北京市崇文区教育委員会、D校とC国有企業の給与比較

表6-1-8　北京市の業種間給与比較

単位：元/月

業種 比較項目	教育委員会（国家機関の公務員）	D校(事業機関) 教職員			C国有企業 (社員) 管理者・労働者		
		行政管理者・職員	教員	総体平均	管理職	労働者	総体平均
標本平均	3146.31	2781.36	2862.35	2821.86	2533.87	1793.90	2163.89

注：本表は、筆者の調査により作成

　表6-1-8から、次のことがわかる。①教育委員会における公務員の平均給与がD校の教職員の平均給与より高い。この事実は、「中華人民共和国教員法」(1993年10月31日)の第25条及び北京市で公布された「中華人民共和国教員法の実施方法」[2](1994年7月22日)の第15条で規定された「教員の平均給与は、国家公務員の平均給与を下回ってはならない」という条文規定に反したものである。これは、中国教員の社会的・政治的地位が低いという問題に関連していると考えられる。②D校の教職員の平均給与がC国有企業管理者・労働者の平均給与より高い。③学校内部では、D校における教員の平均給与が行政管理者・職員の給与より少し高い。その理由はD校の「授業手当制度」の導入にあると考えられる。多くの行政管理者・職員は授業を担当していない。

第6章　教員給与の地域間の比較及び教員評価と給与の連動実態

図6-1-9は、2003年度教員給与と他業種の給与比較である。

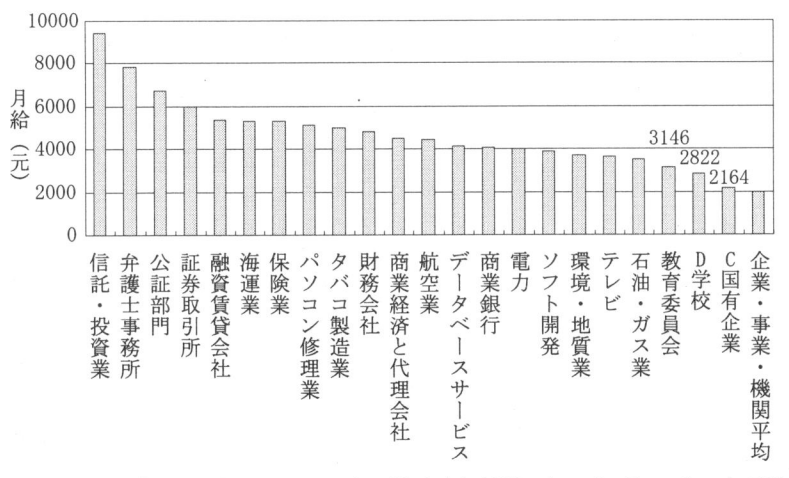

図6-1-9　2003年北京市教職員月給と他業種の比較

[棒グラフ：月給（元）]
信託・投資業、弁護士事務所、公証部門、証券取引所、融資賃貸会社、海運業、保険業、パソコン修理業、タバコ製造業、財務会社、商業経済と代理会社、航空業、データベースサービス、商業銀行、電力、ソフト開発、環境・地質業、テレビ、石油・ガス業、教育委員会 3146、D学校 2822、C国有企業 2164、企業・事業・機関平均

出典：「労働者日報」（2006年3月27日）、「北京青年新聞」（2003年3月15日）の年平均結果より筆者が計算・作成

　図6-1-9から、北京市の教職員の平均給与は、北京市企業・事業・機関職員の平均給与及びC国有企業（社員）の平均給与を除き、他の各業種の平均給与よりかなり低いことがわかる。
　上述の資料から、大都市部の北京市の教員給与の特徴を以下のように整理することができる。

- 中央政府財源の国家最低基準定額（職務給＋教職調整額＋国家手当）のほかに、地方政府・学校自主財源の組み合わせ給与も実施されている。
- 地方政府及び学校自主財源部分の手当が多く、中央政府財源の最低基準定額（職務給＋教職調整額＋国家手当）を2〜3倍も超えている。
- 授業手当制度が導入されており、教員総額における比率も高い。
- 教員月給総額は教員の勤務年数、職務給より、授業費と正の相関が確認できる。

231

・個々の教職員間の給与格差が激しい。筆者の計算によると、月給最高額（4,408元）は最低額（1,031元）の4.3倍となっている。
・教員の平均給与は他業種に比べ、かなり低い。国家公務員の平均給与よりも低い。

次に、中・小都市の通遼市の教員給与の内容と特徴を明らかにする。

2．中・小都市部の通遼市

通遼市の教員給与の内容は大都市部の北京市とは異なる。その最大の特徴は以下の三つである。

第一は、地方政府からの給与財源は若干あるが、北京のような大きな割合を占めていない。

第二は、各学校による自主財源はほとんどなく、北京のようなきちんとした「組み合わせ給与制度」はない。この結果、教員の給与構成は二つの部分から構成された北京市と異なり、一部のみから構成されている。

第三は、通遼市の財政不足から、ほとんどの学校が「授業手当」[3]制度を導入していない。「授業手当」を導入した極少数の学校でさえ、大都市部の北京市のような業績主義の「授業手当」制度ではない。例えば、通遼市では、重点中学校のG校のみ「授業手当」制度を導入している。他の学校では「授業手当」はまったくない。しかし、G校の授業手当システムも以下のとおりである。教員の一週間あたりの基準授業時数を12時間とし、この基準に達した場合には、高級職務称号の教員であれ、中級職務称号の教員であれ、全員同額で月に100元支給している。つまり、G校の授業手当は北京市のような業績主義の性格を有していないのである。

（1）教員月給の構成と特徴

通遼市での教員給与の内容と特徴を具体的に明らかにするために、通遼市のH校（全教員87名）を参考例とすることにした。

表6-1-9は中・小都市通遼市H校における全教員（87名）の月給実額である。

表6-1-9が示すように、給与の構成項目は、「職務給与」、「教職調整額」、「国家手当」、「勤務年数手当」、「生活福祉補助」、「食料補助」、「知識人補助」、「辺境地域補助」、「一人っ子補助」、「女性教員保健費」から構成されている。前三項の「職務給与」、「教職調整額」、「国家手当」は大都市部の北京市と同じで、中央政府財源である。また、「勤務年数手当」は当該給与表からわかるように3-10元となっている。この基準は国家が規定した最低基準である。大都市部の北京市では、国家が規定した「教員勤務年数手当」の最低基準を地方財源で補塡し、支給している。しかし、通遼市ではこの部分の財源がないため、国家基準どおり支給している。「生活福祉補助」は通遼市の地方政府[4]が当地教員給与の低下問題を解決し、教員の最低生活基準を保障するために制定した地方手当である。「生活福祉補助」の財源は現地の政府部門にあるため、教員の所在地域の財政力及び教員支援政策の違いによりバラツキがある。通遼市の「生活福祉補助」の支給原則は、教員の職務称号の高低に応じて支給する。その基準は、高級職務（中学高級教員）が270元、中級職務教員（中学一級、小学校高級）が237元、初級職務教員（中学二級・三級、小学校一級・二級・三級教員）が203元である。「食料補助」は一人当たり18元である。「知識人補助」は教員の学歴及び学歴の取得時期に応じて支給されている。その基準は次のとおりである。①1985年以前に短大及び以上の学歴を取得した教員に25元、1985年から1990年までの間に短大及びそれ以上の学歴を取得した教員に20元、1990年から1995年の間に短大及びそれ以上の学歴を取得した教員に15元、1995年以後短大及びそれ以上の学歴を取得した教員に10元を基準として支給されている。「辺境補助」の支給原則は、教員の職務称号の高低に応じて支給されている。その基準は、高級職務（中学高級教員）が60元、中級職務教員（中学一級、小学校高級）が47元、初級職務教員（中学二級・三級、小学校一級・二級・三級教員）が40元である。「女性教員保健費」は、女性教員に対する特殊補助で、一人当たり5元支給されている。これらの手当や補助はほとんど通遼市の地方政府財源である。

表6-1-9　通遼市H校の教員（全教員）月給

教員番号	職務給与	教職調整額	国家手当	勤務年数手当	生活福補
1	815	81.5	384.5	10	270
2	737	74	347.5	10	237
3	737	74	347.5	10	237
4	737	74	347.5	10	237
5	772	77.5	364.5	10	270
6	737	74	347.5	10	237
7	700	70	330	10	237
8	663	66.5	313	10	237
9	686	69	324	10	270
10	663	66.5	313	10	237
11	686	69	324	10	270
12	626	63	295.5	10	237
13	626	63	295.5	10	237
14	626	63	295.5	10	237
15	626	63	295.5	10	237
16	626	63	295.5	10	237
17	626	63	295.5	10	237
18	663	66.5	313	10	237
19	663	66.5	313	10	237
20	584	58.5	275.5	10	203
21	589	59	278	10	237
22	558	56	263.5	10	203
23	558	56	263.5	7	203
24	584	58.5	275.5	10	203
25	584	58.5	275.5	10	203

第6章　教員給与の地域間の比較及び教員評価と給与の連動実態

食料補助	知識人補助	辺境補助	一人っ子補助	女性教員保健費	月給総額
18	20	60		5	1664
18	25	47			1495.5
18	25	47		5	1500.5
18	20	47		5	1495.5
18	20	60			1592
18	20	47		5	1495.5
18	20	47		5	1437
18	20	47		5	1379.5
18	15	60			1452
18	20	47		5	1379.5
18	20	60		5	1462
18	20	47		5	1321.5
18	20	47		5	1321.5
18	20	47		5	1321.5
18	20	47		5	1321.5
18	20	47		5	1321.5
18	20	47		5	1321.5
18	20	47		5	1379.5
18	20	47		5	1379.5
18	15	40		5	1209
18	15	47			1253
18	15	40		5	1168.5
18	15	40		5	1165.5
18	20	40		5	1214
18	15	40		5	1209

26	584	58.5	275.5	10	20
27	558	56	263.5	10	20
28	584	58.5	275.5	10	20
29	558	56	263.5	5	20
30	558	56	263.5	5	20
31	558	56	263.5	10	20
32	558	56	263.5	10	20
33	584	58.5	275.5	10	20
34	532	53.5	251	10	20
35	532	53.5	251	10	20
36	532	53.5	251	10	20
37	532	53.5	251	7	20
38	532	53.5	251	7	20
39	532	53.5	251	10	20
40	558	56	263.5	10	20
41	532	53.5	251	5	20
42	532	53.5	251	10	20
43	532	53.5	251	10	20
44	506	51	239	5	20
45	532	53.5	251	10	20
46	506	51	239	3	20
47	506	51	239	10	20
48	428	43	202	3	20
49	428	43	202	3	20
50	530	53.5	250	10	20
51	774	77.5	365	10	23
52	454	45.5	214.5	3	20
53	532	53.5	251	7	20

第6章　教員給与の地域間の比較及び教員評価と給与の連動実態

18	15	40			1204
18	15	40		5	1168.5
18	15	40			1204
18	15	40		5	1163.5
18	15	40			1158.5
18	15	40		5	1168.5
18	20	40		5	1173.5
18	20	40			1209
18	15	40		5	1127.5
18	15	40		5	1127.5
18	15	40		5	1127.5
18	15	40			1119.5
18	15	40			1119.5
18	20	40		5	1132.5
18	15	40			1163.5
18	15	40		5	1122.5
18	15	40		5	1127.5
18	15	40			1122.5
18	15	40		5	1082
18	15	40		5	1127.5
18	15	40			1075
18	15	40		5	1087
18		40		5	942
18		40		5	942
18	10	40			1114.5
18	25	47			1553.5
18		40		5	983
18	15	47			1126.5

54	506	51	239	5	2
55	589	59	272	10	2
56	480	48	226.5	5	2
57	532	53.5	251	7	2
58	584	58.5	275.5	7	2
59	584	58.5	275.5	7	2
60	558	56	263.5	7	2
61	584	58	275.5	5	2
62	558	56	263.5	5	2
63	454	45.5	214.5	3	2
64	663	66.5	313	10	2
65	815	81.5	384.5	10	2
66	626	63	295.5	10	2
67	626	63	295.5	10	2
68	589	59	278	10	2
69	532	53.5	251	7	2
70	589	59	278	10	2
71	584	58.5	275.5	10	2
72	532	53.5	251	10	2
73	428	43	202	3	2
74	558	56	263.5	10	2
75	558	56	263.5	5	2
76	558	56	263.5	10	2
77	506	51	239	5	2
78	562	56.5	265.5	7	2
79	442	44.2	222.5		1
80	454	45.5	214.5	3	2

第 6 章　教員給与の地域間の比較及び教員評価と給与の連動実態

18	15	40		5	1082
18	15	47		5	1252
18		40			1020.5
18	15	40			1119.5
18	15	40		5	1206
18	15	40			1201
18	15	40		5	1165.5
18	15	40			1198.5
18	15	40			1158.5
18		40		5	983
18	20	47			1374.5
18	20	60			1659
18	20	47		5	1321.5
18	20	47		5	1321.5
18	20	47		5	1263
18	15	40			1119.5
18	15	47			1253
18	15	40			1204
18	15	40		5	1127.5
18		40		5	942
18	15	40			1163.5
18	15	40			1158.5
18	15	40			1163.5
18	15	40		5	1082
18	15	47			1208
18		40			936.7
18		40		5	983

81	398	40	188		20
82	428	43	202	3	20
83	361	36.1	170.2		17
84	480	48	228	3	20
85	562	56.5	265.5	7	23
86	532	63.5	251.5	5	20
87	508	51	240	10	20

出典：筆者の調査による。

中・小都市部の通遼市H校の教員月給の構造表から以下のこともわかる。

（1）「生活福祉補助」がある。北京市の教員給与表にはこの項目がない。この「生活福祉補助」の導入理由は、北京市でいう「組み合わせ給与」がないため、組み合わせ給与にかわるものとして、現地の教員の最低生活基準を保障するためのものである。「生活福祉補助」は地方政府の財政状況及び教育重視度に関係がある。地方の財政状況が良くない場合、また、地方政府が教育支援策を軽視した場合にはこの支給が停止されてしまうからである。

（2）大都市部の北京市の教員給与表にはない「食料補助」、「辺境補助」、「女性教員保健費」という給与項目がある。これは、地方政府が当地の財力などの状況に応じて独自に設定した地域手当である。従って地域によって項目が異なる。

通遼市H校の教員給与の財源構成は、中央政府財源と地方政府財源から構成されており、学校からの自主財源はほとんどない。それでは、通遼市H校での教員月給総額における中央政府財源と地方政府財源の比率はどうなっているのだろうか。それを明らかにするために、表6-1-9をもとに図6-1-10を作成した。

第6章　教員給与の地域間の比較及び教員評価と給与の連動実態

18		40			887
18		40		5	942
18		40		5	800.3
18	15	40			1035
18	15	47			1208
18	15	40			1128
18	10	40			1080

図6-1-10　通遼市H校の教員月給総額の財源構成

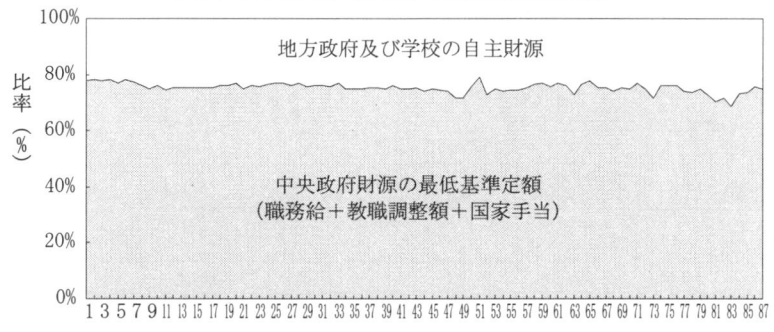

個々教員の番号　　N=87

　図6-1-10が示すように、通遼市の教員給与は、中央政府財源の最低基準定額が大部分の比率であり、大体75％以上を占めている。つまり、中・小都市部通遼市での教員の月給総額は中央政府財源の最低基準定額に依存しているのである。この点は大都市部の北京市とは異なっている。

　中央政府財源の最低基準定額の配分は、ほとんど教員の勤務年数及び職務の高低に支給されている。つまり、中・小都市部の通遼市の教員給与の配分は、一定の年功序列の傾向を呈しているのである。この特徴を検証するために、以下の三つの関係図を作成した。

241

図6-1-11 通遼市H校の教員月給総額と勤務年数の関係

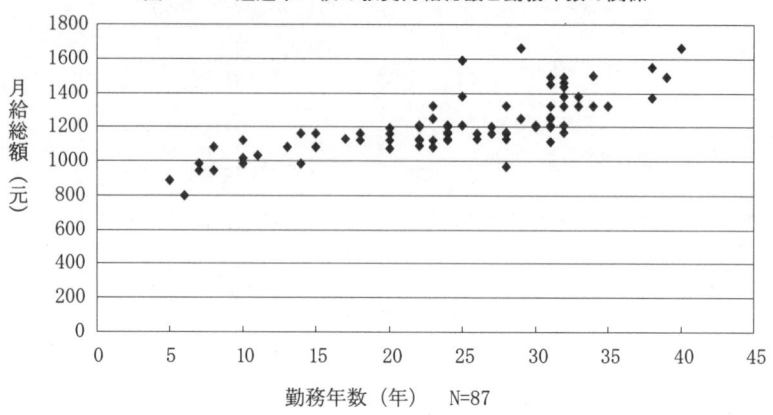

図6-1-12 通遼市H校の教員月給総額と職務給の関係

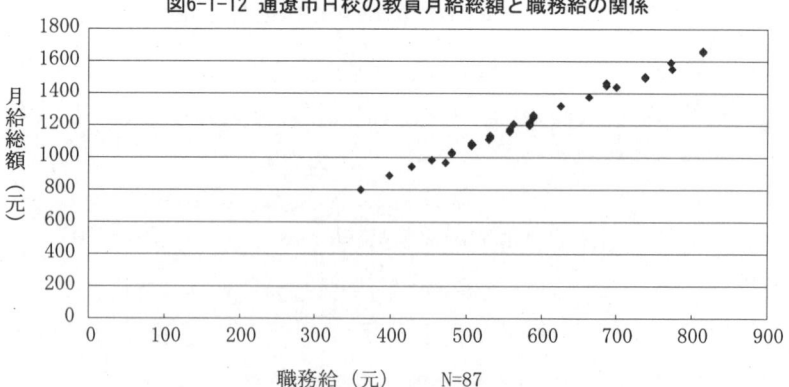

図6-1-13 通遼市H校教員の月給総額と生活福祉補助の関係

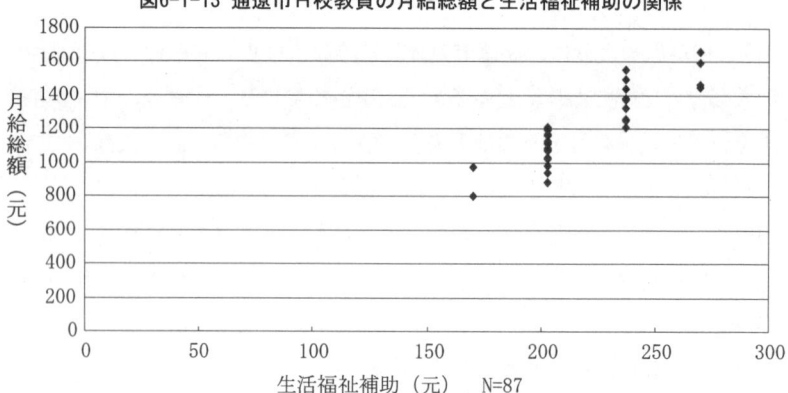

第6章 教員給与の地域間の比較及び教員評価と給与の連動実態

表6-1-10 記述統計量

記述統計量			
	平均値	標準偏差	N
月給総額	1204.7	170.6	87
勤務年数	24.0	8.6	87
職務給与	573.6	90.1	87
生活福祉補助	215.9	21.3	87

表6-1-11 相関係数

相関係数				
		月給総額	勤務年数	職務給与
月給総額	pearsonの相関係数			
	有意確率（両側）			
	N			
勤務年数	pearsonの相関係数	0.774 **		
	有意確率（両側）	0.000		
	N	87		
職務給与	pearsonの相関係数	0.996 **	0.780 **	
	有意確率（両側）	¥0.000	¥0.000	
	N	87	87	
生活福祉補助	pearsonの相関係数	0.862 **	0.562 **	0.817 **
	有意確率（両側）	0.000	0.000	0.000
	N	87	87	87
** 相関係数は1%水準で有意（両側）です。				

図6-1-11、図6-1-12、図6-1-13及び表6-1-10、表6-1-11からわかるように、中・小都市部の通遼市では、教員の月給総額は教員の「勤務年数」、「職務給与」及び「生活福祉補助」と一定の関係が見られる。教員職務の高低は教員の勤務年数と一定の関連があり、また、生活福祉補助の支給も教員の職務の高低に応じて支給しているため、大都市の北京市に比べて通遼市の教員給与には年功序列の傾向がある。筆者の計算結果によると、勤務年数が8年の教員の平均給与は977元、勤務年数が20年の教員の平均給与は1,143元、勤務年数が31年の教員の平均給与は1,292元である。これは大都市部の北京市と異

なっている。

(2) 通遼市の教職給与と他職種の比較

通遼市での教員給与と他職種の職員給与と比較するために、2005年12月5日から2006年1月16日までの期間、通遼市教育局、通遼市人民政府、通遼市科爾沁区教育局、通遼市科爾沁区政府の公務員給与（一部）及び通遼市E校（一部）、F校（一部）、G校（一部）、H校（全教員）に対して調査を実施し、資料を集めた。調査結果は図6-1-14のとおりである。

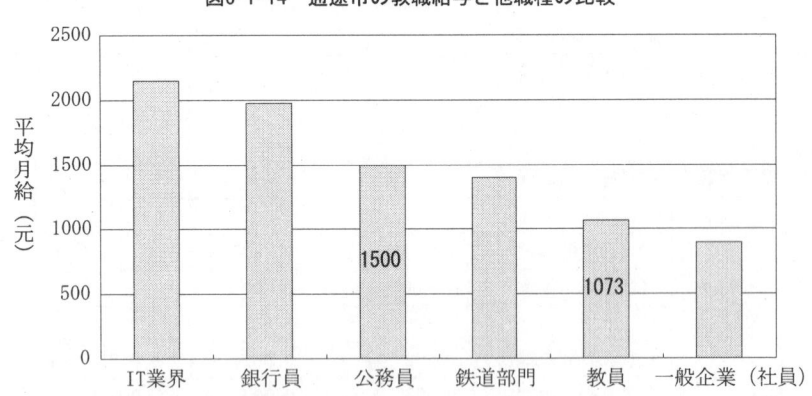

図6-1-14　通遼市の教職給与と他職種の比較

出典：筆者の調査結果及び『通遼経済日報』(2005年10月30日)による

図6-1-14からわかるように、各業界の中で教員の月平均給与は当地の一般企業の社員より少し高いが、IT業界職員、銀行員、公務員、鉄道部門の職員給与よりかなり低い。

以上のことから、通遼市での教員給与の特徴を以下のようにまとめることができる。

・業績主義的な「授業手当制度」、「組み合わせ給与制度」が導入されていない。
・教員の月給総額は勤務年数や、国家財源の「職務給与」の高低に一定の

関係を持っている。
- 教員月給総額における最低基準定額の部分は大体75％を占めており、地方政府財源の部分は25％以内を占めている。また、学校の自主財源はほとんどない。
- 個々の教員間の給与格差は大都市部の北京市に比べれば大きくない。計算すると、月給最高額（1,664元）は最低額（800元）の2.08倍となる。
- 大都市部の北京市と同じように、教員の平均給与は国家公務員の平均給与より低い。つまり、「中華人民共和国教員基本法」で規定した「教員の平均給与は国家公務員の給与を下回ってはいけない」という理念に達していない。

これまでの調査分析の結果から、大都市部の北京市、中・小都市部の通遼市の教員給与の特徴が明確になった。しかし、中国の義務教育段階の8割以上の学校は農村部の郷・鎮・村にある。農民人口が75％以上を占める大国の中国では、農村の教育[5]を除いては政策分析・政策研究の意義がない。教員給与の全体像を捉えるためには、農村地域における教員給与を比較・分析することが欠かせないのである。以下は農村地域の教員給与の分析概要である。

3．農村地域の慶和郷・馬家村

農村地域には、「正規教員」のほかに、「民費教員」が多く勤務している。正規教員と「民費教員」は、身分や給与内容などにおいて全く異なる構造となっている。

1999年の全国農村部の「民費教員」総数は53.7万人[6]である。2001年には58.0万人[7]となった。そのうち、農村中学校での「民費教員」は6.5万人で、農村中学校の教員総数の4％を占め、農村小学校での「民費教員」は51.5万人で、農村小学校の教員総数の13.6％を占める。農村部の「民費教員」が多い理由には以下のことが考えられる。

第一は、教員養成機関が2億を超える児童生徒の数に十分対応できるほど整備されなかった。そのため、実際に採用された教員は正規の教員養成機関の卒業者でなく、一般の学校などの卒業者が多数混在している。さらに、財

源不足により十分な数の教員を採用できない農村地域では、それを補うために、小・中学校卒業者を直接「非正規教員」(民費教員)として採用せざるをえなかったことである。

　第二は、文化大革命の影響である。文化大革命によって教育機関が破壊されたのである。文化大革命後、各地域では学校経営がブームとなった。こうして、多くの県に大学、村に小・中学校などが設立された。それゆえ、学校数が拡大し、教員数がさらに不足してしまった。それを解決するために、教員資格を持たない多くの小・中学校卒業者を「非正規教員」として採用したのである。

　第三は、「民費教員」(地元の賃金で雇う教員)の人件費が「正規教員」よりかなり少ないことである。財政力のない地方政府は教育支出を節約するために、給与基準の高い正規の大学卒者より、学歴の低い「民費教員」を採用しがちである。

(1) 農村部の「民費教員」の給与状況

　農村における「民費教員」の給与は以下の二つの特徴をもっている。①「正規教員」の補充であるため、「正規教員」が享有している政治的待遇と物質的待遇を享受できない。②「民費教員」の給与は通常所在地の教育管理部門と学校によって支給されるので、その給与の基準は非常に低い。例えば、教育部による「小・中学校財務管理に関する若干の問題への意見」(1973年10月27日)は、「民費教員の補助費は、小学校民費教員一人当たり170元(2,550円に相当する)、中学校民費教員一人当たり210元(3,150円に相当する)」と決めた。国務院による「一部職員の給与調整に関する通知」(1981年10月7日)は、「小学校民費教員一人当たり220元、中学校民費教員一人当たり260元(3,900円に相当する)」と定めた。これが国家レベルの「民費教員」給与の現行基準である。しかし、「民費教員」の財源は、教員の所在地域の教育管理部門にあるため、国家の最低基準に達していない地域が少なくない。例えば、1991年の時点の全国「民費教員」の平均給与は60～70元で、この基準は現地の「正規教員」の平均給与の5分の1未満であった[8]。勤務実態としては、民

費教員は正規教員に比べて給与が低いのみで、同じ仕事をしていたのである。こうした結果が生じる理由は、中央政府はマクロ的な方針を決めるだけで、財源の捻出は地方政府に委ねられ、また、教育行政監査制度が機能していないからである。地方政府の財政調達の能力及び教育への重視度に違いがあるため、各地方の実態はかなり異なっているのである。

今回調査したJ校での「民費教員」の概況は次のとおりである。①総員数から見れば、教員総数60名のうち、「民費」教員は9人である。教員総数の15％を占めている。②年齢構造から見れば、25－45歳の範囲に渡っている。③この9人の「民費教員」の月給は非常に少なく、150～200元の間であった。

各級政府は、教員待遇の改善と、農村部における「民費教員」の地位・待遇を向上させるために、1995年～2000年の間ほとんどの非正規の在職「民費教員」を「正規教員」として登用し、2000年に「民費教員」政策を取りやめた。しかしながら、実態上、教員不足の問題が依然として存在している。それを解決するために、農村各地域では従来の「民費教員」に取り代わって、新しい名称である「代用教員」を多く採用するようになっている。例えば、2001年の「代用教員」の総数は70.5万人[9]となり、全国小・中学校教員総数の6.6％を占めたのである。

（2）農村部の「正規教員」の給与状況

農村部の「正規教員」の給与内容を明らかにするために、慶和郷・馬家村のJ校（全教員）を例に検討した。その給与の構成内容は表6-1-12のとおりである。

表6-1-12をもとに、馬家村J校の「正規教員」の給与内容の構成状況を以下のように分析した。

(1) 中央政府財源としての「職務給与」、「教職調整額」、「国家手当」の項目が見られる。この部分の構成と基準は北京市、通遼市と同じである。
(2) 「勤務年数手当」の支給基準が中央政府が規定した最低基準で運営されている。この部分の財源は中央政府の財源である。
(3) 地方財源の諸手当が以下の五つの項目から構成されている。①「生活

表6-1-12　慶和郷・馬家村J校の正規教員の給与

教員番号	職務給与	教職調整額	国家手当	勤務年数手当	生活福補助
1	584	58.5	275.5	10	43
2	506	51	239	7	43
3	532	53.5	251.5	5	43
4	506	51	239	5	43
5	454	45.5	214.5	3	43
6	532	53.5	251	10	43
7	558	56	263.5	10	43
8	532	53.5	251	10	43
9	506	51	239	10	43
10	532	53.5	251	5	43
11	506	51	239	7	43
12	480	48	226.5	5	43
13	506	51	239	10	43
14	584	58.5	275.5	10	43
15	558	56	263.5	10	43
16	464	46.4	218.7	10	43
17	480	48	226.5	10	43
18	506	51	238	5	43
19	428	43	202.5	3	43
20	480	48	226.5	3	43
21	558	56	263.5	10	43
22	506	51	238	5	43
23	532	53.5	251	3	43
24	558	56	263.5	7	43
25	398	40	188	3	43
26	584	58.5	275.5	10	43

第6章 教員給与の地域間の比較及び教員評価と給与の連動実態

食料補助	知識人補助	辺境補助	一人っ子補助	女性教職員補助	月給総額
18	20	40		5	1054
18	20	40			924
18	15	40		5	963
18	20	40		5	927
18		40			818
18	20	40		5	972.5
18	15	40			1003.5
18	20	40		5	972.5
18	20	40		5	932
18	20	40			962.5
18	20	40			924
18		40		5	865.5
18	15	40		5	927
18	20	40			1049
18	15	40			1003.5
18	15	40			855.1
18	15	40		5	885.5
18	15	40		5	921
18		40		5	782.5
18		40			858.5
18	20	40		5	1013.5
18		40		5	906
18		40			940.5
18	15	40			1000.5
18		40		5	735
18	20	40		5	1054

249

27	558	56	263.5	10	43
28	610	61	288	10	43
29	584	58.5	275.5	10	43
30	506	51	239	7	43
31	376	38	177.5	3	43
32	663	66.5	313	10	43
33	532	53.5	251.5	10	43
34	428	43	202.5	5	43
35	584	58.5	275.5	10	43
36	584	58.5	275.5	7	43
37	506	51	239	7	43
38	428	43	202.5	3	43
39	737	74	348	10	43
40	506	51	239	10	43
41	558	56	263.5	10	43
42	506	51	239	5	43
43	532	53.5	251	10	43
44	558	56	263.5	10	43
45	532	53.5	251	10	43
46	532	53.5	251	10	43
47	532	53.5	251	10	43
48	506	51	239	10	43
49	506	51	239	10	43
50	532	53.5	251	10	43
51	584	58.5	275.5	10	43

第6章 教員給与の地域間の比較及び教員評価と給与の連動実態

18	20	40			1008.5
18	15	40			1085
18	20	40			1049
18	15	40		5	924
18		40			695.5
18	25	47			1185.5
18	15	40			963
18		40		5	784.5
18	20	40			1049
18	15	40		5	1046
18	20	40		5	929
18		40			777.5
18	25	47			1302
18	15	40			922
18	20	40			1008.5
18		40			902
18	15	40			962.5
18	15	40			1003.5
18	15	40		5	967.5
18	15	40		5	967.5
18	20	40			967.5
18	15	40			922
18	15	40			922
18	15	40			962.5
18	15	40			1044

福祉補助」：全員同じで、一人当たり、43元/月、②「食料補助」：一人当たり、18元/月、③「知識人補助」：この部分の支給原則は中・小都市部の通遼市と同じである。つまり、教員の取得した学歴及び取得時期に応じて支給する。④辺境補助：一人当たり、40元/月、⑤女性教職員保健費：一人当たり、5元/月である。

　この給与の構成内容から、通遼市と馬家村の「生活福祉補助」の基準における差異が見られる。農村部の馬家村には、通遼市と同じように教員の「生活福祉補助」制度が存在する。しかし、通遼市所属の各学校の教員の「生活福祉補助」の基準は203元〜270元であるのに対して、農村部の馬家村所属の各学校の教員の「生活福祉補助」基準は43元とされている。二者の差額は5倍以上となっている。

　この現象が生じた大きな理由は、①義務教育の行財政体制の不備である。中央政府の理念上、農村部の行財政責任主体は中央政府や省政府ではなく、下位の「県」政府にある。通遼市は「県」行政機関に属しているので、通遼市が所属する馬家村の義務教育の財源保障の責任を負うべきである。しかし、中央政府は、義務教育の責任主体のみを決定するだけで、具体的な実施細則を制定していない。そしてまた、各種の教育行政監査制度も機能していない。そのため、通遼市は所管する農村部の義務教育の財政責任を十分果たしていないのである。②第Ⅰ部の第1章で説明した戸籍制度（都市部戸籍と農村部戸籍）の影響がある。中国では、戸籍制度の影響をうけて、都市部と農村部における各種公共資源の配分、社会基盤の整備は全く異なる構造となっている。義務教育段階の教員給与の配分も例外ではない。

　表6-1-12からわかるように、地方政府財源（生活福祉補助＋食料補助＋知識人補助＋辺境補助＋女性教員補助）の諸手当の基準がかなり低い。つまり、農村部の教員給与は、過度に中央政府財源に依存している。この特徴を明らかにするために、馬家村J校の教員月給における中央政府財源（職務給＋教職調整額＋国家手当＋勤務年数手当）の教員月給総額比率を図6-1-15のように示した。

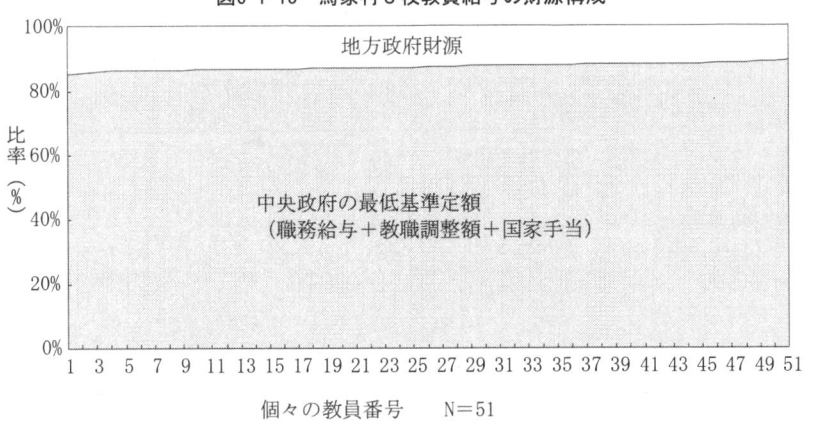

第6章 教員給与の地域間の比較及び教員評価と給与の連動実態

図6-1-15 馬家村J校教員給与の財源構成

図6-1-15横軸は、個々の教員ID番号を指す。紙面の制限のため、全ての番号を示すことができない。図6-1-15からわかるように、農村部の教員給与の85％以上は、中央政府財源の最低基準定額で維持されている。

さらに、大都市部の北京市、中・小都市部の通遼市と比較して、馬家村J校の月給総額と「勤務年数」、「職務給与」の関係を検討した。その結果が以下の二つの関係図である。

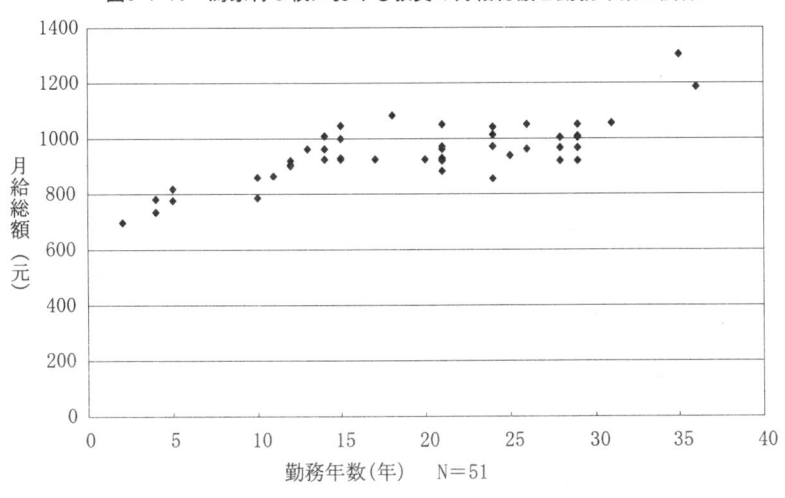

図6-1-16 馬家村J校における教員の月給総額と勤務年数の関係

図6-1-17　馬家村J校における教員の月給総額と職務給の関係

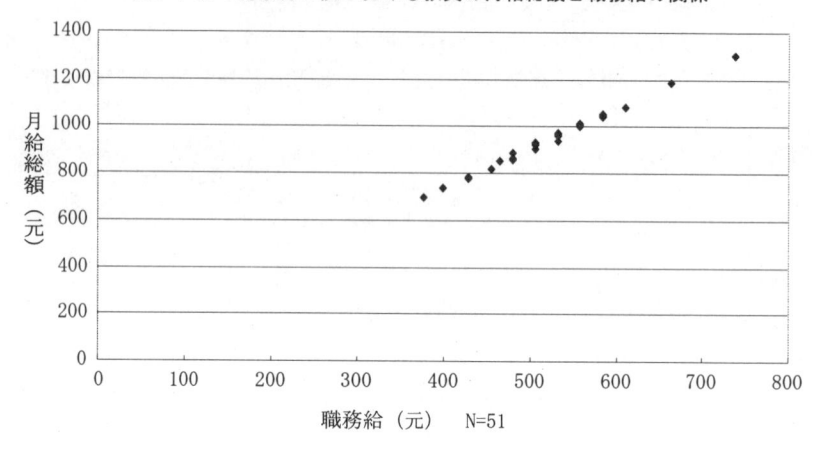

職務給（元）　N=51

表6-1-13　記述統計量

記述統計量			
	平均値	標準偏差	N
月給総額	952.94	104.37	51
職務給与	526.47	61.59	51
勤務年数	20.02	8.58	51

表6-1-14　相関係数

相関係数			
		月給総額	職務給与
月給総額	Pearson の相関係数		
	有意確率（両側）		
	N		
職務給与	Pearson の相関係数	0.99　**	
	有意確率（両側）	0.000	
	N	51	
勤務年数	Pearson の相関係数	0.75　**	0.73　**
	有意確率（両側）	0.000	0.000
	N	51	51
** 相関係数は1%水準で有意（両側）です。			

第6章　教員給与の地域間の比較及び教員評価と給与の連動実態

　図6-1-16、図6-1-17及び表6-1-13、表6-1-14からわかるように、農村部馬家村の教員月給総額は「職務給与」、「勤務年数」に強い正の相関が確認できた。この特徴は中・小都市の通遼市に似ており、大都市部の北京市と異なっている。その理由は、中・小都市と農村部は地方政府財源や学校自主財源がほとんどなく、中央政府の最低基準定額に過度に依頼にしているからである。

（3）農村部の教職給与と他職種の比較

　農村部には国有企業や民間企業がほとんど設立されていない。従って、教職と比較できる業種はかなり少ない。農村部の教員給与と他職種の給与を比較するために、2005年12月5日から2006年1月16日までの期間、教員給与以外に政府公務員給与及び農村信用社（農村の国有銀行）の銀行員の給与を中心に調査した。調査結果は図6-1-18のとおりである。

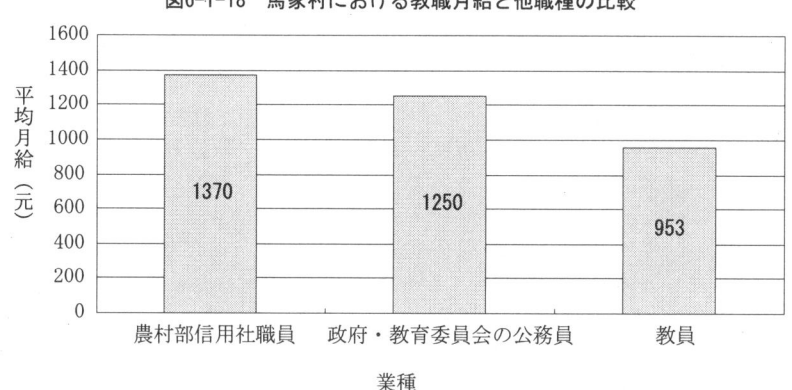

図6-1-18　馬家村における教職月給と他職種の比較

業種	平均月給（元）
農村部信用社職員	1370
政府・教育委員会の公務員	1250
教員	953

出典：筆者の調査による。

　図6-1-18からわかるように、中国の農村部においても、教員給与は他業種より低いのである。
　上述のことから、農村部の教員給与の特徴を以下のようにまとめることができる。

- 教員給与の月給総額は低く、ほとんど国家最低基準で維持されている。
- 給与基準が低く、「民費教員」が多く存在している。
- 大都市部で導入されている「授業手当」、「組み合わせ給与」制度がない。
- 教員給与は「職務給与」、「勤務年数」と強く関連している。
- 個々の教員間の給与格差は、大都市部の北京市と通遼市に比べれば大きくない。計算によると、月給最高額（1,302元）は最低額（695元）の1.87倍にすぎない。

これまで、大都市部の北京市、中・小都市部の通遼市及び農村地域の馬家村における教員給与制度の内容と特徴を明らかにした。以下が教員給与の特徴となる。

第一は、大都市部の北京市でも、中・小都市部の通遼市でも、農村部の馬家村でも、教員給与の基準は低い。三地域ともに、「中華人民共和国教員法」における「教員給与は国家公務員の給与を下回ってはならない」という基準に達していないのである。

第二は、大都市部から農村部までいけばいくほど、教員の月給総額は中央政府財源の最低基準低額に依存することになる。

第三は、北京市では、「授業手当」が導入されており、「組み合わせ給与制度」もきちんと運用されている。しかしながら、中・小都市の通遼市や農村部の馬家村では、「授業手当制度」が導入されておらず、「組み合わせ給与制度」も運用されていないのである。

第四は、三地域の代表学校における個々の教員給与の総額から見れば、北京市D校での教員間の給与格差が最も激しい。しかし、通遼市H校、馬家村J校における個々の教員間の給与格差は北京市に比べれば激しくなく、平均的特徴を持っている。その背景には、北京市の業績主義による組み合わせ給与制度及び授業手当制度の導入がある。

第2節　教員給与と評価の連動実態

1．教員給与と年度考課の連動実態

　第4章では、教員給与と年度考課の連動実態を明らかにした。北京市D校、通遼市H校、馬家村J校の連動実態をまとめたのが表6-2-1である。
　表6-2-1左側の「教員番号」は、個々の教員を表している。北京市D校は109人、通遼市H校は87人、馬家村J校は51人が勤務している。
　「昇格前の給与」とは、当該教員の「職務給与」号俸の金額である。馬家村J校では、財源がないため、年度考課のみで評価している。
　教員給与の昇給前後の金額は、表6-2-2の国家基準に対応している。
　教員の年度考課に伴う給与の昇格は、横割り的な号俸間の変動となる。もし、2年間の年度考課においてともに「合格」及びそれ以上と評価されたら、1段階昇格する。その「昇格後の給与」の金額が、昇格後の給与額となる。「昇格前後の差額」は（昇格後の給与－昇格前の給与）の結果である。
　上記の表6-2-1から、教員の「昇格前後の差額」における地域間の違いが見られる。筆者は三地域代表学校の「昇格前後の差額」を析出して、地域別に表6-2-3で整理した。

表6-2-2　小・中学校の専門技術職務等級給与基準一覧表

単位：元／月

職務等級	一	二	三	四	五	六	七	八	九	十	十一	十二	十三	十四	十五	十六
中学高級	643	686	729	772	815	870	925	980	1035	1090	1145	1200	1255	1310		
中学一級	481	508	535	562	589	626	663	700	737	774	811	848	885	922	959	996
中学二級	392	410	428	454	480	506	532	558	584	610	636	662	688	714		
中学三級	346	361	376	398	420	442	464	486	508	530	552	574	596	618		
小学三級	334	348	362	382	402	422	442	462	482	502	522	542	562			

出典：北京市教育系統人材交流センター『給与・福祉実用手引』p.7より、筆者作成

表6-2-1 三地域の代表学校の教員給与と年度考課の連動実態

教員番号	北京市D校			昇格前の給
	昇格前の給与	昇格後の給与	昇格前後の差額	
1	686	729	43	815
2	410	428	18	737
3	428	454	26	737
4	532	558	26	737
5	480	506	26	772
6	506	532	26	737
7	410	428	18	700
8	686	729	43	663
9	562	589	27	686
10	454	480	26	663
11	535	562	27	686
12	589	626	37	626
13	925	980	55	626
14	626	663	37	626
15	535	562	27	626
16	925	980	55	626
17	410	428	18	626
18	410	428	18	663
19	562	589	27	663
20	535	562	27	584
21	410	428	18	589
22	535	562	27	558
23	589	626	37	558
24	454	480	26	584

第6章 教員給与の地域間の比較及び教員評価と給与の連動実態

通遼市H校		馬家村J校(適用されていない)		
格後の給与	昇格前後の差額	昇格前の給与	昇格後の給与	昇格前後の差額
870	55	584	610	26
774	37	506	532	26
774	37	532	558	26
774	37	506	532	26
815	43	454	480	26
774	37	532	558	26
737	37	558	584	26
700	37	532	558	26
729	43	506	532	26
700	37	532	558	26
729	43	506	532	26
663	37	480	506	26
663	37	506	532	26
663	37	584	610	26
663	37	558	584	26
663	37	464	486	22
663	37	480	506	26
700	37	506	532	26
700	37	428	454	26
610	26	480	506	26
626	37	558	584	26
584	26	506	532	26
584	26	532	558	26
610	26	558	584	26

25	663	700	37	584
26	925	980	55	584
27	506	532	26	558
28	480	506	26	584
29	589	626	37	558
30	410	428	18	558
31	454	480	26	558
32	480	506	26	558
33	589	626	37	584
34	480	506	26	532
35	870	925	55	532
36	410	428	18	532
37	535	562	27	532
38	535	562	27	532
39	454	480	26	532
40	870	925	55	558
41	0	0	0	532
42	700	737	37	532
43	815	870	55	532
44	663	700	37	506
45	925	980	55	532
46	508	530	22	506
47	589	626	37	506
48	428	454	26	428
49	772	815	43	428
50	626	663	37	530
51	589	626	37	774
52	589	626	37	454

第6章　教員給与の地域間の比較及び教員評価と給与の連動実態

610	26	398	420	22
610	26	584	610	26
584	26	558	584	26
610	26	610	636	26
584	26	584	610	26
584	26	506	532	26
584	26	376	398	22
584	26	663	700	37
610	26	532	558	26
558	26	428	454	26
558	26	584	610	26
558	26	584	610	26
558	26	506	532	26
558	26	428	454	26
558	26	737	774	37
584	26	506	532	26
558	26	558	584	26
558	26	506	532	26
558	26	532	558	26
532	26	558	584	26
558	26	532	558	26
532	26	532	558	26
532	26	532	558	26
454	26	506	532	26
454	26	506	532	26
552	22	532	558	26
811	37	584	610	26
480	26			

53	410	428	18	532
54	663	700	37	506
55	410	428	18	589
56	428	454	26	480
57	562	589	27	532
58	686	729	43	584
59	562	589	27	584
60	506	532	26	558
61	428	454	26	584
62	558	584	26	558
63	454	480	26	454
64	729	772	43	663
65	506	532	26	815
66	535	562	27	626
67	584	610	26	626
68	663	700	37	589
69	428	454	26	532
70	442	464	22	589
71	442	464	22	584
72	442	464	22	532
73	442	464	22	428
74	442	464	22	558
75	442	464	22	558
76	442	464	22	558
77	0	0	0	506
78	0	0	0	562
79	589	626	37	442
80	535	562	27	454
81	589	626	37	398
82	925	980	55	428
83	626	663	37	361
84	535	562	27	480

558	26			
532	26			
626	37			
506	26			
558	26			
610	26			
610	26			
584	26			
610	26			
584	26			
480	26			
700	37			
870	55			
663	37			
663	37			
626	37			
562	30			
626	37			
610	26			
558	26			
454	26			
584	26			
584	26			
584	26			
532	26			
589	27			
464	22			
480	26			
420	22			
454	26			
376	15			
506	26			

85	925	980	55	562
86	410	428	18	532
87	410	428	18	508
88	562	589	27	
89	535	562	27	
90	454	480	26	
91	480	506	26	
92	589	626	37	
93	480	506	26	
94	870	925	55	
95	410	428	18	
96	535	562	27	
97	535	562	27	
98	454	480	26	
99	870	925	55	
100	428	454	26	
101	558	584	26	
102	454	480	26	
103	729	772	43	
104	506	532	26	
105	535	562	27	
106	584	610	26	
107	663	700	37	
108	428	454	26	
109	442	464	22	

出典：筆者の調査による。

589	27			
558	26			
535	27			

表6-2-3　三地域の代表学校の教員給与と年度考課の連動実態

地域代表学校	昇給前後の差額	0元	15元	18元	22元	26元	27元	30元	37元	43元	55元	総計
北京市 D校	(人)	3	0	12	9	31	18	0	19	6	11	109
	(%)	(3%)	(0%)	(11%)	(8%)	(28%)	(17%)	(0%)	(17%)	(6%)	(10%)	(100%)
通遼市 H校	(人)	2	1	0	3	49	3	1	23	3	2	87
	(%)	(2%)	(1%)	(0%)	(3%)	(56%)	(3%)	(1%)	(26%)	(3%)	(2%)	(100%)
馬家村 J校	(人)	0	0	0	3	46	0	0	2	0	0	51
	(%)	(0%)	(0%)	(0%)	(6%)	(90%)	(0%)	(0%)	(4%)	(0%)	(0%)	(100%)

　表6-2-3で示すように、「昇格前後の差額」は0元、15元、18元、22元、26元、27元、30元、37元、43元、55元である。つまり、年度考課に伴う昇格の給与額は大体0-55元の間である。これらの金額は、各学校で自主的に決定した金額ではなく、全て国家が規定した「小・中学校専門技術職務等級給与基準一覧表」及び教員の「職務給与」に応じて決められた金額である。表6-2-3から以下のことが読み取れる。

（1）大都市部の北京市、中・小都市部の通遼市、そして農村部の馬家村も同様に、「26元」、「37元」と昇格された教員数が最も多い。それは各地域の学校における「中学二級」教員、「中学一級」教員の人数が多いことに関連している。「小・中学校専門技術職務等級給与基準一覧表」の構成システムからわかるように、「中学二級」、「中学一級」教員の各号俸間の差額はそれぞれ26元、37元である。

（2）「43元」、「55元」と昇格された教員の比率の点で、北京市D校が通遼市H校、馬家村のJ校より高い。その理由は、大都市部の北京市では高級教員の数が多いからである。国家が規定した「小・中学校専門技術職務等級給与基準一覧表」のシステム上では43元、55元が「高級教員」の号俸間の差額である。

（3）農村部J校の教員年度考課に伴う昇格額は26元に集中している。つまり、昇格の均衡が取れていない。原因は、農村部学校における教員の職務称号構成における不均衡にある。農村部の多くの学校は、高級職務称号としての「高級教員」や中級職務称号としての「一級教員」が

第6章 教員給与の地域間の比較及び教員評価と給与の連動実態

勤務していない。多くの教員は初級職務称号の「二級教員」や無職務称号の教員である。従って、年度考課に伴う教員の昇格は不均衡である。

2．教員給与と職務称号評定の連動実態

第4章ですでに説明したように、教員の職務称号の評定は、勤務年数という条件のほかに教員学歴、年度考課の結果、外国語試験などを条件としている。つまり、教員の職務称号評定は年度考課よりかなり厳しい。従って、教員職務称号評定を通して上の職務に評価された教員はかなり少ないのである。

表6-2-4は、三地域の代表学校の2005年度の教員給与と職務称号評定の連動実態である。

表6-2-4　三地域の代表学校の教員給与と職務称号評定の連動実態

北京市D校					通遼市H校					馬家村J校			
昇進前の職務	昇進前の職務給与	昇進後の職務	昇進後の職務給与	昇進前後の差額	昇進前の職務	昇進前の職務給与	昇進後の職務	昇格後の職務給与	昇進前後の差額	昇進前の職務	昇進前の職務給与	昇進後の職務	昇格後の職務給与	昇進前後の差額
中学二級	532	中学一級	535	3	中学一級	663	中学高級	686	23	中学三級	464	中学二級	480	16
中学二級	480	中学一級	481	1	中学一級	663	中学高級	686	23	中学三級	398	中学二級	410	12
中学二級	506	中学一級	508	2	中学二級	584	中学一級	589	5	中学三級	376	中学二級	410	34
中学一級	562	中学高級	643	81	中学二級	584	中学一級	589	5					
中学一級	454	中学一級	481	27	中学二級	584	中学一級	589	5					
中学一級	626	中学高級	643	17	中学二級	584	中学一級	589	5					
中学一級	663	中学高級	686	23	中学二級	558	中学一級	562	4					
中学二級	506	中学一級	508	2	中学二級	584	中学一級	589	5					
中学一級	663	中学高級	686	23	中学二級	584	中学一級	589	5					
中学二級	558	中学一級	562	4	中学二級	558	中学一級	562	4					
中学三級	442	中学二級	454	12	中学三級	530	中学二級	532	2					
中学三級	442	中学二級	454	12	中学二級	584	中学一級	589	5					
中学三級	442	中学二級	454	12	中学二級	584	中学一級	589	5					
中学三級	442	中学二級	454	12	中学三級	442	中学二級	454	12					
中学三級	442	中学二級	454	12	中学三級	361	中学二級	392	31					
中学三級	442	中学二級	454	12	中学二級	558	中学一級	562	4					
中学三級	442	中学二級	454	12	中学二級	558	中学一級	562	4					
中学三級	442	中学二級	454	12										
中学一級	584	中学一級	589	5										
中学一級	584	中学一級	589	5										
中学一級	584	中学一級	589	5										
中学一級	663	中学高級	686	23										

出典：筆者が独自に作成

表6-2-4は、三地域の代表学校の職務称号の変動があるだけの教員資料である。北京市D校では、109名教員の内22名に職務称号の変動が見られた。通遼市Hでは87人の内17名の職務称号が変動していた。馬家村のJ校では職務変動が51名の内3名にすぎないのである。
　「昇進前の職務給」とは新しい職務称号が適用される前の給与基準である。「昇進後の職務給」とは新しい職員称号が適用された後の給与基準である。「昇進前の職務給」と「昇進後の職務給」の給与基準はともに「小・中学校専門技術職務等級給与基準一覧表」に対応している。
　表6-2-4から以下のことが読み取れる。
（1）大都市部の北京市、中・小都市部の通遼市、そして農村部の馬家村も同様に、教員の職務称号評定に伴う昇給の幅は大きくない。三つの代表学校での教員の昇給額は1〜81元である。
（2）大都市部の北京市では「高級教員」と評価された人数は5人と最も多く、中・小都市部の通遼市では2人で、農村部では0人であった。つまり、大都市部から農村部へいけばいくほど、最上位の「高級教員」の人数は少なくなる。

　なぜ、農村部の学校で「高級教員」に昇進した人がいないのだろうか。その最大の原因は制度上の原因と財政上の原因だと考えられる。例えば、国務院によって公布された「専門技術職務契約制度の実施に関する規定」（［1986］27号、以下「規定」）は、「各学校の教員職務の設定は、高級職務・中級職務・初級職務の三つの水準を区別する。高・中・初級の構成比例は各自治体の自由裁量である」と規定している。その結果、高・中・初級職務の三等級を設定する学校、中・初級職務の二等級を設定する学校、そして初級職務のみを設置する学校が認められているのである。また、教員職務称号評定の財源は各地方に移管されている。そのため、財源のない農村部の各学校では、低い水準の初級職務あるいは中級職務のみで編成せざるをえないのである。現地調査した馬家村の各学校には、高級職務自体が設定されていなかった。中級職務（中学一級教員、小学高級教員）は設定されていたが、教員人数

もかなり少数である。

3．教員給与と3％奨励・昇格及び年末賞与の連動実態

　3％奨励・昇格制度を適用される教員はごく一部（学校教員総数の3％以内）である。その評定基準及び昇格の金額は年度考課と全く同じである。

　教員給与と年末賞与の連動措置は、第4章ですでに示した。年度考課で「合格」と評価された教員に、国家財源の基本給与（職務給与、教職調整額と国家手当の合計）に相当する賞与を支給する。三つの代表地域の教員給与と年末賞与の連動実態は表6-2-5にまとめている。

　表6-2-5からは、教員給与と年末賞与の連動実態における差異が見られない。しかし、調査した農村部の馬家村では当年の財政が困窮していたため、全教員の年末賞与が支払われていないのである。

　地域間の教員給与の構成内容から見ても、教員給与と評価の連動実態から見ても、最大の問題は、地域間の格差が激しいことである。
例えば、図6-2-1で示すように、北京市D校、通遼市H校、馬家村J校における教員月給の平均値の格差は顕著である。

　図6-2-1からわかるように、大都市部の北京市での教員給与は約中・小都市通遼市の2倍、農村の3倍余りである。実際には、調査した「馬家村」での教員給与は農村部における最低の水準ではない。例えば、2003年に山東省の成武県の農村小・中学校教員の月平均給与は「390元（5850円に相当する）」[10]である。

　都市部と農村部における教員収入面での格差は、改革・開放（1978年）政策（現代化政策）が実施されて以来、拡大しつつある。例えば、都市部と農村部の教員収入における比率は、「1978年に2.56：1、1982年に1.82：1、1999年に2.65：1、2000年に2.79：1となった」[11]のである。

表6-2-5　三地域の代表学校の教員給与と年末賞与の連動実態

教員番号	職務給与	教職調整額	国家手当	年末賞与	教員番号	職務給与
1	686	68.6	324	1078.6	1	81
2	410	41	194	645	2	73
3	428	42.8	202	672.8	3	73
4	532	53.2	251	836.2	4	73
5	480	48	227	755	5	77
6	506	50.6	239	795.6	6	73
7	410	41	194	645	7	70
8	686	68.6	324	1078.6	8	66
9	562	56.2	265	883.2	9	68
10	454	45.4	215	714.4	10	66
11	535	53.5	253	841.5	11	68
12	589	58.9	278	925.9	12	62
13	925	92.5	437	1454.5	13	62
14	626	62.6	296	984.6	14	62
15	535	53.5	253	841.5	15	62
16	925	92.5	437	1454.5	16	62
17	410	41	194	645	17	62
18	410	41	194	645	18	66
19	562	56.2	265	883.2	19	66

北京市D校

第 6 章　教員給与の地域間の比較及び教員評価と給与の連動実態

市H校 調整額	国家手当	年末賞与	教員番号	職務給与	教職調整額	国家手当	年末賞与
31.5	384.5	1281	1	584	58.5	275.5	918
74	347.5	1158.5	2	506	51	239	796
74	347.5	1158.5	3	532	53.5	251.5	837
74	347.5	1158.5	4	506	51	239	796
77.5	364.5	1214	5	454	45.5	214.5	714
74	347.5	1158.5	6	532	53.5	251	836.5
70	330	1100	7	558	56	263.5	877.5
66.5	313	1042.5	8	532	53.5	251	836.5
69	324	1079	9	506	51	239	796
66.5	313	1042.5	10	532	53.5	251	836.5
69	324	1079	11	506	51	239	796
63	295.5	984.5	12	480	48	226.5	754.5
63	295.5	984.5	13	506	51	239	796
63	295.5	984.5	14	584	58.5	275.5	918
63	295.5	984.5	15	558	56	263.5	877.5
63	295.5	984.5	16	464	46.4	218.7	729.1
63	295.5	984.5	17	480	48	226.5	754.5
66.5	313	1042.5	18	506	51	238	795
66.5	313	1042.5	19	428	43	202.5	673.5

20	535	53.5	253	841.5	20	584
21	410	41	194	645	21	589
22	535	53.5	253	841.5	22	558
23	589	58.9	278	925.9	23	558
24	454	45.4	215	714.4	24	584
25	663	66.3	313	1042.3	25	584
26	925	92.5	437	1454.5	26	584
27	506	50.6	239	795.6	27	558
28	480	48	227	755	28	584
29	589	58.9	278	925.9	29	558
30	410	41	194	645	30	558
31	454	45.4	215	714.4	31	558
32	480	48	227	755	32	558
33	589	58.9	278	925.9	33	584
34	480	48	227	755	34	532
35	870	87	411	1368	35	532
36	410	41	194	645	36	532
37	535	53.5	253	841.5	37	532
38	535	53.5	253	841.5	38	532
39	454	45.4	215	714.4	39	532
40	870	87	411	1368	40	558
41	0			0	41	532
42	700	70	331	1101	42	532
43	815	81.5	385	1281.5	43	532

第6章 教員給与の地域間の比較及び教員評価と給与の連動実態

8.5	275.5	918	20	480	48	226.5	754.5
59	278	926	21	558	56	263.5	877.5
56	263.5	877.5	22	506	51	238	795
56	263.5	877.5	23	532	53.5	251	836.5
8.5	275.5	918	24	558	56	263.5	877.5
8.5	275.5	918	25	398	40	188	626
8.5	275.5	918	26	584	58.5	275.5	918
56	263.5	877.5	27	558	56	263.5	877.5
8.5	275.5	918	28	610	61	288	959
56	263.5	877.5	29	584	58.5	275.5	918
56	263.5	877.5	30	506	51	239	796
56	263.5	877.5	31	376	38	177.5	591.5
56	263.5	877.5	32	663	66.5	313	1042.5
8.5	275.5	918	33	532	53.5	251.5	837
3.5	251	836.5	34	428	43	202.5	673.5
3.5	251	836.5	35	584	58.5	275.5	918
3.5	251	836.5	36	584	58.5	275.5	918
3.5	251	836.5	37	506	51	239	796
3.5	251	836.5	38	428	43	202.5	673.5
3.5	251	836.5	39	737	74	348	1159
56	263.5	877.5	40	506	51	239	796
3.5	251	836.5	41	558	56	263.5	877.5
3.5	251	836.5	42	506	51	239	796
.5	251	836.5	43	532	53.5	251	836.5

44	663	66.3	313	1042.3	44	506
45	925	92.5	437	1454.5	45	532
46	508	50.8	240	798.8	46	506
47	589	58.9	278	925.9	47	506
48	428	42.8	202	672.8	48	428
49	772	77.2	364	1213.2	49	428
50	626	62.6	296	984.6	50	530
51	589	58.9	278	925.9	51	774
52	589	58.9	278	925.9	52	454
53	410	41	194	645	53	532
54	663	66.3	313	1042.3	54	506
55	410	41	194	645	55	589
56	428	42.8	202	672.8	56	480
57	562	56.2	265	883.2	57	532
58	686	68.6	324	1078.6	58	584
59	562	56.2	265	883.2	59	584
60	506	50.6	239	795.6	60	558
61	428	42.8	202	672.8	61	584
62	558	55.8	264	877.8	62	558
63	454	45.4	215	714.4	63	454
64	729	72.9	344	1145.9	64	663
65	506	50.6	239	795.6	65	815

第6章 教員給与の地域間の比較及び教員評価と給与の連動実態

51	239	796	44	558	56	263.5	877.5
3.5	251	836.5	45	532	53.5	251	836.5
51	239	796	46	532	53.5	251	836.5
51	239	796	47	532	53.5	251	836.5
43	202	0	48	506	51	239	796
43	202	673	49	506	51	239	796
3.5	250	833.5	50	532	53.5	251	836.5
7.5	365	1216.5	51	584	58.5	275.5	918
5.5	214.5	714					
5.5	251	836.5					
1	239	796					
9	272	920					
8	226.5	754.5					
.5	251	836.5					
.5	275.5	918					
.5	275.5	918					
6	263.5	877.5					
8	275.5	917.5					
6	263.5	877.5					
5	214.5	714					
5	313	1042.5					
5	384.5	1281					

66	535	53.5	253	841.5	66	626
67	584	58.4	276	918.4	67	626
68	663	66.3	313	1042.3	68	589
69	428	42.8	202	672.8	69	532
70	442	44.2	50	536.2	70	589
71	442	44.2	50	536.2	71	584
72	442	44.2	50	536.2	72	532
73	442	44.2	50	536.2	73	428
74	442	44.2	50	536.2	74	558
75	442	44.2	50	536.2	75	558
76	442	44.2	50	536.2	76	558
77	0	0	0	0	77	506
78	0	0	0	0	78	562
79	589	58.9	278	925.9	79	442
80	535	53.5	253	841.5	80	454
81	589	58.9	278	925.9	81	398
82	925	92.5	437	1454.5	82	428
83	626	62.6	296	984.6	83	361
84	535	53.5	253	841.5	84	480
85	925	92.5	437	1454.5	85	562
86	410	41	194	645	86	532
87	410	41	194	645	87	508

第 6 章　教員給与の地域間の比較及び教員評価と給与の連動実態

63	295.5	984.5					
63	295.5	984.5					
59	278	926					
53.5	251	836.5					
59	278	926					
58.5	275.5	918					
53.5	251	836.5					
43	202	673					
56	263.5	877.5					
56	263.5	877.5					
56	263.5	877.5					
51	239	796					
56.5	265.5	884					
44.2	222.5	708.7					
45.5	214.5	714					
40	188	626					
43	202	673					
36.1	170.2	567.3					
48	228	756					
56.5	265.5	884					
53.5	251.5	847					
51	240	799					

88	562	56.2	265	883.2		
89	535	53.5	253	841.5		
90	454	45.4	215	714.4		
91	480	48	227	755		
92	589	58.9	278	925.9		
93	480	48	227	755		
94	870	87	411	1368		
95	410	41	194	645		
96	535	53.5	253	841.5		
97	535	53.5	253	841.5		
98	454	45.4	215	714.4		
99	870	87	411	1368		
100	428	42.8	202	672.8		
101	558	55.8	264	877.8		
102	454	45.4	215	714.4		
103	729	72.9	344	1145.9		
104	506	50.6	239	795.6		
105	535	53.5	253	841.5		
106	584	58.4	276	918.4		
107	663	66.3	313	1042.3		
108	428	42.8	202	672.8		
109	442	44.2	50	536.2		

出典：筆者が独自に作成。

注：この表の「年末賞与」の金額は、教員の「職務給与」＋「教職調整額」

＋「国家手当」の合計額である。

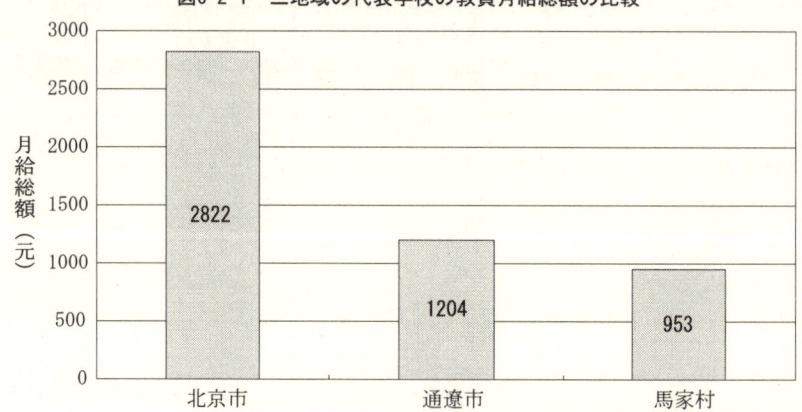

図6-2-1　三地域の代表学校の教員月給総額の比較

月給総額（元）

- 北京市: 2822
- 通遼市: 1204
- 馬家村: 953

第3節　現場教員の給与意識

学校現場の教員は、現行の給与制度をどのように認識しているだろうか。調査結果によると、以下のとおりである。

Q3-3　あなたの報酬は同じ学歴と経歴を持つ他の職種の人に比べて適切だと思いますか
①とてもそう思う　②そう思う　③どちらともいえない
④あまりそう思わない　⑤全くそう思わない

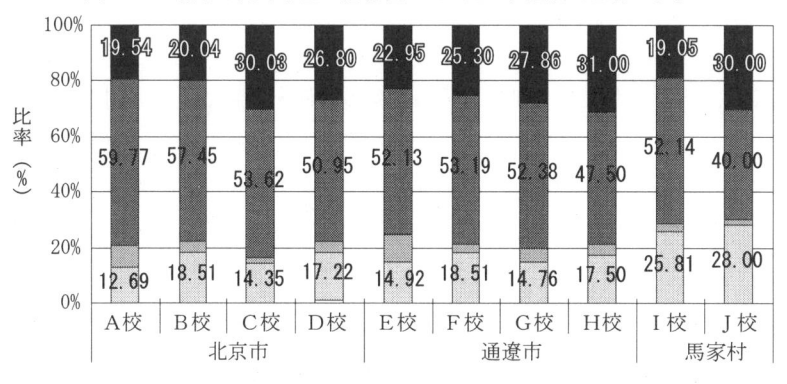

第6章　教員給与の地域間の比較及び教員評価と給与の連動実態

図6-3-1　給与は同等学歴の他職種の人に比べ、適切だと思いますか

□とてもそう思う　□そう思う　□どちらともいえない
▨あまりそう思わない　■まったくそう思わない

　図6-3-1から「自分の報酬は同じ学歴の他職種の人に比べ、適切だと思いますか」について、どの地域の学校教職員も、約半数以上の教職員が「あまりそう思わない」、「全くそう思わない」と答えたことがわかる。つまり、半数以上の教員は自分の給与は他職種の人に比べて適切でないと考えている。また、地域間では、都市部から農村部に行けばいくほど、「とてもそう思う」、「そう思う」と答えた教職員の比率が高くなる傾向がわかる。つまり、農村部にいる教員職員は都市部の教員より、自分の給与が他職種の人に比べて適切であると考えている。この傾向が生じた要因には以下の二点が考えられる。

　第一は、都市部、特に大都市部では就職機会が多く、特に外資系、民営の企業が多い。教員と同じ学歴を持っている人が、外資系や民営の企業に就職すれば、給与は明らかに教員より高いからである。

　第二は、農村部では、そのような就職機会はほとんどなく、また農村部における各法人事業間の職員給与は大きな差がないことである。

次に、教員給与と自分の職責・貢献の比較については以下の結果となった。

> Q3-2　今、あなたの報酬は自分の職務の責任・貢献に比べて適切だと思いますか
> ①とてもそう思う　②そう思う　③どちらともいえない
> ④あまりそう思わない　⑤全くそう思わない

図6-3-2　教員給与が自分の職責・貢献に比べ、適切だと思いますか

	A校	B校	C校	D校	E校	F校	G校	H校	I校	J校
とてもそう思う／そう思う	18.69	12.77	17.25	17.53						
どちらともいえない	62.07	40.81	44.42	60.89	60.85	63.21	53.14	50.00	65.48	62.00
あまりそう思わない／まったくそう思わない	17.24	40.43	33.33	19.59	31.15	29.79	42.86	42.50	23.81	34.00

北京市：A校　B校　C校　D校
通遼市：E校　F校　G校　H校
馬家村：I校　J校

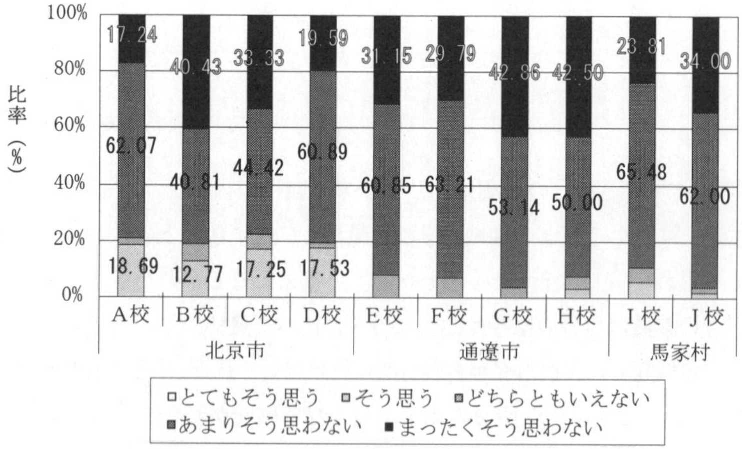

図6-3-2から、「教員の職務の責任・貢献に比べ適切だと思いますか」について、70％以上の教職員が「あまりそう思わない」、「全くそう思わない」と答えたことがわかる。また、農村部から大都市に行けばいくほど、「とてもそう思う」、「そう思う」と答えた比率が高い傾向が見られる。この結果が生じた原因には以下のことが考えられる。

都市部、特に大都市では、授業手当のような業績主義給与制度の導入により、教員の労働の量と質に応じた給与制度が制定されている。しかし、中・小都市部、特に、農村部では、教員の給与が非常に低く、また、授業手当制度のような業績主義給与がほとんど制定されていない。教員には、働いても働かなくても同じ程度の低い給与額が支給されている。

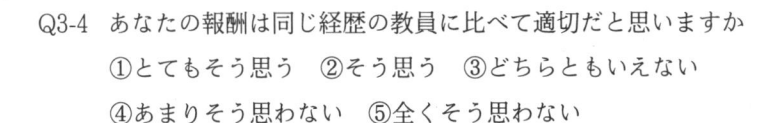

第6章 教員給与の地域間の比較及び教員評価と給与の連動実態

教員給与と同僚の比較については、以下の結果である。

Q3-4　あなたの報酬は同じ経歴の教員に比べて適切だと思いますか
　　①とてもそう思う　②そう思う　③どちらともいえない
　　④あまりそう思わない　⑤全くそう思わない

図6-3-3　教員給与は同級教員に比べ、適切だと思いますか

学校	とてもそう思う・そう思う	あまりそう思わない・まったくそう思わない
A校	40.00	42.00
B校	44.83	49.72
C校	40.43	52.19
D校	37.39	46.42
E校	34.74	45.86
F校	42.66	32.79
G校	46.17	31.68
H校	48.57	31.14
I校	47.50	40.50
J校	45.00	30.48

北京市：A校～D校　　通遼市：E校～H校　　馬家村：I校～J校

この結果から、「自分の報酬は同級教員に比べ、適切だと思いますか」について、約40％前後の教職員が「とてもそう思う」、「そう思う」と答えており、60％前後の教職員が「あまりそう思わない」、「全くそう思わない」と答えていること、また、地域間・学校間のバラツキがほとんど見られないことがわかる。

　以上の実態から見て、現時点において、中国の教員の全体給与が低く、地位がかなり低いという現状がわかる。教員は教員待遇の向上に対して、どれぐらい期待しているだろうか。

> Q3-5 あなたは教員待遇の向上に期待しますか
> 　　　①非常に期待　②期待　③どちらともいえない
> 　　　④あまり期待しない　⑤全く期待しない

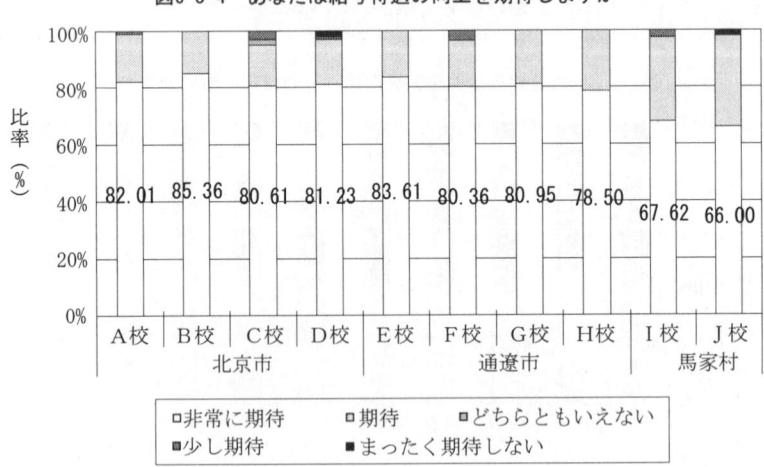

図6-3-4　あなたは給与待遇の向上を期待しますか

	A校	B校	C校	D校	E校	F校	G校	H校	I校	J校
	82.01	85.36	80.61	81.23	83.61	80.36	80.95	78.50	67.62	66.00

　北京市／通遼市／馬家村

□非常に期待　□期待　□どちらともいえない
■少し期待　■まったく期待しない

図6-3-4から以下の傾向が見られる。

（1）大都市部の北京市、中・小都市部の通遼市、そして農村部の馬家村も同様に、教員待遇向上への期待度は高い。
（2）農村部の教員の給与への期待度が逆に給与水準の高い都市部より少し弱い傾向となっている。そこで、農村部のI、J校の一部の教員に直接質問調査をした。その理由は以下のとおりであった。「農村財政はかなり厳しく、多くの教員は現有の給与でも支給されていない。従って、期待しても意味がないから」ということであった。

　最近、地域間の格差を是正するために、中央教育財政の強化が求められている。例えば、人事部・財政部による「機関・事業部門勤務者の給与基準の増加に関する実施方案」（2004年11月13日）は、「中国の中西部の場合、中央

財政の全額負担である。北京、上海、天津、江蘇、浙江、福建、広東7省・直轄市及び遼寧、山東省の瀋陽、大連、済南、青島4市は自己負担である。他の地域は、中央財政が40％を負担し、地方財政は60％を負担する」と規定していた。しかしながら、中央から直接農村部への交付金制度は確立しておらず、また、教育財政に関する透明な監督システムも存在しない。そのため、人事部・財政部による「機関・事業部門勤務者の給与基準の増加に関する実施方案」（2004年11月13日）の提案は紙面上の話題に留まっていたのである。

第4節　まとめ

　現行の教員給与システムの大きな狙いは、給与と評価の連動を通して、従来の給与の平均主義を打破し、教職員の勤務への積極性を促進することにある。こうした業績主義給与方式は、各学校の自主性・活力、教職員の意欲を確かに一定程度まで高めてきた。しかし、義務教育財政の不足問題、教員給与基準の低下問題、給与の不払い問題、中央政府と地方政府の義務教育における職能・役割分担の不明確さに伴う中央政府の職能遂行の弱体化問題、教育資源配置における地域間における不均衡問題、そして学校内部の業績主義給与への監督システムの不備や機能低下などの問題が山積している。これらの問題が原因で、都市部と農村部における教員給与の格差、教員の質における地域間格差は拡大している。これらは明らかに学校教育の質、教員の資質向上、生徒の発展を妨げるものになっている。

　現在、中国は、調和社会の構築・格差問題の改善の取組みを始めており、今後の重要な課題となっている。これを達成するためには、田漢族が指摘した「合理的な義務教育の財政制度を設定し、中央の財政責任の強化」[12]と同時に民主的管理・民主的監督システムの整備が急務であると考える。

[注]
(1) 「按労分配」とは、労働者の量と質によって給与などを分配することである。
(2) 北京市教育員会人事処『積極的に小・中学校内部管理体制改革を推進する』(中国紡織出版社、2000) p.93
(3) 授業手当は、予算外資金で調達する。
(4) この地方政府は通遼市の上級政府部門としての省政府(内モンゴル自治区政府)を指す。
(5) 国家教育発展研究中心『中国教育緑書―2004 Green paper on Education in China』(教育科学出版社、2004) p.59によると、2003年に中国県鎮、農村の義務教育段階にある小・中学校の生徒数は、1.6億になっている。
(6) 陳永明『教員教育研究』(華東師範大学出版社、2003) pp.18-19
(7) 曲恒昌「わが国農村の義務教育の問題」、『小中学校教育』(2003)
(8) 孟旭・馬書義『中国民費教員現象分析』(広西教育出版社、1999)
(9) 葛娟『中国農村教員発展研究』(浙江大学出版社、2005) p.76
(10) 商江「中国小中学校教員給与・待遇」、http://567tour.com/web/6/archives/2006/330.htmlより。
(11) 余秀蘭『中国教育の都市部と農村部の差異』(教育科学出版社、2004) p.3
(12) 田漢族「制度創新と無料義務教育の実施」、『小・中学校教育』(2005年10月)

第7章 教員年度考課と3％奨励・昇格制度の実態及び地域間の比較

これまで、教員評価の法制度の内容・導入経緯、そしてこの法制度の運営実態について詳細に考察した。中国では、地域間、特に都市部と農村部の間は、教員評価における独自の特徴を有している。そしてその背景には、教員年度考課と3％奨励・昇格制度などの諸制度の存在がある。本章では、諸制度の概要を明らかにし、それらの実態と効果に焦点を当てて考察する。

第1節 教員年度考課の地域間の実態

第4章は、中央政府の年度考課の内容、方針、方法などの役割を概説した。中央政府の規定は具体的な実施細則を規定していない。年度考課の実施は、各地方・学校の自由裁量となっている。例えば、中央政府は年度考課の内容を「徳」、「能」、「勤」、「績」の四つの項目にし、重点が業績にあるとしている。しかし、「徳」、「能」、「勤」、「績」の割合、評定の手続きなどについては規定していない。この結果、地方及び学校間で評定実態は異なっているのである。

例えば、牛志奎は教員年度考課の地域間の運営実態を表7-1-1のように示した。

表7-1-1　教員年度考課内容の比較

学校名 内容	北京62中学校 （大都市）			山西運城市人民路小学校 （一般都市）			浙江省慶元県合郷中心主尾学校 （農村）		
徳 15	職業 道徳	教書育人　5 為人師表　5 勤務態度　5			政治学習　5 団結紀律　2 為人師表　3	10		政治思想　5 職業道徳　5	10
能 15	職務 能力	教学能力　5 学級経営　5 教育研究　5				0		研究・学識・授業計画・授業参観・授業準備・宿題・補導	20
勤 30	勤務 量	出勤　　　10 業務量　　10 本職職務　10			出勤　　　5 各会議出勤　10	15		出勤	10
績 40	実績	授業実績　20 授業改善　10 貢献　　　10			期末成績　30 平常成績　10 教育研究　30 部活動　　5	75		成績順位 成績向上 優秀率 調整	60

出典：牛志奎「中国における教員の人事評価と職能開発」八尾坂編著『教員の人事評価と職能開発』（風間書房、2005）p.153

表内の数字は点数を表している。表7-1-1で以下のことが読み取れる。

（1）教員の「徳」、「能」、「勤」、「績」という四項目を三地域によって教員評価を実施している。しかし、四項目の割合は地域によって異なる。大都市部の北京市では、教員の「徳」、つまり、政治思想資質・職業道徳への重視度は中・小都市部の山西運城市、農村部の慶元県合郷より5点高い。これは、北京市が全国の政治・文化の中心であるということに関連している。

（2）教員の「業績」を三地域とも重視している。それぞれ考課内容の40％、75％、60％を占めている。教員の「業績」を同様に重視するが、業績内容に微妙な違いが見られる。例えば、北京市は、教員の「授業改善」、「授業実績」を重視しているが、他の二地域は、生徒の成績を偏重する傾向が見られる。この特徴は、90年代の中旬、特に2002年以来、教員の職能向上を重視することが国家の重要な理念となってきたことによる。例えば、教育部による「小・中学校試験制度と評価制度改革の

推進に関する通知」(以下「通知」、2002年12月)は、評価主体を多元化し、教員の専門業務レベルの向上ばかりでなく、職業道徳も重視すべきであるとの方向を示した。「評価は結果だけでなく、発展と変化過程を重視すべきである。各学校は教員の授業評価の結果(生徒の試験成績など)を教員の賞罰、昇給、昇進などの根拠としてはいけない」と明文化していた。北京市の教員評価概要は、国の政策理念に近いが、他の地域、例えば、中・小都市部、農村部では依然として生徒の成績を教員評価の重要な基準としているのである。

本論文では、教員年度考課をその考課内容・理念の整理に留まるのではなく、実施方式・方法と効果の両方面から考察する。最初に地域間(大都市部、中・小都市部、農村部)の教職員年度考課の実態(内容・方法)を検証する。

1. 大都市部の教員年度考課

(1) 北京市の教員年度考課

北京の各学校は、中央政府の年度考課基準・理念を基に考課を実施している。しかし、全学校の評定の基準・方法は全く同じわけではない。中央政府の教員年度考課の理念・基準を参照しながら、学校独自の評価方案を制定している学校もある。つまり、学校によって教員評価の実施方案、方法が若干異なっていたのである。そこで、まず、年度考課方案が先進的である北京市C校を例に、学校内部の実施細則と運用実態を以下のように整理・分析することにした。

〈1〉北京市における一部重点校の教・職員年度考課実態

　A　教員の年度考課

C校は重点学校であり、北京で学校内部管理体制改革の重点校[1]として有名である。教職員の評価制度に関しても、すでに学校が独自に制定した「北京市C校教職員年度考課試行意見」[2]がある。

「北京市C校教職員年度考課試行意見」によれば、以下のように規定してい

る。

　考課対象は本校在職の全教職員である。考課の重点は教職員の勤務業績である。学校の専門技術者（教員）と行政管理幹部・職員には、「北京市C学校教員勤務考課方案」と「北京市C学校行政幹部・職員勤務考課方案」を適用する。

　C校の教員への年度考課実施方案は、以下の五つの要素から構成されている。①考課内容と評価基準表、②考課方法、③考課の基本手続き、④考課結果の使用、⑤その他の規定である。五つの構成要素のそれぞれの内容は以下のとおりである。

一、考課の内容と評価基準表

表7-1-2　教員年度考課の内容と評価基準表

考課内容		基準				得点
政治・思想・道徳 (20)		(20)	(18)	(16)	(14)	
勤務状況 (45)	授業案 (10)	規範・真面目・完備 (10)	真面目・完備 (8)	完備 (6)	授業案（無し） (0)	
	授業満足度 (5)	95%以上の生徒が満足 (5)	85%以上の生徒満足 (3)	75%以上の生徒満足 (2)	65%以上の生徒満足 (1)	
	生徒指導 (5)	85%以上の生徒満足 (5)	75%以上の生徒満足 (4)	65%以上の生徒満足 (2)	60%以上の生徒が満足 (1)	
	授業聴講回数と授業評価への参加数(5)	授業聴講回数と授業評価がともに学校の要求に達した場合には5点、授業聴講回数の80%を遂行、授業評価に参加した場合には2点、上述の要求に達していない場合0点とする。				
	公開授業(5)	公開授業の実施効果と獲得した等級を基に評点する。公開授業が効果がある、あるいは優秀以上の等級を獲得した場合には5点、公開授業が2等級を獲得した場合には4点、公開授業が3等級を獲得した場合には3点。公開授業なし、あるいは、公開授業が不合格と評価された場合0点とする。				
	宿題(5)	90%以上の生徒によいと評価された場合には5点	85%以上の生徒によいと評価された場合には4点	75%以上の生徒によいと評価された場合には3点	70%以上の生徒によいと評価された場合には1点	
	出勤(5)	①全勤 (5点)、②病気・用事による休みが4週以内、遅刻・早退がない場合 (4点)、③遅刻・早退1〜2回、病気・用事による休みが2ヶ月以内の場合 (3点)、④遅刻・早退3回、病事による休みが3ヶ月以上の場合 (1点)、⑤無断休みがある場合 (0点) とする。				
	勤務量(5)	①授業数が週に24コマ以上の場合 (5点)、②20〜24コマの場合 (4点)、③18〜20コマの場合 (3点)、④16〜18コマの場合 (1点)、⑤16コマ以下の場合 (0点) とする。				

教育研究成果（10）	①投稿論文が一等賞を獲得した場合（10点）、②二等賞を獲得した場合（8点）、③三等賞を獲得した場合（6点）、④論文がない場合（0点）とする。
学科グループの活動結果（10）	①学科グループの活動が市レベル一等賞を獲得した場合（10点）、②区レベル一等賞を獲得した場合（8点）、③区二等賞を獲得した場合（6点）、④学年度公開授業24回以上で、効果のある場合（4点）、⑤上述の目標に達していない場合（0点）とする。
教育効果（7）	①クラス担任業務が優秀レベルに達し、あるいは、クラス担任と協力して生徒指導をし、効果が上がり、学年主任と担任によって高く評価された場合（7点）、②クラス担任業務が良好レベルに達し、あるいは、担任と協力し、生徒指導をし、学年主任と担任に良好と評価された場合（6点）、③クラス担任業務が合格レベルで、担任と協力し、生徒指導をし、学年主任と担任によって合格と評価された場合（5点）、④担任業務が不合格の場合（0点）とする。
授業効果（8）	生徒の重点校への進学率、生徒の成績によって判定する。具体的な実施方法は、学校が別に規定
そのほか（特殊増加点数）	学校の中堅教員は適当に点数増加

出典：北京市教育委員会人事処編『全面的に小中学校の人事制度改革を推進する』
　　（北方交通大学出版社、2003）pp.738-752
注：括弧内の数字は点数である。

二、考課方法
　1．教員考課は、日常考課（毎日の教育・授業活動の表現をチェック）と学年度考課（年末に総括的に判定する）にわかれ、学年度考課を主としたものである。
　2．考課の評定等級は、優秀、適職、基本適職、不適職という四段階にわけられる。
　優　　秀：自主的に「小・中学校教員職業道徳規範」を遵守し、勤務態度が積極的で、教育・授業改革に熱心に努め、成績が優れている。
　適　　職：自主的に「小・中学校教員職業道徳規範」を遵守し、授業業務も良好で、成績が優良である。
　基本適職：政治・業務資質は普通で、基本的な授業業務は果たしているが、ある面で改善すべきところがある。
　不 適 職：政治・業務資質は劣り、授業業務を遂行できず、教育・教授活動中に重大なミスを起こしたことがある。
　3．考課は、基準を重視し、考課の評定結果に応じて教員を評価する。

①考課得点が学校総人数の上位15％以内の教職員を「優秀等級」とする。
②考課得点が学校総人数の下位5％以内の教職員を「基本適職等級」あるいは「不適職」とする。
③考課得点が上位の15％と下位の5％間の80％の教職員を「適職等級」とする。

［考課方法の特徴］
・教員の教育過程より学年末の教育結果を重視する。
・国家の評価基準としての「優秀、合格、不合格」という三つの等級基準を超えて、「基本適職」（基本合格）が新設される。
・上位教員と下位教員の比率を設けることによって、教員間の競争を促進する。また、教員間の比較を重視し、相対評価を実施している。

三、考課の基本手続き
1．教員は学年のはじめに、個人の学年度の教育活動計画を提出する。
2．年度考課を行う前に、個々の教員は自己申告する。
3．各部門グループの責任者が、被評価教員を評定したうえで、学校年度考課管理グループに報告する。
4．学校考課管理グループ（校長、教頭、人事幹部などの管理者及び一般教員から構成）が部門ごとに審査した資料と評定結果を基に、全ての教員を評価する。
5．校長が被評価者の考課等級を最終的に判定する。
6．考課結果が被評価者に通知される。

C校の教員評価の過程は自己申告——部門責任者による評価——学校年度考課グループ評価——校長の評価——被評価者へのフィードバックとなっている。この過程だけに注目すれば、教員の自己評価が正当化され、評価主体は多元化的で、評価結果の教員へのフィードバックが重視されている。

四、考課結果の適用
 1．教員は年度考課で「優秀」や「適職」と評価された場合、昇進・昇給・年末賞与の支給、継続採用の資格を得る。
 2．「高級職務称号」及び「3％奨励・昇格」評定の条件の一つは、在職期間において「優秀等級」と評価されることである。
 3．年度考課で「基本適職」と評価された場合
  ①学校と勤務契約を締結した場合には、教育活動が続けられる。学校は定数・ポストが満員の場合には、職務降格で採用（契約）することができる。給与は降格後の待遇で支給される。
  ②年末賞与は支給されない。
  ③2年間連続で、「基本適職」と評価された場合、教員としての資格が取り消される。
 4．「不適職」と評価された場合
  ①年末賞与は支給されない。
  ②解雇される。

「適用措置の特徴」
 ・評価結果は、教員昇進・賞与支給・昇格・解雇などの根拠とされる。
 ・年度考課における「優秀等級」の獲得が「高級職務称号」教員の昇進及び「3％奨励・昇格」評定の一つの必要条件と規定される。
  ※この結果、年度考課における「優秀等級」の獲得を目指している教員が非常に多いと予測される。

五、その他の規定
 病気、用事による休みが半年以上に達した場合、年度考課への参加資格がない。

 教員年度考課の実施方法表は、「政治・思想・道徳」[3]（20点）、「勤務状況」

（55点）、「教育研究」（10点）、「学科グループの活動効果」（10点）、「教育効果」（7点）、「授業効果」（8点）及び「そのほか」という項目から構成されている。満点は100点である。これらの項目のうち、教員の勤務遂行状況の割合が最も高くなっている。

表7-1-2から、以下の六つの特徴が見られる。
（1）評価項目が複雑多岐に渡っており、教員の教育・授業活動をできるかぎり数値化している。
（2）教員の政治・思想・道徳の資質を教員評価の一つの重要な要素としている。
（3）教員の勤務遂行状況の評価項目は細分化されている。教員の「勤務状況」は、表で示したとおり、「授業満足度」、「生徒指導」、他教員の授業への「授業聴講」回数、「公開授業」の開講状況、「宿題」、「出勤」、授業の「勤務量」から構成されている。
　　※これらの項目から、教員の勤務量のほかに、生徒からの評価も重視していることがわかる。また他の項目から、北京市のC校では教員集団の業績を重視する傾向が見られる。
（4）教員の教育研究業績（投稿論文の状況）を重視している。
　　※この項目から、大都市部の北京市では、教員たちに最新の教育理論及び専門知識の向上を要求していることがわかる。
（5）「学科グループの活動効果」を評価の一要素としている。「教育効果」の評定を通して、教員の担任としてのクラス運営能力、生徒指導力を評価している。
（6）「授業効果」という項目を設置して生徒の成績で教員を評価している。
　　※しかし、その設置した点数は8点のみであり、大きな割合ではない。

北京市C学校の教員年度考課の基準、評価方法、結果の適用の内実を明らかにした。教員の年度考課と比較するために、次に学校行政幹部・職員の評

価を整理・分析する。

B　北京市C校の行政管理幹部・職員の年度考課
北京市C校の行政管理幹部・職員の年度考課実態は以下のとおりである。

　第一に、考課対象は学校長・教頭などの副主任以上の学校行政幹部、全体職員である。
　第二に、考課内容は政治・思想・道徳、勤務能力、出勤と勤務効率・実際の業績などである。
　1．政治・思想・道徳：社会主義方向への堅持状況、共産党と国家の教育方針・政策及び法規の遂行状況、職業道徳状況
　2．勤務能力方面：高い政治理論水準、業務（教育学、心理学、管理学など）理論水準・理論と実際の融合状況、組織協力能力、政策決定能力、政治思想指導能力、本職業務の遂行状況など
　3．出勤と勤務効率：出勤率、勤務態度、役割分担、持ち場における職責の遂行状況、学校の各項の規則・制度の遵守状況など
　4．実際の勤務業績：個人の本職業務は、上級行政部門によってどれぐらい評価されているのか、どれぐらい学校の改革と発展に貢献したかを重視する。

第三に、考課の時期は毎年の8月前後である。
第四に、考課の方法、手続きは以下のとおりである。
1．行政幹部会議や教職員大会を開き、動員活動を行う。
2．被評価者は、書面で教職員大会において勤務報告を行う。
3．投票によって満足度を評定する。
　①校長勤務への満足率は、「教職員代表大会」での投票で決定する。
　②教頭と他の行政管理職の勤務への満足率は、「教職員代表大会」の満足率（60％の比重）＋校長の満足率（40％の比重）で決定する。

③一般職員への勤務満足率は、服務対象の満足率（50％の比重）＋主管リーダーの満足率（30％）＋学校管理責任者の満足率（20％の比重）
 4．満足率を「優秀」、「適職」、「基本適職」、「不適職」に転換する。
　　①満足率が85％以上で、しかも、序列が上位15％以内の場合、「優秀等級」となる。
　　②満足率が70％〜84％、「適職等級」となる。
　　③満足率が60％〜69％、「基本適職等級」となる。
　　④満足率が59％以下、「不適職」となる。

　第五に、考課結果の適用では考課結果を本人の給与などの待遇に連動する。具体的な措置は以下のとおりである。

 1．年度考課で「適職」以上と評価された管理者・職員は、昇給の資格があり、年末賞与が支給される。
 2．年度考課で「基本適職」と評価された場合、昇給できない。年末賞与は実額の70％の比率で支給される。
 3．年度考課で「不適職」と評価された場合、年末賞与は支給されず、解雇される。

　北京市C学校の行政幹部・職員の評価方案は、投票という形式を重視し、評価結果を昇給・賞与の支給・解雇の根拠としている。北京市C校における上記の二つの年度考課方案、つまり、教員に対する「教員勤務考課方案」と行政管理幹部・職員に対する「学校行政幹部・職員勤務考課方案」には、以下の特徴がある。

（1）教員と行政管理職・職員を別々に対処するという点、また、年度考課に関する具体的な実施方案も制定されている点では、全国に先駆けている。
（2）評価内容・基準・手続き・結果の適用など、特に教員年度考課の方案

が非常に細かく規定されている。考課方案の科学性、規範性、公正さが高い。
(3)教員活動をできるだけ数値化指標[4]で示して教職員の勤務を評価している。つまり、評価基準の細分化、教育活動の数値化を通して、評価結果の客観性・公正性を図り、教職員の意欲を促進している。
(4)学校管理者・職員の年度考課は、ほとんど投票で決定されている。
　※これは、制度上人脈に広い人に有利である。
(5)政治・思想・道徳要因も教員評価の一基準とすることが中国における教員評価の特色である。しかも、基準は非常に曖昧である。
(6)北京市では、評価の客観化を実現するために、評価主体の多元化を図ろうとしている。例えば、生徒からの授業満足度評価がある。
(7)教員の年度考課では、「末位淘汰制度」[5]を実施している。つまり、考課の得点が、学校総人数の下位5％以内の教職員は、有能かどうかを問わず、「基本適職等級」あるいは「不適職」と評価する。
　※この条文から、当該学校の教員評価制度の目的は、教員発展のためではなく、点数を付けることを通して、教員たちに優・中・劣の等級をつけ、教職員を管理するためのものであることがわかる。

　上記の北京市のC校の年度考課方案は、全国に先駆けている少数の実施例である。なぜなら北京市の一般の学校[6]の年度考課の概要とはかなり異なっているからである。

〈2〉北京市における一般学校の年度考課実態

　北京市のごく一部の重点学校はC校のように「年度考課実施方案」を設定し、教員評価を実施している。しかし、多くの学校は、C校の評定方式と若干の違いがあり、以下のように実施している。
　第一に、多くの学校が「年度考課実施方案」を設定しておらず、学年末に上級教育行政部門としての区の教育委員会が書面あるいは口頭通知で年度考課に関する方案（実施期間、優秀の指標など）を各学校に通知する。

第二に、学校内に「学校年度考課グループ」を設立する（構成員：中層以上幹部と一部の教員代表）。
　第三に、全校の「教職員代表大会」を開き、年度考課の実施に関する勤務動員を行い、「事業機関勤務者年度考課登記表」[7]を個々の教職員に配る。
　第四に、「優秀」評価を申請する教職員のみが、教職員大会で個人の勤務に関して自己申告をする。また、勤務上の業績などに基づき、全教職員が投票という形で表決する。「優秀」評価を申請しない教職員は、部門グループごとに勤務申告を行う。その申告や年度の勤務状況に応じて、各部門グループ（国語、数学などの教科別グループ及び学年別グループ等）の責任者が最初の等級を評定する。
　第五に、年度考課の決定機構として「学校年度考課グループ」が、「優秀教員」、「合格教員」、「基本合格」、「不合格教員」を最終的に決定する。考課得点が学校総人数の上位15％以内の教職員は「優秀」等級となる。得点が学校総人数の下位5％以内の教職員は「基本適職」あるいは「不適職」となる。得点が学校総人数の上位15％と下位5％の中間にある80％の教職員は「適職」等級となる。
　第六に、評価の適用結果は以下のようになる。①「合格」以上と評価されたら、昇進、昇給、年末賞与の支給、採用される資格がある。2年間連続で「合格」以上と評価されたら、給与が1段階昇格する。②教員は年度考課において「基本適職」と評価されたら「年末賞与」が支給されない。2年間連続で「基本適職」と評価されたら教員となる資格が取り消される。③「優秀教員」と評価されたら、3％奨励・昇格の資格がある。また、「優秀教員」の獲得は、職務称号評定の条件の一つとされている。④教員が「不適職」と評価された場合には解雇される。

　上記の北京市の一般学校の教員年度考課の実態をC校と比べるとそこには、以下の共通点と相違点が見られる。

［共通点］
①国家が規定した評定基準としての「優秀、合格、不合格」という三等級を超えて、「基本適職」という等級を新設している。
②「学校年度考課グループ」を設置し、しかも、一定の教員代表が参加している。
③評価の手続きは、教員による自己申告——部門グループの責任者による評価——年度考課グループによる評価——評価結果の開示という流れである。つまり、民主的な手続きである。
④評価結果の規定はほとんど同じである。
⑤優秀教員の評定は少し複雑で、自己申告——教職員大会での勤務報告——教職員大会での全教員による投票表決——学校年度考課グループによる結果決定という手続きとなっている。

［相違点］
①C校は「年度考課方案」をきちんと制定しているが、一般の学校では「年度考課方案」を制定していない。その大きな理由は「年度考課方案」の制定は、国家の制度上での必須項目ではなく、各学校の自由裁量となっているからである。
②北京市C校は、生徒からの評価を重視しているが、一般の多くの学校では生徒評価を重視していない。
③北京市C校は、「学科グループの活動効果」という教育集団の業績を重視しているが、一般の学校では教員の個人の業績のみを重視している。
④北京市C校は、教員の「教育研究」（論文の投稿状況）を年度考課の一評価要素としているが、一般の普通学校では教員の論文投稿状況を年度考課の評価要素としていない。

　以上、北京市重点校のC校と一般学校における年度考課に関する内容、方法、手続き及び評価結果の内容を明らかにした。しかし、年度考課の評価結果において、教職員が長期間にわたる病気、用事による休み、思想・道徳問

題、そして犯罪事件の過失などを生じなければ、ほとんどの教職員は「合格」と評価される。最も難しい評価は「優秀教員」の評定である。「優秀教員」の定数制限（学校の教職員総数の13％～15％）があり、また、３％奨励・昇格及び職務称号評定は教員の直接の利益に繋がっているため、各学校にとっては、非常に難しい作業である。「優秀教員」の選抜基準は各学校によって若干異なっている。学校によっては、教職員の勤務業績（公開授業の効果・影響力、生徒の成績・合格率・進学率、クラス担任ならクラス集団の成績順位、教員の論文の発表数・レベルなど）を基準としている。また、教職員の能力・業績より、学校内部の均衡を重視し、輪番制度[8]を取り、学校内部の各分野に定数を配り、選抜しているところもある。学校責任者（校長・教頭）の個人判断が重視される場合もある。

　上述から、大都市の北京市の教員年度考課の実態がわかる。しかし、他の大都市部における教員年度考課の実態はどうなっているだろうか。次に大都市部の天津市の教員年度考課を考察する。

（２）天津市の教員年度考課

　天津市人民政府の「天津市における『中華人民共和国教員法』の実施に関する規定」（1994年９月７日）第13条は、「教員考課制度を実施する。考課結果は教員採用、昇給、昇進などの根拠とする」と明記している。

　2007年６月、天津市人事局人事担当者に実施したインタビューの結果によると、天津市の教員年度考課の概要は以下のとおりである。

一、考課の原則は客観・公開、民主・公正という原則である。また、学校の管理職、教員は別々に評価されている。校長・教頭の考課は上級政府部門の組織部が実施する。学校一般管理幹部・教員の考課に対しては考課グループが責任を負う。

二、考課内容は、徳・能・勤・業績の四つで、考課の重点は勤務業績である。

　徳は、政治・思想態度及び職業道徳態度を指す。

能は、主に教授技術レベル、管理レベルを指す。

勤は、主に勤務態度、教育職への熱意及び教育規範の遵守状況である。

業績は、主に職責遂行の状況、勤務の量・質・効果を指す。

三、考課基準は、職責と勤務量を基本根拠とする。考課結果は「優秀」、「合格」、「基本合格」、「不合格」の四レベルにわかれる。

　（一）優秀：徳・能・勤・業績の考課結果は最上位評価である。定数は学校総人数の15％以内とする。「優秀」の資格条件は以下のとおりである。

　　1．正確に共産党と国家の路線、方針、政策を執行し、国家の各種法律・法規と各規則を模範的に遵守し、良好な職業道徳を有する。

　　2．勤務に精通し、勤務能力が高い。

　　3．勤勉で責任感が強く出勤率が高い。また、年度考課内に、病気などの休み時間が10日間以内。

　　4．業績がよい。

　　5．年度考課年度内に、投稿論文があり、論文の質が高い。

　（二）合格：徳・能・勤・業績の考課結果は良好である。資格要件は以下のとおりである。

　　1．真面目に共産党と国家の路線、方針、政策を遂行し、国家の各種法律・法規と各規則を自覚的に遵守し、職業道徳心に富む。

　　2．本職業務に熟知し、勤務能力が十分である。

　　3．勤務に精勤し出勤率がよい。年度考課内に、病気などによる休み時間が20日間以内。

　　4．持ち場の任務、職責を遂行できる。

　（三）基本合格：徳・能・勤・業績の考課結果は普通である。資格要件は以下のとおりである。

　　1．共産党と国家の路線、方針、政策を執行でき、国家の各種法律・法規と各規則を遵守でき、職業道徳がある。

　　2．本職業務に基本的に熟知する。一定の勤務能力がある。

3．勤務業績が普通である。年度考課内に、病気などによる休み時間が30日間以内。
4．教育活動における重大な責任事故・過失がない。
（四）不合格：徳・能・勤・業績の考課結果が悪い。
1．政治・業務資質が悪く、教育職に適格しない。
2．責任感がない。
3．教育活動における重大な事故・過失がある。
4．組織管理に服従しない。

四、考課の方法及び手続き

年度考課は評価者の多元化（学校管理責任者とグループの結合）、評価時期の常時化（日常と学期末の結合）、評価方法の多様性（定性と定量の結合）を堅持する。

1．自己申告：被評価者は「徳・能・勤・業績」という四つの領域から、個人勤務をまとめる。また、個人勤務のまとめを「教員考課登記表」に記入する。
2．民主的評定：被評価者は、所在の部門で自己勤務を報告し、所在部門の委員が民主的に評定する。その上で、部門責任者が評定等級と評定意見を「教員考課登記表」に記入する。
3．年度考課グループ（校長、教頭、人事幹部などの学校管理者及び一部の教員代表）評定である。
4．考課結果を被評価者本人に通知する。
5．被評価者は考課結果に対して、異議がある場合には、結果公布日の5日内に考課グループに不服を表明し、再審を申請する。考課グループは5日内で再審結果を被評価者に通知する。再度不服の場合には、被評価者は上級の主管部門に控訴できる。

五、考課結果の適用：

考課の結果は、賞与、職務称号評定、任免、採用、昇給などに連動する。

1．「不合格」教員に対して、年末賞与を支給しない。
2．2年間、連続で「不合格」と評価された教員を解雇する。

六、特殊規定：
1．考課年度内に、被評価者の病気などによる休み時間が6ヶ月を超える場合、年度考課に参加する資格が取り消される。
2．育児期間の教員は、育児休暇が6ヶ月を超えた場合、年度考課に参加できない。しかし、正常な昇給を享有する。

（3）大都市部の教員年度考課の共通特徴

上述の大都市部の北京市、天津市の教員年度考課の実施実態には以下の共通特徴がある。

［共通特徴］
- 評価内容上は、二都市ともに全国共通基準となる「徳・能・勤・業績」があり、教員の「業績」を重視している。
- 教員の政治・思想及び道徳資質は教員評価の一つの重要な要素である。
- 「優秀教員」の指標は共に国家規定とした「単位総人数の15％以内」である。
- 評価対象として、学校管理責任者と教員を別々に評価している。
- 評価方法として、二都市ともに「学校年度考課評定グループ」が成立しており、また、一定の教員代表が参加している。さらに、教員の自己評価、所在部門での民主的評定及び評定結果への不服申請、評価結果の開示を制度化している。
- 年度考課における「優秀」等級の評定を重視している。
- 評定の等級は、中央政府が規定した「優秀、合格、不合格」の枠を超えて、「基本合格」等級を新設している。
- 評定結果は、二都市とも教員の職務称号評定、賞与、昇給、採用などの待遇に結びついている。

教員の年度考課に関する両地域の違いは以下の二点である。

［相違点］
- 年末賞与の支給規定における違いがある。
    ※北京市は、教員が「基本合格」と評価されたら、「年末賞与」を支給しない。天津市は、「不合格」と評価されたら、「年末賞与」を支給しない。
- 論文投稿の重視度における違いがある。
    ※北京市は、一部の重点校のみが、教員の論文投稿状況を年度考課の一要素としているが、天津市は、一般の普通学校においても、教員の論文投稿状況を年度考課の一要素としている。

次に、中・小都市の通遼市の学校教職員年度考課について考察する。

2．中・小都市部の教員年度考課

（1）通遼市の教員年度考課

通遼市における多くの学校は中央政府で規定した「徳・能・勤・業績」四項目に応じて評価している。しかしながら、全ての学校が国家の四項目に応じて評価を実施しているわけではない。一部の学校は、大都市部の北京市のように国家規定の徳、能、勤、績四項目ではなく、教員の教育活動を、出勤、各種奨励の獲得、勤務量、公開授業、生徒の成績、授業案などに分け、それぞれの項目に点数をつけて評価している。北京市との大きな違いは、それぞれの項目に対する重視度の割合である。

まず、通遼市における代表的な重点校としての第11中学校の教員年度考課の概要[9]を明らかにする。

一、考課内容：徳・能・勤・業という四項目

二、考課基準：

　　1．徳（10点）（評定部門は教導処）

　　　1.1：政治・思想観念（3点）

　　　以下の場合は減点する。

　　　　①各種会議の出勤での勝手な欠席は一回0.2点を減点する。

②早退・遅刻は一回、0.5点を減点する。
1.2：教育思想（3点）
以下の場合は減点する。
①勝手に生徒を教室から放り出す場合には一回0.2点減点する。
②生徒体罰、一回0.1－0.3点を減点する。
1.3：職業道徳（4点）
以下の場合は減点する。
①教員の「職業道徳規範」に反し、他人の人格を侮辱した場合には一回0.1点を減点する。
②個人主義が深刻で、教員間の団結に悪影響を与える場合には一回0.1点を減点する。
③「費用乱徴収」という違法現象がある場合には一回0.2点を減点する。
④親から控訴がある場合には一回0.3点を減点する。

2．能（30点）
1.1 授業量（10点）
教員の週授業数基準：
高校教員：10－14コマ
中学校教員：12－16コマ
小学校教員：16－20コマ
1.2 教授・研究能力（10点）（評定部門：教導処）
以下の場合は点数を適当に減点する。
①授業案・勤務計画を制定しない、あるいは、制定しても計画の質がよくない。
②教育活動のフィードバッグを重視せず、期末に勤務まとめをしない。
③各種の構内研修に出席しない。一回0.5点の減点
④生徒の成績記録がない。
⑤宿題が少ない、あるいは、宿題を添削しない。一回0.1－0.2点

　　　　　の減点

　　　　⑥授業秩序がよくない。一回、0.2点の減点

　　　　⑦学期内授業聴取が15コマ以下である。一コマ0.5点の減点

　　1.3 授業レベル（10点）（評定部門：教導処）

　　　任意の授業聴取という形式で、教員の授業を評価する。評定項目は以下の点を重視する。

　　　　①全生徒を視野に入れた授業かどうか

　　　　②授業内容は適当であるかどうか

　　　　③教授リズムがよいかどうか

　　　　④生徒の能力の養成を重視しているかどうか

　　　　⑤言葉遣いが規範的かどうか

　　　　⑥板書は適切かどうか

　　　　　などである。

3．勤（20点）（評定部門は教導処）

　3.1 出勤（10点）

　　　以下の場合は減点する。

　　　　①勝手に休講した。一回2点の減点

　　　　②急用による休みは、半日0.5点を減点する。

　　　　③病気による休みは、一日0.5点を減点する。

　　　　④遅刻・早退、一回0.5点を減点する。

　3.2 勤務態度（10点）

　　　以下の場合は減点する。

　　　　①勤務規律に違反した。一回1点の減点

　　　　②遅刻をした。一回0.5点の減点

4．業績（40点）（評定部門は教導処）

　4.1 授業の質（30点）（主に生徒の成績を中心に）

　　　以下の場合は減点する。

　　　　①授業の質が悪い。

　　　　②生徒の平均点が全校の平均点より1点を下回れば、教員の業績

を1点減点する。
③合格率・優秀率が、全校平均より低い場合、5％ごとに1点を減点する。
以下の場合は加点する。
指導した生徒が、教育行政部門によって許可された各種の大会で優勝した場合（大会の水準によって決める。点数は0.5－8点）

4.2 業績（10点）
以下の場合は加点する。
①公開授業で「優秀」と評価された場合（校内、区段階、市段階、省段階それぞれ1点、3点、5点、10点を加点する）
②発表論文がある場合

三、評定結果の適用：評価結果は、「優秀教員」の評定、3％奨励・昇格、昇給、採用及び昇格の根拠とする。また、2003年1月15日に制定された「通遼市小・中学校内部管理体制改革実施方案」によると、「末位淘汰制度」を実施する。つまり、年度考課と教員招聘制度を結びつけ、評定の結果が下位5％以内になった教職員は解雇される。

四、考課の等級は、「優秀・合格・基本合格・不合格」という四等級となっている。80点数以上の教職員（学校総人数の15％以内）が「優秀教員」となる。60点～79点までの教職員は「合格教員」あるいは「基本合格」、59点以下の教職員が「不合格」教員になる。

上の教員年度考課方式は、通遼市における一般的な方式である。しかし、調査した通遼市H校とF校は、以下のように実施していた。

一、評定基準：
（一）政治思想態度（10点）
 1．優秀：教員の職責を理解し、積極的に遂行し、組織管理に忠実に服従する。
 2．良好：組織決定に服従し、「教員職業道徳規範」に反したことがな

　　　　　い。
　　3．中：組織決定に一定の抵抗がみられる。「教員職業道徳規範」の貫
　　　　　徹において一定の曖昧さがある。
　　4．劣：組織決定に従わず、「教員職業道徳規範」の遂行が不十分であ
　　　　　る。
（二）出勤状況（20点）
　　　　皆勤の場合、20点である。
　　　　以下の場合は減点する。
　　1．病気による休みは一回0.1点、用事による休みは一回0.5点を減点す
　　　　る。
　　2．政治学習などの重大活動に欠席がある場合には、一回1点を減点す
　　　　る。
　　3．勝手に休講する場合には、一回1点を減点する。
（三）授業活動（60点）
　　1．授業量と聴講量（10点）
　　　　　教員の週授業数基準：
　　　　　高校教員：10－14コマ
　　　　　中学校教員：12－16コマ
　　　　　小学校教員：16－20コマ
　　　　また、学期内授業聴取は15コマとする。
　　　　上記の基準に達した場合は12点とする。この基準を下回る場合、一
　　　　コマ0.5点を減点する。
　　2．授業案準備（10点）
　　3．宿題の添削（10点）
　　4．授業状況・学科成績（30点）
　　　　評定方法は、（合格率＋優秀率）÷2の値で評価する。学年一等級は
　　　　30点、二等級は28点、三等級は26点とする。
　　5．追加加点規定：
　　　　①公開授業（5点）

校内の公開授業を担当し、「優秀」と評価された場合、4.5点とする。また、市水準の公開授業を担当する場合、一回0.5点を加点する。しかし、上限は5点にする。
②指導した生徒が各大会で優勝した場合は加点する。市段階の場合は4点加点する。
校内段階の場合、一等賞は3.5点、二等賞は3点、三等賞は2.5点とする。

(四) 教育研修活動（10点）
(五) 特殊加点規定
1．担任勤務（7点）
2．部活動の担当（3点）
3．投稿論文（5点）
省段階の論文：5点
市段階の論文は4点
4．後輩教員への指導（3点）

二、評定者：学校評定委員会は制定しておらず、学校管理責任者が採点する。
三、評定等級：「優秀・合格・基本合格・不合格」という四級である。80点以上の教員は「優秀教員」で、60点～80点までは「合格教員」あるいは「基本合格教員」、60点以下は「不合格教員」とする。優秀教員の比率は学校総人数の15％以内とする。
四、評定結果の適用：評定結果は、年末賞与、昇給、昇進及び採用の根拠とする。

こうした方式は、中央政府が規定した「徳・能・勤・業績」四項目を明示していない。しかし、基準となる教員活動の各項目から見れば、この評定基準は中央政府基準となる「徳・能・勤・業績」の内容も含めていることがわかる。

他の中・小都市部ではどうなっているだろうか。以下は中・小都市部の赤

峰市における教員年度考課の概要である。

（2）赤峰市の教員年度考課

　2007年6月に赤峰市教育局の人事担当に対して実施したインタビュー結果によると、赤峰市の多くの学校は以下のように年度考課を実施していた。

　一、原則：教職員の勤務の質の高低と量の多少に応じて評価する。教員間の競争を通して教員の意識を向上する。
　二、評価基準：
　（一）徳（10点）
　　　　以下の場合は減点する。
　　　　1．政治学習などの会議への無断欠席：一回0.5点の減点、遅刻：一回0.25点の減点
　　　　2．けんか事件：一回1点の減点
　　　　3．生徒体罰事件：一回2.5点の減点
　　　　4．正当な理由がなく、学校の組織・管理に服従しない：一回5点の減点
　（二）能（20点）
　　　　1．生徒指導に関する計画・記録がある。（5点）
　　　　2．学期末のまとめがあり、記述が規範的である。（5点）
　　　　3．1学年、公開授業を一回以上やらなければならない。（5点）
　　　　4．校内役割分担を遂行できる。（5点）
　　　　　以下の場合は加点する。
　　　　1．県、市段階の公開授業を担当する：一回2点、4点
　　　　2．後輩教員への指導を担当する：一人は2点
　（三）勤（20点）
　　　　皆勤の場合は20点である。以下の場合は減点する。
　　　　1．遅刻・早退：一回0.5点の減点
　　　　2．各種の会議、集会、研修活動に勝手に欠席する：一回0.5点の

減点
　　3．務期間中無断で勤務場所を離れる：一回2点の減点
（四）業績（50点）
　　1．クラス管理（5点）
　　以下の場合は減点する。
　　　①生徒に学校の必要な事項を伝達しない：一回1点の減点
　　　②不登校の生徒があり、また、対応措置を取らない：一回5点の減点
　　　③クラス管理上で事故が発生する：5点の減点
　　2．教授効果（40点）
　　生徒成績の優秀率、合格率を基準として、A、B、C三級に分ける。
　　　Aランク（40点）：優秀率が20％以上、合格率が95％以上
　　　Bランク（38点）：優秀率が10％以上、合格率が85％以上
　　　Cランク（36点）：優秀率が10％以下、合格率が85％以下
　　3．教育研究（5点）
（五）付加：
　　以下の場合は加点する。
　　1．職務加点：学校管理者の場合（4点）
　　2．勤務年数加点：毎年0.2点の加点
三、評定者：学校評定委員会は制定しておらず、学校長（教頭・党支部書記）が採点する。
四、評定等級：「優秀・合格・基本合格・不合格」という四級である。優秀教員の人数は学校総人数の15％以内とする。
五、評定結果の適用：評価結果は教員採用、昇進、昇給、賞与支給の根拠とする。

（3）中・小都市部の教員年度考課の共通特徴

　以上の中・小都市通遼市・赤峰市の教員考課実態の整理・分析を通して、中・小都市部の教員年度考課には以下の共通点を析出できる。

「共通点」
- ・評価内容は、国家基準となる「徳・能・勤・業績」という四項目を中心に評価する。
- ・評定等級は、国家基準となる「優秀・合格・不合格」の三等級という枠を超えて、「基本合格」を新設し、「優秀・合格・基本合格・不合格」という四等級を実施する。
- ・優秀教員の比率は、大都市部と同じで学校総人数の15％以内となっている。
- ・評価結果は、教員奨励、昇進・昇格、昇給の根拠とする。
- ・教育・授業活動の量化指標・点数評定を重視する。
- ・教授効果（生徒成績）を過度に重視する。これは大都市部との大きな違いである。
- ・評価者は、大都市部の北京市とかなり異なる。北京市のほとんどの学校では「教員年度考課グループ」を設定しているが、中・小都市部の通遼市は「学校年度考課グループ」をほとんど制定しておらず、学校責任者による評価となっている。つまり、評価過程は大都市部の北京市より民主的なものとなっていない。

3．農村部の教員年度考課

（1）慶和郷・馬家村の教員年度考課

　通遼市所属の農村部年度考課には、主に以下の二つの評価方式がある。一つは、慶和郷・馬家村の教員年度考課を代表とする方式である。多くの農村部ではこの方式を採用している。他の一つは育新郷・育新村の評価方式である。

　この教員評価の方法と手続きは、大都市部の北京市・天津市、中・小都市部の通遼市・赤峰市とは異なる。年度考課評価案と評価グループは、ほとんど設定しておらず、また、国家規定の「徳、能、勤、業」四項目の区分も設定していない。その具体的な評定過程・手続きは以下のとおりである。

慶和郷・馬家村では「優秀」教員の評定は、以下の二つから構成されていた。
　第一は、上級教育委員会から指示された全郷教職員の優秀教員比率（学校総人数の15％以内）に応じて、郷政府の教育グループの担当者は所属の各学校に優秀定数を配分する。各学校の大部分は、「挙手投票」（手を挙げて表決）の形で、学校内部の優秀教員を最初に選出する。その後、各学校からの選出結果を郷教育グループ担当者に報告する。
　第二は、郷政府で開かれた全教員大会において、各学校から報告された「優秀」教員を差額選挙によって最後に選出する。
　優秀以外の一般教員を評定する過程は明確である。自己申告やグループ評定などは全てない。教育上の大きな問題がなければ、「教員年度考課表」の関連項目に記入するだけで全員が学校長によって「合格」と評定される。しかも、「合格」と評価されても財源がないため、昇格や昇給に伴う支給がされていない。つまり、慶和郷・馬家村における教員年度考課方式は業績主義評価方式であるが、財源がないため、機能していない。このほか、農村部における優秀教員の選挙方式には、勤務業績がよく、能力がある優秀な教員を選べないという問題もある。通常、業績が標準水準でも人脈を持っている教員がよく当選するのである。これは、業績主義評価の本来の趣旨に反してしまっていると言わざるを得ない。
　以上が慶和郷・馬家村の教員年度考課の実態であるが、他の農村部では、年度考課はどのように実施されているのだろうか。次に通遼市所属の育新郷・育新村における教員年度考課の概要を明らかにする。

（2）育新郷・育新村の教員年度考課

　育新郷・育新村は通遼市所属の農村である。人口規模、財政力、教育水準から見れば、育新郷・育新村と慶和郷・馬家村には大きな違いがない。しかし、育新郷・育新村の教育グループの担当者の学歴、教育への熱心度、教育管理経験などは慶和郷・馬家村より高い水準にある。それゆえ、教員年度考課に関する実施案が作成されていた。実施案の内容は以下のとおりである。

一、年度考課の指導思想：学校の管理活動を規範化し、教職員の勤務意欲と創造力を向上する。

二、考課内容と基準

（一）徳（10点）

　　生徒体罰や教員間のけんかなど教員の職業道徳に反する場合は一回5点を減ずる。

（二）能（20点）

　　1．勤務量（10点）：勤務量は基準に達した場合、10点とする。

　　2．業案、宿題、家庭訪問の状況（10点）

（三）勤（10点）

　　皆勤の場合は10点とする。以下の場合は減点する。

　　1．用事による休みがある。半日0.25点の減点

　　2．病気による休みがある。一日0.2点の減点

　　3．勝手に休講した。一コマ5点の減点、一日10点の減点

（四）業績（60点）

　　評定基準は以下のとおりである。

　　1．各学科の全郷内部における統一試験の中での順位

　　2．担当クラスの優秀率、合格率、平均点数の順位

　　3．生徒の各大会における受賞状況

三、評価者は、校長あるいは党支部書記

四、評定等級：国家基準となる「優秀・合格・不合格」の三等級である。

五、評価結果の適用：評価結果は、昇給、昇格、職務称号評定、賞与などの根拠とする。

（3）農村部の教員年度考課の共通特徴

　農村部における上記の二種方式教員評価の実態から以下の共通点が析出できる。

「共通点」
- 優秀教員の評定を重視し、その定数は大都市部、中・小都市部と同じで、学校総人数の15％以内である。
- 評定の等級は、大都市部、中・小都市部と異なり、国家基準の「優秀・合格・不合格」という三等級のままである。
- 多くの農村部では自由放任主義を取っており、業績主義評価が機能していない。
- 評価者が校長あるいは党支部書記一人である。つまり、学校責任者の権威を強調しているため、独裁的性格を持っている。
- 伝統的な受験教育の影響を受け、生徒の成績指標が評価の重要な根拠となっている。つまり、教員の業績＝生徒の成績という構図はかなり顕著である。

4．各地域間の教員年度考課の共通点と相違点

　以上、大都市部、中・小都市部、そして農村部の三地域の教員年度考課の実態を明らかにした。各地域間の教員年度考課の共通点を以下のように析出できる。

［共通点］
- 教員年度考課は各地域・各学校で実施されている。
- 評価過程において点数・指標を過度に重視している。
- 教員評価の内容は、ほとんど国家基準となる「徳・能・勤・業績」四項目で実施している。また、三地域とも「教員業績」を重視している。しかも、その業績は、主に、生徒の成績を評価の基準としている。つまり、生徒の成績で教員を評価することが特徴である。特に、中・小都市部、農村部では顕著である。
- 優秀等級の獲得は「高級教員」の評定の一つの必要条件と規定されているので、各地域・各学校では優秀教員の評定を重視している。
- 大都市部、中・小都市部、そして農村部も同様に、教員評価の結果は、

昇給・昇格・賞与支給などの根拠とされている。つまり、業績主義方式が特徴である。

地域間の教員年度考課における相違点は以下のとおりである。

［相違点］
- 評価結果の適用における違いがある。都市部（大都市部、中・小都市部）では評価結果を採用、年末賞与の支給、３％奨励・昇格の根拠としている。多くの農村部では業績主義評価方式を実施しているが、教員が「合格」と評価されても、教員への「年末賞与」の奨励、昇格・昇給などは実施されていない。つまり、業績主義は機能していない。
- 「優秀」教員への対処における違いがある。大都市北京市・天津市では、当年「優秀」と評価された場合、３％奨励・昇格の資格が付与される。中・小都市の通遼市・赤峰市と農村部の場合、３年間連続「優秀」と評価されると３％奨励・昇格の資格ができる。この違いは、財政力から生じると考えられる。３％奨励・昇格と評価されると１段階（20-50元前後）昇格する。中・小都市の通遼市や農村部ではこの部分の財源がない。また、農村部では３年間連続で「優秀」と評価されても、財源がないため、３％奨励・昇格を享受できない。
- 手続きにおける違いがある。地域間の教員評価手続きは様々である。国家が規定した「教員自己申告、部門による民主的評議、学校考課グループによる評定、結果公開」という手続きをとる地域や、教員の自己申告を無視し、学校管理責任者あるいは校長一人による一方的量化評定を中心とする地域がある。大都市部は国家が規定した手続きに近い。
- 評定方法における違いがある。多元主義評定法、教育活動の量化指標による採点法、校長による認定法及び投票・選挙法などがある。
- 国家評定基準となる「徳・能・勤・業績」四項目における温度差がある。「中華人民共和国教員法」（第五章）及び「事業機関勤務者考課に関する暫定規定」では、教員の徳・能・勤・績の四要素を規定しているが、し

かし、この四要素の比率・具体的な実施細則等については規定されていないため、地域間において運用上で異なる点が若干見られた。北京市のような大都市部では政治・思想・道徳及び業績を重視する傾向がある。通遼市のような中・小都市部、特にほとんどの農村部では、教員の政治性をあまり重視しておらず、生徒の成績を重視する傾向がある。
・評価者に関する違いがある。都市部、特に大都市では、通常学校年度考課グループを設置し、しかも、一般教員が学校評価グループにおいて一定の比率を占めている。しかし、一部の中・小都市とほとんどの農村部では、評価グループを設置せず、教員評価はほとんど学校長による独裁的な判断となっている。

　最後の独裁的な教員評価方式については、現場の教職員はどう認識しているだろうか。一部の農村教員にインタビューを実施した。その結果は下記のとおりである。

　　現行の学校リーダーたちが決定する評価方式は全く我々の総合的な資質を反映しておらず、我々の勤務意欲を向上させない。理想の教員評価制度としては、職務称号評定や給与などに連動せず、単純に教員の職能成長を促進する評価が望ましい。今後、教員の評価は教員の自己評価、生徒や親からの評価も重視すべきである。

　この教員の声から、学校現場の教員は現行の学校責任者主導の評価方式に強く反発していることがわかる。ほとんどの学校では校長が評価者となっているため、校長との人間関係が良い人が高く評価される。つまり、人脈が教員評価に与える実態を無視できないのである。
　こうした「人脈重視問題」は、農村部の教員年度考課でも大きな問題となっていた。そこで、以下のアンケートを実施した。そのアンケート調査の結果によると、次の実態が明らかになる。

Q4-10　現行人事考課制度の内容（徳・能・勤・業績4項）に関して、何が重視されていますか
①徳　②能　③勤　④業績　⑤人脈　⑥その他

図7-2-1　教員年度考課の重視内容

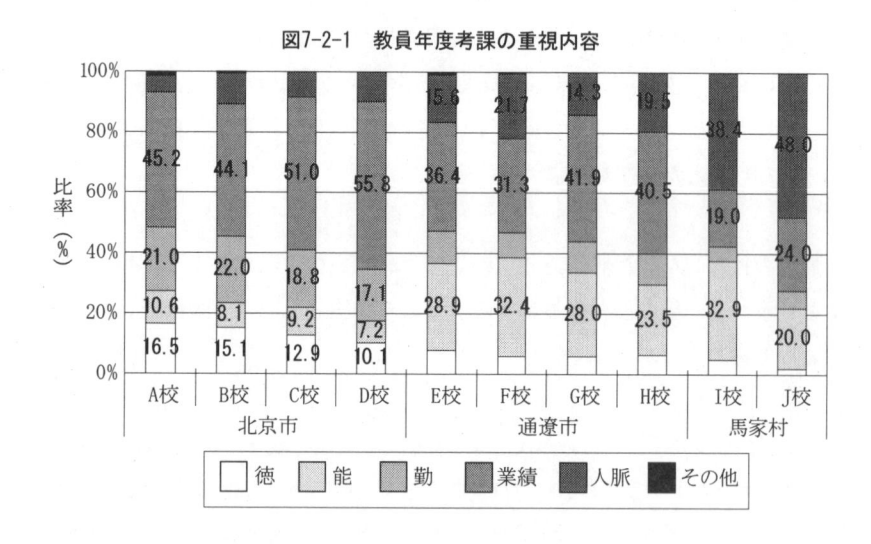

	A校	B校	C校	D校	E校	F校	G校	H校	I校	J校
徳	16.5	15.1	12.9	10.1	28.9	32.4	28.0	23.5	32.9	20.0
能	10.6	8.1	9.2	7.2						24.0
勤	21.0	22.0	18.8	17.1					19.0	
業績	45.2	44.1	51.0	55.8	36.4	31.3	41.9	40.5		48.0
人脈					15.6	21.7	14.3	19.5	38.4	

（北京市：A校～D校、通遼市：E校～H校、馬家村：I校～J校）

図7-2-1から、以下の三点がわかる。

（1）中国各地域の学校における教員年度考課内容は、地域・学校ごとに少し異なることがわかる。北京市では、教員の「業績」、「勤」（出勤など）、「徳」（政治・思想態度及び職業道徳）を重視する。その中で、業績重視が顕著である。通遼市では、教員の「業績」、「能」（学歴が中心）、人脈を重視する。馬家村では、教員の「能」（学歴が中心）、「業績」、「人脈」を重視する。特に人脈重視が顕著である。どの地域であっても、教員の業績を重視している傾向が見られる。つまり、地域・学校によって評価内容には少しばらつきが見られる。

（2）中学校が小学校より、教員の業績を重視していることがわかる。例え

318

ば、「業績」の選択は、北京市の中学校C校、D校が小学校のA校、B校より、通遼市の中学校のG校、H校が小学校のE校、F校より優位である。その原因は以下のように考えられる。中国は長い間、大学入試を指針とする受験教育体制のもとにあった。例えば、「中国の教育領域においては、進学を通して、最終的に大学に入学することが多くの人達の出世の道とされている」[10]、「中国では、法律で各級各類の評価体系と基準を規定している。しかし、それは全て形式主義である。みんな、大学入試という指針を重視している」[11]とする指摘が見られる。こうして、初等学校から中等教育学校に進学するほど、生徒の成績・合格率・有名高校への進学率が重視される。しかも、生徒の試験点数、進学率の高低は教員評価に適用されている。例えば、2001年に国家教育部が全国10省の14,000名の生徒、1,600名の校長・教員に対して実施した調査結果によると、「大部分の学校は、生徒の試験成績を学校・教員を評価する根拠にしているという結果であった」[12]。それに伴い、中学校のほうは小学校より、教員の業績評価を重視することになる。

(3) 馬家村の学校では「徳・能・勤・績」という四項目より、教員の「人脈」を重視する傾向が見られる。その大きな原因には、以下の三点がある。①農村部の学校では、きちんとした教員評価の基準ができていない。②学校の民主的管理機構としての「教職員代表大会」は機能していない。③教員の地位、学歴、教員の質がかなり低い。高校卒・中等師範卒教員が多い。また非正規の教員（民費教員・代用教員）が多い。④張守祥[13]が指摘しているように、農村学校校長の大多数は農村部の郷・鎮から直接任命されたもので、校長の質が低い。また、校長任命の選択範囲も狭く、通常村内に限定されている。つまり、農村部校長の指導力がない。農村部は、教員管理において人脈重視の問題を生じやすいのである。

以上、地域間の教員年度考課の評価の実態が明らかになった。次に、教員評価の効果を検討する。

第2節　教員年度考課の効果

1．教員学歴の変化

　教員の学歴上の変化は年度考課より教員採用との関係が深いと考えられている。教員採用と教員学歴に相関関係があり、年度考課による教員学歴への影響は無視できないと考えられる。その大きな理由は以下のとおりである。年度考課は、教員採用（招聘）に結びついている。そしてまた、国家規定の年度考課の基準としての「徳、能、勤、績」という四項目の「能」の項目には学歴が含まれているので、年度考課による学歴促進機能があると考えられる。

例えば、牛志奎[14]は、教員評価の効果について、「中国の教員人事考課の実施によって教員の有資格率は以前に比較して相当程度高められた」と指摘した。確かに、牛志奎が指摘したとおり、年度考課を実施して以来、中国の教員の有資格率は以前に比べ、相当程度高められた。しかし、教員の有資格率における地域間の格差も無視できない[15]。現在、教員の有資格率は、農村部が中・小都市部より、中・小都市部が大都市部より低いからである。図7-2-2は1990年〜1999年の中国小学校教員の学歴状況である。

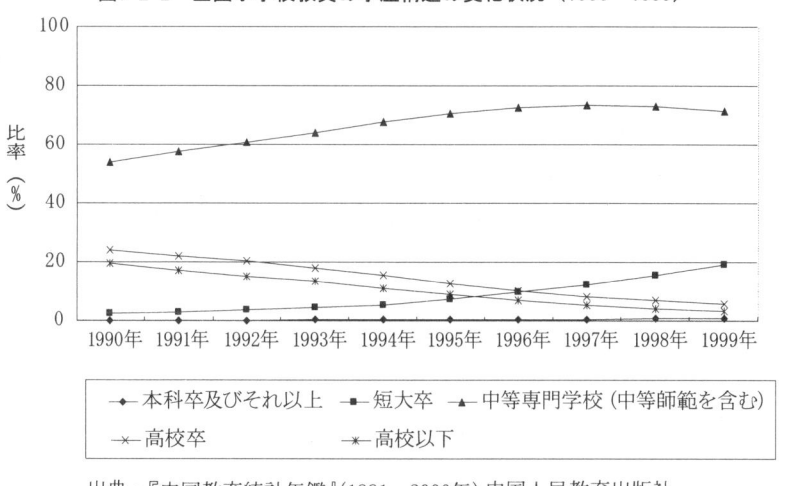

第7章　教員年度考課と3％奨励・昇格制度の実態及び地域間の比較

図7-2-2　全国小学校教員の学歴構造の変化状況（1990～1999）

凡例：本科卒及びそれ以上　短大卒　中等専門学校（中等師範を含む）
高校卒　高校以下

出典：『中国教育統計年鑑』(1991～2000年) 中国人民教育出版社

　図7-2-2から以下のことが読み取れる。年度考課を実施して以来、本科卒及びそれ以上卒（増えつつあるが、その規模は小さい）、短大卒の教員数が増える一方、高校卒及び高校以下卒の教員数が減少している。この他、中等専門学校卒[16]の教員は1997年以後、減少傾向が見られる。中等専門学校卒の教員数が減少する傾向は、教員学歴を強化し、教員養成部門を低水準の中等師範学校から高水準の師範大学と総合大学へと移行することに繋がっている。

　図7-2-2から、高学歴教員が増え、低学歴教員が減少する傾向が見て取れる。この現象は全国の平均的な特徴であるが、しかし、大都市部、県鎮部（中・小都市部に相当する）、そして農村部の教員学歴向上には、不均衡の格差が生じている。

　以下の三つのグラフは、全国各省・自治区・直轄市（日本の都道府県に相当する）の都市、県鎮、農村部における小学校教員の学歴構造（2003年）である。

321

表7-2-3 児童・生徒1万人当たりの各地域の大学卒及びそれ以上卒の小学校教員の分布

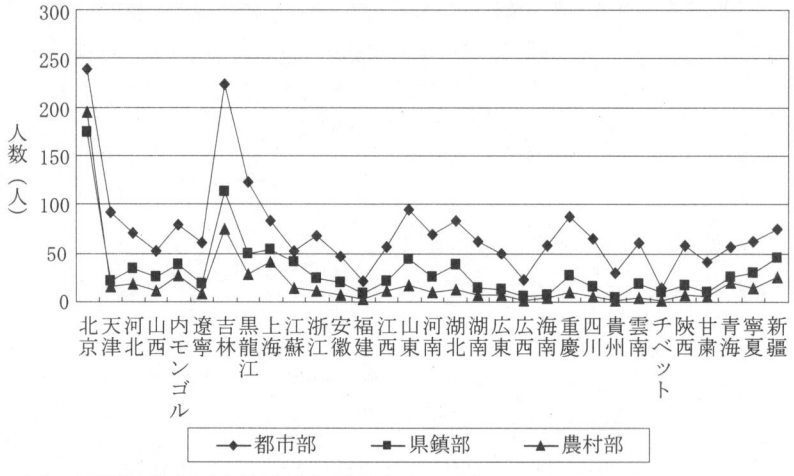

人数（人）

北京 天津 河北 山西 内モンゴル 遼寧 吉林 黒龍江 上海 江蘇 浙江 安徽 福建 江西 山東 河南 湖北 湖南 広東 広西 海南 重慶 四川 貴州 雲南 チベット 陝西 甘粛 青海 寧夏 新疆

◆都市部 ■県鎮部 ▲農村部

出典：中国教育統計年鑑（中国教育出版社）（2004年）pp.532-539、pp.556-563により、筆者が独自に作成

図7-2-4 児童・生徒1万人当たりの各地域の短大卒の小学校教員人数の分布

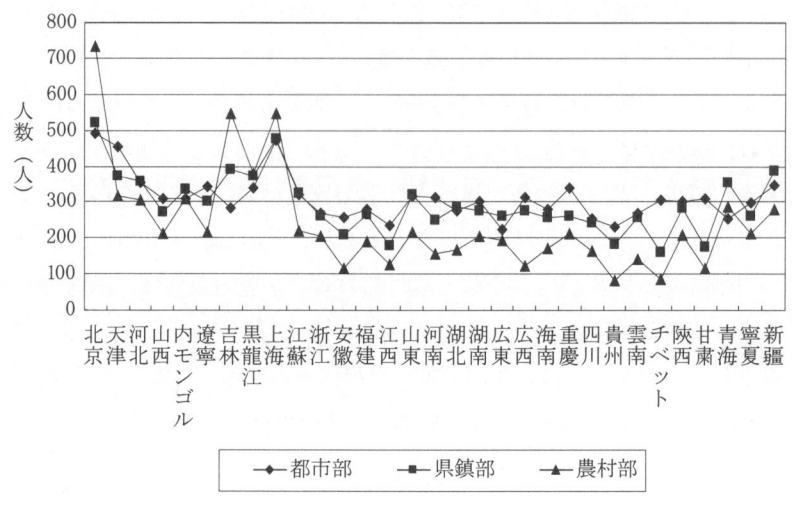

人数（人）

北京 天津 河北 山西 内モンゴル 遼寧 吉林 黒龍江 上海 江蘇 浙江 安徽 福建 江西 山東 河南 湖北 湖南 広東 広西 海南 重慶 四川 貴州 雲南 チベット 陝西 甘粛 青海 寧夏 新疆

◆都市部 ■県鎮部 ▲農村部

出典：中国教育統計年鑑（中国教育出版社）（2004年）pp.532-539、pp.556-563により、筆者が独自に作成

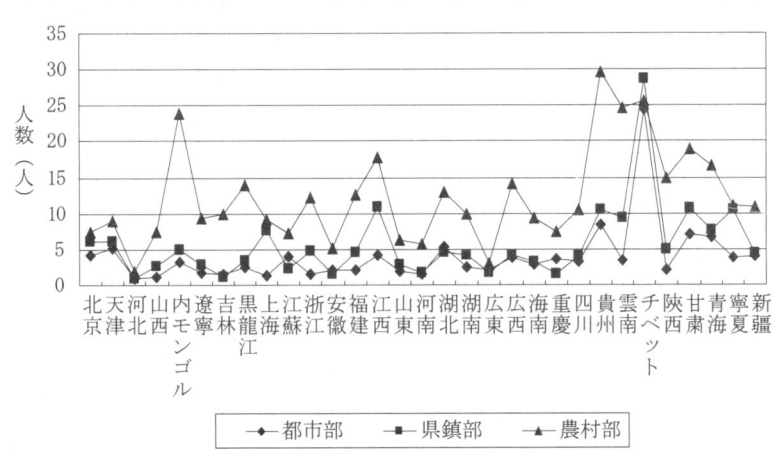

第7章　教員年度考課と3％奨励・昇格制度の実態及び地域間の比較

図7-2-5　児童・生徒1万人当たりの各地域の高校卒及び高校以下卒の小学校教員人数の分布

出典：中国教育統計年鑑（中国教育出版社）（2004年）pp.532-539、pp.556-563により、筆者が独自に作成

図7-2-3、図7-2-4、図7-2-5という三つのグラフから、中国の各地域には、教職員の学歴に関する特徴として以下の二点が見られる。

（1）同じ省・自治区・直轄市（日本の都道府県段階に相当する）における大学及びそれ以上卒の教員比率は、大都市が県鎮より多く、県鎮が農村部より高い。高校及び以下卒の教員比率は、農村部が県鎮より高く、県鎮が都市部より高いという傾向にある。徐志勇が指摘したように、都市部が優越であり、都市部の教員学歴は普遍的に地方や農村部より高い[17]のである。

表7-2-1は、調査した農村部の小学校Ⅰ校と中学校Ｊ校の全教職員の学歴状況である。

表7-2-1　農村部I、J校の全教員学歴状況

項目	小学校卒	中学校卒	高校卒	中等専門学校卒	短大卒	大学卒及びそれ以上卒
I小学校	3(5.5%)	3(5.5%)	3(5.5%)	25(45.5%)	15(27.5%)	6(10.9%)
J中学校	0	0	4(7.8%)	26(51.0%)	16(31.4%)	5(9.8%)

注：この表は、筆者の調査により、独自に作成

　全国人民代表大会で可決された「中華人民共和国教員法」(1993年10月31日)第三章「資格と採用」の第11条は、「小学校教員資格の取得は、中等師範学校及びそれ以上の学歴、中学校教員資格の取得は短大卒及びそれ以上の学歴を条件とする」と規定している。しかし、上記の表からわかるように、農村部の多くの学校は国家規定の教員学歴要求に達していない。つまり、年度考課の効果の一つとしての教員学歴向上には限界があると断言しても過言ではないだろう。

（2）全国各省・自治区・直轄市間の格差も見られることである。しかし、省・自治区・直轄市間の格差は、省・自治区・直轄市内部の都市部・県鎮部・農村部における格差より少ない。

2．教員の出勤率、欠席率、授業数等の変化

　年度考課によって教員の勤務実態、生徒の成績などはどう変わったか。これを明らかにするために、北京市D校、通遼市H校、馬家村J校における教員の授業数、出勤の変化及び生徒の進学率・退学率の変化を中心に調査した。調査結果は表7-2-2のとおりである。

表7-2-2　教員の出勤率・遅刻回数及び休講回数の変化

項目	北京市D校	通遼市H校	馬家村J校
全学校の授業総数	832000	811600	753200
教員一人当たりの年間遅刻した授業数	2.1	3.5	12.7
教員一人当たりの病気などで年間休講した授業数	0.5	1.2	5.2
教員の一人当たりの出勤率	98.80%	95.10%	90.70%

表7-2-2の資料は、2004年9月から2005年7月までの三地域代表学校の実態である。表7-2-2から以下の二点が読み取れる。

（1）年間に遅刻した授業数、休講した授業数が、農村部の馬家村、中・小都市の通遼市、大都市部の北京市という順に逓減する。その理由は、北京市と一部の中・小都市部では、地方政府財源と学校自己財源による教員の授業時数に応じた授業手当制度が確立しているからである。しかし、多くの中・小都市とほとんどの農村部は、地方財源が少ないため、授業手当制度が導入されていない。

（2）教員の出勤率から見れば、北京市、通遼市、農村部という順に逓減する。その理由は、都市部、特に大都市部では、出勤率も業績主義的教員評価要素の一つである。しかし、農村部では業績主義評価が機能していない。そのため、都市部、特に大都市部における教員の出勤率は明らかに農村部より高い傾向が見られる。北京市X校の校長が指摘したように、教員年度考課を実施して以来、教員の勤務の積極性が向上した。これは教員の授業・教育の質向上の重要な保証となっている[18]。

　教員は現行の教員評価制度をどう認識しているのだろうか。教員の意識には年度考課効果の地域間の格差があるのだろうか。以下でさらに検証する。

3．教員のイデオロギーにおける年度考課の効果

（1）教員の総合的な資質の反映程度

　現行の教員年度考課方式に対して、教員はどう受け止めているか。その効果はどうなっているのか、以下の調査結果から明らかである。

> Q4-16　現行の年度考課制度（名誉・利益と関連し、結果を重視する総括的業績評価）は、あなたの総合的な素質を反映できると思いますか。
> ①とてもそう思う　②そう思う　③どちらともいえない
> ④あまりそう思わない　⑤全くそう思わない

図7-2-6　現行の年度考課制度はあなたの総合的な資質を反映できると思いますか

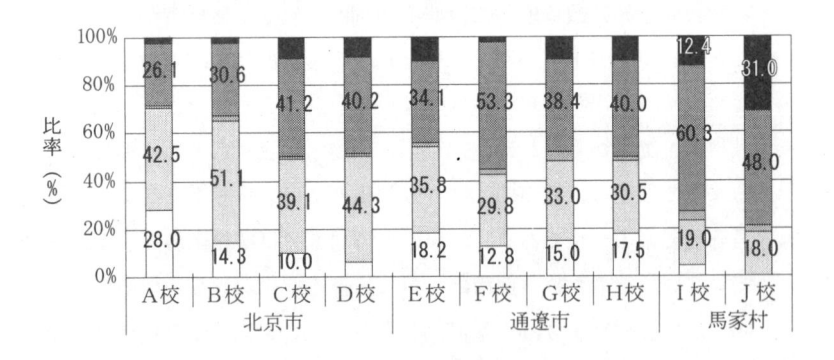

学校	とてもそう思う	そう思う	どちらともいえない	あまりそう思わない	まったくそう思わない
A校	28.0	42.5	26.1		
B校	14.3	51.1	30.6		
C校	10.0	39.1	41.2		
D校		44.3	40.2		
E校	18.2	35.8	34.1		
F校	12.8	29.8	53.3		
G校	15.0	33.0	38.4		
H校	17.5	30.5	40.0		
I校	19.0	60.3	12.4		
J校	18.0	48.0			31.0

（北京市：A校、B校、C校、D校／通遼市：E校、F校、G校、H校／馬家村：I校、J校）

図7-2-6から以下の二点を指摘できる。

（1）現行の業績主義の教員評価は教員の総合的な資質[19]をあまり反映していない。

（2）大都市部の北京市の教員（A、B、C、D校）、中・小都市部の通遼市の教員（E、F、G、H校）が農村部の馬家村の教員（I、J校）より高く評価している。

その大きな要因としては、二点があげられる。

第一は、学校の民主的管理機構の健全性である。
都市部、特に大都市部における民主的学校管理（「校務委員会」や「教職員

代表大会」)は農村部より機能している。例えば、大都市部の北京市では、学校の民主的管理に関する「北京市小・中学校校長勤務意見」が公布されている。その第2条では「小・中学校では、校長責任制を実施する。校長が学校の法人代表として、学校の授業・教育活動に全面的に責任をとり、統一管理をする」、第4条では、「校長責任制を導入後、学校は十分に党組織の政治核心作用を発揮し、学校の重大な決定に関して、校長が積極的に党組織の意見を求める」、第5条では、「校長は、教職員の民主的監督・民主的参政権を尊重し、教職員の合法的権益を保護する。定期的に、「教職員代表大会」に勤務を報告し、意見を聴取する」と規定しているのである。

表7-2-3は調査した三地域における教員の「教職員代表大会」の年間参加回数である。

表7-2-3　地域間の「教職員代表大会」の年間参加回数

年間教職員代表大会の参加回数		
大都市部の北京市の平均	中小都市部の通遼市の平均	農村部の馬家村の平均
23	21	17

この結果から、大都市部の北京市と中・小都市部の通遼市における教職員の「教職員代表大会」の実施差は少なく、都市部と農村部の差が大きい。都市部の教員は農村部の教員より「教職員代表大会」参加回数が多いことがわかる。

第二は、教員評価の自己評価・同僚評価の重視である。

都市部は、教員の自己評価と同僚評価を重視している。以下の二つのグラフは、調査した三地域の教員の自己評価と同僚評価の重視度である。

Q4-12　あなたは現行の教員評価制度では教員の自己申告が重視されていると思いますか
　　　　①とてもそう思う　②そう思う　③どちらともいえない
　　　　④あまりそう思わない　⑤全くそう思わない

図7-2-7　各地域の教員の自己評価の重視度

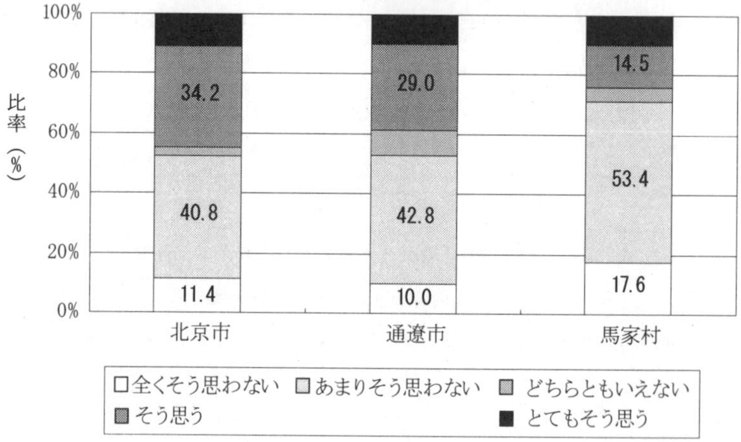

	北京市	通遼市	馬家村
そう思う	34.2	29.0	14.5
どちらともいえない	40.8	42.8	53.4
あまりそう思わない	11.4	10.0	17.6

□全くそう思わない　□あまりそう思わない　□どちらともいえない
■そう思う　■とてもそう思う

Q4-20　あなたは現行の教員評価制度で教員の同僚間評価が重視されていると思いますか
　　　　①とてもそう思う　②そう思う　③どちらともいえない
　　　　④あまりそう思わない　⑤全くそう思わない

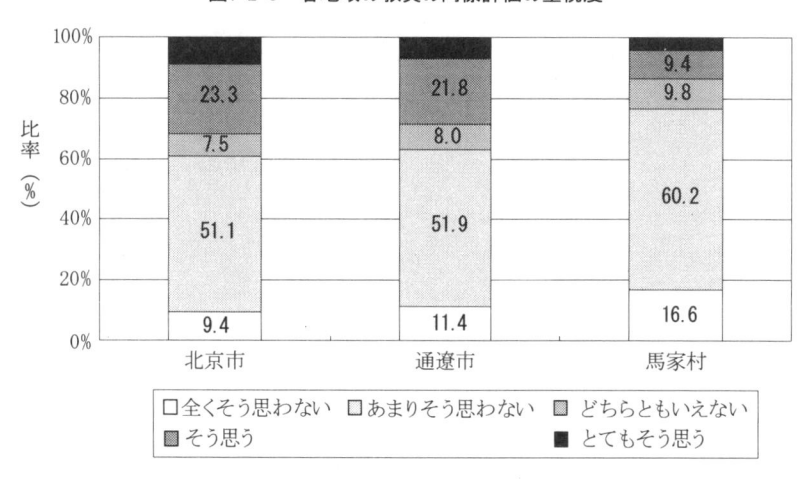

第7章 教員年度考課と3％奨励・昇格制度の実態及び地域間の比較

図7-2-8 各地域の教員の同僚評価の重視度

	北京市	通遼市	馬家村
とてもそう思う			
そう思う	23.3	21.8	9.4
	7.5	8.0	9.8
どちらともいえない	51.1	51.9	60.2
あまりそう思わない			
全くそう思わない	9.4	11.4	16.6

□全くそう思わない　□あまりそう思わない　▨どちらともいえない
▨そう思う　■とてもそう思う

上記の図7-2-7、図7-2-8から以下のことがわかる。
(1) 北京市、通遼市、そして馬家村も同様に、同僚評価と自己評価があまり反応されていないと思っている教員が多い。
(2) 都市部間（北京市と通遼市）における教員自己評価の重視度の違いは大きくないが、都市部と農村部における重視度の温度差が激しい。つまり、都市部は農村部より教員の自己評価を重視している。
(3) 都市部間及び都市部と農村部間における教員同僚評価の重視度の違いには、大きな差が見られないが、都市部は農村部より高い。

ここまで示した教員の自己評価の重視度、同僚評価の重視度、「教職員代表大会」の年間実施回数及び地域属性は、教員の総合的な資質の向上の要因となっているだろうか。これを明らかにするために、アンケート調査の五段階項目をそれぞれ以下のように数量化した。「とてもそう思う」は5、「そう思う」は4、「どちらともいえない」は3、「あまりそう思わない」は2、「全くそう思わない」は1とし、重回帰分析を行った。

表7-2-4　独立変数の概要

変数の名称（単位）	変数の内容とその説明
自己評価の重視度	Q4-12　あなたは、現行の教員評価制度では教員の自己申告が重視されていると思いますか。「とてもそう思う」は5、「そう思う」は4、「どちらともいえない」は3、「あまりそう思わない」は2、「全くそう思わない」は1とする。
同僚評価の重視度	Q4-20　あなたは現行の教員評価制度で教員の同僚間評価が重視されていると思いますか。「とてもそう思う」は5、「そう思う」は4、「どちらともいえない」は3、「あまりそう思わない」は2、「全くそう思わない」は1とする。
「教職員代表大会」の年間参加回数	2005年12月26日から2006年1月15日の間、筆者が実施した調査のデータ
地域属性（ダミー変数）	大都市部の北京市は1、中小都市部の通遼市・農村部の馬家村は0、農村部の馬家村は1、中小都市部の通遼市・大都市部の北京市は0

具体的には、表7-2-4が示したとおり、教員の総合的な資質の反映程度（五段階）を従属変数とし、「教職員代表大会」の年間参加回数、教員評価における自己評価の重視度（五段階）、同僚評価の重視度（五段階）及び教員勤務の地域（ダミー）を説明変数として、重回帰分析を行った。分析した結果は表7-2-5のとおりである。

検定したところ、自己評価の重視度、同僚評価の重視度、「教職員代表大会」の年間の参加回数という三つの説明変数はともに1％で有意であった。地域ダミーⅡ（農村部の馬家村は1、大都市部の北京市・中小都市部の通遼市は0）は10％水準で有意であった。地域ダミーⅠ（大都市部の北京市は1、中小都市部の通遼市・農村部の馬家村は0）は、有意ではなかった。なぜ、地域ダミーⅠは有意ではなかったのか。

その理由を以下のように考える。

第一に、中国の大都市部と中・小都市部では、社会発展、経済発展、教育

第7章　教員年度考課と3％奨励・昇格制度の実態及び地域間の比較

表7-2-5　教員の総合的な資質の反映程度の分析方式 I

独立変数	教職員の総合資質の反映程度			
	非標準化係数	標準誤差	標準化係数	有意確率
（定数）	0.834	0.207		P=0.000
自己評価の重視度	0.320	0.038	0.355	P=0.000
同僚評価の重視度	0.281	0.059	0.177	P=0.000
教職員代表大会の年間参加回数	0.018	0.006	0.118	P=0.003
地域ダミー I（大都市部の北京市は1、中・小都市部の通遼市・農村部の馬家村は0）	0.022	0.102	0.009	P=0.828
地域ダミー II（農村部の馬家村は1、大都市部の北京市・中小都市部の通遼市は0）	-0.270	0.145	-0.082	P=0.063
Adjusted R2	0.260			
F値	40.415			
F値の有意確率	0.000			
N	560.000			

*p＜0.10,　** p＜0.05,*** p＜0.01

発展の水準に違いが見られるが大きなものではない。それゆえ、都市部の間では教員評価の効果における大きな違いは現れていない。

第二に、都市部と農村部における「二元制」という制度の影響を受けて、教育財政の調達、学校施設・設備の整備、教員の供給状況などにおける格差が非常に大きい。その結果、都市部と農村部における教員評価の格差が拡大する。

上記の仮説を裏付けるために、上記の重回帰分析の従属変数、自己評価の重視度、同僚評価の重視度、「教職員代表大会」の年間参加回数という説明変数を変更せず、地域を都市部・農村部を区別して、重回帰分析を再び実施した。

表7-2-6 独立変数の概要

変数の名称（単位）	変数の内容とその説明
自己評価の重視度	Q4-12 あなたは、現行の教員評価制度では教員の自己申告が重視されていると思いますか。「とてもそう思う」は5、「そう思う」は4、「どちらともいえない」は3、「あまりそう思わない」は2、「全くそう思わない」は1とする。
同僚評価の重視度	Q4-20 あなたは現行の教員評価制度で教員の同僚間評価が重視されていると思いますか。「とてもそう思う」は5、「そう思う」は4、「どちらともいえない」は3、「あまりそう思わない」は2、「全くそう思わない」は1とする。
「教職員代表大会」の年間参加回数	調査の実数
地域属性（ダミー変数）	都市部は1、農村部を0

分析した結果は表7-2-7のとおりである。

表7-2-7 教員の総合的な資質の反映程度の分析方式Ⅱ

独立変数	教職員の総合資質の反映程度			
	非標準化係数	標準誤差	標準化係数	有意確率
（定数）	0.562	0.190		P=0.003
自己評価の重視度	0.321	0.037	0.355	P=0.000
同僚評価の重視度	0.280	0.059	0.177	P=0.000
地域ダミー（都市部は1、農村部は0）	0.282	0.133	0.086	P=0.034
教職員代表大会の年間参加回数	0.018	0.006	0.119	P=0.002
Adjusted R2	0.262			
F値	50.594			
F値の有意確率	0.000			
N	560.000			

*p＜0.05, ** p＜0.01

自己評価の重視度、同僚評価の重視度、地域ダミー（都市部は1、農村部は0）、「教職員代表大会」の年間の参加回数という三つの説明変数はともに5％水準で有意であった。
　上記の二つの分析結果から以下のことが明らかである。
（1）教員の勤務地域ダミー（都市部が1、農村部が0）という説明変数の標準化回帰係数の値は低いが、その値の符号はプラスである。そのため、農村部から都市部へ、教職員の総合的な資質を少し反映できる傾向が見られる。
（2）同僚評価の重視度、自己評価の重視度及び「教職員代表大会」の年間参加回数という三つの変数の標準化係数の値を確認すれば、自己評価の値が最も大きいことから、自己評価の重視度が教職員の総合的な資質の反映程度との関係が強いと判断できるだろう。

　上記の分析結果から、教員の勤務地域、教員の自己評価の重視度、同僚評価の重視度及び学校の民主的管理機構の機能が、教員の総合的資質の反映程度と一定の関係があることは明らかである。

（2）教員の勤務意欲促進の度合い
　教員年度考課の導入の目的の一つは、教員の勤務意欲の促進にある。しかし、現場の教職員は、教員年度考課の運営目的をどのように認識しているだろうか。

Q4-9　あなたは現行の人事考課制度の目的はどこにあると思いますか
　　①優秀評定、職務称号評定及び3％奨励・昇給のため
　　②昇給のため　③教員管理の強化
　　④教職員の積極性・職能成長のため　⑤知らない

図7-2-9 教員年度考課の実際の目的は何だと思いますか

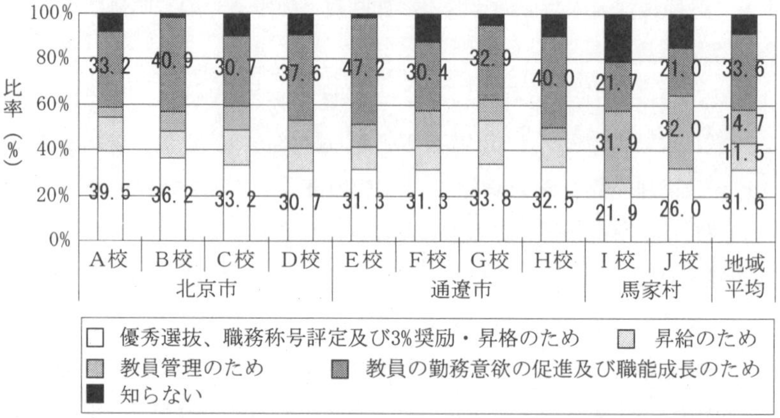

	A校	B校	C校	D校	E校	F校	G校	H校	I校	J校	地域平均
上段	33.2	40.9	30.7	37.6	47.2	30.4	32.9	40.0	21.7	21.0	33.6
中段									31.9	32.0	14.7
											11.5
下段	39.5	36.2	33.2	30.7	31.3	31.3	33.8	32.5	21.9	26.0	31.6

北京市：A校、B校、C校、D校
通遼市：E校、F校、G校、H校
馬家村：I校、J校

凡例：
□ 優秀選抜、職務称号評定及び3%奨励・昇格のため　　□ 昇給のため
□ 教員管理のため　　■ 教員の勤務意欲の促進及び職能成長のため
■ 知らない

図7-2-9から以下のことが読み取れる。

（1）大都市部の北京市及び中・小都市部の通遼市では、教員年度考課の実際の目的は「優秀選抜、職務称号評定及び３％奨励・昇格のため」とする教員は30％〜40％までの間であり、「教員の勤務意欲の促進及び職能成長のため」とする教員が30％〜40％までの間である。つまり、現行の学校現場における年度考課の目的は、教員の勤務意欲の促進及び職能向上のためのみではなく、優秀選抜・職務称号評定という等級判定の性格も持っている。

（2）農村部の馬家村のI校、J校の教員は、教員年度考課の目的を「教員の勤務意欲の促進及び職能成長」より、「教員管理」、「優秀選抜、職務称号評定及び３％奨励・昇格のため」だと考えている。

学校現場の教員評価の目的は、教員の職能成長より等級判定の性格が強い。中国の学校管理は、規範的ではなく、教員の地位が低い。学校内部には、校長―教頭―教導主任―科研組長―教員という五段階の厳格で階層的なピラミッド式の組織構造がある。中国の教員は学校組織構造からわかるように教員

は専門職であるよりも「学校管理の対象者」とされている。従って、評価者（校長、党支部書記などの管理者など）は教員評価を教員管理の手段として運用しているのである。

　このピラミッド的教員管理構造のもとで、現行の教員年度考課は教員の意欲をどのように向上させているのだろうか。この点に関して、中国の教育行政研究者である黄巍[20]は、以下のように指摘している。

> 教職員の積極性をただ給与だけで刺激することでは足りない。教職員に対しては物質的刺激も精神的刺激も必要である。物質的刺激の効果は次第に少なくなってきている。なぜなら、社会の進歩や物質的生活レベルの向上により、教職員の欲求は高レベルに発展するからである。給与だけでは教職員の積極性を必ずしも刺激することができない。よって、現在、教員の給与は以前より高くなっているが、教育・教授の質が下がりつつある。

　黄巍は、現行の業績主義的評価方式の効果について否定的に論述している。一体、現場の教職員はこの評価制度の効果をどのように認識しているだろうか。それを明らかにするために、以下の項目を設立し、アンケート調査を行った。その結果は図7-2-10のとおりである。

Q4-26　人事考課制度の実施を通して、あなた自身の努力が報われ、積極性が向上したと思いますか
　　　①とてもそう思う　②そう思う　③どちらともいえない
　　　④あまりそう思わない　⑤全くそう思わない

図7-2-10 人事考課制度の実施を通して、あなた自身の努力が報われ、勤務意欲が向上したと思いますか

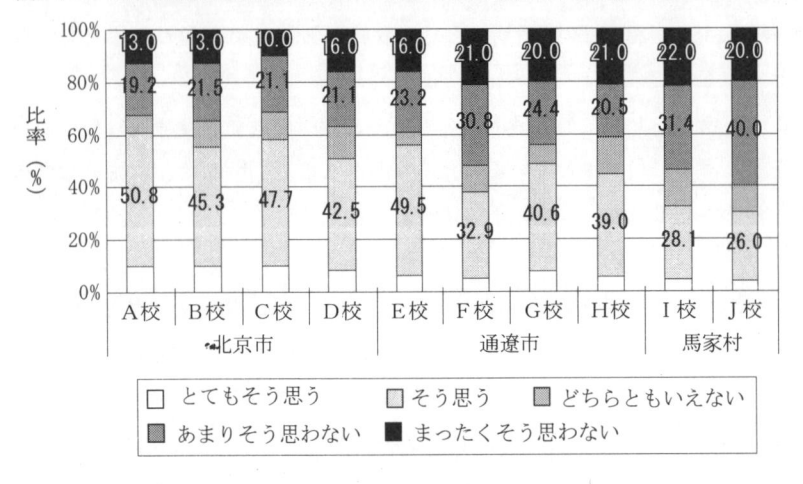

	A校	B校	C校	D校	E校	F校	G校	H校	I校	J校
まったくそう思わない	13.0	13.0	10.0	16.0	16.0	21.0	20.0	21.0	22.0	20.0
あまりそう思わない	19.2	21.5	21.1	21.1	23.2	30.8	24.4	20.5	31.4	40.0
そう思う・どちらともいえない	50.8	45.3	47.7	42.5	49.5	32.9	40.6	39.0	28.1	26.0

北京市（A〜D校）　通遼市（E〜H校）　馬家村（I〜J校）

図7-2-10から、以下のことが読み取れる。

（1）現行の年度考課制度は、一定の地域・学校において確かに一定の役割を果たしている。しかし、その効果は顕著であるとは言えない。「とてもそう思う」と思っている教職員はほとんど10%以下で、「そう思う」と「とてもそう思う」と思っている教職員の比率を合わせるとほとんど60%未満となっている。

（2）年度考課による教員の勤務意欲への影響には地域間の格差が見られる。都市部の教員は明らかに農村部の教員より、意欲が向上したと答えている。

以上の検証・分析から、中国地域間の教員年度考課の運営実態における違いは明らかである。

第3節　3％奨励・昇格制度の実態と効果

1．3％奨励・昇格制度の実態

　国務院弁公庁が公布した「機関・事業部門勤務者の給与制度改革に関する三点の実施方法に関する通知」(1993年12月4日)は、「特別優秀な勤務者に対して、上級主管部門と人事部門の許可を得て、各部門総人数の3％以内の比率で奨励・昇格を行う。奨励・昇格の給与は、次年度の1月から実施する」[21]と規定していた。この制度の大きな理念は、各学校における「特別に優秀な教職員」への奨励を通して、教職員の勤務意欲を促進し、教育効果の向上を促すことである。

　しかし、中央政府は3％奨励・昇格評定に関する具体的な評定基準、方法、手続きを具体的に明記していない。そのため、ほとんどの学校は「年度考課」の評定基準、方法、手続きを運用して、3％奨励・昇格制度を実施している。具体的にいうと、多くの学校は、年度考課における「優秀教員」(学校総人数の15％以内)を評定した上で、評定した「優秀教員」からさらに特別に優秀な教員(学校総人数の3％以内)を選出しているのである。

　各地域の3％奨励・昇格制度は、一体どのような実態になっているだろうか。図7-3-1がその概要である。

Q4-33　「3％奨励・昇給」と評価されたことがありますか
　　　①ある　②ない

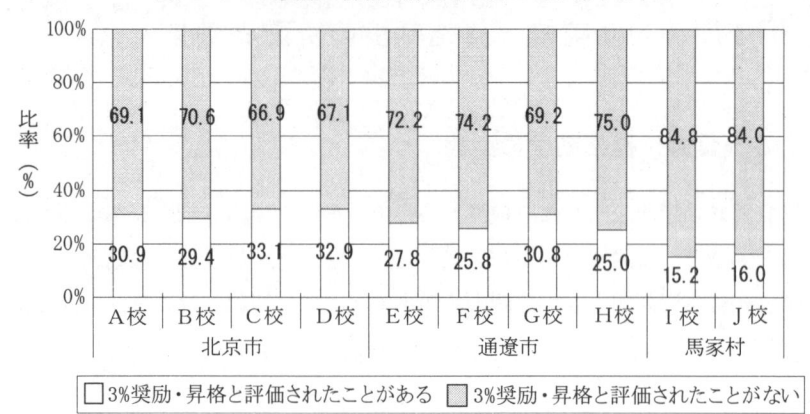

図7-3-1　3％奨励・昇格と評価されたことがありますか

	A校	B校	C校	D校	E校	F校	G校	H校	I校	J校
ない	69.1	70.6	66.9	67.1	72.2	74.2	69.2	75.0	84.8	84.0
ある	30.9	29.4	33.1	32.9	27.8	25.8	30.8	25.0	15.2	16.0

北京市：A校・B校・C校・D校　　通遼市：E校・F校・G校・H校　　馬家村：I校・J校

□ 3％奨励・昇格と評価されたことがある　　▨ 3％奨励・昇格と評価されたことがない

　図7-3-1からわかるように、北京市、通遼市、そして馬家村も同様に、3％奨励・昇格と評価された教員比率は少ない。また、都市部の北京市、通遼市が農村部の馬家村より、少し多く見えるが、大きな差はない。この実態から以下のことが考えられる。

（1）制度的に、「特別に優秀な教員」に限定しており、定数が少ない。
（2）国家の規定は曖昧で、各自治体では自由裁量の余地がある。
（3）大都市部の北京市では3％奨励・昇格に伴う財政力があるので、評価された教員数は中・小都市部の通遼市、農村部の馬家村より少し多い。

　確かに、3％奨励・昇格と評価されても、農村部は財政力が弱いため、相応した給与を支給できないのが普通なのである。

2．3％奨励・昇格制度の効果

　1993年から導入されて以来、この制度はどのような効果をあげているのだろうか。

第7章 教員年度考課と3％奨励・昇格制度の実態及び地域間の比較

Q4-34 ３％奨励・昇格制度が導入されて以来、あなたの勤務意欲はさらに向上したと思いますか
①とてもそう思う　②そう思う　③どちらともいえない
④あまりそう思わない　⑤全くそう思わない

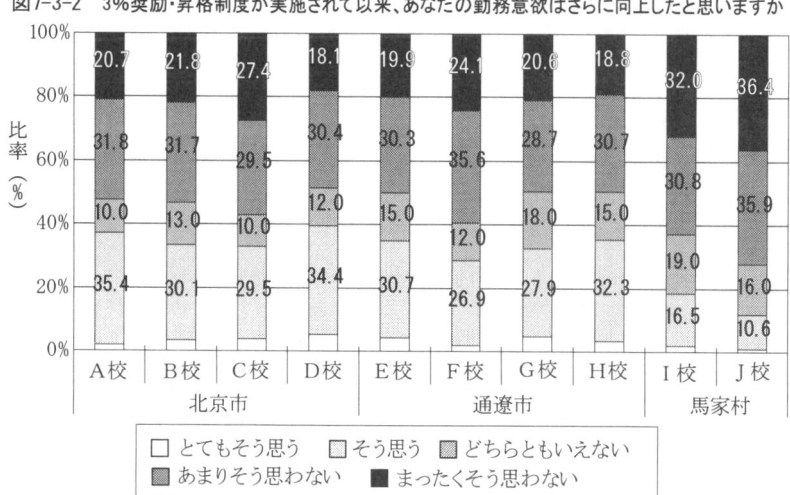

図7-3-2　3%奨励・昇格制度が実施されて以来、あなたの勤務意欲はさらに向上したと思いますか

校	とてもそう思う	そう思う	どちらともいえない	あまりそう思わない	まったくそう思わない
A校	35.4	10.0	31.8	—	20.7
B校	30.1	13.0	31.7	—	21.8
C校	29.5	10.0	29.5	—	27.4
D校	34.4	12.0	30.4	—	18.1
E校	30.7	15.0	30.3	—	19.9
F校	26.9	12.0	35.6	—	24.1
G校	27.9	18.0	28.7	—	20.6
H校	32.3	15.0	30.7	—	18.8
I校	16.5	19.0	30.8	—	32.0
J校	10.6	16.0	35.9	—	36.4

A校～D校：北京市　E校～H校：通遼市　I校・J校：馬家村

図7-3-2から、以下のことがわかる。

（1）都市部の北京市と通遼市では、３％奨励・昇格の「勤務意欲が向上した」と答えた教員の割合が大体30％〜40％の間である。農村部の馬家村では、大体20％以下である。
（2）都市部では、３％奨励・昇格制度の効果における違いが大きくないが、都市部と農村部の間では効果の格差が大きい。

なぜ、こうした現象が生じたのだろうか。現行の３％奨励・昇格制度の問題はどこにあるのだろうか。それを解明するために、以下の調査を実施した。

Q4-36 あなたは現行の「3％奨励・昇格」制度に対してどう思いますか
①定数が少ない ②年功序列 ③人脈重視 ④校長の独裁管理
⑤業績重視 ⑥その他

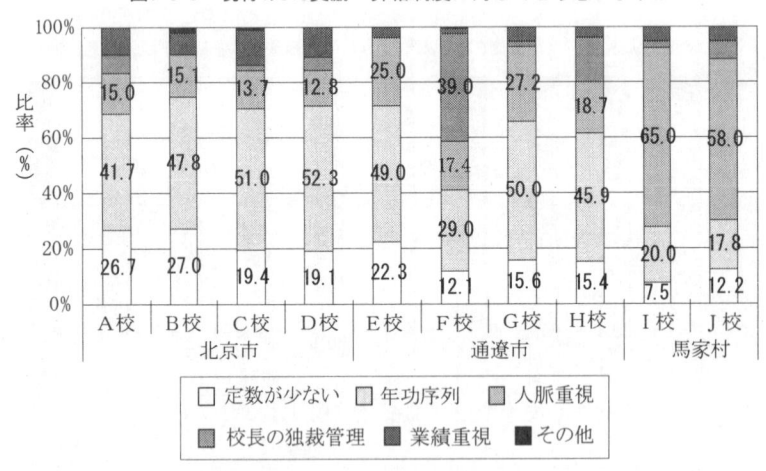

図7-3-3 現行の3％奨励・昇格制度に対してどう思いますか

学校	定数が少ない	年功序列	人脈重視	校長の独裁管理	その他
A校（北京市）	26.7	41.7	15.0		
B校（北京市）	27.0	47.8	15.1		
C校（北京市）	19.4	51.0	13.7		
D校（北京市）	19.1	52.3	12.8		
E校（通遼市）	22.3	49.0	25.0		
F校（通遼市）	12.1	29.0	17.4	39.0	
G校（通遼市）	15.6	50.0	27.2		
H校（通遼市）	15.4	45.9	18.7		
I校（馬家村）	7.5	20.0	65.0		
J校（馬家村）	12.2	17.8	58.0		

図7-3-3から、以下の制度上の特徴が見られる。

（1）3％奨励・昇格の定数が少なく、多くの教員は排除されているため、大多数の教員の勤務意欲を促進できていない。
（2）「年功序列」を重視する学校が多い。例えば、上記の北京市のA、B、C、D校、通遼市のE、G、H校がその例である。
（3）馬家村のI、J校は「人脈」を重視する傾向がかなり顕著である。
（4）通遼市のF校は校長の独裁管理が顕著である。この学校は少数民族のモンゴル民族学校で、学校校長は権力が強く、独裁的に学校経営を管理している。

上述の特徴からわかるように、学校によって3％奨励・昇格における特徴

は異なる。人脈を重視する学校、年功序列を重視する学校などがある。しかしながら、各学校内部の業績主義的3％奨励・昇格制度の効果に影響を与えている要因は、一体何であろうか。それを解明するために、以下の作業仮説を立てた。

　第一に、3％奨励・昇格の定数はかなり少ないため、競争が非常に激しい。教員の職務称号の高い教員は評定されやすい。それに伴って、3％奨励・昇格と評価された教員は本制度の効果を高く評価する。
　第二に、本制度の評定基準はかなり曖昧であるため、評定の実態において「年功序列」という問題がある。そのため、勤務年数の長い教員は3％奨励・昇格と評価されやすく、本制度を高く評価する。
　第三に、教員属性の要因：制度上で、3％奨励・昇格の定数はかなり少ない。各学校総人数の3％以内に限定され、また、この奨励の評定基準がかなり曖昧である。学校の管理者によっては評価しやすいかもしれない。そのため、これらの管理者は一般教員より、本制度を高く評価する。

　以上の仮説を検証するために、以下の作業を実施した。

　まず、従属変数の設定として、「3％奨励・昇格制度が導入されて以来、あなたの勤務意欲はさらに向上したと思いますか」という五段階のアンケートを設定した。また、上記の五段階のアンケート結果を整理・分析する際、設けた5項目を以下のように数量化した。「とてもそう思う」は5、「そう思う」は4、「どちらともいえない」は3、「あまりそう思わない」は2、「全くそう思わない」は1にした。
　次に、独立変数の設定として、変数間の多重共線性の有無を確認した上で以下の四つの変数を投入した。

　（1）教員職務称号（肩書き）変数：無職務称号は1、三級教員は2、二級
　　　教員は3、一級教員は4、高級教員は5にする。

(2)教員勤務年数を設定する。
(3)教員の属性:「一般教員は1、管理者は0」などとする。

表7-3-1 独立変数の概要

変数の名称(単位)	変数の内容とその説明
教員の職務称号	無職務称号は1、三級教員は2、二級教員は3、一級教員は4、高級 教員は5とする。
教員勤務年数	2005年12月26日から2006年1月15日の間、筆者が実施した調査の データ
教員の属性	一般教員は1、管理者は0とする。

上記の三つの独立変数を、強制投入法を使い、重回帰分析を行った。分析した結果は表7-3-2のとおりである。

表7-3-2 3%奨励・昇格制度に関する効果検定

独立変数	3%奨励・昇格制度による勤務意欲の促進			
	非標準化係数	標準誤差	標準化係数	有意確率
(定数)	0.217	0.390		0.578
勤務年数	0.061	0.007	0.341	0.000
職務称号	0.282	0.056	0.205	0.000
教員属性ダミー (一般教職員は1、学校管理者は0)	-1.151	0.331	-0.129	0.001
Adjusted R2	0.250			
F値	63.098			
F値の有意確率	0.000			
N	560.000			

*$p < 0.05$, ** $p < 0.01$

分析結果から、以下のことが指摘できる。

(1)1%という高い水準で有意であった教員の職務称号という説明変数の標準化係数及び符号から判断すれば、職務称号の高い教員は低い教員

より、この制度の効果を高く評価している。
（2）1％という高い水準で有意であった勤務年数という説明変数の標準化係数及び符号から判断すれば勤務年数の長い教員は短い教員より、この制度の効果を高く評価する傾向が見られる。この結果から、3％奨励・昇格評定においては一定程度の年功序列傾向を呈していることが明らかになった。
（3）1％という高い水準で有意であった教員属性ダミー（一般教職員は1、学校管理者は0）という説明変数の符号はマイナスである。この結果から、学校管理者は一般教職員より高く評価していることがわかる。

第4節　まとめ

　これまでの教員年度考課と3％奨励・昇格制度の実情及び地域間の比較に関する整理・分析を通して、以下のことが明らかになった。教員年度考課の地域間共通の特徴は、大都市部、中・小都市部、そして農村部も同様に、教員評価の結果は昇給、昇格、賞与支給などの根拠とされていることである。つまり、業績主義的方式が共通の特徴である。地域間の教員年度考課における相違点は以下のとおりである。

　第一に、多くの農村部では教育財源が不足しており、また教員の数が足りていないため、業績主義評価があまり機能していない。
　第二に、北京市のような大都市部では教員の政治・思想・道徳及び業績を重視する傾向がある。つまり、教員の総合的資質を重視している。しかしながら、通遼市のような中・小都市部、特にほとんどの農村部では、教員の政治・思想性をあまり重視しておらず、生徒の成績を重視する傾向がある。つまり、農村部におけるほとんどの地域では、生徒の進学率を教員評価の唯一の指標として実施している。
　第三に、評価手続きと評価者における違いが大きい。大都市部の北京市のほとんどの学校では「教員年度考課グループ」が設定されているが、中・小

都市部の通遼市、特にほとんどの農村部では「学校年度考課グループ」を制定しておらず、学校リーダーによる評価となっている。つまり、評定過程における違いがある。

第四には、年度考課による教員の勤務意欲という、効果における地域間の格差がある。都市部では、学校の民主的管理機構が健全であり、また、教員評価で教員による自己評価と同僚評価を重視しているので、都市部の教員は明らかに農村部の教員より意欲が向上している。

[注]

（１）例えば当該学校は、教育改革の重点校として北京市では最初に「教職員招聘制」、学校管理の董事会（The board of directors、取締役制度）を導入した。

（２）当該年度考課方案は、北京市年度考課の方式として、北京市教育委員会人事処編『全面的に小中学校の人事制度改革を推進する』（北方交通大学出版社、2003）pp.738-752に掲載されている。

（３）政治・思想・道徳の評価指標は、以下のとおりである。①共産党の基本路線を擁護し、教育事業・生徒を愛し、積極的に生徒を指導する。②学校・クラスと集団の勤務に関心を持つ。③勤務責任感が強く、奉仕精神がある。④指導者に従い、団結協力精神がある。⑤学校の各項規則を遵守し、遅刻・早退現象がないという上述の5条件を全て満たした場合10点、態度良好の場合8点、態度が普通の場合6点とし、厳重な規則違反現象があり、学校処分を受けた場合0点とする。

（４）教育評価基準の数値化に対して、以下の様々な指摘が見られる。例えば、国家基礎教育課程改革グループ曾琦、陳向明は、点数による評価に反対する。例えば、79点と80点の区別はわかりにくい。また、数値化により、逆に教員たちに過度に点数を重視させ、トラブルを起こしやすいと指摘した。また、陳永明は教育活動の複雑性のため、従来の数値化を過度に重視する評価方式はよくないと指摘し、厳紅は、単純に客観的な数値化評価方式にも主観的な経験主義評価方式にも反対すると論じた。一方で教育部の中学校長研修中心の王剣は、定量評価は、等級判定・序列付け

にとって有利である、定性評価は問題の提示、勤務改善にとって効果がある、と指摘した。

(5) 「末位淘汰制度」について、王斌華は「教員評価：末位淘汰制度」、『小・中学校管理』(2005年第2期)で以下のように指摘している。「末位淘汰制度」方式は、公平な競争・奨励効果などがあるが、教育領域での相応した法律根拠、組織環境及び保証措置がないため、学校教員評価にこの方式を導入することには、以下の問題がある。①教員たちに過度な圧力をかけてしまう。②教員間の協力を阻害する。③学校内部の不正を助長してしまう。王斌華の指摘を言い換えれば、末位淘汰制度は教員の集団間の協力を重視する学校組織に馴染まないということである。

(6) 筆者が北京市光明小学校（A校）、景泰小学校（B校）、龍潭中学校（D校）の学校校長・党支部書記・人事幹部及び教員にインタビューした結果及び収集した資料より。

(7) 「事業機関勤務者年度考課登記表」は資料として添付する。

(8) 例えば、一部の学校では、以下の特殊規定が設定されている。①3％奨励給与を既に享有した教員は今年度の優秀資格がない。②区級先進と評価された教職員は、優秀評定の資格がない。

(9) 筆者が調査した資料及び通遼市第11学校ホームページ。

(10) 李妍の『受験教育と資質教育』論文より。

(11) 中国教育ホームページhttp：//edu.cn/20020424/3025404.shtml　林小英『基礎教育管理体制と目標の乖離』論文より (p.1)。

(12) 李建平「評価の改革」『中国教育新聞』(2003年4月2日)

(13) 張守祥「農村の義務教育管理体制：進展・問題・提案」、『基礎教育参考』(教育部基礎教育司基礎教育参考編纂部、2005年第1期)

(14) 牛志奎「中国における教員の人事評価と職能開発」八尾坂編著『教員の人事評価と職能開発』(風間書房、2005) pp.166-167

(15) 『中国教育統計年鑑』(2004) pp.476-483を参照。

(16) 中等専門学校：Complete Specialized Sec. Education

(17) 徐志勇「現代学校制度の構築邏輯と政策意味」、褚宏啓主編『中国教育管理評論』第二冊、教育科学出版社、2003) p.126

(18) 「我が校の教職員招聘制に関する報告」(校長：劉志毅)、北京市教育委員会人事処編『積極的に小・中学校内部管理体制改革』(中国紡織品出版

社、2000) pp.248-249
(19) 中国では、教員の総合的な資質に関する統一した規範はまだない。朱益明・秦衛東他『小・中学校教員の資質及び評価』(広西教育出版社、2000) p.15では、わが国小・中学校教員の基本的資質は、①政治思想資質、②職業道徳資質、③知識能力資質、④良好な心理資質と身体資質、⑤言葉表現資質などから構成されると主張し、また、申継亮は「教員の知識構造は、本体性知識(学科知識)、実態性知識(課程知識及び相関知識)、条件性知識(教育学、心理学知識)と提示し、陳永明は①政治資質、②知識水準、③能力資質を含むと論じた。
(20) 黄巍『教員教育体制の国政比較』(広東高等教育出版社、2002年12月) p.186
(21) 北京市人事局編『給与福祉制度』(8巻) p.226

第8章 教員職務称号評定制度の実態と効果

　教員職務称号評定制度は、1986年より正式に実施されすでに20年以上経過している。これまでの先行研究では、このシステムがどのように機能し、いかなる問題を生み出しているかについての、特に、実証的研究が全く行われていないのである。

　本論文は、これまで現地調査で集めた資料などに基づいて考察し、現代中国の教員評価政策に生じている格差などについて明らかにしてきた。本章では、実証的考察の最後として、中国各地方・学校における教員職務称号評定制度の運用実態を中心に考察する。

第1節 教員職務称号評定の法制度理念・内容の再整理

　1985年5月27日に中国共産党中央委員会が公布した「教育体制改革に関する決定」（以下「決定」）は、中国教育発展の総指針である。この「決定」理念は、従来の計画経済方式がもたらした資源浪費問題、非効率などの問題を反省・批判し、各地方・各学校の自主性・自律性を向上し地方分権化を推進するものであった。この「決定」に基づいて、学校現場では学校人事制度の改革が図られた。教職員の勤務意欲の向上や学校内部の教員間の競争意識を喚起する給与制度の確立が課題となったのである。1986年には、党中央・国務院は、「職称評定改革・専門技術職務招聘制に関する規定」（以下「規定」）を公布し、本格的に教員職務称号評定制度がスタートした。

　同年5月19日に国家教育部は、「中学校教員職務試行条例」、「小学校教員職務試行条例」、「小・中学校教員職務試行条例に関する実施意見」を公布した。これらの職位条例は、小学校、中学校、高校の教員をそれぞれ高級、一級、二級、三級の4段階に区分し、各職位の職責、条件を定めていた。

第2節　教員職務称号評定の資格要件の地域間実態

　評定結果の取り扱いは、第4章で整理したように制度導入から現在まで以下の二つの段階がある。第一期は1986年～1999年までの時期（職務称号の評定結果と職務採用・給与への移行期）、第二期は1999年～現在までの時期（職務称号の評定結果と職務採用・給与適用の分離時期）である。現行の職務称号評定における中央政府の理念では、職務称号評定は単なる称号（肩書き）評定だけの性格を持ち、職務称号評定の結果をすぐに給与に適用することを禁止している。しかしながら、各地域の教員職務称号評定制度の適用はどうなっているのだろうか。

　それを明らかにするために、大都市部の北京市・天津市、中・小都市部の通遼市・赤峰市、農村部の慶和郷馬家村及び育新郷・育新村の各政府人事部門、教育行政管理部門の教育管理担当者にインタビューを実施し資料収集を行った。調査を通して、教員職務称号評定における各地域の共通の特徴と相違点を明確にする必要があるからである。

1．地域間の共通点

　各地域の教員職務称号評定の共通点は以下のとおりである。

（1）教員個人が「教員任職条件評定申請表」に関連項目（履歴、学歴、勤務年数、外国語水準、年度考課結果などの項目がある）を記入する。
（2）各学校は「初級評定委員会」を設置する。初級評定委員会の委員構成は一般学校管理職と中級職務称号以上を持った熟練教員から構成する。初級評定委員会は初審を行う。
（3）初審で決定されたら、各学校の人事担当が評定の結果を上級の評価委員会に推薦する。上級評価委員会は各学校から推薦された教員に対して、業績、成果（論文・著作など）、学歴、教員資格、外国語水準など総合審査した上で、最終的に決定する。

初級職務称号（中学校三級・二級教員あるいは小学校三級・二級・一級教員）の評定は、通常、学校に設置した「初級評定委員会」が審査し、評定結果を上級教育委員会に報告する。中級職務称号（中学校一級、小学校高級教員）の評定は、県レベル以上の教育行政機関に設置した「中級評定委員会」が審査し、上級教育行政部門に報告する。高級職務称号（中学校高級）評定は、通常国務院各部門と各省・自治区・直轄市に設立した「高級職務評定委員会」が審査するのである。

職務称号評定の手続きはほとんど全国共通となっている。また、中央政府が制定した職務称号評定の資格要件としての政治・思想要件、教員学歴要件、外国語成績要件、勤務年数要件、年度考課の結果要件も全国共通となっている。

しかしながら、中国各地域の経済発展の水準、教員資源の配置状況などの差が激しいために、教員職務称号評定の実態、特に職務称号評定の資格要件において地域間格差が存在している。具体的に言えば以下のとおりである。

2．大都市部の教員職務称号評定の資格要件

北京市人事局・北京市教育委員会による「小・中学校教員職務任職資格条件」（京人発［2004］37号）は、教員の職務称号評定の要件を以下のように規定している。

・申請資格
　①憲法・法律を遵守し、国家の教育方針を貫徹し、各規範・規則を遵守する。②良好な政治・思想素質と職業道徳がある。③教員資格証書がある。④担当学科の基礎理論と専門知識があり、授業・教育任務を遂行している。上記の要件は小・中学校共通である。

・学歴と勤務年限要件
【小学校の場合】

①小学校二級教員の学歴・勤務年限の規定は、中等師範学校卒なら1年間研修満了後、②小学校一級教員の学歴・勤務年限規定は、短大卒なら1年間研修満了後直接、中等師範学校卒なら小学校二級教員として3年間以上勤務、③小学校高級教員の学歴・勤務年限規定は、修士卒なら翌年直接、本科卒なら、1年間研修満了後、短大卒なら小学校一級教員として5年間以上勤務。

【中学校の場合】

①中学校二級教員の学歴・勤務年限規定は、本科卒なら1年間の研修満了後、短大卒なら勤務2年後、②中学校一級教員の学歴・勤務年限の規定は、修士卒なら翌年直接、本科卒なら中学校二級教員として4年間の勤務後、③中学校高級教員の学歴・勤務年限の規定は、博士卒なら翌年直接、本科卒あるいは修士卒なら中学校一級教員として勤務5年後。

・外国語要件

中学校高級教員の評定：全国職務称号評定のための外国語試験C級合格証書[1]取得が必要となる。

・パソコン操作技能

1960年1月1日以後に生まれた教員は、「中学高級」、「中学一級」、「小学高級」教員職務を申請する際、全国パソコン応用能力試験の合格証書が必要である。

・クラス担任の経験

中級職務称号（小学校高級、中学校一級）及び高級職務称号（中学校高級）に申請する場合は、担任経験（2年間以上）が条件となる。

・研修経歴

北京市第十回人民代表大会常務委員会第17回会議で可決された「北京市専門技術者在職研修規定」（1995年6月8日）の第6条は、「専門技術者

は、毎年、継続教育の研修時間が72時間以上でなければならない。研修期間で、給与などの福祉待遇は変わらない」と規定している。第9条は、「継続教育の研修状況と考課結果は、専門技術職務昇進の重要な条件とする」と定めている。

・年度考課の結果
初級教員職務称号(中学校三級・二級教員、小学校一級・二級・三級教員)の評定条件：前年度の年度考課で「合格」及びそれ以上の等級獲得を条件とする。中級教員職務称号(中学校一級教員、小学校高級教員)及び高級教員職務(中学校高級)の職務称号評定の要件：過去連続で2年間以上「優秀教員」等級の獲得を条件とする。

・発表論文(県以上の段階、2編以上)

・特別規定
教員学歴が国家規定の基準に達していない教員、あるいは任職年数が足りない教員が高級、中級教員職務に申請する場合には、以下の条件を満たせば、特別に申請できる。(1)全国優秀教員、全国先進教育者、北京市労働模範、北京市先進教育者、北京市優秀教員の獲得者、(2)北京市段階の公開授業大会で、特賞・一等・二等賞を獲得した者、(3)全国統一編著教材の主要編著者である。

以上が北京市の教員職務称号評定の資格要件である。大都市部の天津市の教員職務称号評定は、天津市教育委員会による「天津市小・中学校教員職務称号評定意見」及び天津市共産党委員会弁公室による「天津市小・中学校教員の思想・道徳の強化に関する実施意見」(津党弁発〔2001〕85号)によると、ほとんどの要件は北京市と同じである。北京市と異なるのは、北京市における「クラス担任の勤務経歴」の要件はほとんど要求せず、そのかわりに、標準語試験を要求している点である。

上記の規定から、以下のことがわかる。

第一に、中国の大都市では、教員の職務称号評定に関する資格要件がほぼ同じである。

第二に、教員職務称号に関する資格要件が非常に厳しく、国家が規定した基準を超えていることがわかる。例えば、北京市では国家が規定した統一基準ではない教員の「研修経歴」、「クラス担任の経験」、高い水準の「論文投稿」を条件としている。

これは、大都市の教員の供給、人材が多いことに関連していると考えられる。例えば、大都市の北京市では、90年代末以後、少子化に伴い、小学校教員数は相対的に過剰となった。北京市崇文区にある小学校だけで2000年秋には600人余りの教職員が国家規定の編制基準を超えてしまったのである[2]。

3．中・小都市部の教員職務称号評定の資格要件

中・小都市の通遼市の職務称号評定の資格要件は、大都市部の北京市に比べて緩和されている。例えば、2004年6月4日に内モンゴル自治区人民政府による「職務称号評定制度の実施に関する意見」（内政字［2004］194号）、内モンゴル自治区政府による「事業機関の人事制度改革に関する意見」（内政字［2003］229号）、2005年11月28日に公布された「通遼市2005年の初級・中級専門技術職務評定に関する通知」によると、教員職務称号の資格要件が以下のように規定されている。

（1）初級教員専門技術職務（小学校一級・二級・三級教員、中学校二級・三級教員）の評定要件は以下のものである。
　①学歴要件
　②年度考課の結果（前年度の考課結果：合格及びそれ以上）
　③勤務年数の要件
　この三要件は、1986年5月19日に国家教育部による「小・中学校教員職務試行条例」に適用されており、大都市の北京市・天津市と共通し

ている。
④外国語試験成績
⑤在職証明書
⑥教員資格証書が必要である。

「外国語試験成績」は、北京市で要求されている「C級試験合格」と異なる。この外国語試験は全国水準の統一した試験ではなく、地方が独自に実施した試験である。この試験に合格すれば「外国語資格要件」が合格であると認められる。一般に、地方で実施している試験内容は全国統一試験よりもかなり水準が低いと言われている。

（2）中級教員専門技術職務（中学校一級、小学校高級）及び高級教員専門技術職務（高級教員）の評定の資格条件は以下である。
①学歴要件
②過去連続3年間の年度考課成績（優秀等級）
③勤務年数
④外国語成績（地方が独自に実施した試験）
⑤パソコン技能試験成績（地方が独自に実施した試験）
⑥業績（発表論文、業績、奨励など）

第二項目の「過去連続3年間の年度考課成績」（優秀等級）の資格要件からわかるように、中・小都市部でも教員の職務称号評定は年度考課と関連させている。また、北京市は「優秀」の条件を「2年間」としているが、中・小都市部の通遼市では「3年間」である。第四項、第五項の「外国語成績」と「パソコン技能試験成績」は北京市でも必要とされている。確かに、北京市も、外国語の全国統一試験、パソコン技能統一試験を要求している。しかし、中・小都市部の通遼市の「外国語試験」、「パソコン技能」は通遼市が独自に実施した試験である。つまり、通遼市と北京市では要求項目が同じであるが、その水準がかなり異なっているのである。

上記の中・小都市部の教員職務称号評定の資格要件には、大都市との違い

が見られる。資格要件は大都市部に比べ少し緩和されている。特に、教員の論文投稿の数、研修経歴、クラス担任の経歴はほとんど要求していないからである。

次に中国農村部の教員職務称号評定の実態は、どうなっているだろうか。その例が内モンゴル自治区通遼市の教員職務称号評定の資格条件である。2005年12月10日に内モンゴル自治区政府は「事業機関の人事制度改革に関する意見」(内政字［2003］229号) を公布した。関連した「赤峰市2005年の初級・中級専門技術職務評定に関する通知」によると、中・小都市部の通遼市と赤峰市とは教員職務称号評定の資格要件はほとんど同じである。

以下は、調査した農村部の慶和郷馬家村及び育新郷・育新村の職務称号評定の資格要件である。

4．農村部の教員職務称号評定の資格要件

「内モンゴル自治区農畜民専門技術資格評定暫定方法」(内人発［2001］58号)、2002年12月に公布された「科爾沁区教員職務称号評定の実施意見」によると、農村部の馬家村・育新村における教員職務称号の評定要件は以下のとおりである。

（1）初級専門技術職務（小学校一級、二級、三級教員、中学校二級、三級）の評定要件は以下のとおりである。
　①学歴要件
　②年度考課の結果（前年度の考課結果：合格及びそれ以上）
　③勤務年数の要件
　　※大都市の北京市、天津市、中・小都市部の通遼市、赤峰市と共通している。
　④卒業証明書
　⑤在職証明書
　⑥教員資格証書

（2）中級専門技術職務（小学校高級、中学校一級）及び高級専門技術職務（中学校高級）の評定要件は以下のとおりである。
　①学歴要件
　②過去連続3年間の年度考課成績（優秀）
　③勤務年数
　④教員資格証書

　これらの要件から、初級・中級・高級教員職務称号評定は、都市部、特に大都市部より厳しくないことがわかる。大都市部、中・小都市部の場合には、パソコン試験、外国語試験及び投稿論文の質と量などが要求されている。しかし、調査した農村部では、それらは求められていないからである。地域間には、職務称号評定にこうした違いが存在するのである。その背景には、農村部の各学校においてはパソコンがほとんど設置されていないことがある。多くの農村部の教員は、パソコンを見たことも触れたこともないかもしれないのである。従って、教員はパソコンに関連する知識がほとんどないと言っても過言ではないかもしれない。また、農村部の教員の多くは代用教員であり、ほとんどの教員は外国語を熟知していない場合が多い。さらに、農村部の教員は教育の理論知識も実践経験も都市部教員に比べて乏しいため、高い水準の投稿論文（執筆の有無）という職務称号要件は農村部では不要である。実際に、投稿（執筆）論文の要件は、かなり多くの教員たちを悩ませている。一部の教員は高級職務称号に昇進するために、高い水準の論文を依頼して作成させていることさえ珍しいことではないといわれている。

　上記の各地域間の職務称号評定に関する資格要件の実態から、以下のことがわかる。

（1）都市部、特に大都市は、人材が豊かであり、教員編制基準を超えている学校も多いため、競争が激しいことである。職務称号評定に関する資格要件規定は、水準が高く厳しいと評価されている。
（2）職務称号評定の国家基準としての教員学歴要件、年度考課（合格以上）

要件、勤務年数などの要件は、大都市部、中・小都市部、そして農村部を含めて職務称号評定の共通要件となっている。
（3）農村部の教員職務称号評定の資格要件が最も少ないことである。これは、農村部の人材の不足に強く関連している。農村地域では、人材が不足しており、学歴基準でも不合格となっている教員が多いからである。

これまで、教員職務称号評定に関する各地域の資格要件の差異及び形成要因を分析した。

中央政府による教員の職務称号評定に関する法制度規定では、大都市部、中・小都市部、そして農村部に大きな差異が見られないが、実際の運用ではどうなのだろうか。教員はどのように認識しているのか、その効果などについてさらに検証する必要がある。以下がその詳細である。

第3節　教員職務称号評定の実態

1．各学校の職務称号構成の状況

中央政府の「専門技術職務招聘制度の実施に関する規定」（[1986] 27号）によると、各学校には各職務に一定の比率がある。通常中学校高級職務は10％−15％、中級職務は40％−45％、初級職務は40％前後である。しかし、各地方・学校における実際の教員職務称号の構成は以下のとおりである。

表8-3-1　各学校の教員職務称号構成状況

項目	高級	一級	二級	三級	無職務称号	合計
北京市D学校	17(16%)	38(35%)	43(39%)	8(7%)	3(3%)	109(100%)
通遼市H学校	5(6%)	25(29%)	52(85%)	5(6%)	0	87(100%)
馬家村J学校	0	13(25%)	34(67%)	4(8%)	0	51(100%)

第 8 章　教員職務称号評定制度の実態と効果

　表8-3-1は、大都市部の北京市、中・小都市部の通遼市、農村部の馬家村の三つの代表学校の全教員の職務称号構成の実際である。表8-3-1から、以下の二点が読み取れる。

（1）大都市の北京市が中・小都市の通遼市より、中・小都市の通遼市が農村部慶和郷より高級教員職務称号の比率が高い。つまり、大都市部から農村部へ行けばいくほど高級教員の数が少なくなる。この傾向は全国各地域の特徴と一致している。図8-3-1は、2004年度全国大都市、県鎮（中・小都市）、農村部における中学高級教員の比率である。

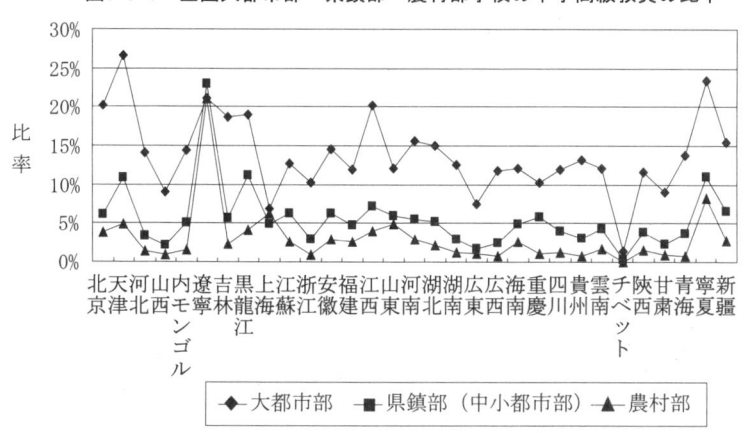

図8-3-1　全国大都市部・県鎮部・農村部学校の中学高級教員の比率

出典：中国教育統計年鑑（2004）pp. 476-483により、筆者が独自に作成。

図8-3-1からわかるように、全国各地域の内部において、大都市部、県鎮部、農村部という順に高級教員の比率は逓減していく傾向が見られる。
（2）調査した慶和郷J校の高級教員はゼロであった。なぜ、農村部では、高級教員職務称号の人数はゼロなのだろうか。

　その理由は以下の二点である。①制度上の要因である。第 4 章で既に検討したように、1986年 2 月28日に国務院による「専門技術職務契約制度の実施

に関する規定」([1986] 27号)(以下「規定」)の第4条の1項は、「国務院各部門と各省、自治区、直轄市は国家に認められた編制のうち、各地域では専門技術職務の設定について高級(中学校高級)、中級(中学校一級・小学校高級)、初級(二級・三級)という3級別を設置してもいいし、中級(中学校一級・小学校高級)、初級(二級・三級)という2級別を設定してもいい、さらに初級(二級、三級)だけを設置してもいい」と規定している。つまり、各地方・各学校は教員職務構成については一定の選択権限がある。農村部の学校は地位が低く、財源が不足しており、制度上で高級職務がほとんど設定されていない。②農村地域の教員の質と地位は非常に低く、教員自身の権利・利益を要求する力も弱く、全面的に管理・監督される対象となっている。

2．職務称号評定結果の適用

第4章で概説したように、中国では教員職務称号評定制度が1986年から導入されてきた。導入には以下の二段階がある。

第一段階は、1986年～1999年までの評価結果と雇用(職務採用)・職務給の直接適用段階である。つまり、教員が上の段階の職務称号と評価された直後に新しい職務として採用し、相応の職務給を支給していた。こうして一定程度の教員「職務終身制」を形成していた。特に、最上位の高級教員に評定された後、上の目標が存在しないため、教員の勤労意欲を逆に喪失させるという深刻な問題が生じていたのである。さらに、職務称号の評定は教員の業績より、学歴・職歴・人脈を重視するという大きな問題も有していた。上述の問題を解決するために、教員職務称号評定は改革された。

第二段階は、1999年以後、教員の「職務等級給与表」をそのまま援用し、職務称号の評定結果を直接に教員の職務採用・給与に適用しない段階である。制度上では、学校において空いた職務地位がなければ、教員が高い職務称号と評価されても、直ちに「職務給」が適用されるわけではない。学校に空いた職があり、また、当該教員がこの仕事に適すると評価された場合、新しい「職務給」が適用される。つまり、学校の教員称号評定は、単なる名称・肩書きという性格になったのである。

第8章　教員職務称号評定制度の実態と効果

次に教員の職務称号の評定結果の適用実態はどうなっているのだろうか。職務称号の評定結果は本当に教員の職務採用・給与適用に結びついているのだろうか。また、地域間の対応措置における違いが存在するのだろうか。それを明らかにするために、北京市D校、通遼市H校、馬家村J校の全教員の職務称号等級と職務給（現在享有している給与号俸）の資料に基づいて、中央政府が公布した全国基準の「小・中学校専門技術職務等級給与基準一覧表」を分析することにした。

中央政府の教員職務称号と給与の対応関係の規準規定は表8-3-2のとおりである。

表8-3-2　全国小・中学校の専門技術職務等級給与基準一覧表

単位：元／月

職務等級	職務給料標準（号俸）															
	一	二	三	四	五	六	七	八	九	十	十一	十二	十三	十四	十五	十六
中学高級	643	686	729	772	815	870	925	980	1035	1090	1145	1200	1255	1310		
中学一級	481	508	535	562	589	626	663	700	737	774	811	848	885	922	959	996
中学二級	392	410	428	454	480	506	532	558	584	610	636	662	688	714		
中学三級	346	361	376	398	420	442	464	486	508	530	552	574	596	618		
小学三級	334	348	362	382	402	422	442	462	482	502	522	542	562			

出典：北京市教育系統人材交流センター『給与・福祉実用手引』p.7より、筆者作成。
注：①中学一級は小学校高級、中学校二級は小学校一級、中学校三級は小学校二級教員に相当する。
②国家の規定によると、大学卒業者の教員の初任給（試用期満了後）は中学校二級（小学校一級に相当する）2号俸に相当する。本基準表での金額は410元（月給）である。

表8-3-2は、全国小・中学校の「正規教員」に適用されている。それは各職務等級と対応の号俸（16号俸）から構成される。これが全国の共通基準となっている。つまり、大都市部、中・小都市部、そして農村部とも、教員の「職務給」は全てこの等級給与表を根拠にしている。言い換えれば、全国の各教員が現在享有している「職務給」額がわかれば、この職務等級給与表を通して職務給に対応する職務等級を知ることができる。

各地方・学校の教員の「職務給」額や職務給の職務等級の実態はどうなっ

表8-3-3　三地域の教員職務称号と職務給の状況

教員番号	北京市D校 現在享有している職務給与額	職務給与等級	現在享有して
1	686	高級給与	8
2	410	二級給与	7
3	428	二級給与	7
4	532	二級給与	7
5	480	二級給与	7
6	506	二級給与	7
7	410	二級給与	7
8	686	高級給与	6
9	562	一級給与	6
10	454	二級給与	6
11	535	一級給与	6
12	589	一級給与	6
13	925	高級給与	6
14	626	一級給与	6
15	535	一級給与	6
16	925	高級給与	6
17	410	二級給与	6
18	410	二級給与	6
19	562	一級給与	6
20	535	一級給与	5
21	410	二級給与	5
22	535	一級給与	5
23	589	一級給与	5
24	454	二級給与	5
25	663	一級給与	5
26	925	高級給与	5

第8章　教員職務称号評定制度の実態と効果

市H校		馬家村 J 校	
給与額	職務給与等級	現在享有している職務給与額	職務給与等級
	高級給与	584	二級給与
	一級給与	506	二級給与
	一級給与	532	二級給与
	一級給与	506	二級給与
	高級給与	454	二級給与
	一級給与	532	二級給与
	一級給与	558	二級給与
	一級給与	532	二級給与
	高級給与	506	二級給与
	一級給与	532	二級給与
	高級給与	506	二級給与
	一級給与	480	二級給与
	一級給与	506	二級給与
	一級給与	584	二級給与
	一級給与	558	二級給与
	一級給与	464	三級給与
	一級給与	480	二級給与
	一級給与	506	二級給与
	一級給与	428	二級給与
	二級給与	480	二級給与
	一級給与	558	二級給与
	二級給与	506	二級給与
	二級給与	532	二級給与
	二級給与	558	二級給与
	二級給与	398	三級給与
	二級給与	584	二級給与

27	506	二級給与	
28	480	二級給与	
29	589	一級給与	
30	410	二級給与	
31	454	二級給与	
32	480	二級給与	
33	589	一級給与	
34	480	二級給与	
35	870	高級給与	
36	410	二級給与	
37	535	一級給与	
38	535	一級給与	
39	454	二級給与	
40	870	高級給与	
41	0	無職務称号	
42	700	一級給与	
43	815	高級給与	
44	663	一級給与	
45	925	高級給与	
46	508	一級給与	
47	589	一級給与	
48	428	二級給与	
49	772	高級給与	
50	626	一級給与	
51	589	一級給与	
52	589	一級給与	
53	410	二級給与	
54	663	一級給与	
55	410	二級給与	
56	428	二級給与	
57	562	一級給与	

第8章 教員職務称号評定制度の実態と効果

二級給与	558	二級給与
二級給与	610	二級給与
二級給与	584	二級給与
二級給与	506	二級給与
二級給与	376	三級給与
二級給与	663	一級給与
二級給与	532	二級給与
二級給与	428	二級給与
二級給与	584	二級給与
二級給与	584	二級給与
二級給与	506	二級給与
二級給与	428	二級給与
二級給与	737	一級給与
二級給与	506	二級給与
二級給与	558	二級給与
二級給与	506	二級給与
二級給与	532	二級給与
二級給与	558	二級給与
二級給与	532	二級給与
二級給与	532	二級給与
二級給与	532	二級給与
二級給与	506	二級給与
二級給与	506	二級給与
三級給与	532	二級給与
一級給与	584	二級給与
二級給与		
二級給与		
二級給与		
一級給与		
二級給与		
二級給与		

363

58	686	高級給与	
59	562	一級給与	
60	506	二級給与	
61	428	二級給与	
62	558	二級給与	
63	454	二級給与	
64	729	高級給与	
65	506	二級給与	
66	535	一級給与	
67	584	二級給与	
68	663	一級給与	
69	428	二級給与	
70	442	三級給与	
71	442	三級給与	
72	442	三級給与	
73	442	三級給与	
74	442	三級給与	
75	442	三級給与	
76	442	三級給与	
77	0	無職務称号	
78	0	無職務称号	
79	589	一級給与	
80	535	一級給与	
81	589	一級給与	
82	925	高級給与	
83	626	一級給与	
84	535	一級給与	
85	925	高級給与	
86	410	二級給与	
87	410	二級給与	
88	562	一級給与	
89	535	一級給与	
90	454	二級給与	

第 8 章　教員職務称号評定制度の実態と効果

	二級給与		
	二級給与		
	二級給与		
	二級給与		
	二級給与		
	二級給与		
	一級給与		
	高級給与		
	一級給与		
	一級給与		
	一級給与		
	二級給与		
	一級給与		
	二級給与		
	二級給与		
	二級給与		
	二級給与		
	二級給与		
	二級給与		
	二級給与		
	一級給与		
	三級給与		
	二級給与		
	三級給与		
	二級給与		
	三級給与		
	二級給与		
	一級給与		
	二級給与		
	三級給与		

91	480	二級給与	
92	589	一級給与	
93	480	二級給与	
94	870	高級給与	
95	410	二級給与	
96	535	一級給与	
97	535	一級給与	
98	454	二級給与	
99	870	高級給与	
100	428	二級給与	
101	558	二級給与	
102	454	二級給与	
103	729	高級給与	
104	506	二級給与	
105	535	一級給与	
106	584	二級給与	
107	663	一級給与	
108	428	二級給与	
109	442	三級給与	

ているのかを明らかにするために、大都市部北京市のD校、中・小都市部通遼市のH校、農村部慶和郷・馬家村のJ校の三つの学校の全教員の職務給額及び職務給額に対応する職務等級を調査した。その結果が表8-3-3のとおりである。

　表8-3-3の左側の「教員番号」は、学校の個々の教員を表している。北京市D校は109名、通遼市H校は87名、馬家村のJ校は51名である。「現在享有している職務給」は当該教員の実際の職務給額である。「職務給等級」の内容は、「現在享有している職務給」額を「全国小・中学校専門技術職務等級給与基準一覧表」を対照して析出した職務等級である。表8-3-3を基に、表8-3-4に整理した。

表8-3-4　各学校の教員職務称号評定後の給与適用状況

項目	高級給与	一級給与	二級給与	三級給与	無職務称号	合計
北京市D学校	17(16%)	38(35%)	43(39%)	8(7%)	3(3%)	109(100%)
通遼市H学校	5(6%)	25(29%)	52(85%)	5(6%)	0	87(100%)
馬家村J学校	0	2(4%)	46(90%)	3(6%)	0	51(100%)

出典：筆者の調査結果により作成。

　表8-3-4の数字は教員人数を指す。括弧内の数字はパーセントである。表8-3-4から次の特徴が明らかになる。「高級給与」の比率は大都市部の北京市D校が16％と最も高く、次に通遼市H校は6％であり、農村部はゼロであった。また、「一級給与」の教員比率は、大都市部の北京市が最も高く、農村部の

馬家村が最低である。つまり、大都市部から農村部へ行けばいくほど、教員が享有している職務給等級が低くなるのである。

表8-3-4の「職務給等級」は、当該教員の現在享有している職務給額から析出した職務等級である。しかし、職務称号の評定を通した当該教員の実際の職務称号は、表8-3-5のとおりである。

表8-3-5　各学校の教員職務称号の実際構成状況

全教員の職務称号の構成状況						
項目	高級職務	一級職務	二級職務	三級職務	無職務称号	合計
北京市D学校	17(16%)	38(35%)	43(39%)	8(7%)	3(3%)	109(100%)
通遼市H学校	5(6%)	25(29%)	52(85%)	5(6%)	0	87(100%)
馬家村J学校	0	13(25%)	34(67%)	4(8%)	0	51(100%)

表8-3-5の「高級職務」、「一級職務」、「二級職務」、「三級職務」、「無職務称号」という職務等級は、三地域の代表学校の個々の教員の実際の職務称号である。教員の実際の「職務称号」を示した表8-3-5と表8-3-4を対照して、以下のことがわかる。

（1）大都市部の北京市では、評定された教員の職務称号に相応する職務給が支給されている。つまり、教員の職務称号評定と職務採用（給与への適用など）は完全に対応している、即ち分離していないのである。
（2）中・小都市の通遼市では、評定された教員の職務称号に相応した職務給が支給されている。つまり、中・小都市部の通遼市は大都市部の北京市と同じように、職務称号評定と採用が分離していないのである。
（3）農村部は大都市部の北京市、中・小都市部の通遼市と異なっている。農村部のJ校では、全教職員の人数は51人である。そのうち、評定された中学校「高級教員」は0人、「一級教員」は14人、中学校二級教員は34人、中学校三級教員は3人、無職務称号教員は0人である。しかし、その「適用された職務給」によると、一級職務称号を享有して

いる14人の教員のうち、2人しか「一級教員給与」として適用されておらず、他の12人は全て「二級教員給与」として支給されていた。つまり、評定された教員職務に相応した職務給がほとんど支給されていない。また、農村部のJ校の高級教員はゼロであった。この違いが生じた要因として、①農村部の学校には、都市部と学校運営上の違いが存在する。農村部における学校教員の多くは学歴が低く、外国語能力などが不足している。②農村部の財政調達力が弱く、上級職務称号を保障する財源がないのである。特に、農村部の教員は、国家が規定した高級職務称号（中学校高級）、中級職務称号（中学校一級、小学校高級）の基準を満たしていない。そのため、農村部では、高級職務（中学校高級教員）と中級職務（中学校一級、小学校高級教員）の持ち場編制は設定されておらず、職務編制上では、初級職務（中学校二級、三級教員、小学一級・小学二級）だけで編制されがちになる。

上記から、都市部と農村部における教員職務称号評定の適用上の違いが明らかになった。農村部の大きな特徴は、都市部とは異なって、教員職務称号評定と職務採用・給与適用が分離していることである。つまり、中央政府の教員職務称号評定の理念の執行には、地域間・学校間に根本的な違いが存在しているのである。

都市部における職務称号評定と職務採用の不分離実態は、中央政府の現段階の政策理念に反している。1999年6月の全国教育会議、2001年6月の全国基礎教育会議の理念を貫徹するために、1999年以後、学校人事管理における改革がさらに推進されてきた。その改革の一つが教員職務称号評定と職務採用の分離問題である。つまり、従来の職務称号評定＝職務採用（給与適用）ではなく、職務称号評定と職務採用は別々に実施する理念に転換したのである。しかし、都市部では、2006年の現在においても、1999年以後の国家政策の理念が実現していないのである。その背景には、以下の理由が考えられる。

第一に、「職務称号評定」はかなり複雑なシステムで、中央政府からの政策内容・理念に関する伝達・理解が不十分である。学校現場における多くの

管理者は「職務称号」と「職務」を同じものと認識している。

第二に、従来の政策（職務称号評定と採用のセット）の慣性が依然として存在している。

第三に、高い職務称号と評価された教員は、相応した職務給を強く追及している。そのため、教員職務称号評定と職務採用に対応させないと学校内部の教員と管理者とで給与問題が発生しやすい。学校はこうした混乱をさけるために、評定された教員に相応した職務給を支給する努力をしている。

これまで、教員の職務称号評定の給与適用に関する地域間・学校間の違いを明らかにしてきた。しかし、この問題には地域間と学校間の教員職務称号評定の実施手段・方式の違いも影響しているかもしれない。そこで、実施手続き・方式における違いの影響についても考察することにした。

3．職務称号評定の実施方式・手段

> Q4-3　現行の職称評定の実施において、何が重視されていますか
> ①年功序列　②人脈重視　③学歴重視　④業績重視　⑤その他

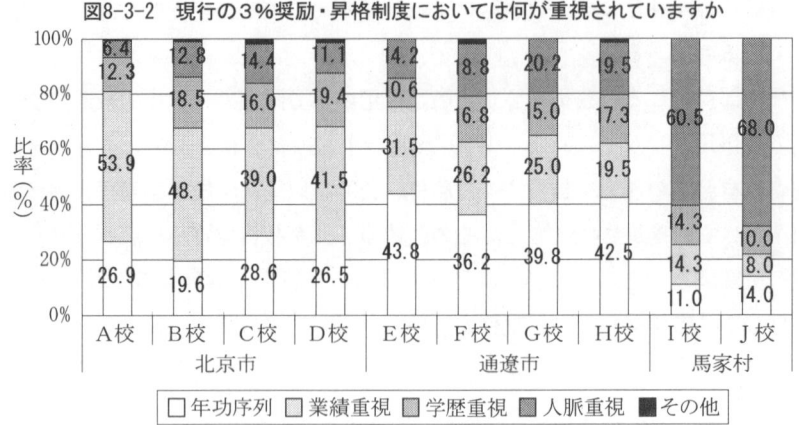

図8-3-2　現行の3％奨励・昇格制度においては何が重視されていますか

校	年功序列	業績重視	学歴重視	人脈重視	その他
A校	26.9	53.9	12.3	6.4	
B校	19.6	48.1	18.5	12.8	
C校	28.6	39.0	16.0	14.4	
D校	26.5	41.5	19.4	11.1	
E校	43.8	31.5	10.6	14.2	
F校	36.2	26.2	16.8	18.8	
G校	39.8	25.0	15.0	20.2	
H校	42.5	19.5	17.3	19.5	
I校	11.0	14.3	14.3	60.5	
J校	14.0	8.0	10.0	68.0	

（北京市：A校・B校・C校・D校／通遼市：E校・F校・G校・H校／馬家村：I校・J校）

上掲の図8-3-2から以下のことが読み取れる。

(1) 大都市部の北京市(A、B、C、D校)が業績主義を重視する傾向、中・小都市部の通遼市(E、F、G、H校)が「年功序列」を重視する傾向、そして農村部(I、J校)が「人脈重視」という傾向が見られることである。
(2) 北京市(A、B、C、D校)が通遼市(E、F、G、H校)より業績重視度を、通遼市(E、F、G、H校)が北京市(A、B、C、D校)より年功の重視度を高く評価している傾向があることである。こうした違いが生じる理由として、都市部、特に大都市では学校管理は規範的で人材も多く、個々の教員の意欲をさらに向上させるために、教員業績(授業の効果、生徒の成績、発表論文、教員の外国語水準など)を通して評定を実施していることが考えられる。
(3) 農村部では、教員の資質が低い。学校管理・運営はかなり規範的でない。教職員は全面的に指導・管理される立場にある。よって、教員職務称号評定に際して、中国農村部では、都市部より人脈を重視している。

学校現場の教職員は、この問題をどのように認識し、それは職務称号の評定にどのような影響を与えているのであろうか。それが以下の考察である。

第4節　職務称号評定の効果

1986年以来、各事業機関勤務者の業績と貢献と職務責任の大小に応じた職務評定・職務等級給与制度が導入されてきた。この制度は、従来の中央で統一した管理体制の弊害としての平均主義・職務終身制による効率の悪さを克服し、教員の地位と待遇を向上し、人材の合理的流動と勤務意欲を促進するためにすでに20年以上実施されてきたのである。しかしながら、その期待された効果は達成されているのだろうか。

中国の教員職務称号評定制度の効果について、陳永明[3]は以下のように指

摘している。

　職務称号評定制度は、教員の能力評価、社会的地位の向上、教員の意欲促進においては、一定の役割を果たしている。その大きな表れとして、①教員の専門技術者としての責任感を強め、教員の政治的地位を向上させた。②教員の学術、業務、授業レベルなどの評価を通して、教員の意欲を向上させ、教員の職能成長を促進した。③多くの優秀な若手教員を養成し、教員層全体の素質の向上と教育力の向上に役割を果たした。しかし、職務称号制度自身における欠陥と問題があるため、実態においては、年功序列、一面的に論文だけを重視している問題がある。

　現行の教員職務称号評定の問題は、確かに陳永明が指摘したとおりである。しかしながら、現場の教員はこの制度をどのように認識しているであろうか、それは制度の効果にどのような影響を与えているのであろうか。

> Q4-6　現行の職務称号評定は、あなたの勤務意欲を促進したと思いますか
> 　　　①とてもそう思う　②そう思う　③どちらともいえない
> 　　　④あまりそう思わない　⑤全くそう思わない

図8-4-1　現行の職務称号評定は、あなたの勤務意欲を促進したと思いますか

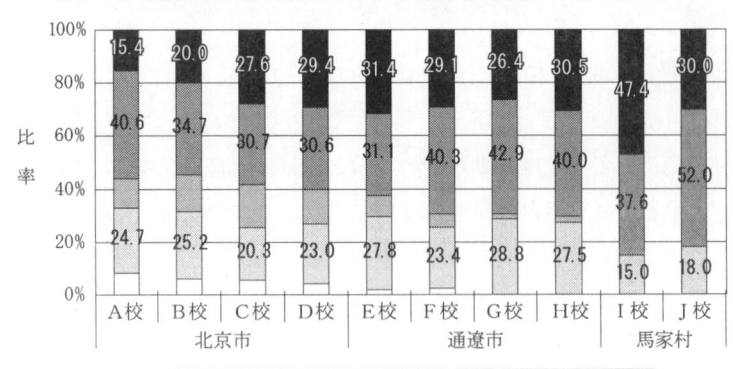

校	とてもそう思う	そう思う	どちらともいえない	あまりそう思わない	まったくそう思わない
A校	24.7		40.6		15.4
B校	25.2		34.7		20.0
C校	20.3		30.7		27.6
D校	23.0		30.6		29.4
E校	27.8		31.1		31.4
F校	23.4		40.3		29.1
G校	28.8		42.9		26.4
H校	27.5		40.0		30.5
I校	15.0	37.6		47.4	
J校	18.0	52.0		30.0	

（A校〜D校：北京市／E校〜H校：通遼市／I校・J校：馬家村）

372

第8章　教員職務称号評定制度の実態と効果

図8-4-1から、以下の特徴が読み取れる。

（1）教員職務称号評定の総体的効果はかなり低い。「とてもそう思う」と「そう思う」を合わせると、ほとんど30％未満となっている。
（2）地域間で比べると、都市部は農村部より職務称号の効果は少し高いが、大きな差はない。
（3）農村部I校とJ校での効果は最も低い。

なぜ、教員職務称号評定の効果（勤務意欲の促進）はあまり見られていないのだろうか。この背景には、以下の原因が考えられる。

第一に、教員職務称号評定の制度自体の原因がある。つまり、教員職務称号評定には制度上の問題がある。たとえば、各職務の定数配分における地域間・学校間の不均衡問題がある。通常、重点学校は普通学校より定数が多く、都市部の学校が農村部の学校より高級職務の比率が多い。こうして、定数の多い学校では一般教員であっても高い職務称号の獲得が可能となり、定数の少ない地域・学校ではいくら優秀であっても高い職務称号を獲得することができないという状態になる。
　例えば、現場の教員は現行の職務称号評定制度の問題点に対して以下のように認識している。

Q4-2　あなたは、現行の職務称号評定制度に問題点があると思いますか
　　　①とてもそう思う　②そう思う　③どちらともいえない
　　　④あまりそう思わない　⑤全くそう思わない

図8-4-2 現行の教員職務称号評定制度に問題があると思いますか

	A校	B校	C校	D校	E校	F校	G校	H校	I校	J校
とてもそう思う	8.0	12.8	16.2	13.0	26.2	21.1	22.9	32.5	39.0	36.0
そう思う	43.2	41.7	49.3	45.4	40.8	42.6	47.1	42.5	45.2	44.0

北京市：A校・B校・C校・D校
通遼市：E校・F校・G校・H校
馬家村：I校・J校

凡例：□とてもそう思う　□そう思う　□どちらともいえない　▨あまりそう思わない　■まったくそう思わない

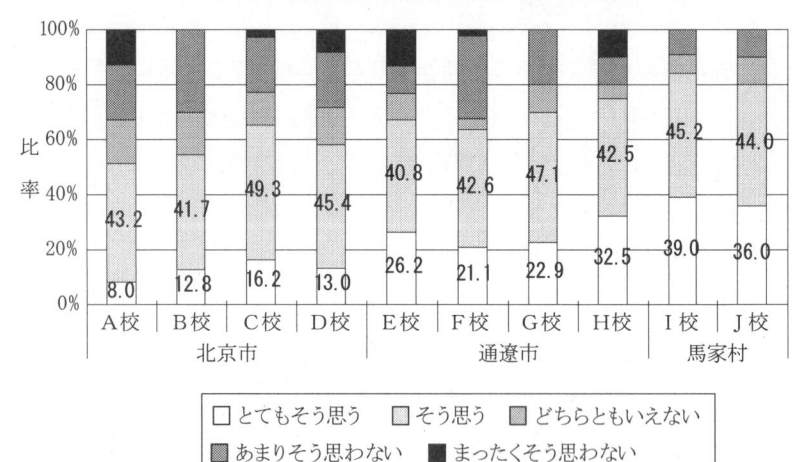

　図8-4-2からわかるように、北京市、通遼市、そして馬家村も同様に、半数以上の教員は、現行の教員職務称号評定制度に問題があると認識している。また、農村部の教員は、都市部よりこの問題を深刻に捉えていた。
　最後に、陳永明[4]は現行の教員職務称号評定の制度上の問題について以下のように指摘している。

　①職務称号評定に関連する人事政策は遅れており、人事制度全体の整合性における問題がある。専門技術職務と職務称号とでは本質的な差異があるが、実態において、職務と職務称号を混同している。しかも、職務称号の評定結果は多くの待遇に結びついているため、教員間の職務称号、待遇における争奪戦となってしまっている。②観念上の問題：従来の平均主義、年功序列の思想は依然として存在しており、実態上では、業績・貢献より、キャリア・年功序列を重視している問題もある。③形骸化・形式主義問題：実態においては、普遍的に、評定結果を重視し、評定後の管理を無視している傾向を呈している。教員が高級職務称号を獲得し、職務給が適用されたら全てが済むことになっている。つまり、評定後の職責遂行に対して必要な監督と管理を

欠いている。こうして、評定の形骸化が生じている。

　第二に、学校現場における教育管理者や教員が「職務」と「職務称号」の区別をよくは把握しておらず、認識上の混乱状態となっている。
　第三に、職務称号の評定基準としての要件（勤務年数、外国語水準、論文投稿など）があるにしても、各要件に対する具体的な対応措置が規定されていない。そのため、各要件の達成状況の判断が全て各学校の管理責任者による主観的なものとなっている。
　第四に、職務称号に関わる給与が重い負担を生じている。多くの学校は、給与のほかに、職位の昇進、住宅の配分領域においても職務等級を根拠としている。こうして、教員職務称号の評定は、利益配分の争奪戦となっている。
　例えば、『中国青年報』に載せられた花匠の『教員職称評定は変わるべきである』の論文では、「現実の中の職称評定は「攤派」[5]になってしまい、学校は名誉のため、教員のためにできる限り多くの定員数を申請し、教学成績に虚偽の記載をして、職務称号を評定している。さらに論文の発表数も職務称号評定の一要素であるため、他人の論文を写すことも少なくない」と指摘した。このほか、2001年5月1日『中国市場報』に載った「職称評定を止めよう」一文では、現行の職務称号評定は、「外国語テストは意味が無い」、「論文指標は教条的すぎる」、「学歴重視」、「年功序列」、「競い合い、トラブルになりやすい」、「不公平」などの問題があると指摘した。
　以上から、現行の職務称号評定は制度上の問題、実施における問題をかなり抱えていることがわかる。従って、現在、教員の職務称号評定の廃止論[6]が主張されるほどなのである。例えば、国家教育部の担当委員は、「現行の職務称号評定は教員集団の構築と資質の向上を促進できていない。今後は、評価システムを変えるべきである。過去の多学科から構成された専門家委員会から、単一学科の評価グループに転換し、また、評価グループは過去の決定機関から諮問・監督機関に転換すべきである」と指摘している。

第5節　職務称号評定の問題

　中国の職務称号評定制度は導入時期（1986年）からすでに20年以上が経過している。この制度の導入により、一部の地域・学校では、教員の地位と待遇が向上し、学校の自主性・自律性、教員の意欲などが以前より高くなった。しかし、現在多くの問題が生じている。例えば、湖南省の教育委員会副主任の朱俊傑が指摘したように、「小・中学校教員職務評定制度には以下の二つの問題がある。①全国的に見れば、小・中学校の教員の職務称号構造は低く、中級職務以上の教員は少ない。②職務称号評定における地域間の格差が大きい」[7]ことである。
　上述の指摘された問題のほかに、以下の問題がある。

　第一に、中央政府の政策理念と実態に乖離がある。
　第二に、教員の多くがその職務称号階層構造の最上位を狙っており、それゆえに競争が激しく、脱落した教員のインセンティブが弱められてしまう。
　第三に、教員職務称号評定における地域間・学校間の違いがある。大都市部は中・小都市部、農村部より効果が少し上がっている。

　中央段階の法制度の内容は曖昧であり、国家人事制度の整合性における問題がある。そしてまた、現場の教育管理者・教員による政策自体への理解が浅いため、ほとんどの都市部では、職務称号評定と職務採用（給与への適用）が分離していない。これが現段階の中央政府の政策理念とのズレをもたらしているのである。
　現行の教員職務称号は、教員の身分・能力を保障するものである。また、職務称号の高低は直接に教員の級別待遇・給与・昇進などに結びついている。教員職務称号の評定は、教員の待遇獲得の手段でもある。特に高級教員と評価された後、さらに高い職務称号（目標）がないため、教員の勤務意欲にマイナスの影響を与えているのである。教員職務称号と授業時数の関係（職務

第8章　教員職務称号評定制度の実態と効果

称号の高い教員は、授業時数も多いだろうか）を明らかにするために、北京市D校、通遼市H校、馬家村J校を調査し、その結果は表8-5-1のとおりである。

表8-5-1　三地域の教員職務称号別の教員月平均授業数

項目	高級職務	一級職務	二級職務	三級職務	無職務称号
北京市D学校	26	42	38	36	30
通遼市H学校	30	48	42	40	42
馬家村J学校	0	50	50	48	48

注：この表は、筆者の調査より独自に作成

表8-5-1を図式化すると、図8-5-1のとおりである。

図8-5-1　各地域の職務称号別の教員の月平均授業時数

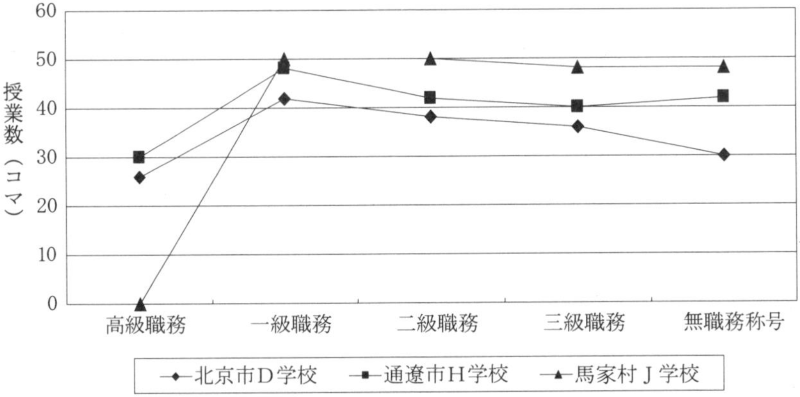

注：この図は、筆者の調査より独自に作成

表8-5-1、図8-5-1から以下のことが読み取れる。

（1）北京市・通遼市も同様に、職務称号が最も高い「高級教員」の月平均授業時数は最も少ない。その理由は、教員の最高級別は「高級教員」であり、一部の教員は高級教員になった直後に勤務意欲がさらに向上するのではなく、逆に、意欲喪失に陥っている。これは明らかに制度

377

の理念に反している。
（2）高級職務称号を除き、各職務称号別における教員の月授業数が北京市、通遼市、馬家村という順に逓増している。これは教員の充足数に関連している。都市部から農村部に行けばいくほど、教員不足になるため、農村部の一人当たりの教員授業数は、都市部より高い傾向が見られるのである。

第6節　まとめ

　中国では、80年代以後、市場経済方式の導入に伴い、限られた資源の中で、各領域における効率向上を図ってきた。社会全域で個々の構成員間の競争システムが重要視されてきたのである。教育領域では、例えば、従来の中央政府が統一した管理体制の弊害としての平均主義・職務終身制による効率の悪さの克服、教員の地位と待遇の向上、人材の合理的流動と勤務意欲の促進、各事業機関勤務者の業績と貢献の程度に応じた給与などの待遇改善、持ち場責任制を強化し、教員職務称号評定制度を導入してきたのである。現在では、マーケット・メカニズムにおける教職員間の競争を通した評価、即ち成果主義評価に焦点が当てられがちである。

　これまでの教員職務称号の実態・効果に関する整理・分析を通して、教員職務称号評定は一部の地域・学校においては教員の責任感・意欲の向上をもたらした。しかし、これまでの考察を整理すると以下のような問題が明らかになったのである。

　第一に、大都市部の北京市、中・小都市部の通遼市、そして農村部の馬家村も同様に、職務称号評定の効果はかなり低い。特に農村部では形骸化している。

　第二に、職務称号評定の透明度が弱く、監査制度が機能していない。

　第三に、評価手続きも不完全である。

　第四に、職務称号評定の制度上の問題、各地域間・学校間の職務定数の配分上の不平等問題、年功序列・人脈重視などの実態がある。

つまり、職務称号評定の本来の理念は十分達成されていないのである。特に、農村部は効果が全く見られていないと言えるかもしれない。

[注]

（1）職務称号評定のための英語等級試験は国家人事部（人事院に相当する）が規定した措置である。外国語の種別は、英語、日本語、ロシア語、ドイツ語、フランス語とスペイン語がある。受験者は上記規定した一種類の外国語を選択することできる。英語以外の外国語は一等級のみを設置している。英語は申請する職務称号の級別に応じて、A、B、Cという三つの等級を規定している。一般に、大学教授・副教授はA級合格が必要で、大学講師は B級合格が必要で、小・中学校の高級職務称号申請者はC級合格が必要とされている。また、A級は大卒者の英語四級試験、B級は英語三級試験、C級は英語二級試験に相当する。

（2）2000年6月9日に北京市崇文区教育委員会主任による「崇文区教育システム内部管理体制改革会議」での報告「積極的に学校内部管理体制改革を進める」p.2

（3）陳永明『教員教育研究』（華東師範大学出版社、2003）p.219

（4）陳永明『教員教育研究』（華東師範大学出版社、2003）pp.224-225

（5）「攤派」とは、（寄付金や労役などを）均等に割り当てるという意味である。

（6）ホームページ：

「職務称号評定を廃止すべきかどうか」

(http://bbs.qq.com/cgi-bin/bbs/show/content?club=3&groupid=100:10003&messageid=357756)

「職務称号評定の各種の問題」

(http://blog.voc.com.cn/sp1/baoweizhong/163417195363.shtml)

「職務称号評定は廃止すべきである」

(http://www.dzwww.com/qingnianjizhe/2002dijiuqi/200209130880.htm)

(7) 朱俊傑「小中学校教員職務制度について」、中央教育研究所『教育研究』
（教育科学出版社、1997年第 2 期）p.52

第9章　教員評価に関する論争及び今後の改革方向

第1節　教員評価に関する論争

　最近、各地域・各学校で実施された現行の成果主義判定型の教員評価が大きな話題になった。それは、現在の教員評価制度をめぐる論議が、肯定・中間・否定という三種類の評価に分かれていたからである。例えば、陳永明は「現在、発展性教員評価を強化し、評価の賞罰機能を無視すると主張されているが、実際は、教員への賞罰は必要である」[1]、「競争が発展の動力である。競争主義的教員評価を通して教員間の比較・鑑別をすることができ、教員間の競争を促進し、意欲を促進することができる」[2]、そして、季明明、李吉会は「教育活動の複雑性と独立性及び教育効果の遅延性のため、一定期間において、教員に対する全面的な評価をすることは、本教員のある段階の状況を判断することができるばかりでなく、教員に授業・教育活動を反省させ、調整させることもできる。よって、総括的業績主義的教員評価も不可欠である」[3]と肯定的評価である。それに対して、中国教育行政学者の陳玉昆は「特定の時期において、教員評価は不適格者を発見する道具として合理的である。それは生徒たちに対する責任を意味する。とりわけ、中国の現時点において、各級各類の学校は人事制度改革、契約制（招聘制）及び学校内部管理体制の改革を推進しているので、総括的教員評価は利点がある。しかし、我々が評価を実施する主な目的は、教員の授業・教育の質の向上にあるべきなので、こうした少数に対して役割を果たしている総括的な教員評価方式だけを利用することは、学校全体の授業・教育の質の向上に対して、あまりメリットはない」[4]と中間評価である。これに対して、『教育管理学』主編の陳孝彬教授は、「教育管理は事後検査、統計管理と全面質量管理という三段階に分けら

れる。事後検査は古い質量管理方式である。それは廃品を排除することを目的とする。これは資源と労働を浪費する方法である。良い産品は生産されたもので、検査されたものではない。教員人事考課は予防を主とすべきである」、そして厳紅[5]は、「従来の評価は管理の角度から展開されているものである。この方式の評価では、被評価者は受動的な位置にあり、積極的な評価への参与や評価結果への納得はできない。この方式は、一定程度まで教員への奨励効果があるが、総体から見れば、被評価者を挫折させ、圧力をかけてしまう。また、教員たちに多くの精力を授業・教育活動より教育資源の獲得に向けさせてしまう。こうして、評価の功利機能が上がり、勤務改善機能が弱化されてしまう」、さらに、劉堯[6]は、「中国では、科学的な教員評価体系はさしあたり設定されていない。現行の教員評価は、生徒の成績や少数の学校責任者による主観的判断あるいは教員たちによる選挙という方式で教員の勤務上の業績の良し悪しを評価している。こうした評価結果を重視し、評価過程を無視する教員評価方式は不完全な評価で、学校教育を悪化させてしまう」と否定的評価である。

　今後の教員評価改革の方向に関しても、様々な意見が見られる。例えば、季明明、李吉会は、「評価結果と給与などの待遇にリンクしない形成的評価は中国小・中学校教育評価の趨勢である」[7]、王斌華[8]は、「評価結果を給与などの賞罰にリンクせず、教員の職能成長の促進を目的とする評価主体多元化の評価方式の設立が急務である」と指摘した。董奇、趙徳成は、「評価の目的は、生徒・教員・学校の成長と発展を促進することにあるべきである。教育評価は従来の選抜性評価から脱却し、診断・奨励と発展を重視し、生徒・教員の主体的地位を重視し、評価内容は多元的で、生徒成績・進学率のほかに被評価者の多方面の資質を重視すべきである。総括的評価と形成的評価の結合が必要である」[9]としている。そしてまた、厳紅は、「理想的な評価制度は管理手段だけではなく、教育活動の向上の手段でもある。教員評価を教育活動の向上とする観念・意識の改革、教員の評価権利を重視し、教員の発展を促進することは今後の教員評価改革の方向であるべきである」[10]と課題を示している。

こうした多様な論議が生じた背景には、1999年以後、特に2002年以来、中国では資質教育に相応する教員の職能成長を目的とする教員評価制度の改革が重要な課題となってきたことが考えられる。例えば、1999年に中国共産党中央委員会・国務院による「教育改革深化と資質教育の全面的推進に関する決定」は、「資質教育に相応する学校・教員と生徒評価体制を設立することがかなり重要である。地方各級政府・学校は、生徒の進学率を学校評価・教員評価の基準としてはいけない。そしてまた、正式に従来の評価の選別機能と判定機能を変え、新たな評価による生徒発展・教員職能の成長発展の機能を促進する」と明確に規定した。また、2002年12月に教育部による「小・中学校試験制度と評価制度改革の推進に関する通知」は、「充分に、評価の発展促進機能を発揮し、評価内容を多元化し、教員の専門業務レベルの向上ばかりでなく、教員の職業道徳も重視すべきである。評価方法は、多様的かつ科学的である必要がある。評価は結果だけでなく、発展と変化過程を重視すべきである。また、同時に、教育行政部門の許可を得られなければ、いかなる教育組織も教授能力（主に生徒成績を重視）の結果を昇進・昇格などの唯一の根拠としてはいけない」と明文化した。つまり、中国共産党中央委員会、国務院及び国家教育部の最新の改革理念は、従来の教員等級判定機能を重視する業績主義評価を弱め、教員の職能成長を重視する評価に移行するようになったのである。

　しかし、上述のように、この教育評価に関する論議が焦点化されず、具体的な課題方向が明確にならないのは、論者の教育評価制度の考え方が情緒的・主観的指摘になりがちであったからである。これまでの先行研究の大きな問題は、それが個人の主観的指摘に留まっており、教員評価の法制度の内容と地域間の評価実態に関する研究が行われていないことに起因していたのである。

　これまでの実証的分析を通してわかるのは、中国における現行の教員評価（年度考課、職務称号評定、3％奨励・昇格）は、一定の地域や一部の学校において、教員の勤務意欲の促進、教員の質の向上に一定の役割を果たしている。しかし、地域間・学校間の運営実態の違いが大きいものである。特に都市部

の学校と農村部の学校の差異がかなり顕著なのである。そこには、教員評価の運営実態における以下の問題、即ち①評価における人脈重視問題、②教員の自己評価、同僚評価が不足する問題、③評価者の資質問題、④評価による等級判定・資源の配分機能を過度に重視し、教員の職能成長を無視する問題、⑤教員の総合能力より教授能力（生徒の成績）を過度に重視する問題、そして⑥教員の職務称号評定における中央政府の理念と実践の乖離問題などが大きく関係しているのである。

なぜ、中央政府の教員評価理念と実態に乖離が生じたのだろうか。その理由としては以下の四点が大きいと考える。

第一に、中国が「法律主義」ではなく、「政治主導・行政主導・人治主義」に偏重していたことである。いわゆる、中国の教員評価法制度内容における「政出多門」[11]という問題がある。例えば、中国では、「中華人民共和国教員法」という法律条文、「事業機関における人事考課の暫時規定」などの法規、また、中国共産党中央委員会・国務院・教育部・財政部・人事部などの中央政治、行政部門からの教員評価に関する「通知」、「規定」、「意見」などが拘束性を持っている。しかも、法律と部門間、部門と部門間の整合性がない。そのため、教員評価制度に関する中央政府各部門における政策決定・政策内容における混乱が生じやすいのである。

第二に、中央政府の政策決定には連続性が欠けている。また、教員評価に関する規定は、理念・方針を決めるだけで、具体的な実施細則・方法は規定されておらず、地方・学校に委譲されている。各地方が中央政府の政策決定を貫徹する際、各地方の独自の裁量となっている。こうして、地方・学校の財政状況、指導者の好み、文化伝統の違いによって異なる特徴を呈することになるのである。

第三に、教員評価に関する監査制度が機能していない。

第四に、中央政府の教育行政管理者であれ、一部の研究学者であれ、中国の教員評価の実態に関してきちんと把握していない。つまり、これらの教育関係者が教育政策を制定する際に、学校現場から離れている。

現在、「資質教育」及び基礎教育カリキュラム改革の推進に伴い、教員の職能成長を重視する形成的教員評価が重要視されている。しかし、各学校では依然として「受験教育」を重視している。そのため、学校の教員評価においても、生徒の成績、進学率を重要な指標として教員の良し悪しを評価している。林小英が指摘していたように「現在、中央教育行政部門は、教員の職能成長を中心とする評価結果を給与などの待遇に連動しない形成的教員評価方式の実施を主張している。しかし、実際としては、こうした方式は形式に留まっており、実態にまで移っていない」[12]。つまり、現在、中央政府の教員評価の理念は教員の職能成長を重視することにあるが、学校現場では依然として業績主義を重視している。言い換えれば、中央政府による教員評価の理念が軽視されているのである。その最大の理由は、業績主義的教員評価に関する共通意識が形成されていないことにある。それなら、今後の教員評価はどのように進むべきであろうか。評価結果を給与などの待遇に連動しない形成的評価方式の実施が可能なのであろうか。

　その課題解決の一つの方向が、教員の評価結果を給与などの待遇に連動させず、教員の職能成長を重視する形成的評価方式を実施している上海市B校AA制教員評価方式であり、以下でその概要を明らかにする。

第2節　AA制教員評価方式（形成的教員評価方式）

1．制度理念

　AA制教員評価案は、教員評価の最も中心的な内容、つまり、教員の専門資質と研究の発展を、それぞれ「A」で表示する。教員の担っている教育教授業務への適合度（結果重視）も評価するし、当該教員の個人的研究能力への評価と養成も重視する。教員は、評価の過程において、自らの労働成果と自分自身の評価にも関わる。AA制は評価の目的から分析すれば、従来の「賞罰性評価」より、個人の発展を重視している。上海市辛荘中学『AA制教員評価の初歩の成果』が指摘したとおり、AA制教員評価の狙いは、教員

の能力開発の現実的可能性と発展趨勢の結合にある。

2．内容

　多層的な評価指標の上に、評価の個別性に留意するので、評価体制は合理性・公正性を持たせるように工夫されている。指標体系の個別性・多層性という主張は、上層指標は下級指標に対する牽制機能を体現できることを意味する。従って、全員の研究・各自の違い・教員集団の発展を積極的な評価点として捉えることになる。この結果、従来の評価のように、職務称号等が評定された後、教員の勤務意欲が逆に低下してしまう問題を克服できる。

　当該学校の教員評価の具体的な評価基準は表9-2-1のとおりである。

　この基準表からわかるように、教員評価の要素は教員の専門資質（A）、「研究発展」（A）という両方面から構成されている。教員の「専門資質」は「教育理念」、「実践能力」、「公共関係」及び「個人の特長」から構成され、「研究発展」は公開授業案（初級）、「反省的課題研究あるいは研究報告」（中級）、研究課題（高級）から構成されている。この基準表には、他の学校と異なる以下の特徴が見られる。①教員の教授実践のみではなく、教育に関する理論知識も評価する。②生徒の点数の高低より、生徒の個性の発展・人格的養成を考慮する。③教員の公共関係、特に教員と生徒の関係に重点を当てる。④個々の教員の特長を重視する。⑤教員の職務の高低に応じて、個々の教員に相応する教育研究課題を付与し、教育理念の向上を図る。

表9-2-1　AA制教員評価基準

一級指標	二級指標		具体的な要求
専門資質	教育理念		鄧小平理論、国際及び国内の先進教育理論、とりわけ資質教育への認識
	実践能力		教育・教授の効果（資質教育の各種内容を含む）、教育の実績は点数の高低のみではなく、生徒の発達に強く関連している。主に教員の生徒に対する人格的養成を果たす役割及び能力を評価する。
	公共関係		教員の社会、学校及び全体教育環境における人間関係を考察する。今学期は、生徒と教員の関係を重点的に評価し、教員が、生徒と新しい民主的関係を形成しているかどうかをチェックする。
	個人の特長		個人的特長を教員評価の要素の一つとし、教員の教授面での個性を励まし、他と異なる教授風格を形成させる。
研究発展	初級	公開授業案	授業研究をする。
	中級	反省的課題研究あるいは研究報告	反省性課題研究とは、自分の担任している教科のある点について課題を設計する。あるいは自分の担当学科に対して研究する。重点は実践能力と創意工夫能力の養成である。
	高級	研究課題	自己設計、自己研究

3．AA制評価案の実施手続き

（1）評価グループを選挙する。

全体教員から学術委員会（9人）を直接選出する。高級職務称号教員が委員会の80%を占める。その理由は学術的成果をあげ、研究能力を持っているからである。委員会は教員の専門性を重視して評価する。

（2）資料収集

　　学校は、事前に一人ごとに資料保存袋を用意する。教員が提供する評価資料を集め、評価過程では、教員に随時取出し権を与える。資料は修正後再提供してもいい。これは、教員の教育教授実践の発展を促進する役割を果たしている。

（3）評価過程の三結合

　　まず、教員が自己申告をし、まとめる。次に、学年グループ内部で交流する。お互いに評定し、自己評価もする。その上で学年によって初歩評定をする。それと同時に専門家グループによって教員が提供した資料の初歩評定をする。

　　最後に、各グループの代表と専門家と一緒に、両方の評価結果をまとめ、異なった点について検討する。討論の際、十分に大衆代表と非評価者からの補充資料と解釈を聴取する。その上で委員会投票によって評価結果を決定する。

（4）評価側と被評価側の心理調整

　　課題グループと学校代表者は、評価過程において、前後3回会議を開き、評価に関する細則を解釈するばかりでなく、評価者と被評価者への心理調整をする。評価対象者に生じる「初舞台反応」、「参照効果」及び「日がさ反応」への配慮調整をする。被評価者の心理的緊張を解消する作業をする。

（5）割合の傾斜

　　各教員への最後の等級評価では、研究発展を重視する方法を採用する。これにより、教員の発展重視を図ることができる。教員の専門資質への評価では、学生へのアンケート内容を重要な参考とする。

（6）評価結果の公開

　　課題組長（党政代表者）は自己評価・グループ内部での評価及び評価機構による総合評価を各グループ代表に報告する。個別的に生じた問題を解釈し、意見聴取をする。最終的に一致した後、代表者と大衆代表によって被評価者に通知し、問題点を指摘し、発展を励ます。

この評価手続には、以下の特徴が見られる。
（1）学校評価グループの設置は、他学校のような校長による任命ではなく、教員全員の選挙によって決定される。
（2）教員を評価する前に当該教員にかかわる総合的情報を十分に収集する。
（3）教員の自己評価を重視する。
（4）生徒からの評価を重視する。
（5）評価主体を多元化している。評価結果が一致しない場合、お互いに相談しながら決定する。

4．AA制教員評価方式の形成背景分析

　中国における教員評価は、中国国家高級教員である林小英が指摘したように「1993年の『中国教育改革と発展要綱』においては、各級各類の教育機関において、教員の教育質量評価体系を樹立し、絶えず考課すべきであると規定しているが、実際としては、このような考課は形式に留まり、その役割があるとしても内実のないものである。考課の指針は、高校入学試験・大学入学試験」[13]の問題にある。林小英が指摘したとおり、現在、中国においては、資質教育が推進されているが、全国的な大学統一入試という指針（指揮棒）があり、また、大学受験競争が予想以上に激しい。そのため、学校現場では、教育の全ては生徒の成績の点数を中心にしている。学校評価も教員評価も、生徒の成績指標が重要な評価要素となっているのである。
　しかし、上海市辛荘中学のAA制教員評価方式には、受験問題の影響が見られない。その理由として、以下の要因が考えられる
　第一に、受験競争からの影響が弱い
　当該学校は、中国における経済的、教育的に最発達地域である上海に位置する。中国においては、現時点で北京・上海以外は、大学入試に関して全国統一水準で実施されている。しかし、北京・上海両地域は全国統一基準で実施することはなく、独自に出題し、独自に生徒募集する権利を有している。つまり、競争が激しい全国統一大学入試からの影響がかなり弱い。

第二に、学校の性質の要因

当該学校は一般の公立学校ではなく、「民営公助高校」(日本の私立高校に相当する)である。中国においては、普通、民営学校に従事している教員の給与は公立学校教員の給料より高い。また、当該学校の専門設置は美術・芸能体操である。つまり、国語、数学、外国語のような基本知識より、生徒の芸能を重視している。この専門性が形成的教員評価方式の形成に有利であると思われる。

第三に、校長の指導力

当該学校の校長は「全国優秀教員」という肩書きを持っている。学校の経営理念は、「学校本位の発展観、教員本位の管理観、生徒本位の教育教授観」という先進的な経営理念である。また、授業活動の理念に関しては当該学校のホームページによれば、「教授活動の理論指導：教授と研究の一体化、教授活動の実施戦略：課題によって教授活動を推進し、教授によって研究課題を設置し、研究と教授を共同で向上させる」と明文化している。

第四に、教員の資質要因

教員の資質水準が高い。当該学校に教職員は129人いる。その内教員は90余名である。高級教員28名、一級教員44名、その他、全国優秀教員・上海市優秀教員・上海市先進教育工作者も多数勤務している。

現在、形成的教員評価方式を導入している学校は、上海市辛荘中学のみではなく、他の地域・学校にも見られる。例えば、東莞市玉蘭中学及び重慶市朝陽中学[14]も形成的教員評価方式を実施している。しかしながら、現在でも形成的評価方式を実施している学校はごく少数でしかない。この形成的教員評価方式を実施している学校はほとんど以下のような共通点を持っている。①大学入試のための競争はほとんどなく、専門学校が多い。例えば、体育専門学校、音楽専門学校、美術専門学校のほうが多い。②一般の公立学校ではなく、私立学校のほうが多い。③校長の職務級別・学歴が高く、指導力を有している。

5．AA制教員評価方式の効果

　2000年1月に、上海市辛荘中学は始めてAA制教員評価を実施した。全部で81名の教員が評価に参加した。全体教員の100％を占めていた。良等以上の高級教員の割合は40％、中級教員の割合は40％、初級教員の割合は20％。その内、優等の5名の中、3名は高級教員で、2名は中級教員である。可と評価された3名教員は新規入校の若い教員である。この評定結果によると、良等の人員の中では、高・中級の教員の割合が高い。それは学校内で専門資質が高く、研究能力が強いグループである。評価した後、大衆からの意見を聞き、70％から80％までの大衆に高く評価された。約20％の大衆は納得できると答えた。また、課題グループは専門家に依頼し、検証してもらった。専門家委員は初めての評価にもかかわらず、この評価には非常に肯定的であった。

　上海市辛荘中学の形成的教員評価方式は2000年の導入から調査時点までですでに7年を経ていた。教員の勤務意欲・職能の向上が見られるだろうか。その調査のために、2007年6月から7月にかけて上海市辛荘中学の一部の教員に対してアンケート調査を行った。その結果は下記のとおりである。

　教職員は129人勤務していた。そのうち教員は90名、職員は39名である。90名の教員のうち、高級教員は28名、一級教員は44名、二級教員は18名である。

Q4-23　現行人事考課制度の結果は教員研修に反映されていると思いますか
　　　①とてもそう思う　②そう思う　③どちらともいえない
　　　④あまりそう思わない　⑤全くそう思わない

Q4-24　教員年度考課の結果は、教員の待遇にリンクすべきだと思いますか
①とてもそう思う　②そう思う　③どちらともいえない
④あまりそう思わない　⑤全くそう思わない

Q4-26　人事考課制度の実施を通して、貴方自身の努力が報われ、積極性が向上したと思いますか
①とてもそう思う　②そう思う　③どちらともいえない
④あまりそう思わない　⑤全くそう思わない

調査の結果は図9-2-1のとおりである。

図9-2-1　上海市辛荘中学校の形成的教員評価の実態と効果

	教員研修への反映	教員の勤務意欲の促進	評価結果と待遇とのリンク意識
とてもそう思う	20.1	10.6	14.3
そう思う	45.8	36.5	40.9
どちらともいえない	10.0	22.0	20.0
あまりそう思わない	17.8	24.0	19.9

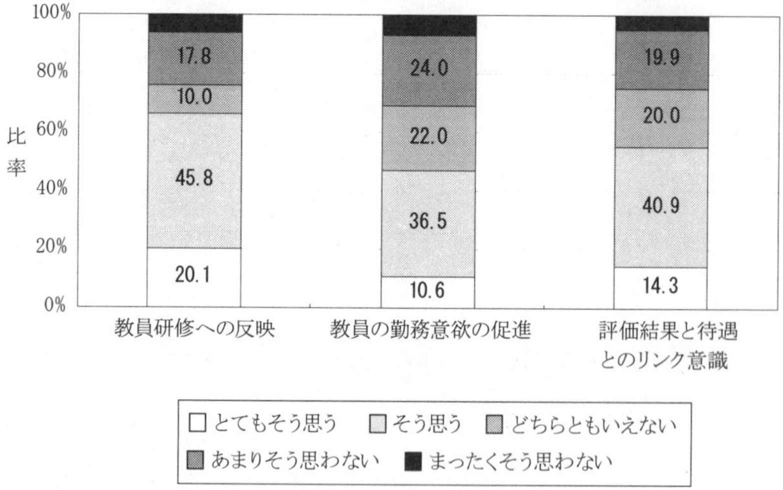

図9-2-1から、上海市辛荘中学の形成的教員評価の実態と効果調査は以下の内容であった。

（1）評価結果と研修の連動を重視している。約65.9％の教員は評価結果が研修に関係していると考えている。
（2）評価による教員の勤務意欲の促進効果は高くない。「とてもそう思う」と「そう思う」の教員合計は47.1％であった。つまり、評価結果と給与などの待遇に連動していない場合には、教員の勤務意欲促進における効果が限定的である。
（3）半数ぐらいの教員が評価結果と待遇の連動に期待している。

　現在、教員評価結果を給与などの待遇と連動させるかどうかということは、非常に論争を呼ぶ話題となっている。例えば、滕越[15]は、「理想の年度考課制度は、職務称号評定・給与等にリンクすべきではなく、単純に教員の職能成長を促進することを目的とすべきである。教員の評価は教員の自己評価を重視すべきである。また、親や生徒からの評価も重視すべきである」と指摘した。王斌華[16]は、「評価結果を給与などの賞罰にリンクせず、教員の職能成長の促進を目的とする評価主体多元化の評価方式の設立が急務である」と述べている。一方で、田宝記[17]は、「評価結果を給与などの待遇にリンクすることが教員の勤務意欲を向上させる重要な措置である」と肯定的である。
　現場の教員は評価結果と給与の連動についてどう認識しているのだろうか。現行の業績主義的教員評価は本当に意義を有しているのか。評価結果を給与などの待遇に連動させないかぎり、教員の職能成長を促進できないのだろうか。これらの問題を以下で考察する。

第3節　評価制度改革に対する教員の意識

1．年度考課の結果と給与の連動

教員評価の結果と給与の連動について、教職員はどう考えているだろうか。

> Q4-24　教員年度考課の結果は、教員の待遇にリンクすべきだと思いますか
> ①とてもそう思う　②そう思う　③どちらともいえない
> ④あまりそう思わない　⑤全くそう思わない

図9-3-1　教員評価の結果は、給与などの待遇にリンクすべきだと思いますか

	A校	B校	C校	D校	E校	F校	G校	H校	I校	J校
とてもそう思う	6.9	15.2	17.4	30.9	19.7	29.8	33.3	7.5	19.0	7.8
そう思う	24.1	27.0	13.0	9.3	19.7	14.9	9.5	32.5	52.4	68.6
どちらともいえない	20.7	28.7	29.0	21.6	57.4	51.1	47.6	7.5	11.9	19.6
あまりそう思わない	48.3	27.0	40.6	33.0				47.5	16.7	3.9
まったくそう思わない										
	北京市				通遼市				馬家村	

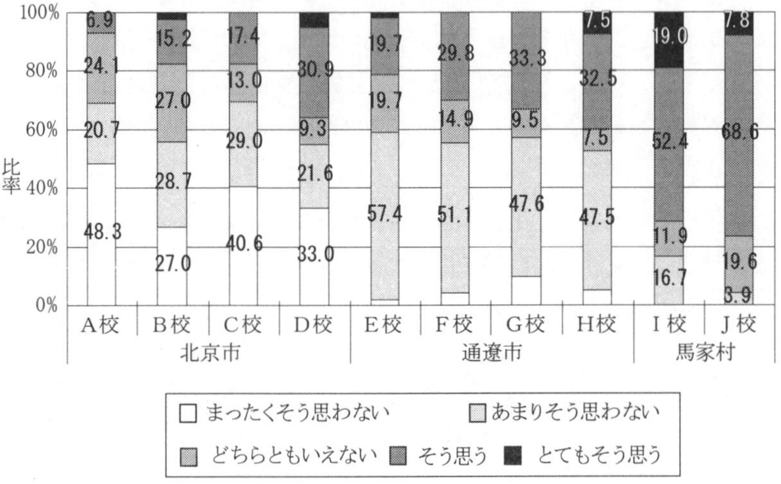

図9-3-1から見ると、大都市部の北京市と中・小都市部の通遼市の各学校における半数以上の教員は評価の結果と給与などの連動に反対しており、農村部の半数以上の教員は評価結果と給与の連動に期待している。

この大きな原因は現在、農村部で業績主義的教員評価が機能していないこ

第9章 教員評価に関する論争及び今後の改革方向

とである。つまり、農村部の学校における教員評価の結果は教員自身の努力の程度・業績と結びついておらず、全ての教員の給与は同じ額になっているのである。従って、農村部の多くの教員は評価結果と給与の連動に期待しているのである。一方、都市部、特に大都市部では、典型的な業績主義評価方式を実施しており、その実施によって一部の教員では確かに勤務意欲が促進された。しかしながら、教員評価の評定基準の客観性及び評定手続きで多くの問題が発生している。また、個々の教員間の競争が激化し、教員間の集団性の形成にマイナス効果が現れ始めている。従って、都市部、特に大都市部では、今後、評価基準の客観性を向上させ、評価手続きの問題を改善することが課題となっているのである。

学校現場の教員たちの評価結果と給与の連動に対する認識が明らかになった。しかし、学校管理責任者（校長、教頭及び党支部書記）はどう認識しているだろうか。

今回の調査では、学校管理責任者の評価結果と給与の連動に対する認識における地域間・学校間の差異はあまり見られず、管理者と教員間の意識差が目立っている。その詳細は図9-3-2のとおりである。

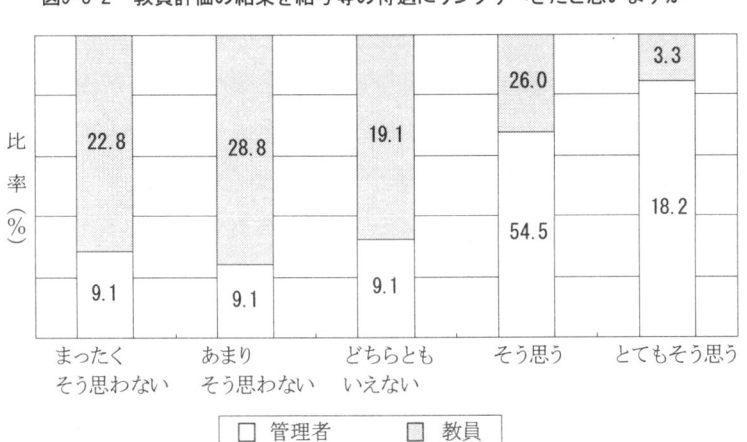

図9-3-2　教員評価の結果を給与等の待遇にリンクすべきだと思いますか

	まったく そう思わない	あまり そう思わない	どちらとも いえない	そう思う	とてもそう思う
管理者	9.1	9.1	9.1	54.5	18.2
教員	22.8	28.8	19.1	26.0	3.3

＊管理者、教員それぞれに＋すると、各回答率は100％となる。

図9-3-2からわかるように、学校管理責任者（校長・教頭・党支部書記など）は学校教職員より、教員評価の結果と給与などの待遇の連動に好意的である。これは、現在、教員評価の実施主体（評価者）がほとんど学校管理者（中層以上幹部、校長・教頭・党支部書記）であることが影響している。現行の業績主義的教員評価は学校管理者にとって有利なのである。つまり、教員評価を通して、教員管理を実現することができる。それゆえ、学校管理者が現行の業績主義的教員評価を支持していると考えられるのである。

現場の教員及び管理者の意識から見ると、現行の業績主義的教員評価には全く意義がないわけではない。かなり多くの教員が評価結果と給与の連動に期待している。この問題は、評価手続きの透明化と評価標準の客観化に関わっているのかもしれない。

2．評価主体の多元化

国務院によって公布された「基礎教育の改革と発展に関する決定」（2001年6月15日）、「基礎教育課程改革要綱（試行）」（2002年6月7日）は、「今後、評価主体の多元化を重視し、教員の自己評価を主として、校長・同僚・生徒及び親共同参与の評価制度を実施すべきである」と規定している。また、W.Cook[18]が指摘しているように、「学習の立場から見れば、最も有効な評価は自己評価である。次に、同僚間の評価あるいは生徒間の評価である。最もよくない評価は外部評価である」。また、厳紅[19]は「教育の本質はサービスの一種である。教育サービスをよくする理想的な教員評価は以下の五つの次元を重視する必要がある。つまり、①教員自身＝教育サービスの実行者、②生徒＝教育サービスの享受者、③リーダー＝教育サービスの管理者、④同僚＝教育サービスの協力者、⑤親＝教育サービスの購買者である」と指摘した。つまり、教員評価においては教員自身、生徒、指導者、同僚、親という五つの要素がかかわるのである。

しかし、学校現場では、この同僚評価と自己評価はどのぐらい重視されているのだろうか、また、教員は、親や生徒からの評価をどのように認識しているのか。以下でこの問題を考察する。

（1）同僚評価

　校長などの学校管理責任者は全ての教員を熟知しているわけではない。従って、教員評価の結果は公正性・客観性の問題が常に話題とならざるをえないのである。現在の評価結果の特徴は、同僚評価の必要性が再認識されてきた点にある。同僚評価について、王成全[20]は「同僚評価は高い信頼性があり、教員の職能成長に有利である」と指摘し、厳紅[21]は以下のように指摘している。

　同僚評価は学術的雰囲気と専門的に発展する環境の形成に大きな役割を果たす。同僚は専門技術者として、自分の職業の性質と問題をよく理解しているので、教員の学術レベルと能力評価において、同僚は最も発言力がある。同僚は、授業活動、教材及び教員の要求に対してよく熟知しているので、教員の勤務改善に対して適切なアドバイスを提供できる。

学校現場の教職員は、同僚評価をどのように認識しているのだろうか。

Q4-20　あなたは現行の教員評価制度で教員の同僚間評価が重視されていると思いますか
　　　①とてもそう思う　②そう思う　③どちらともいえない
　　　④あまりそう思わない　⑤全くそう思わない

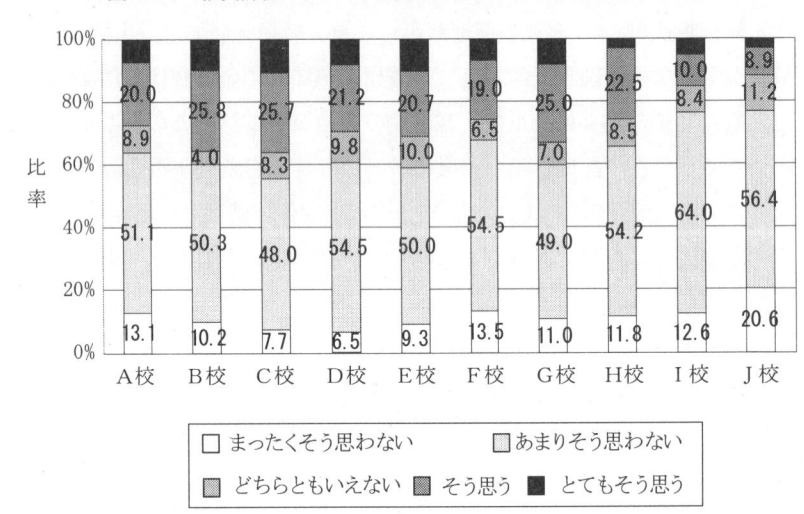

図9-3-3 教員評価において、教員の同僚間の評価が重視されていますか

校	まったくそう思わない	あまりそう思わない	どちらともいえない	そう思う	とてもそう思う
A校	13.1	51.1	8.9	20.0	
B校	10.2	50.3	4.0	25.8	
C校	7.7	48.0	8.3	25.7	
D校	6.5	54.5	9.8	21.2	
E校	9.3	50.0	10.0	20.7	
F校	13.5	54.5	6.5	19.0	
G校	11.0	49.0	7.0	25.0	
H校	11.8	54.2	8.5	22.5	
I校	12.6	64.0	8.4	10.0	
J校	20.6	56.4	11.2	8.9	

図9-3-3から、以下の特徴が見られる。

（1）どの地域であっても、同僚評価はあまり重視されていない。
（2）地域間では、都市部が農村部より少し重視している傾向にある。

つまり、現行の業績主義的教員評価のもとで、同僚評価があまり重視されていないと判断することができるだろう。

（2）保護者・生徒による教員への評価

　教育の投資者（購買者）[22]として、生徒の保護者は、学校の教育の質に非常に関心を持っている。保護者は学校の教育サービスに対して最も発言力がある。保護者による教員評価は、教員勤務を検査する重要な手段でもある。教員に授業実態効果を理解させ、勤務改善を促進させる必要な措置でもある。保護者に学校評価・教員評価の機会を与えるか否かを問わず、保護者の間には、常に学校評価、教員評価は潜在的に存在している。

　生徒は教員の授業活動・生徒指導などの教育活動効果の直接体験者であり、

教員の教育活動の状態・良し悪しを判断している。教育の最終目的は、全ての生徒の全面的成長と発達の促進だからこそ、教員評価では、生徒の参加が必要となるのである。これに関して、劉本固[23]は「生徒が教員の授業などを評価することで、直接に教員の勤務状態と授業効果を反映することができる。生徒からの評価情報は年齢段階に応じて一定の主観性をもっているものの、教員の授業活動の改善に対しては有益である。また、生徒からの評価を深めることによって、生徒と教員間の交流を増やし、二者の関係を改善することもできる」と指摘している。また、厳紅[24]は生徒による教員評価の意義について以下のように整理している。

①生徒は授業過程の主体であるので、生徒たちは授業目標の達成、生徒と教員の関係などについて非常によく了解している。生徒たちは、環境への記述が比較的に客観的で細かい。②生徒は専門家や同僚のように1、2回の授業聴取で評価するのではなく、教員たちを「全時間観察」している。教員の職業は独立性が強く、専門化程度も高いため、学校側は教員の全方面の状況をなかなか把握できない。よって、生徒による教員評価を導入することによって、教員の実態を客観的に把握できる。③生徒による教員評価を通して、教員の生徒への影響度を判定できる。④生徒による教員評価は、教員の授業改善、授業効果、教員の使用に根拠を提供できる。

では、学校現場の教員たちは親・生徒からの教員評価をどのように認識しているのだろうか。この調査結果は以下のとおりである。

Q4-21　人事考課のプロセスにおいて、保護者の意見が重視されるべきだと思いますか
　　　　①とてもそう思う　②そう思う　③どちらともいえない
　　　　④あまりそう思わない　⑤全くそう思わない

399

Q4-22 人事考課のプロセスにおいて、生徒の意見が重視されるべきだと思いますか
①とてもそう思う ②そう思う ③どちらともいえない
④あまりそう思わない ⑤全くそう思わない

図9-3-4 教員評価において保護者の意見が重視されるべきだと思いますか

校	まったくそう思わない	あまりそう思わない	どちらともいえない	そう思う	とてもそう思う
A校 (北京市)		55.2	20.7		16.1
B校 (北京市)		47.7	20.4	25.5	
C校 (北京市)		65.2	11.6	17.4	
D校 (北京市)		46.4	13.4	28.9	
E校 (通遼市)		50.8	14.8	31.1	
F校 (通遼市)		42.6	12.8	23.4	
G校 (通遼市)		33.3	9.5	52.4	
H校 (通遼市)		35.0	5.0	57.5	
I校 (馬家村)	16.7	16.7	50.0		
J校 (馬家村)	6.0	30.0	64.0		

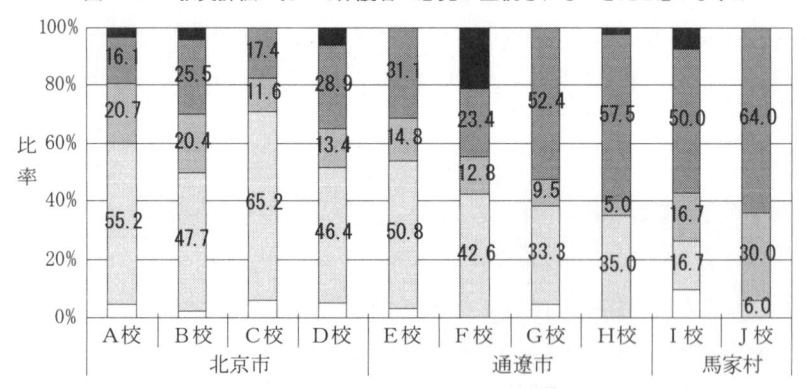

図9-3-5 教員評価において生徒の意見が重視されるべきだと思いますか

校	まったくそう思わない	あまりそう思わない	どちらともいえない	そう思う	とてもそう思う
A校 (北京市)		52.9	21.8	16.1	
B校 (北京市)		58.5	19.5	15.5	
C校 (北京市)		61.9	13.0	19.3	
D校 (北京市)		43.0	15.5	30.2	
E校 (通遼市)		49.8	16.8	28.1	
F校 (通遼市)		45.6	22.8	20.4	
G校 (通遼市)		30.3	11.5	51.4	
H校 (通遼市)		35.0	5.2	57.7	
I校 (馬家村)	15.5	25.0	39.4		
J校 (馬家村)	11.0	19.4	54.0		

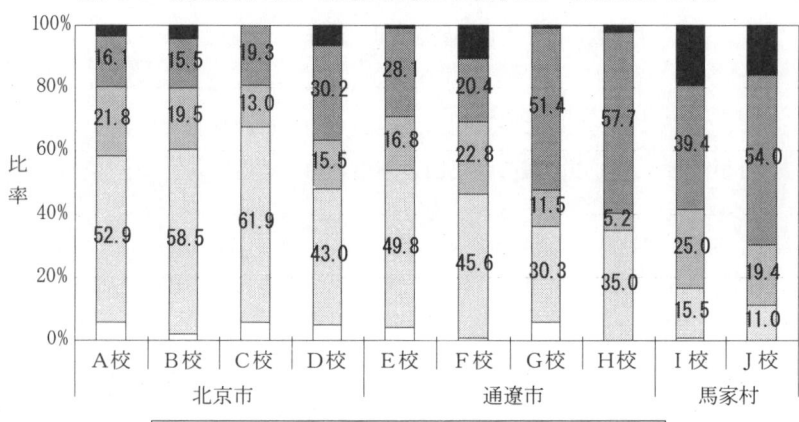

第９章　教員評価に関する論争及び今後の改革方向

図9-3-4、図9-3-5から、以下のことがわかる。

（１）保護者評価に賛成する教員は、生徒からの評価にもほとんど賛成している。
（２）都市部の教員より、農村部の教員が親や保護者からの評価に肯定的である。

それなら、どのような教員が保護者や生徒からの教員評価に肯定的なのであろうか。

表9-3-1は、保護者評価への教員性別上の調査結果である。

表9-3-1　保護者評価の教員性別認識の差異

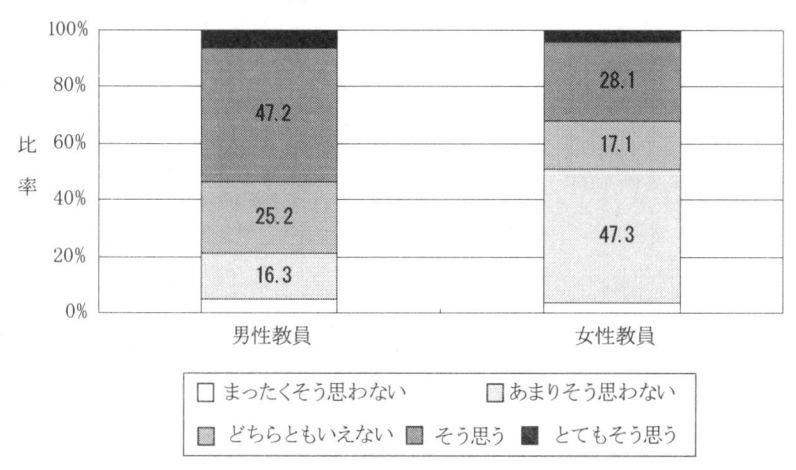

	まったくそう思わない	あまりそう思わない	どちらともいえない	そう思う	とてもそう思う	合計
男性	6 (4.9%)	20(16.3%)	31(25.2%)	58(47.2%)	8(6.5%)	123
女性	15(3.4%)	207(47.3%)	75(17.1%)	123(28.1%)	18(4.1%)	438

図9-3-6　教員評価において保護者からの意見が重視されるべきだと思いますか

表9-3-1、図9-3-6からわかるように、保護者評価に対して、男性教員は肯定的であり、女性教員は否定的である。

教員年齢のほかに、教員の年齢構成における認識の差異もある。

表9-3-2　保護者評価の教員年齢認識の差異

	まったくそう思わない	あまりそう思わない	どちらともいえない	そう思う	とてもそう思う	合計（人）
30歳以下	4(2.1%)	60(31.3%)	22(11.5%)	84(43.8%)	22(11.5%)	192
31－40歳	7(3.4%)	65(34.1%)	36(15.3%)	95(45.7%)	5(2.4%)	208
41－50歳	0(0.0%)	40(45.5%)	19(20.6%)	28(31.8%)	1(1.1%)	88
51歳以上	8(11.0%)	32(43.8%)	12(15.4%)	20(27.4%)	1(1.4%)	73

図9-3-7　教員の年齢による親からの評価に対する認識の差異

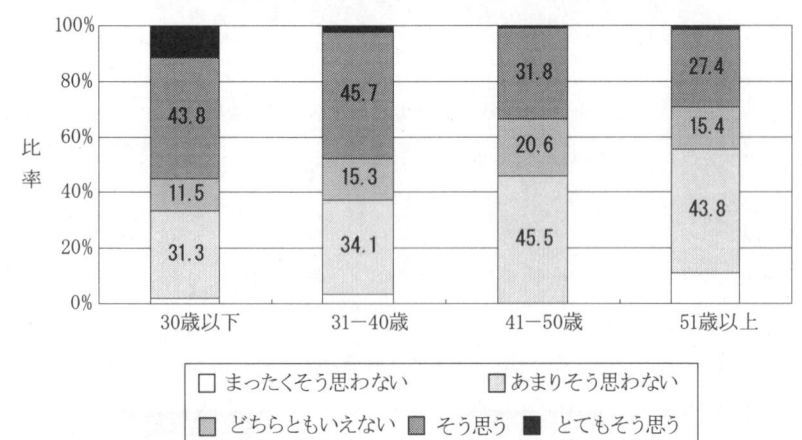

表9-3-2、図9-3-7からわかるように、41歳以上の教員は41歳以下の教員より保護者評価に否定的である。

このほか、学校の管理者と教員間にもこの認識に差がある。

表9-3-3　保護者評価の教員属性認識の差異

	まったくそう思わない	あまりそう思わない	どちらともいえない	そう思う	とてもそう思う	合計（人）
管理者	1(4.8%)	4(19.0%)	3(14.3%)	13(61.9%)	0(0.0%)	21
教員	20(3.7%)	231(42.8%)	95(17.6%)	168(31.1%)	26(4.8%)	540

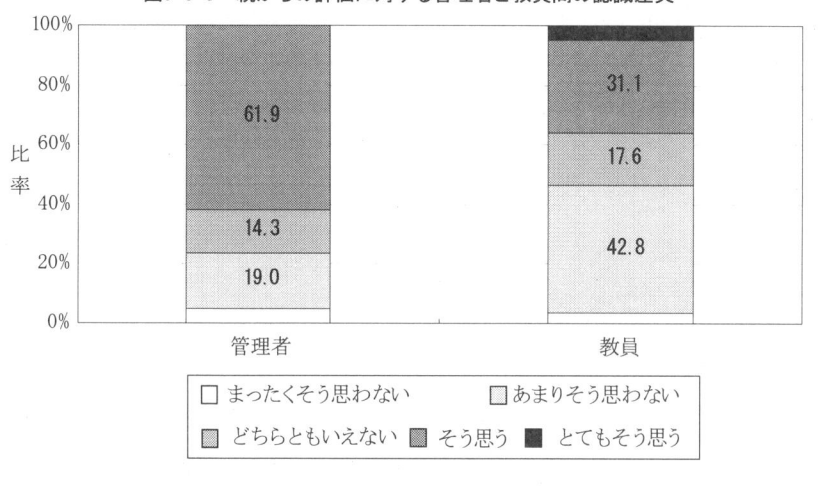

第9章 教員評価に関する論争及び今後の改革方向

図9-3-8 親からの評価に対する管理者と教員間の認識差異

管理者: 19.0 / 14.3 / 61.9
教員: 42.8 / 17.6 / 31.1

□まったくそう思わない　□あまりそう思わない
□どちらともいえない　■そう思う　■とてもそう思う

　表9-3-3、図9-3-8で示したとおり、保護者評価に対して、管理者は教員より肯定的である。

　これまで、教員の所在地域、教員年齢、教員の性別、教員の属性（管理者か教員か）における保護者評価に対する認識差異を示した。これらの認識の差異は児童・生徒評価に対する認識と同じ結果なのである。

　教員の所在の地域、教員年齢、教員性別、教員の属性という四つの要素と教員意識（親・生徒による教員評価を重視すべきか）の関係を検証するために、教員意識（親による教員評価を重視すべきか）、（生徒による教員評価を重視すべきか）をそれぞれ従属変数とし、また、設けたアンケート調査の五段階項目をそれぞれ以下のように数量化した。「とてもそう思う」は5、「そう思う」は4、「どちらともいえない」は3、「あまりそう思わない」は2、「全くそう思わない」は1とした。

　説明変数の設定は以下のとおりである。
　①教員年齢
　②地域ダミー：都市部は1、農村部は0とする。
　③教員性別:女性は1、男性は0とする。

④教員属性:教職員は1、学校管理者(校長、教頭、党支部書記などの学校管理者は0とする)。

表9-3-4 独立変数の概要

変数の名称(単位)	変数の内容とその説明
教員の年齢	2005年12月26日から2006年1月15日の間、筆者が実施した調査のデータ
地域(ダミー変数)	都市部は1、農村部は0とする。
教員性別(ダミー変数)	女性教員は1、男性教員は0とする。
教員属性	教職員は1,学校管理者(校長、教頭、党支部書記などの学校管理者は0とする。

上記の四つの変数を、多重共線性の有無を確認した上で強制投入法を使い重回帰分析を行った。分析した結果は表9-3-5のとおりである。

表9-3-5 保護者及び児童・生徒評価の検定結果

独立変数	親の意見を尊重すべきですか				生徒の意見を尊重すべきですか			
	非標準化係数	標準誤差	標準化係数	有意確率	非標準化係数	標準誤差	標準化係数	有意確率
(定数)	5.436	0.316		P=0.000	5.140	0.323		P=0.000
教員年齢	−0.035	0.005	−0.311	P=0.000	−0.029	0.005	−0.260	P=0.000
性別(女性は1、男性は0)	−0.182	0.102	−0.073	P=0.074	−0.204	0.104	−0.082	P=0.051
地域ダミー (都市部1、農村部0)	−0.693	0.113	−0.248	P=0.000	−0.608	0.115	−0.217	P=0.000
教員属性ダミー (一般教職員1、学校管理者0)	−0.540	0.217	−0.099	P=0.013	−0.445	0.222	−0.081	P=0.045
Adjusted R2	0.143				0.127			
F値	23.156				16.614			
F値の有意確率	0.000				0.000			
N	560.000				560.000			

*p＜0.10,** p＜0.05,*** p＜0.01

「親の意見を尊重すべきですか」という方式と「生徒の意見を尊重すべきですか」という方式における四つの説明変数は、全て10％水準で統計的な有意差が確認された。

表9-3-5の結果に基づき、以下のことが明らかである。

(1) 二つの方式でともに10％水準で統計的な有意差が確認された教員「性別」変数の標準化回帰係数の符号及び標準化係数の大小から判断すれば、男性教員が女性教員より、保護者・生徒による教員評価に賛成する特徴が読み取れる。
(2) 二つの方式でともに1％水準で統計的な有意差が確認された「教員年齢」変数の標準化回帰係数の符号及び標準化係数の大小から判断すれば、教員年齢が大きいほど、保護者・生徒による教員評価に反対する特徴が読み取れる。
(3) 1％という高い水準で有意であった地域ダミー（都市部は1、農村部は0）という説明変数の標準化係数の符号及び数値から判断すれば、都市部の教員が農村部の教員より保護者・生徒からの評価に反対する傾向が読み取れる。
(4) 5％水準で有意であった教員属性（身分）という変数の標準化回帰係数の符号は二つの方式でともにマイナスなので、学校管理責任者（中層管理幹部、校長・教頭・党支部書記など）が一般の教職員より、保護者・生徒からの評価に肯定的であることがわかる。

上述の解析結果の背景には、以下の理由が考えられる。

第一に、若手教員が年配の教員より、年度考課の第三者（生徒、保護者）からの評価に肯定的である。その大きな理由は以下のとおりである。①年配の教員は、保守的で、生徒・保護者の評価能力に対して、強く不信任感を持っており、生徒・保護者の評価に抵抗感を持っている。例えば、「授業を受

ける側が教える側の内容の高低という判断ができるのか」、「生徒による教員評価を導入することによって、教員は生徒に迎合することになるだろう」、「生徒は状況によって感情に流されるので、正当な評価ができるだろうか」というような教員側の実感が潜在している。②若手の教員のほとんどは、大学卒で民主的管理の思想が強い。例えば、「生徒からの評価を受けるという開かれた姿勢を見せることにより、生徒や父母からの信頼関係が深まる」や、「生徒が誠意を持って評価してくれ、私としても生徒への信頼感をさらに深めることができた」というような若手教員からの肯定的な意見も見られるからである。

　第二に、都市部の教員が農村部教員より、保護者及び生徒からの評価に反対する理由は、以下のように考えられる。①都市部における保護者・生徒は学校教育への要求が厳しく、それが理由で、教員と保護者・生徒との関係は緊張したものにならざるをえない。②都市部における人間関係は農村部よりかなり複雑である。

　第三に、学校管理責任者（中層管理幹部、校長・教頭・党支部書記など）が一般の教職員より、保護者・生徒からの評価に賛成する理由は以下のとおりである。学校中層管理幹部、校長・教頭・党支部書記などは、保護者・生徒からの評価を通して教員管理を実現できる。また、これらの学校管理者はほとんど授業を担当していないので保護者との利害関係は一般教員より弱い。したがって、学校中層管理幹部、校長・教頭・党支部書記という管理層は一般の教員や職員より、保護者・生徒からの評価に肯定的なのである。

　第四に、男性教員が女性教員より、生徒・保護者からの評価に肯定的な理由として、北京市教育科学研究院思想・道徳研究センターの楊忠健[25]が「男性教員は一般的に性格の上で外向的である。女性教員に比べれば、開拓・創造精神が強く、器量も広い。また、男性教員は女性教員より新しい事物への受容度が高い」と指摘していることが考えられる。

　よりよいサービスを提供し、教員評価の公正性・客観性を向上させるためには、学校教育をサービス提供者とし、保護者・生徒をサービス購買者として考えれば、評価主体を多元化する必要があるかもしれない。現在、多くの

保護者・生徒は、教員の評価において教員の授業能力・業績より教員に対する印象で評価している。表面的な優しさで教員を評価する危険性もあるのである。したがって、教員評価の前に、事前に教員評価の意義や目的について適切な事前研修が必要となる。評価の客観性・公平性を高めるためには、新たな工夫が必要になるのである。

(3) 教員による自己評価

長い間、中国の教員は被評価者とされていた。つまり、教員自身の評価権（評価基準の制定権、評価への参与権、評価結果の解釈権）がなく、教員は評価過程に関しては受動的な立場でしかなかった。それゆえ、現場教員は現行の教員評価に大反発し、評価による教員の勤務意欲の促進効果がほとんどなかったのである。

教員評価の客観性・公正性を向上させ、教員の勤務意欲を促進するために、今後、教員による自己評価が重視されるべきである。自己評価のメリットについて、陳永明は以下の二点を指摘している。「①評価結果の客観性を向上させられるのみではなく、被評価者が自分の不足部分を発見することができる。②評価者と被評価者間の対立を弱められる」[26]。また、厳紅[27]は教員の自己評価の意義について、以下のようにまとめている。

> ①教員の役目への理解を深める。つまり、教員の自己評価の実態を通して、教員自身が教員の職責と任務への理解を深め、教員自身の授業・教育行為を反省する能力を向上させ、自主的に自分の授業・教育行為を遂行することを促進させる。②教員の意欲を誘発できる。自己評価を通して、教員に自己発展と自己完成の力量を獲得させ、自身の発展を促進する。これはいかなる外在的圧力より奨励作用がある。③教員は評価過程に積極的に参与し、民主的雰囲気の構成に有利である。

中国教育部中学校長研修責任者の王剣は「教員の発展を促進する研究発展型の評価方式においては、特に教員の自己評価を重視すべきである。教員の

自己評価の過程だけではなく、自己評価の結果も重視すべきである」[28]と指摘した。

　教員評価において、教員の自己評価を重視し、教員の参加意欲を高めることで、評価によって職能向上の意欲を促進するという効果がある。逆に、教員評価を実施する際、教員の自己評価を無視すれば教員の意欲が低下してしまい、適切な評価効果が得られないのである。

　しかし、現行の業績主義的教員評価のもとで、教員の自己評価はどれぐらい重視されているだろうか。それを明らかにするために、アンケート調査を実施した。その調査結果は図9-3-9のとおりである。

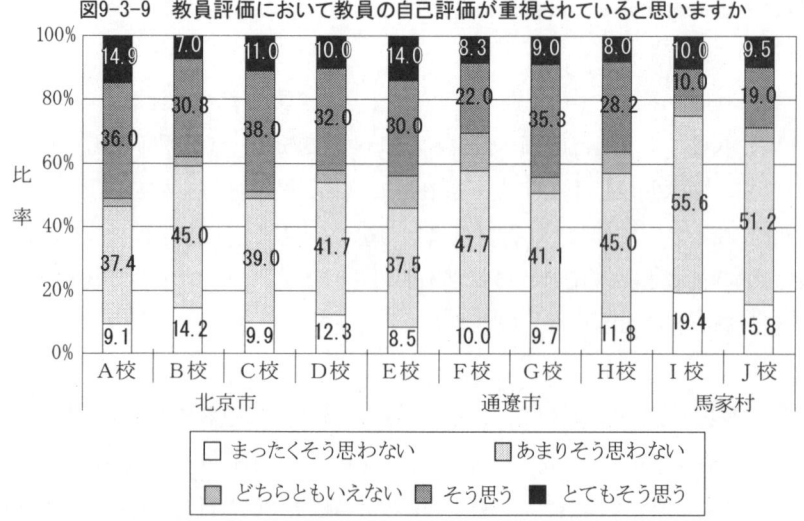

図9-3-9　教員評価において教員の自己評価が重視されていると思いますか

校	まったくそう思わない	あまりそう思わない	どちらともいえない	そう思う	とてもそう思う
A校	9.1	37.4	36.0		14.9
B校	14.2	45.0	30.8		7.0
C校	9.9	39.0	38.0		11.0
D校	12.3	41.7	32.0		10.0
E校	8.5	37.5	30.0		14.0
F校	10.0	47.7	22.0		8.3
G校	9.7	41.1	35.3		9.0
H校	11.8	45.0	28.2		8.0
I校	19.4	55.6	10.0		10.0
J校	15.8	51.2	19.0		9.5

A校～D校：北京市　E校～H校：通遼市　I校～J校：馬家村

図9-3-9から以下のことがわかる。

（1）中国におけるほとんどの学校は教員の自己評価を重視していない。
（2）都市部は農村部より教員評価の自己評価を重視する傾向が見られる。

　教員評価とは、評価対象としての教員が評価原則に依拠し、評価基準に照

らして、自分の勤務実態を評価する活動である。有効な自己評価には以下のメリットがあると考えられる。

第一に、教員自身の自己認識と自己評価能力を向上することにおいて積極的な役割がある。

第二に、自己発展を促す動機源としての自己評価であり、教員の参与を通して、教員の積極性と責任感を向上でき、教員の職能の成長に有利である。

第三に、教員は自己評価を通して、学校の管理・運営活動に参加し、教員の積極性の向上、組織の志気の向上、教員の自分の職業への満足度の増加に繋がっている。

しかし、自己評価は通常統一した評価基準がなく、また、個々の教員の評価主体の認識がかなり異なるため、成績への高すぎる評価あるいは低すぎる評価が形成されやすい。つまり主観的随意性が強いのである。中国華東師範大学心理学部[29]が300名以上の大・中・小学生を対象に、彼らの道徳品質についてそれぞれ自己評価と他人からの評価を調査した。自己評価と他人からの評価結果を比較した結果、大部分の生徒の自己評価と他者評価の結果は一致したが、一部生徒の自己評価と他者評価の認識に一定の距離があることがわかった。

このほか、評価結果が給与などの待遇に連動する場合、自己評価の結果は高くなる可能性が予測される。その大きな理由は、喬錦忠が指摘したとおり「教員の自己評価が給与などにリンクする場合、故意に過大に評価する現象が起こりえる」[30]。よって、評価結果を給与などの待遇に連動する場合には、教員の自己評価を無限に尊重することは良くない効果をもたらす。自己評価と他者評価の結合が望ましいのである。他者評価は外部評価であり、一定の客観性を持つ。しかしながら、評価者の主観性が評価に影響を与える可能性があり、評価者の資質がかなり影響するのである。劉本固[31]が指摘しているように、「教員評価の客観性・公正性を達成するために、教員の自己評価と他者評価、内部評価と外部評価の関係をよくしなければならない」。つまり、自己評価と外部評価の結合が必要になるのである。

現行の業績主義的教員評価は、賞罰的外部評価だけを重視し、教員の自己評価を無視している評価方式である。この方式は一部の教員を最低基準に到達させることができるが、全ての教員の職能成長を促進することはできない。
　現段階の教員評価に関する中央政府の改革理念は、①評価主体の多元化、②教員の職能成長促進という二点である。しかし、これまでの調査結果から、以下のことが明らかである。

（1）同僚評価・自己評価があまり重視されていない。つまり、評価主体は多元化されていない。
（2）親・生徒からの評価に対して、若手教員が年配の教員より肯定的である。つまり、個々の教員によって、評価主体の多元化に対する意見が異なる。
（3）教員評価の結果と給与などの待遇連動について、都市部では否定的であり、農村部では肯定的な傾向がある。

つまり、教員評価の実態はかなり複雑な様相を呈している。今後、中国の教員評価改革はどのように進むべきであろうかという点について、整理すると以下のようである。

（1）現行の評価制度の問題には、評価のモデル自身の問題のみではなく、外部環境の問題や運営上の問題もある。今後、教員評価を取り巻く外部環境の整理が重要である。例えば、学校内部の民主的管理体制の確立、教員の地位の向上、財源の確保及び配分の公正などが考えられる。
（2）地域間の教員評価の実態及び効果が異なっているため、業績主義（評価結果を待遇などに連動）から非業績主義（評価結果を給与などの待遇に連動しない）への移行を通して教員評価の効果を上げるだけでは中国の国情に適応していない。図9-3-10で示したように、改革の方向として、従来の「教員個人を単位とする」業績主義・管理主義的性格を弱め、「教員集団を単位とする」業績主義方式へと転換する必要がある。

第 9 章　教員評価に関する論争及び今後の改革方向

図9-3-10　教員評価の改革方向

顕在能力（発揮された能力）

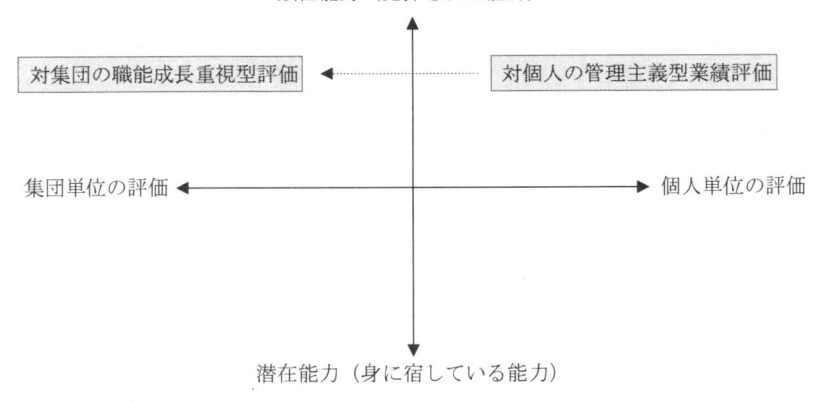

対集団の職能成長重視型評価　◀┄┄┄┄　対個人の管理主義型業績評価

集団単位の評価　◀─────────▶　個人単位の評価

潜在能力（身に宿している能力）

注：縦軸の右が、より業績主義的で、左が処遇上でより平等主義的。横軸の上が勤務の結果重視・業績重視、下が教員資格、職歴などを重視

　中国では、長年にわたりトップダウン式の教員間個々の競争、等級評定・資源の配分を重視した賞罰的教員評価を実施してきた。しかし、資質教育の推進、地域間の格差の是正が喫緊の社会全体の課題となっている現代では、教員集団の成長を重視し、全教員の共通理解に支えられた教員評価方式の確立が急務なのである。

　しかし、国家規模が膨大で教育制度がかなり複雑である中国で、こうした教育・行政改革を実施することは可能なのであろうか。現段階の教員評価改革を取り巻く行財政的背景を踏まえて、以下でまとめることにした。

第4節　教員評価の制度改革の可能性

　教員評価制度改革は国家の行・財政制度、人事制度、学校管理体制などに関連しているため、かなり複雑な構造を持っている。教員評価の内容自体を変えるだけでなく、総合的・複合的な改革が行われないと、望ましい結果は期待できないと考える。

　現在、中国の教育評価制度改革の動因に関する先行研究は、一般的・概説的な提言にとどまっているのである。本論文が目指したマクロ的な背景への考査とミクロ領域へのバランスの取れた研究が欠けているのではないだろうか。これまでの実証的考察を踏まえて、教員集団の資質の向上を重視する評価制度改革の促進要因を以下のとおり項目ごとに整理してまとめる。

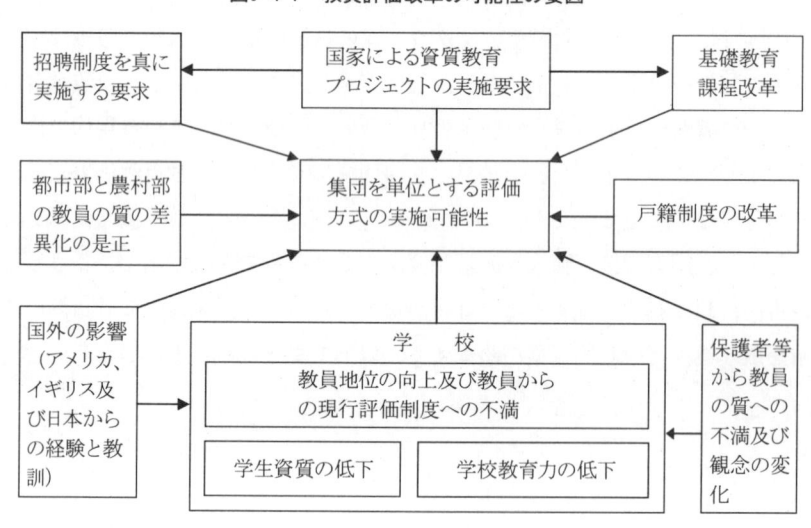

図9-4-1　教員評価改革の可能性の要因

第9章　教員評価に関する論争及び今後の改革方向

1．資質教育の推進及び基礎教育におけるカリキュラムの改革

　中国では、建国から1990年代の初期まで、「受験教育」方式が重要視されていた。しかしながら、伝統的受験教育方式には以下の大きな問題が現れている。例えば、受験教育の影響を受けて、学校現場においては、「生徒の成績」が学校教育の良し悪しのほとんど唯一の基準となっている。教育評価の領域においても、生徒の成績が教員の良し悪し、職務称号の昇進、昇給を決定する重要な要素となっている。つまり、教員評価制度は受験教育に拍車をかけていた。国家教育部人事司責任者の季明明他編著者が『小・中学校教育評価』において指摘したように、「長い間、わが国においては、教員の勤務を測る科学基準がなく、また激しい大学入試競争の影響を受け、教員評価基準は生徒たちの点数だけで決められてきた。点数は多方面の要因に制約されているので本教員の全部のレベルを反映できない。よって、教員に対する評価は非科学的で、教員の教育教授能力の向上に対して役割を果たしていない」[32]のであった。これらの問題を解決するために、90年代に入って以来、従来の受験教育などの弊害への反省と批判から、生徒資質教育（全面的発展教育）の強化、義務教育のカリキュラムの改革、教員の教育観念の変革及び教員の質の向上が重要な発展戦略として提起された。例えば、資質教育を推進するために、1999年の中国共産党中央委員会・国務院による「教育改革深化と資質教育の全面推進に関する決定」は、義務教育のカリキュラム体系を全面的に改革し、国家課程、地方課程及び学校の独自課程という三位一体のカリキュラム体系を試行する」と規定した。この新しいカリキュラム改革の特徴は、①従来の教員中心から生徒中心、②教員による一方的な詰め込みから生徒の能動的学習、③生徒に対する統一した規格養成から生徒の個性重視、④カリキュラム内容の単一化から総合化への移行、という特徴が見られる。つまり、新しいカリキュラムは従来の授業内容の基準化の重視から生徒の能力発展、人間性の育成へ移行する傾向が見られる。これは、教育活動における各種の不確定性[33]の増大を意味する。従来のテキスト中心の授業観念は時代遅れになっている。教員集団の教育観念の変革、総合的資質の向上が要求されてい

る。資質教育及びカリキュラム改革の推進に伴い、教員集団の資質の向上を促進させる教員評価制度の改革が必要となる。中国教育行政学者黃巍が指摘したように「現在、わが国では基礎教育のカリキュラム改革を推進している。改革の目標としては、生徒の知識養成から生徒の能力の養成へ、学科あるいは分科の学習から総合科目の学習の重視へ、国家課程を重視することから、国家・地方及び学校三級課程の結合へと進める。これらのやり方は理解できるものだが、重要なのは、これらの改革目標は教員を離れてはいけない」[34]のである。

現行の教員評価は、個々の教員を単位とし、過度に管理と賞罰の機能を重視している。この種の評価方式には、次の大きなデメリットがある。①評価者と被評価者の対立を形成している。②教員の勤務への意欲と態度に影響を与えている。③新しい課程改革の実施にも悪影響を与えている。従って、資質教育・新課程を推進するために、評価制度の改革が必要となっているのである。

2．社会からの要請

現代社会では、科学の発展、人々の教育観念の変化、社会問題の複雑化・総合化及び知識更新の速さに伴い、知識ばかりでなく、問題解決能力・チームワーク能力などが要求されるようになっている。一言でいうと、社会は全面的かつ総合的な人材を求め、それにふさわしい能力開発が課題になっている。

知識創造・活用の時代を迎える今日においては、「創意工夫」は社会・経済発展の主要動力と重要要素になってきた。前中国国家主席江沢民が指摘したように、「創意工夫の鍵は人材にあり、人材の養成は教育による」のである。中国では「21世紀に向けた教育振興行動計画」も実施されている。総合的に資質教育を推進することがこの教育振興行動計画の要とされている。この教育振興行動計画の理念を貫くためにも、新たな教育評価制度の改革が必要になっているのである。

最近の国家教育部の統計によると、「科学技術の発展に伴い、企業による

人材採用の基準も変化し続けている。その主な特徴としては、第一に、速めに新知識を身に付けることができる人材は、多くの知識を持っている人材より重要である。第二に、創造性に富む人材が必要である」。つまり、理想的な21世紀の人材は、豊富な知識を有することはもちろん、新知識に詳しく、革新性に富んだ人材が最も重要である。IT産業を例にすれば、中国の四通利方会社（大手民営高科技企業）の人材採用基準は、想像力も創造力も持ち、鋭敏で、適応性も強いことである。聯想集団（レノボ）取締役柳伝志によると、聯想集団の人材判断基準は、①正直②度量が大きい③勉強ができることである。米国Intel会社の社員への資質要求は、新事物を勉強できる能力、自信・達成パワーを持っている人材なのである。中国研究院の院長は、「未来社会では潜在力を持つ人材が必要である。潜在力とは、聡明さ・知恵・創造力・勉強能力と教育活動への情熱である」と説明した。こうした人材要請からすると、学校現場における全体の教員の質の向上が急務である。

3．教員の地位の向上及び保護者の教育観の変化

　「民族の振興は教育にあり、教育の振興は教員にある」。中国の教育事業の改革と発展に伴って、教員の育成は絶えず強化され、教員の数は着実に増え、教員の全体の資質はいっそう高められ、教員層の構成も改善された。それによって優れた資質の教員人材を育成するための基礎が打ち固められたのである。　改革・開放政策（現代化政策）が実施されて以来、教員の生活は次第に豊かになっている。中国の「科学と教育による国の振興」戦略の実施につれて、教育を優先的に発展させるという方針が確立され、教員を尊重し、教育を重視する社会的気風が形成され、「中華人民共和国教員法」も公布されるようになった。教員の社会的地位は向上し、待遇は目に見えて改善され、教員という職業への評価も高まっている。

　統計によると、「1978年の小・中学校教員一人当たりの平均年収は559元（約8,000円）であったが、2001年には、10,194元となり、17倍以上も増えた。また、教員の医療条件も改善された。現在、教員は国家公務員と同じように公費医療待遇を享受し、病気にかかってもなにも心配することなく治療が受

けられるようになった。ここ数年来、各省・自治区・直轄市は次々と地元の教員の年金支給基準を引き上げるとともに、勤続年限満30年（女性は満25年）の農村部の郷（鎮）以下の教員に対し、在職時の給与と同額の年金を給付することになった。国はまた、農村部における病弱な高齢教員に対し、引退静養制度を実行している」[35]のである

　2001年１月と10月の二回、国家は学校を含めた各機関事業部門の労働者給与を調整した。教員の給与は明らかに上昇してきたのである。2001年、全国小・中学校教職員の平均給与は10,194元で、2000年より1,610元増加した。「改革の深化に伴い、教員はすでに大・中都市で人気の職業となり、高校卒業生が師範大学や師範学院を競い合って受験するようになっている」[36]。2001年４月７日の「人民ホームページ」掲載の中華全国婦女連合会によって実施された「青少年の憧れの職業」に関するアンケート結果によると、「中国では、青少年の憧れの職業は科学者と教員であることが明らかになった。調査は、北京、上海、江蘇、浙江、河北、湖北に住む子供およびその母親のそれぞれ3,500人を対象に行われた。調査対象の子供の年齢は６〜18歳。そのうち28％が将来科学者に、17％が教員になりたいと答えた。母親のうち42％が、将来子供に科学研究や教育事業に関係する職業に就いてほしいと答えた。これらの母親の年齢は25〜42歳。最終学歴は高校卒業以上」なのであった。また、保護者は子供の成績を非常に重視する傾向があるが、しかし今回の調査では、母親のおよそ半数が子供の成長を判断する基準は「自立心」であると回答しており、「成績」を上げた母親は22％に留まっていた。一方子供も33.6％が「自立心」を養う必要があると考えていたのである。

　このほか、北京教育学院教管室の関鴻羽主任は、「かつては大学卒業証書、スターの座、お金持ち、海外への留学・移住などを目標とする青少年が多かった。しかし中国ではここ数年、科学と人材の尊重が謳われたことから、科学者や教員の社会的、経済的地位が向上し、家庭内での教育や人々の思想における進歩がもたらされた」と説明しているのである。

　教員の社会的地位、給与基準が以前より、少しずつ上がっていることは事実である。それが原因で、中国での教員不足の事態は少し改善された。しか

しながら、本論が明らかにした三つの問題、①都市部と農村部における格差の存在、②異なる業種間の格差拡大（教員給与は公務員給与、民間企業給与の基準より低い状態）、③教員給与での格差（経験を積んだ教員の給与には上昇が見られない）が、教員の法律的・政治的地位の実質的改善への喫緊の課題であることも忘れてはならないのである。

4．戸籍制度の緩和

　改革・開放（1978年）時代になってから、戸籍制度にも弛みが出始め、都市部に多くの農村からの出稼ぎ労働者が転入してきた。戸籍規制による二元社会が存在するために、都市部と農村部の間では所得や生活水準に大きな格差があり、1994年の都市部と農村部の所得格差は2.86対1となっている。こうした格差はさらに拡大傾向にある。豊かな東の沿海地域と相対的に貧しい西の内陸部でも、大きな格差が生まれている。1994年の統計では、同じ農民でも東部地域と西部地域の収入格差は166対100であった。豊かさと就労のチャンスを求めて、多くの出稼ぎ労働者は東部地域へ、都市へと流入してきた。1993年にこうした流動人口は6,450万人、1996年は8,200万人、さらに2000年になると1.5億人に達した。改革・開放前の中国は計画経済の下、都市部では実質的に職場による日常生活の必需品とサービスの供給制度が施行されており、第3次産業は疎かになっていた。改革・開放後、第3次産業は大いに発展してきたが、その中で日常生活には不可欠でありながら、いわゆる3K（キケン、キツイ、キタナイ）に属する底辺の労働を担っているのは、農村からの出稼ぎ労働者である。多くの場合、都市部の私企業、個人経営者に雇われ、都市の労働者より比較的低い収入で働かされているのである。出稼ぎ労働者の就労には、一人が先に定着してからまたその親戚や友人を呼んでくる、といった血縁、地縁によって結ばれるグループ就労が多い。都市の人々が避けている比較的底辺の活動に従事しているため、現状では都市人口との間に雇用の競合関係を形成しているとはいえないのである。

　人口の移動は、農民だけに限らない。北京、上海、広州、深圳などの沿海都市では、多くの頭脳労働者が他の都市から転入して、商社、企業、マスコ

ミ、出版業などに就業している。その際、戸籍を取得しなければ、親族と別居することを余儀なくされ、年に何回も里帰りしなければならない。外資系企業は、従来の国家による人事労働システムに入っていないため、これまでも大量の出稼ぎ労働者を雇い入れていた。このように、都市部で勤務をしているが都市戸籍を得ていない人口が実質的に多数存在している。こうした人々の戸籍問題の解決は大きな課題になっている。

1998年7月30日、中国国務院は、小都市の戸籍管理制度の改革に関する公安部の実験案を批准した。農村戸籍を持つ、いわゆる農村人口に属する人たちは、小都市で長らく就業し居住していれば、都市常住戸籍を申請することができるようになった。この実験案によると、戸籍は農村にあるが、小都市に固定した住所があり、満2年間居住しており、かつ次の条件を満たす者が都市常住戸籍を申請できることになっている。この対象者は、①農村から都市に入り、就労し、もしくは第2次、第3次産業で起業する者、②小都市の企業、団体、その他の機関に招聘された管理者、専門技術者、③小都市で職場の配分によらない市場価格の住宅を購入した者、もしくは合法的に自ら建設した住宅を持つ者である。

1998年8月、国務院は公安部の意見を批准する形で、戸籍管理に関する公文書を公布した。その中に盛り込まれた規制緩和の内容は、①新生児が父母のどちらの戸籍に入籍するかは基本的に自由選択できる、②夫婦別居の場合、配偶者の所在都市に一定期間居住していれば、本人の意思でその都市の戸籍を取得できる、③子女と同じ戸籍所在地に居住していない高齢者（男性60歳以上、女性55歳以上）の場合、その子女が親の居住都市の戸籍を取得できる、④転勤などの原因により家族と離れる者が元の居住地に戻る意思がある場合、優先的に解決すべきである、などである。

地域間の人材の合理的異動を促進し、特に、グローバル化の実現に対応するために、戸籍制度の緩和が求められた。例えば、北京市には、マイクロソフト、モトローラ、富士通、松下のような多国籍企業が多数進出しており、人材に対する需要が年々増え、戸籍管理の緩和を求める声も上がってきた。最近、北京市は「多国籍企業の地域総括本部を北京へ誘致することに関する

規定」を公布し、多国籍企業誘致のため、地方の人が北京戸籍を取得する道を開いた。この規定によれば、①北京市内に地域本部、経営センターを持つ多国籍企業、およびその付属研究機関に、継続して5年以上勤めており、②その後も本企業と雇用契約を継続し、③4年制大学卒業以上の学歴を有し、北京で不足している高級専門技術者や管理者である、という条件を満たした地方出身者は、主管部門の批准を経て、北京戸籍を取得できるようになっている。

広州市では、1998年2月から、指定範囲内で建築面積が50平方メートル以上の住宅を購入し、かつそれに入居した住宅財産権所有者本人およびその親族が、入居してから半年後に正式の広州市戸籍に準ずる「ブルーマーク戸籍」を申請することができるとの規定を発表した。「ブルーマーク」戸籍とはいえ、子供の教育から本人の就労や社会保障まで、すべてが地元の住民と同じ処遇を受けられる。

上海市でも1998年11月から、他の地域からきた人が上海市内で10万元から35万元の住宅を購入すれば、上海市に戸籍を転入できるという新しい制度をスタートさせた。上海市公安局の戸籍管理部門によると、上海市の戸籍を申請できる者としては、(1)上海市に100万元以上の投資を行う者、(2)一定の金額の商品住宅を購入した者、(3)国家機関に招聘された特殊技能を有する者、となっている。本人が取得した戸籍を家族が受け継ぐこともできる。

また、2007年3月30日の「中国新聞ネット」によると、河北、遼寧、江蘇、浙江、福建、山東、湖北、湖南、広西、重慶、四川、陝西という12省は、次第に、農業戸籍と非農業戸籍の区分を取り消してきた。

中国の戸籍制度の規制緩和は、段階的に進展するものと見られている。国土が広大なため、各地の事情はかなり異なる。具体的な政策は各地域が実情に基づいて策定することになっている。ただ、就業圧力の大きい都市においては、すぐには規制を大幅に弛めることがないと見られている。しかし、全体的には戸籍制度が人の移動をより促す方向に向かって変わっていくであろう。

戸籍制度の緩和以前は、制度的にそれが教員の自由流動をかなり制限して

いたので、教員招聘(契約採用)制度、教員評価制度の実施に悪影響を与えていた。例えば、教員評価では不適格教員であっても、「基本合格」と評価されていたのが現実である。戸籍制度の緩和に伴い、教員の自由流動が段階的に容易になっていくと思われる。こうして、内実ある教員招聘制度及び教員評価制度がうまく実施されていく可能性が高くなるはずである。

5．地域格差是正の必要性

中国は、人口が多く、地域が広く、各地の経済の発展に差異があるので、求められる教員の質自体の水準が異なっているのであるが、各地の教員の質の格差を是正するために、教員集団の成長を目的とする教員評価方式を実施する必要があるだろう。

現在、農村の義務教育では深刻な質的問題が起きている。すなわち農村部にいる合格教員の数はかなり不足していて、教員全体の質が低く、教員待遇も低い。教員研修はかなり少ない。例えば、中国河南省新安県の教委主任の話では、「現在、農村の中学校教員は、短大卒学歴を持っている数が50％で、代用教員(非常勤教員)の比率が高い。正規教員はかなり少ない。「民費教員」[37]から正規教員に転用した教員は総数の40％を占め、一つの郷にある中学校では21名教員のうち、8名が正規教員の他は全部民費から正規教員に転用した教員である。ある郷は代用教員(非常勤教員)が44％であり、3割ぐらい中学校卒業学歴である」のである。

1993年に、中国共産党中央委員会・国務院による「中国教育改革と発展要綱」は、20世紀末に、教員補充と在職教員研修を通して、大多数の小・中学校教員が国家規定の学歴基準に達するように計画した。しかしながら、現在でも、多くの農村部においては、教員層の学歴状況は国家の要求に達していない。

農村人口が約75％を占めている中国にとって、教員の資質を向上させるには、農村部にいる教員全体の資質を向上させることが急務なのではなかろうか。農村部に存在している教員問題を解決するために、東北師範大学の袁桂林教授は「師役制」[38]という概念を提示した。現在の都市部と農村部の差が

激しい状況では、社会主義制度の優越性を利用し、国家の法律・政策による主導のもとで、人事配属制度の調整を運用し、都市部と農村部の交流を促進し、師範卒業生が農村部の教育を担当するよう促進する。これが「師役制」説の基礎である。しかし、「師役制」の仮説は中国の国情に合わないと考える。現在の中国農村部と都市部の差異問題は制度上の問題であり、その責任は教員にあるのではなく、法制の不健全性にあるからである。もし、中国で教員師役制を実施したとすれば、多くの人たちは教員職業を志願しなくなるかもしれない。「悪教心理」[39]も依然として存在している今日において、この厳しい制度を強いると、この「悪教心理」をさらに悪化させ、全国的な教員不足になる可能性があるだろう。

　中国社会は依然として「身分社会」である。つまり、「官僚本位主義」の社会なのである。人々が教育を重視している原因は、一言でいうと教育を受けることを通して官僚になれると考えるからである。中国では、教育重視は確かであるが、まだ教員への評価は全国的に低い水準にとどまっている。それが教員不足の背景にもなっているのである。

　教育の質を向上するには、優れた資質をもっている教員層を作らなければならない。しかし、資質の低下した農村教員が多数存在している中国では、教職の職業評価を高める中で、農村教員の質を向上させることが鍵である。

　現在、地域間の格差の是正、農民問題・農村問題・農業問題の解決、調和社会の構築が時代の大きな理念となっている。この改革の深化に伴い、今後、教員評価を通して教員全体の資質教育の向上が急務となるはずである。

　これまで、教員評価制度改革を促進する五つの要因を説明した。しかし、中国では教員評価制度の阻害要因も依然として存在している。資質教育は中国ではまだ目新しく、その出現は人々に希望をもたらす一方で、既存の教育構造との矛盾も生みだしている。現在、社会的問題、経済発展・政治の問題、教育管理体制上の問題のほかに、教員評価の目的・手続きがまだ不明確であるため、中国の教員評価における「生徒点数での教員評価」、「教員の選別、評定機能重視」、「教員職能の成長・教授能力の向上無視」という問題が非常

に深刻な状態となっている。例えば、「わが国改革の20年来、経済は確かに発展を遂げているし、教育事業も発展しつづけている。しかし、多くの発展途上国と同様、重大な難問に直面している。つまり、基礎教育が薄く、文化が相対的に遅れ、社会発展による高資質の人材需要と人材不足という深刻な矛盾である。教育領域においては、進学を通して、最終的に大学に入学することが多くの人達の出世の道」[40]とされているのである。

最後に、教員評価改革における具体的な阻害要因・困難点について、下記で考察する。

第5節　教員評価改革の困難点

アメリカ、イギリス及び日本等の先進諸国は、個人を単位とする成果主義的教員評価を採用し、総括的評価は教員の最低基準を保証しえていた。しかし、中国では、業績主義的教員評価が不適格教員発見のための手段としては実施されても、評価の目的を授業・教育の質の改善にあると考えると、一部の教員に影響を与える評価だけで学校全体の教育の質の向上には十分な役割を果たすことができていないのである。それゆえ、中国は、個人間の競争を薄め、従来の個人を単位とする査定主義的なものから人材育成や能力開発を目指す集団を単位とする教員評価へ移行すべきなのである。さらに、管理職、教員及び教員相互間の協力関係を築き、学校教育の目標達成に向けて、連係・協働して取り組むことにより、学校組織を活性化し、学校全体の教育力を高めることができるような評価制度も必要になるのである。

また、教員採用上において、中国は欧米諸国と同様契約制（中国では招聘制）を実施している。周知のように、契約制は教員の自由流動を前提とするものである。欧米諸国においては教員の自由流動を促進する外部環境・社会条件が揃っている。それが教員評価の公正性・客観性に繋がっているのである。しかし、中国では教員の合理的流動を促進する外部環境はほとんど揃っていない。例えば、檔案（ダンアン）・戸籍制度の制約は、教員評価活動の実施に対して悪影響を与えているのである。

中国の教員評価制度改革の障壁としては以下の五点がある。

第一は、評価制度改革に関連した諸改革の遅れ
　教育評価制度改革は膨大な体系的改革である。局部的に改革するだけでは不可能である。例えば、教員の自由流動を制約している檔案（ダンアン）制度及び戸籍制度は、戸籍制度改革の見込みが現れているが、現時点では、依然として教員の自由流動を制約している。また、社会人材採用に関する改革の遅れも見られる。学歴が依然として人材採用の最重要な要素である。教員評価を含めた教育活動の一切は大学入試のためという仕組みとなっているからである。

第二は、教育管理上の旧体制と現代教員評価理論の乖離
　第1章で分析したように、各教育行政管理部門は依然として、指揮・命令的な仕方で下級の学校に対していて、進学率・合格率などの指標によって厳しく学校を評価している。学校の教員評価は、その独自性が認められず、外部評価に左右されやすい現実がある。また、学校内部での共産党支部による政治管理は、教員評価制度に大きな影響を与えているのである。

第三は、教員組合の役割の軽視
　アメリカ、イギリス及び日本の教員評価制度に関する研究では、教員組合がその制度実施及び制度改革形成過程において、一定の役割を果たしていることが明らかになっている。しかし、中国では、教員組合は政権党によって管理・支配されている。教員組合の本来の役割を復活させなければ、集団主導の教員評価の制度改革は困難である。

第四は、教員の地位の向上と人材確保の困難
　1993年に公布された「中華人民共和国教員法」では「教員の給与待遇と医療保障は公務員と同等又はそれ以上」と規定している。しかし、実際には法

的・政治的な地位が低く、この待遇に関する規定は実現されにくい。また、中国における現時点での教員の身分は、完全に学校の校長に依存している。校長によって招聘(採用)し、考課されている。しかも、校長の採用は教員委員会によって任命されているという縦割り的二重管理体制である。中国における学校と教員の関係は平等的関係ではなく、管理・被管理、支配・被支配という関係になっている。それゆえ、教員の職業は魅力のあるものと見なされていないのである。

　第五に、教育者の教育観念の遅れ
　教育者とは、教育行政機関の管理者、学校の管理者、教員及び保護者を含み、教育を実施する主体であることを意味する。しかし、中国の各級各類の学校管理責任者、特に農村の学校の管理者は、その教育資質に問題を有している。例えば、教員文化における大きな問題点が権威への偏重である。「計画経済方式の影響を受けて、教員たちは過度に権威を重視し、上級リーダーの決断に対して批判的意識がほとんどなく、教員個人の意見と信念は無視されてきた。教員の個性、独立性は失われてしまった」[41]とまで批判されていたのである。

第6節　まとめ

　これまでの教員評価の実証的考察を踏まえると、教員給与と待遇に連動する業績主義的教員評価の結果は完全に否定的なものではなかった。評価結果が給与などの待遇に連動しない形成的教員評価方式でも、教員の勤務意欲の促進効果は限定的なものでしかなかった。約半数ぐらいの教員はこの連動に肯定的であったからである。教員評価制度の改革では、教員の意識を尊重することが必要になることを考えると、評価制度改革の争点となる評価結果と待遇の連動、評価主体の多元化、地域間の教員の意識における格差への改革が必要となる。なぜなら、これらの問題の評価では、都市部と農村部の教員の評価が大きく異なっていたからである。例えば、今後、都市部では、個人

を単位とする報奨を弱め、集団を単位とする評価制度の導入が必要となるかもしれない。

　本来、評価制度の改革は中国ではそれほど簡単なものではなく、プラス要因とマイナス要因が常に並存していた。それゆえにこそ、教員評価制度改革の障壁問題の改善は平行して進められなければならないのである。

　教員の教育活動の複雑性・集団性、アウトプットの遅延性などの特性から、単一的に総括的評価や発展性評価のいずれかを主張することは適切ではない。評価主体の多元化、方法の多元化（相対評価と絶対評価の結合）、評価者の評価能力の向上、教員の自己評価重視への指針を明らかにすることが、今後の教員評価制度改革の方向であると考える。

[注]
（1）陳永明『現代教員論』（上海教育出版社、1999）p.380
（2）劉本固『教育評価の理論と実践』（浙江教育出版社、2000）p.517
（3）季明明、李吉会他『小中学校教育評価』（北京師範大学出版社、2001）p.242
（4）陳玉昆『教育評価学』（人民教育出版社、1997）p.106
（5）厳紅『生徒成長と教員発展を促進する評価改革』（天津教育出版社、2004）pp.1-19
（6）劉堯「教員評価と学校管理」、『小中学校管理』（2003年第1期）
（7）季明明、李吉会他『小中学校教育評価』（北京師範大学出版社、1997）、pp.190-192
（8）王斌華『発展性教員評価制度』（華東師範大学出版社、1998）
（9）董奇、趙徳成『発展性教育評価の理論と実践』（中国教育学刊、2003(8)）p.4
（10）厳紅『生徒成長と教員発展を促進する評価改革』（天津教育出版社、2004）pp.1-19
（11）「政出多門」とは、中国においては各種政策、決議の公布機関が多くあり、また、各種機関・部門の間で、統一した規範はなく、相互矛盾する問題を指す。

(12) 林小英「基礎教育体制と目標の乖離」論文より。
(13) 林小英『基礎教育体制と目標の乖離』論文より。
(14) 余力「新カリキュラム下での教員評価」
(15) 滕越『教員専門発展論』(海洋出版社、2003)
(16) 王斌華『発展性教員評価制度』(華東師範大学出版社、1998)
(17) 田宝記「均衡の打破と均衡の維持」
http://www.lesun.org/edu/article/2005-01/10957.htm
(18) 劉本固『教育評価の理論と実践』(浙江教育出版社、2000) p.133-139、瞿葆奎『教育評価』(人民教育出版社、1989) pp.140-141
(19) 厳紅『生徒成長と教員発展を促進する評価改革』(天津教育出版社、2004) p.151
(20) 王成全「発展性教員評価の理念・過程と方法」、『小中学校管理』(2003年第8期)
(21) 厳紅『生徒成長と教員発展を促進する評価改革』(天津教育出版社、2004) pp.153-154
(22) 教育サービスや教育購買者(親)というような新自由主義の言葉は中国ではまだ共通認識となっていない。
(23) 劉本固『教育評価の理論と実践』(浙江教育出版社、2000) p.159
(24) 厳紅『生徒成長と教員発展を促進する評価改革』(天津教育出版社、2004) p.152
(25) 北京市教育科学研究院思想・道徳研究センターの楊忠健「心理健康教育の内容と方法」、『小学生家庭心理健康教育』(第24期)、
http://www.bjesr.cn/esrnet/site/bjjykyw/jkycgq/0034f000115b05d8cf1.ahtml
(26) 陳永明『現代教員論』(上海教育出版社、1999) pp.348-349
(27) 厳紅『生徒成長と教員発展を促進する評価改革』(天津教育出版社、2004) pp.151-152
(28) 教育部中学校校長研修中心の王剣「研究型課程評価の特徴と方法」、国家基礎教育課程改革グループ曾琦、陳向明他『新課程と評価改革』(教育科学出版社、2001) p.115
(29) 劉本固『教育評価の理論と実践』(浙江教育出版社、2000) p.125-126
(30) 喬錦忠「研究型大学教員の奨励システム」褚宏啓主編『中国教育管理評

論』教育科学出版社、2003、p.237
(31) 劉本固『教育評価の理論と実践』(浙江教育出版社、2000) p.140
(32) 季明明、李吉会他『小・中学校教育評価』(北京師範大学出版社、2001) p.242
(33) この不確定性とは、「①目標と結果の不確定性：生徒たちの個性の発展を尊重する。②授業対象の不確定性：統一規格と評価基準を使用しない。③授業内容の不確定性：教員に多くの工夫の余地を残す。④授業評価の不確定性：試験の得点は弱化され、多角度の評価を重視する」。国家基礎教育課程改革グループ曾埼、陳向明他『新プロセスと教員の役目の転換』(教育科学出版社、2001) pp.83-84
(34) 黄巍『教員教育体制の国政比較』(広東高等教育出版社、2002年12月) p.3
(35) 「チャイナネット」2002年9月10日
(36) 2000年9月11日版「人民日報」より
(37) 「民費員」とは、正規教員に対応する概念で、国家編制枠によって採用された教員ではなく、民間が臨時的非正式に採用した教員を指す。
(38) 「師役制」とは、新しい教員研修と採用体制により、どの師範卒業生であっても全て、教員職前教育の終了後、一律的に農村部で1・2年間教育を担当しなければならないようにする。これは兵役制と同じように、満期後、人材市場に入り、自主的に職業を選択する。
(39) 「悪教心理」とは、人々が、教員を軽視し、師範大学を志願せず、教員職に従事したくないし、あるいは教育業務に安心して従事していないという考え方・態度・心理状態と行為の傾向である。
(40) 李妍の「受験教育と資質教育」論文より。
(41) 陳永明『現代教員論』(上海教育出版社、1999) pp.272-273

第10章（終章）　総括

　中国の教育管理体制は、国家の指導下における地方責任・分割管理である。共産党の主導的地位を堅持し、全国各地域の社会主義的な学校経営の方向を保持するために、国家の教育方針、教育関連法律の制定、督導（監督・検査）制度などを通して、マクロ的に全国の教育内容、教育政策をコントロールしている。つまり、中国共産党は各領域に特権的な権力を有しているとされている。教員評価の領域でもそれは例外ではない。しかし、80年代以後、社会主義的市場経済方式が導入されたことに伴い、国の権限を最小限に抑え、代わって各地域に一定の裁量権を付与する改革を進めてきた。地方分権化は、強力な中央集権の下に進められている地方分権であると捉えることができる。

　社会主義的市場経済方式の進展に伴い、義務教育を含めた各領域では「効率優先」・「経済利益優先」という戦略が重要視された。教育領域においては個人を単位とする業績主義的評価制度が80年代に導入され、現在まで実施されてきた。

　しかしながら、90年代に入って以来、特に2001年以後、「資質教育」の推進に伴い、従来の教員個人を単位とする業績主義評価における各種の問題が指摘され、教員評価制度の改革が求められた。教員評価の大きな理念転換は、学校管理者が主導しかつ生徒の成績を過度に重視して教員の等級判定を中心とした従来の管理的評価を弱め、教員による個人評価、同僚評価、保護者及び児童・生徒の評価を重視することや教員の職能成長を中心とする方式を強化する点にある。言い換えれば、過去の総括的評価方式から形成的評価方式への移行である。

第1節　実証的研究に基づく課題

　現行の教員評価制度は、教員の勤務意欲の促進、教員の質の向上に対して一定の役割を果たしていた。もちろん、教員評価に関して、これまでの実証的研究から問題も多く明らかになっている。これまでの分析を整理し、今後の研究の視点から、それらの問題を以下にまとめることにした。

1．中央政府の政策理念と地方の行政実態の乖離

　1999年以後、特に2001年から、国務院による「基礎教育の改革と発展に関する決定」(2001年6月)、教育部による「小・中学校試験制度と評価制度改革の推進に関する通知」(2002年12月)が公布され、教員評価の改革理念が示された。「教員評価による教員の職能成長の促進機能を発揮し、評価主体・内容を多元化し、評価の結果だけでなく、発展と変化の過程を重視すべきである」と明文化されたのである。つまり、従来の教員評価の判定・選抜の機能だけを発揮するのではなく、教員の専門的能力の向上・職能成長促進の機能を発揮する形成的評価方式が中央政府の制度改革の理念となっている。

　しかし、中央と地方の権限分担は不明確で、中央政府の監査が機能していない。そして、また、中央政府は政策の理念を制定するのみで、その具体的な実施は各地方に委譲しているため、各地域・学校では依然として従来の教員個人を単位とする業績主義方式を実施しているのである。その結果、中央政府の政策理念と地方における実態に乖離が存在し続けているのである。つまり、現行の教員評価の目的、評価者、評価内容・基準・方法、結果の使用などから見ると、教員の力量向上（職能成長、職能開発）のための評価よりも、人事管理・行政上の評価（勤務評定、人事考課）という管理的性格が強い評価制度であったのであり、この問題が課題として取り上げられることは少なかったのである。

2．教員評価で常に潜在する問題

　教員評価を取り巻く環境の不備、特に、都市部と農村部における教育資源配置の不均衡、学校の組織的特性（学校の民主的管理制度）における違い、教員評価自体（評価内容・方法・手続き）等の違いがあるため、教員評価における各種の問題がある。例えば、滕越[1]は、教員評価の問題を以下のように指摘した。

　　①評価機能に問題がある。現行の評価は教員の職能成長のためではなく、教員をコントロールするための評価である。こうした評価は、教員の管理の道具に変形している。②評価基準が単一である。③評価内容は一方的に生徒の成績で教員を評価しており、評価内容が教育の本質とズレている。④評価主体は単一で、管理主義が深刻である。こうした簡単な、方向が単一の評価で、教員の意欲を向上させることはありえない。⑤評価方法が単一である。現行の教員評価は量化指標を過度に重視している。実際には、教育においては数量化できない活動内容が多くある。この現行の数量化を過度に重視する評価は、教員の成長に全く意義がない。

また、蕭沅主[2]ほかは以下のように指摘していた。

　　①評価の方法が不適当である。②評価の準則も曖昧である。③授業聴取も不十分である。④評価の要素と教育・教授活動とは緊密的関係がなく、主観が入りすぎている。⑤評価では、被評価者の教授能力よりも非教授能力（人脈、キャリアなど）に偏重している。

　2002年以後、上述の諸問題を是正するために、中央政府の教員評価の理念では、従来の評価の選別機能と判定機能を変え、評価による教員の職能成長の機能が重視されたのである。つまり、現段階の中央政府の教員評価の改革理念は、充分に評価の発展促進機能を発揮し、評価内容・評価主体を多元化

し、評価結果より評価過程に焦点を当てるようになったのである。

　しかし、これまでの考察を通して、現行の教員評価における以下の六点の問題が明らかになった。

（1）教育評価自体への再評価が不足している。評価基準は合理的かどうか、評価方法は科学的であるかどうか、情報収集は全面的かどうか、情報処理は適当かどうか、評価結果は客観的であるかどうか、評価結論は公正かどうかなどの教育評価への再評価が不足している。教育評価への再評価がなければ教育評価による結果の適切さへの信頼性は弱まる。

（2）教員は受動的で、自己評価があまり重視されておらず、評価参与の可能性が少ない。このトップダウン的な評価モデルは評価者と被評価者の不平等をもたらし、教員と責任者間の矛盾を生じ、教員の積極性を増進することができず、教員の質の改善方面における作用が限られている。

（3）評価者の資質が低い。教員評価活動は専門性が高い活動である。しかし、多くの評価者は必要な専門的訓練を欠いているのが実状である。表面的には「民主的選挙」という形式や個人の選好で教員の優劣を決めているが、こうした評価自体に評価者の主観や恣意の問題が生じやすいのである。

（4）等級の判定・資源の配分の機能が強すぎて、情報提供・職能成長促進の機能は不足している。現行の教員評価は、主に行政評価と総括的管理評価が中心である。つまり、評価は等級・判定・給与配分などの利益配分機能を過度に重視し、評価と研修に連動せず、教員の職能成長を無視している。

（5）人間の感情要因を無視し、良好的な人間関係・教員の集団性の養成が学校発展において果たす役割が無視されている。教員評価において、常に評価の指標、手続きなどの物質的な内容を重視し、評価によって生まれた重大な心理面での影響が無視されている。こうして、教員には恐怖感・抵抗感などの心理現象が生じている。また、昇給・奨励、

職務称号評定などの外部からの刺激をもって教員間の競争を促し、教員の質の向上を図る教員評価は、学校内部の功利的競争を強化し、教員間の矛盾を激化している。
（6）教員集団より、教員個人の業績を重視する。現段階で、個人を単位とする業績主義的教員評価は、学校評価・教員グループを単位とする評価とはあまり連動していない。これは集団性を特徴とする学校教育に馴染まなく、教員集団の職能成長に不利である。

　個人を単位とする成果主義的業績評価と教育効果の関係を証明するために、中国において相関調査[3]が行われた。教育評価学の編集委員会の委員は、1992年に中国華東地区の22の大学で調査を実施した。この調査で、大学本科生のゼミを担った計648名の講師がそれぞれ学生、学部長及び教育研究室主任の評価を受けた。調査の結果は以下のとおりである。648名講師の中、49名（7.6％）が学生に「不適職」と評価され、39名（6％）が学部長及び教育研究所主任によって「不適職」と評価され、31名（4.8％）が学生及び学術代表者によって「不適職」と評価された。統計学的な有意性検証を経てその結果は信頼できた。この結果に基づき、これらの「不適格」と評価された教員に対して、追加調査を実施した。その結果、これらの教員の授業勤務量は全部で648名の教員の3.2％しか占めていなかった。この結果から、以下の結論を下すことができるだろう。不適格教員の授業勤務量が授業勤務量全体において占める割合はかなり少ないので、授業の質に大きな影響を与えていない。大部分の教員は最低水準において、「適職」である。こうした総括的な教員評価方式は、少数の不適格教員に対して効果的役割を果たすことがわかる。この調査は大学を対象にしたものであるが、義務教育段階の小・中学校にも運用できると考えられる。
　周知のように義務教育の主導的な性格は公共性であり、それは公平性・公正性を特徴としている。しかし、中国政府（特に中央政府・省政府）は義務教育における公平性の確保という責任を果たしていない。義務教育段階の学校に完全に「市場化」を導入し、強制的に業績主義的教員評価を実施するこ

とは、全体の教員の職能成長に不利である。

3．評価の実態・効果の地域間・学校間の格差

　教員給与制度でも、教員評価制度でも中央集権的で、地域間に大きな違いはないというのが、これまでの一般的な認識であった。しかしながら、本研究を通して中国の集権的な政治システムや行財政的システムの性格にも拘わらず、その地方段階の制度の設計と運用では地域間に大きな違いがあることを明らかにしてきた。各地域・学校では、全く自由に教員評価を実施しているわけではないが、各地域の政治、経済、文化の発展水準の違い、教員確保の状況、また、学校の組織的特性（民主的管理機関の機能、校長の指導力など）や教員の供給状況などの違い、さらに教員評価における教員の自己評価・同僚評価の重視度における違いなどがあるため、地域間・学校間で評価の実態・効果に違いがあることが明らかになった。運営の実態から見れば、大都市部では、国の規準に近い形で教員評価を遂行しており、中・小都市部、特に農村部では国の意図のようには動いていない。教員評価の効果から見れば、一部の地域では一定の効果が見られるが、一部の地域、特に農村部ではほとんど効果が上がっていない。

　教員評価において、地域間の格差問題には独自の性格がある。それは、中国における中央集権国家としての制度的枠組みのなかで進められた分権政策の中で、各地域の独自の性格から不可避的に生じた問題だからである。そこで、この格差話題については、今後の研究課題との関連から、以下で独自に考察することにした。

第2節　教員評価の地域間の格差の形成要因

　地域間の格差の形成要因について、余秀蘭[4]は、「義務教育における地域間の差異形成の直接原因は教育責任の過度の分権化によるものである」と指摘している。実際、教員評価の地域間の違いの原因は、国家政策・戦略上の要因、教育行財政体制の要因、教員の供給情況、学校組織の特性、評価制度

自身の要因のほかに、都市部と農村部の「二元管理」体制の要因によっても影響をうけているのである。

1．教員評価の政策上の要因

中国各地域の経済、文化、歴史、教育の発展水準が異なるため、中央政府は全国で同一基準を制定することが不可能である。基準を作る際は、戦略的な方針だけを制定し、基礎的な基準を作らざるをえない。こうして、教員評価に関する全国統一した法制度基準はあるが、中央政府は方針・理念を公布するだけで、具体的な実施手続きや実施細則などは制定していない。それゆえ、地方政府は法律の運用でかなり自己裁量的運用が可能であった。このため、中央政府と地方の間には、政策面と実施面でかなりの差異が生じるようになった。

2．国家政策・戦略上の要因

1949年の建国から現在まで、国家の発展戦略として以下の三段階の流れがある。

第一期：1949年から1978年までの間（毛沢東時代）では、計画経済方式を主とし、地域間の均衡・平等発展戦略を重視していた。

第二期：1978年から20世紀末までの間（鄧小平・江沢民時代）では、従来の平等主義における勤務効率の低下、資源の浪費、画一化という弊害を是正するために、地域間の重点地域発展・不均衡発展・効率重視・市場競争システム重視という発展戦略を強化した。

第三期：21世紀の初めからこれまで（胡錦濤時代）では、過度の格差がもたらした各種問題への反省と是正という課題に直面し、都市・農村の協調的発展を促すとともに、都市化率を高め、公共サービス、所得水準及び生活水準の格差拡大に歯止めをかけるとしている。

このほか、2001年に国務院によって制定された「基礎教育の改革と発展に関する決定」では、中国義務教育の管理責任を従来の村・郷による管理から1段階上の県へ委譲した。しかし、中央政府は義務教育の管理責任を決めたのみで、財政面において県政府が具体的にいかに義務教育の責任を負担するかについては明確に規定していない。実際には、「県政府」が義務教育の経費を負担する余裕はないというのが実態である。現在、全国の過半数の県財政は赤字財政である。それゆえ、県により義務教育における地域間の格差を解決することは不可能であろう。

3．地域間、都市部と農村部の間の経済、社会発展の不均衡性の要因

　80年代からスタートした地域間の不均衡発展戦略のもとで、各省間、沿海部と内陸部、東部と西部、南部と北部における経済、社会発展の差がかなり大きくなっている。図10-2-1は2006年度の中国全国各省の一人当たりのGDPである。

図10-2-1　2006年度の中国各省の一人当たりのGDP

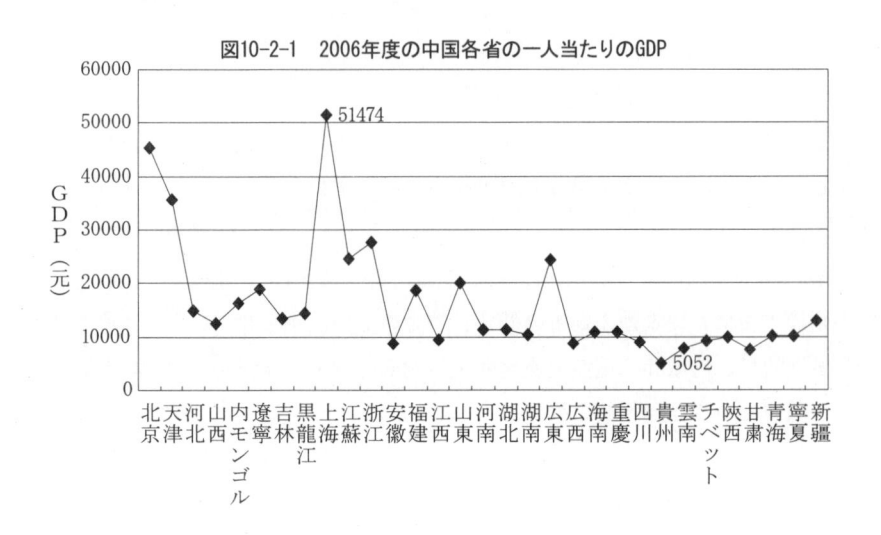

　図10-2-1からわかるように、一人当たりのGDPが最高の上海市（5,1474元）は最低の貴州省（5,052元）の10倍ぐらいである。

中国地域間、都市部と農村部の間の経済・社会発展の不均衡性が地域間、学校間における教員評価の違いの重要な原因である。財政の余裕のある地方は、教員の増員がしやすくなり、教員の学歴も高くなっており、そうでない地方は、教員の確保が問題となっている。これは、教育間の地域格差を生み、平等な教育を望む公教育の原理を逸脱するばかりか、教育の不安定をもたらしてきている。

4．戸籍・医療・保険・公共サービスなどによって封印された都市部住民と農民の二元的管理構造の要因

第1章ですでに分析したとおり、1958年に全国人民代表大会常務委員会が「戸籍登記条例」を発布してから、「戸籍」という制度によって、法制度水準で都市部の市民と農村部の農民を分けてきた。都市部の市民に対しては、政府はほとんどの各種公共サービス（教育・食糧の配給・住宅・医療・健康保険・就職）を提供し、農村部の農民に対しては、放任政策を取っている。つまり、中国では、都市部と農村部の「二元制」という体制を取っている。この体制のもとで、中国都市部と農村部では教育を含めた全ての分野において異なる特徴がある。都市部・農村部における二元制の影響を受け、都市部では教育財源は基本的に国家・政府によって調達される。その一方で、農村部では農民自らの自己投資に委ねられている。

2002年に登場した胡錦濤・温家宝政権は、「三農問題」（農業・農村・農民問題）の解決によって農工間の所得格差を是正し、調和社会を構築することを最大の政策課題としている。

しかし、図10-2-2が示すように、中国の都市部と農村部では依然として、大きな格差がある。

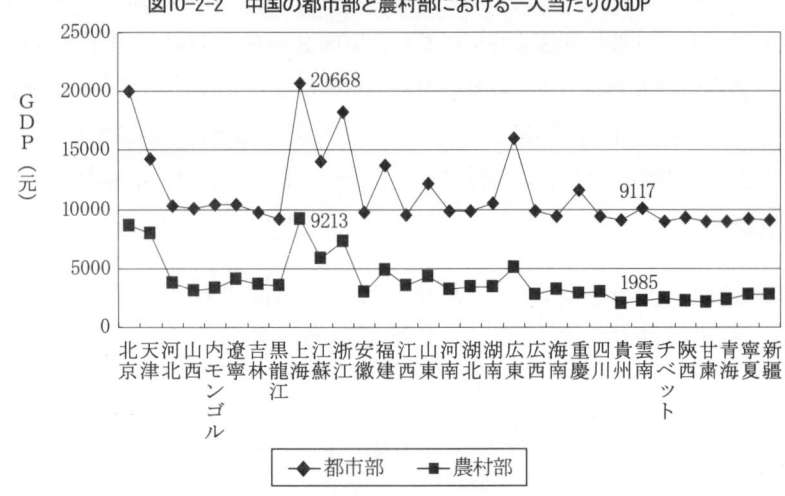

図10-2-2 中国の都市部と農村部における一人当たりのGDP

出典：中国研究所編『中国年鑑』(2007年) pp. 367-441

図10-2-2は全国各省の都市部と農村部のGDP情況である。図10-2-2から次のことがわかる。

(1) 各省間の都市部における格差は大きい。都市部の最高値の上海市の市民の一人当たりのGDPは20,668元、最低値の貴州省の都市部市民の平均値は9,117元で、前者は後者の2.26倍である。つまり、都市部間においても一人当たりのGDPにおける違いは大きい。
(2) 各省間の農村部における格差も大きい。上海の農村部の農民の一人当たりのGDPは9,213元と最高で、貴州省の農民の一人当たりのGDPは1,985元と最低である。前者は後者の4.6倍となっている。つまり、農村部間においても、一人当たりのGDPにおける格差がある。
(3) 同じ地域における都市部と農村部の格差が大きい。例えば、上海市の市民の一人当たりのGDP（20,668元）は上海市の農民の一人当たりのGDP（9,213元）の2.24倍である。貴州省の都市部の市民の一人当たりのGDP（9,117元）は貴州省の農民の一人当たりのGDP（1,985元）の4.59倍である。

表10-2-1は、中国における都市部・農村部の世帯員あたりの所得格差とエンゲル係数である。

表10-2-1　都市部・農村部の世帯員あたりの所得格差とエンゲル係数

年代	(A) 農家純収入（元）	(B) 都市世帯員可処分所得（元）	エンゲル係数（%） 農家世帯	エンゲル係数（%） 都市世帯	(B)／(A)（絶対数）
1978	133.6	343.4	67.7	57.5	2.57
1980	191.3	477.6	61.8	56.9	2.5
1985	397.6	739.1	57.8	53.3	1.86
1989	601.5	1373.9	54.8	54.5	2.28
1991	708.6	1700.6	57.6	53.8	2.4
1992	784	2026.6	57.6	53	2.58
1993	921.6	2577.4	58.1	50.3	2.8
1994	1221	3496.2	58.9	50	2.86
1995	1577.7	4283	58.6	50.1	2.71
1996	1926.1	4838.9	56.3	48.8	2.51
1997	2090.1	5160.3	55.1	46.6	2.47
1998	2162	5425.1	53.4	44.7	2.51
1999	2210.3	5854	52.6	42.1	2.65
2000	2253.4	6280	49.1	39.4	2.79
2001	2366.4	6859.6	47.7	38.2	2.9
2002	2475.6	7702.8	46.2	37.7	3.11
2003	2622.2	8472.2	45.6	37.1	3.23
2004	2936.4	9421.6	47.2	37.7	3.21
2005	3254.9	10493	45.5	36.7	3.22
2006	3587	11759	43	35.8	3.28

出典：国家統計局編『中国統計提要2006』（中国統計出版社、2006年）、
　　　「2006年中国国民経済と社会発展統計広報」（2007年2月28日）、
　　　中国研究所編『中国年鑑』（2007）p.60
注1：エンゲル係数＝食品支出／消費支出
注2：農家経済収入、都市家計所得ともサンプル調査の数字である。

表10-2-1からわかるように、都市部と農村部の一人当たり所得格差は、改革・開放政策（現代化政策）が打ち出された1978年当時、農村1に対して都市部は2.57であった。つまり、都市部市民の収入は約農村部の農民収入の2.57倍である。しかし、ここ数年の中国では、都市部と農村部の格差が3倍以上にも達している。

こうして、財政力の弱い農村部では、教育財政運営が農民自らの自己投資に委ねられて、財政難に陥ってしまい、教育経費などの教育条件整備面における地域間の格差が形成されてきた。図10-2-3は1999年度の全国都市部・農村部における生徒一人当たりの教育経費状況における格差を示したグラフ[5]である。

図10-2-3　1999年度の全国都市部・農村部における生徒一人当たりの教育経費

単位：元

	都市部		農村部	
	小学校	中学校	小学校	中学校
生徒一人当たりの教育経費（元）	1510	2750	498	750

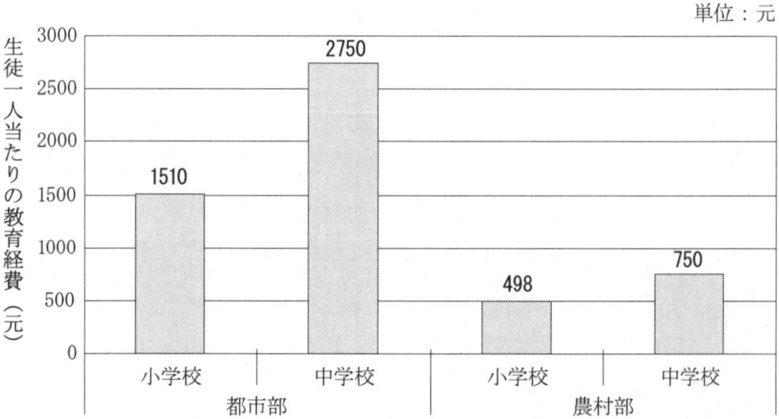

　図10-2-3から、中国において全国都市部、農村部における生徒一人当たりの教育経費格差は1999年に３倍以上に拡大したことがわかるだろう。

　現行の二元制の教育資源の配分に関して、余秀蘭[6]は以下のように批判している。

　　わが国の教育においては、一定の文化再生産現象がある。それは、大部分の農村の生徒を教育から淘汰して、農村労働に戻し、最後に、都市部・農村という二つの閉鎖的循環ネットを形成している。よって、教育における文化再生産はわが国の都市部・農村という二元構造を強化する伏在的な文化要因である。

5．教員の地域間・学校間の供給不均衡要因

　教員の地域間、学校間の分布が不均衡である。都市部では特に大都市部で教員人数が過剰であり、農村部では普遍的に人数が足りない。同じ地域であっても、重点校は教員が過剰であり、普通校、困難校では人数が足りないという問題がある[7]。1998年の国家教育部の調査により、小・中学校教員は県鎮部において編制基準を50万人超えている。農村部においては60万人足りない。つまり、都市部の場合、教員の供給が充足しており、修士卒・博士卒者を採用条件とする学校も多くある。一方、農村部では教員が不足している。馬海濤が指摘したとおり、「農村部小・中学校の教員の数が不足し、資質が低いことが全国基礎教育の普遍的な問題である」[8]。

6．地方自治体指導者における教育重視度の差異要因

　限られた地方財源の中で、地方政府の指導者が教育をどれだけ重視しているかという教育への熱意における温度差がある。この点について、袁連生[9]は「教育の効果は周期が長いため、多くの地方自治体のリーダーは教育の役割に対する認識が曖昧であり、教育への支出が無視されている」と指摘した。中国の農村部の教員給与が不足する原因は、中央政府の義務教育の行財政政策及び農村地域の財政能力不足という原因のほかに、人為的原因も無視することができない。例えば以下の指摘[10]が見られる。

> 有効な監督システムが不備であるため、中国の農村部では義務教育への財政投入が他用に供される現象が顕著である。国家審計署（会計検査院）による全国17省・市における50県（区）への調査結果によれば、2002年の全年度と2003年の前半の間に、全国の50県のうち、43の県の義務教育費が他用に供される現象が見られた。その金額はすでに4.45億元に達している。

　この指摘から、農村部の教員給与不足の原因はかなり複雑であることがわかるだろう。

本研究を通じて、以上のような中国の教員評価の地域間の運営実態における差異の形成要因を実証的に明らかにすることができた。今後、地域間の経済や文化状況の格差を埋め、都市部と農村教育の不均衡を解消することが大きな課題として残されているといえる。その際、これまでの実証的分析から得た知見は今後の研究において新しい研究視点をもたらすと考える。そこで、以下でこれまでの研究から得た知見をまとめることにした。

第3節　研究から得た知見

1．外部環境の整備

　中国における教員評価の問題は単なる評価制度自体の問題ではなく、教員給与などの外部条件（教育財源の確保、学校組織の特性、教員の確保状況、教員の地位など）の問題から大きな影響を受けている。教員評価をその目的どおりに機能させていくためには教員評価を取り巻く外部環境の整備が重要な意味を持っている。

　教員評価の課題は、評価方法及び評価基準という評価制度の問題であると認識されがちであるが、しかし、教員評価の問題は教員評価制度それ自体にだけあるとは限らない。教員評価は、教員の社会的・経済的・政治的地位、教育行財政体制、人事制度、学校の組織文化や管理体制など、教員評価を取り巻く外部環境に関連しているからである。評価制度をその本来の目的に沿って機能させていくための前提的条件としては、教員採用や教員給与・待遇の適正化、全教員の社会的地位の向上のほか、優秀な教員の確保、自由な労働力市場、職業選択の自由、国内移転の自由、戸籍制度[11]の緩和、農村と都市間の格差の縮小など社会的環境整備も不可欠である。その他、学校組織の特性、評価者の資質、教員参与の程度、自己評価の重視度も評価の効果にかなり影響を与えていると考えられる。現段階の中国においてこれらの前提的条件は不十分である。

中国の各地域間の経済、科学・技術、文化の発展水準は非常に不均衡である。教育資源の配分における地域間・学校間の違いも非常に顕著である。特に、都市部と農村部という二元制管理体制のもとで、都市部と農村部における教育財政、教員の確保状況、教員の質の状況、生活環境などは大きく異なっている。都市部、特に大都市のほうは、教員が充足しており、教員の質も高い。他方、農村部・県鎮部における教員の供給は不足している。この不均衡と差異は必然的に教員評価制度の効果に影響している。天津市教育委員会人事課長[12]は、「現在、わが国の教育改革の鍵として、教員の質の向上、教員の職務構造の合理化、都市部・農村部の学校間の教員分布の格差と質の格差を縮小することが急務である。学校の人事採用制度の改革、教員層の公平な競争システムの設立、秩序ある教員流動システムの形成を通して質の高い教員層を根本から作らなければならない」と述べている。現行の業績主義的教員評価の実施によって、財政力があり、教員の数が充足しており、学校の民主的管理機関が機能している地域・学校では、教員の勤務意欲を促進してきた。しかし、教員評価制度の積極的な面の裏に多くの問題が存在していることも否定できないのである。

　成果主義的教員評価が機能するには、教員人材の確保、教員給与・待遇の適正化、公正な秩序、都市部・農村部の教員配置が適正に行われる必要がある。これらの解決なくして、教員評価への効果も期待できない。今後、教員評価をよりよく実施するために、中央と省段階の責任の強化、各地域の教育資源の均等化の実現、財政力の充足、優秀な人材の確保、完備した社会保障体制、広範囲の人事交流体制、法制度の強化などが必要である。

2．教員の職務内容の多様性と地域性

　教員の教育活動には複雑性・集団性、結果の遅延性などの特性があり、また、中国では教員評価がいろいろな目的に使用されているため、総括的か、または形成的かのいずれかを強調することは教育の本質や国家制度の理念に合わない。言い換えれば、総括的評価であれ、形成的評価であれ、この二者

は、「二者択一」の関係ではない。

　広大な国土と13億の人口を抱える中国において、各地域の社会発展、経済発展、教育発展の水準などの不均衡の影響を受けて、各地域の教育資源の配分は不均衡で多様化している。特に、改革・開放以後、沿海部と内陸部、農村部と都市部における差異が大きくなりつつある。こうした背景のもとで、全国で全く統一された教員評価方式を実施することは不可能に近い。特に、都市部と農村部では全く統一した基準で評価方式を実施することは不可能である。従って、地域・学校それぞれの風土と実情を考慮しながら、それぞれの風土、実情に応じ、適合した多様な評価モデル、よりよい均衡の取れた評価モデルを取ったほうがいいと考えられる。よりよい評価を実施するために、都市部、特に大都市部では集団的業績評価を重視すべきである。多くの農村部では、財政の整備、教員の確保、業績主義評価の整備が急務である。つまり、現行の業績主義評価を完全に否定するのではなく、過度な業績主義評価における各種の問題を克服し、よりよい業績主義評価の機能を発揮することが重要である。

　今回の調査結果では、都市では教員待遇が高く、供給は充足しており、そしてまた学校の民主的管理機構は農村部より機能していた。教員評価の効果においては、都市部では、教員評価による勤務意欲の促進の面でプラス効果がある。一方、農村部では、教員給与などの待遇がかなり低下しており、教員数も不足していて、また、学校の民主的管理機構はほとんど機能していない。教員評価の効果においては、業績主義評価がほとんど機能しておらず、教員評価による勤務意欲の向上はほとんどない。従って、今後、都市部では現在の業績主義方式を完全に廃止するのではなく、従来の教員個人を単位とする業績主義評価を弱め、教員集団を単位とする業績主義評価の導入が急務である。一方で、農村部の優秀な人材確保、財政力の充実、インフラの整備などが急務である。言い換えれば、今後、中国では、従来の過度な業績主義評価による各種の問題を克服し、総括的評価と形成的評価の結合を実施し、教員集団を単位とする評価方式の実現が必要である

3．教員評価の連動性の性格

　教員評価の結果を給与などの待遇に連動するかしないかは、教員評価の目的に応じて考えなければならない。「按労分配」（労働者の労働の質と量に応じて資源を配分する）の原則を重視し、学校の活力及び教員の勤務意欲・業績を向上させるために、給与などの外在動力は不可欠である。今後は、教員評価の結果を給与と切り離すのではなく、教員個人の業績を重視するところから集団業績への移行が必要である。

4．教員評価の成否を決める要件

［成功した教員評価の三つの要件］

（1）学校組織内部の要件：①学校の財政状況、②学校組織の特性（学校内部の組織構造、学校の民主的管理状況、教員間の集団性など）、③管理職の指導力、④教員の人材確保状況・充足率などである。
（2）学校外部の環境：①充足した教育財政、②教員の法律上の地位が高く、優秀な人材を確保していること。③健全なる人事制度がある。
（3）教員評価制度自身の要件：①教員の自己評価を重視している。②評価主体を多元化している。③評価結果が教員の職能成長を促進している。④被評価者の教員が積極的に評価過程に参与していることである。

［失敗した教員評価の四つの要件］

（1）教員評価を取り巻く内・外部教育政策環境（①教育行財政体制、②教員の地位、③人材確保条件、④法律の整備、⑤学校の組織・文化的特性等）の不備。
（2）評価制度が不公正・主観的・不公平。
（3）教員間の競争の偏重（教員間の協力の不足）。
（4）教員の地位と教員の主体的な参与の軽視。

したがって、教員評価における問題を解決するには、教員評価を取り巻く外部条件の整備が急務である。

第4節　今後の研究課題

本論文は、実態調査の分析結果を踏まえて、マクロな水準とミクロな水準という二つの視点から教員評価の法制度内容と運営実態について考察と検討を加えてきた。しかし、今回扱った問題範囲は大きく、論点も多岐にわたり、かなり複雑であるので、十分掘り下げられなかった点がいくつか残された。以下に今後残された課題を明らかにし、解決の方向を提起することにした。

1．公正で客観的な評価基準の制定

教員評価の公正さを向上させる一つの措置は、客観的基準の設定であると考える。教員評価の項目が基準化されれば、評価への納得・承認が十分に得られるので、教員の意欲、職能の成長を促進することができる。しかし、周知のように、教育活動はかなり複雑多岐であるので、どのような基準を制定するのか。教育領域において、教員の教育活動が知的に複雑で多面的なものであるならば、一律的な基準によって教員の専門的力量と実践の質を高めるのは、容易ではないだろう。質の基準をいったん正式に設定すれば、そこから同じ生産品を作り出すことができる産業の場合とは異なる。教育領域において、一律の基準で評価することには疑義がある。もし、そうであったら、教員は教員活動を展開する際、評価を気にして、この部分は一生懸命やるが、この目立たない部分はしないなどの問題が出てきそうである。教育には、目に見えない面と目に見える面がともにかなりあり、すぐに結果が出ない面もあるはずである。

教員の職能成長を重視する評価方式の確立が中央政府の今後の改革方向である。しかし、今後、教員評価の在り方をどのように構築すべきだろうか、本論文ではまだ明らかにしていない。これは今後の課題である。

2．評価主体の多元化による結果の不一致への対応策

　各国における発展動向から見れば、教員評価の客観性・公正性を向上させるために、教員評価主体の多元化が重視されている。しかし、評価主体が多くなればなるほど、評価結果の不一致ということが想定される。人口が多く、地域間の差が大きい中国においては、いかに都市部と農村部の差異、性質の違う学校間の関係、違う学科間の関係などを扱うのかが今後の課題となる。また、評価の客観性・公正さを達成するために、いかに評価結果の再評価を実施するかがこれからの課題であろう。

3．教員の需要に関する研究

　教員評価はそれ自体が目的なのではなく、教員評価を通して、教員の勤務意欲・教育力の向上を促進する一つの手段にすぎない。教員の勤務意欲を促進するには、教員たちの要求を把握しなければならない。教員の要求については以下の先行研究が見られる。例えば、武漢市教育科学研究所の喩夢林[13]は教員の要求を「①生活上の要求：給与、住居、医療などの要求、②政治上の要求：社会的安定や、教員層に対する尊重、教員の成長への関心を希望する、③成功（成就）への要求：自分の才能が発揮できることを希望する、④勉強の要求：研修の機会、知識の更新、業務の向上を希望している、⑤文化上の要求：高尚な文芸作品の鑑賞、各種意義のある文芸活動への参加を希望している」と指摘している。しかし、本論文では教員の要求に関して触れていない。教員の要求に関する研究は今後の課題とする。

4．教育評価の政策形成過程に関する研究

　教員評価制度導入の流れは、本論では少し触れることができた。しかし、教員評価政策の具体的な実施過程は十分論じることはできなかった。例えば、教員評価政策の決定機関、アクター、教員参加の有無、などについてはあまり整理・分析していない。これらは今後の課題として残っている。

教員の教育対象は児童生徒であり、教員の職業道徳、職業資質と教育教授能力は直接児童生徒の成長・発展に影響を与えている。教員の表現・業績を評定することはまったく意義がないわけではない。教育の本来の目標は知識を教え、人間を育てることである。教育事業の中核として、義務教育の本質は公共性である。義務教育が追求するものは、利益・効率（efficiency）だけではなく、社会的公平・生徒の全面的発展も追求するべきである。義務教育の規模と質は教育全体の水準、国民全体の質の向上にかかわるものである。従って、「競争原理」の導入だけで充実させることはできない。

　政府の義務教育への公共投資は非常に不足している。現在でも、公共教育経費のGDPにおける比率はまだ4％に達していない。また、義務教育における公共資金の分布が不均衡である。貧困地域への支援は足りない。東部沿海地域、都市部地域では多くの財源があり、中西部では、資源的条件及び気候などの影響で、経済発展が遅れている。中央政府は地域間の財政格差を是正するための国庫交付金制度なども設定していない。義務教育を受ける人口が世界最大である中国で7割以上の義務教育段階の学校は農村部の郷・鎮・村にある。農村における児童・生徒などが上流社会に上がる唯一の手段は教育である。しかし、教育資源の配分における都市部・農村部間の不平等が存在しているため、現行の教育制度は農村の児童・生徒にとっては不利である。このほか、公立学校における市場化・準市場化の影響を受けて、現在、学校の校長などの責任者が財源創出に集中する時間は、授業に専念する時間より多い。このあり方は、明らかに、教育の公共性の理念に反している。さらに、教員の社会的地位、給与、待遇の低下などの理由で、教職は魅力的な職業になっていないところが多く、教員の給与不払い現象が依然として広く存在している。特に、貧困地域での教員給与は保障できていない。

　中国においては、教育における平等という原理を教育法で制定しているが、この平等原理は改革・開放経済のもとで市場化を背景とする自由原理の影響を受け、大きく変容しようとしている。政府は教育の均衡における責務をあまり遂行せず、平等な教育資源の配分を無視し、義務教育における地方分権・市場化のみを採用している。つまり、教育資源の公平な配分、教育の機会均

等の実現が無視され、効率・市場・競争が過度に重視されている。

これは経済の市場化により生じる競争社会が多くの面で不平等な社会現象を発生させていることを意味する。この点について、褚宏啓は「権力の市場委譲、政府の責任転嫁の最高の口実である」[14]と批判し、アメリカの学者のPeter W. Cooksonは「学校改革の政策は、教育の公平さや社会的公正を無視すれば、必ず失敗に終わる」[15]と指摘している。この意味では、中央政府は制度の供給者として、教育を地方・市場に移すのではなく、教育社会における不平等な社会現象を抑制し、中国政府（特に中央政府・省政府）による財政投入を強化し、義務教育における公平性を確保する必要があると考える。

教育は人間育成のための事業であり、教員の労働も明らかに集団的な性格をもっている。生徒の成功や進歩は、全教員の協力の結果である。しかし、現行の個々の教員の仕事に力点を置き、過度に等級の判定を重視する評価は、教員間の協力関係を競争関係に導いてしまい、教員間の信頼と協力を弱め、都市部と農村部における差異を加速化している可能性が高い。「資質教育」を唱えている中国においては、資質の高い生徒を養成するために高資質を持つ教員を養成することがかなり重要な課題となっている。全体の教員層の成長・発展を目的とする教員集団を単位とする評価方式の実現が急務である。

[注]
（１）滕越『教員専門発展論』（海洋出版社、2003）pp.292-296
（２）蕭沅主編『学校教育管理初探』（1988年）
　　　蘇琳「小中学校における最大の問題」、『教育論壇』（2006年3月14日）
　　　http://learning.sohu.com/20060314/n242260823.shtml
　　　胡漢超「年度考課に関する思考」、『中国の教員新聞』
　　　http://www.chinateacher.com.cn/news/2007/1017/4554.asp
（３）陳玉昆『教育評価学』（人民教育出版社、1997）p.105
（４）余秀蘭『中国教育の都市部と農村部の差異』（教育科学出版社、2004）p.93
（５）陳共、王俊「わが国の教育支出の規模・構造と効益分析」、雲南財貿学

院『中国教育財政評論』(中国財政経済出版社、2005) pp.10-11
（6）余秀蘭『中国の教育の都市部と農村部の差異』(教育科学出版社、2004) p.223
（7）陳永明『教員教育研究』(華東師範大学出版社、2003) p.20
（8）中央財経大学財政和公共管理学院院長・馬海濤「現在の農村の義務教育財政政策に関する研究」、雲南財貿学院『中国教育財政評論』(中国財政経済出版社、2005) p.105
（9）北京師範大学：袁連生「中国の教育経費の不足」、中央教育研究所『教育研究』(教育科学出版社、(1988年第7期) p.26
（10）中央財経大学財政和公共管理学院院長・馬海濤「現在の農村の義務教育財政政策に関する研究」、雲南財貿学院『中国教育財政評論』(中国財政経済出版社、2005) p.106
（11）1958年1月9日に全国人民代表大会常務委員会で『中華人民共和国戸籍登録条例』が可決された。その第10条2項によると、「公民は農村から都市部に移動する場合、必ず都市部の労働部門の採用証明や、学校の採用証明書、あるいは、都市部戸籍登録機関の許可が必要である」とされている。戸籍制度について、李宝元は「人力資本の流動を制約する最大の障害は、都市部・農村部を分割する戸籍制度にある。すなわち、戸籍に基づく食料、副食品、燃料及び住宅、教育、就業、医療、保険、労働保護などにおける二元制度である。この制度を通して、全国の住民を都市部住民と農村部住民にわける。都市部の住民に対しては、国家が各種の公共サービスを提供するが、農村部の住民に対しては放任政策を取っている。また、この制度を通して、人の農村から都市部への移動を制限している。この種の二元制度は、特殊な歴史・文化的背景において一定の役割を果たしていたが、市場経済方式の現在においては、デメリットが顕著である」と指摘している。(李宝元『人力資本と経済発展』(北京師範大学出版社、2000) p.170
（12）中華人民共和国教育部人事司編『全面的に小中学校人事制度改革を進める』(教育科学出版社、2003) p.101
（13）武漢市教育科学研究所：喩夢林「教員の需要と奨励」、中央教育研究所『教育研究』(教育科学出版社、1987年第10期) p.38
（14）褚宏啓「現代学校制度への反省」褚宏啓主編『中国教育管理評論』(第

2冊、教育科学出版社、2003）p.84
(15) 謝妮「政府、市場と学校関係の調整」褚宏啓主編『中国教育管理評論』
　　（第2刷、教育科学出版社、2003）p.365

附　章

〈添付資料〉

資料Ⅰ　教員評価関連

事業機関における教職員年度考課に関する規定　　453
小学校教員職務試行条例　　459
中学校教員職務試行条例　　463

事業機関における教職員年度考課に関する規定

　1995年12月14日に人事部によって「事業機関における勤務者考課の暫定規定」が公布された。その規定は第1章（総則）、第2章（考課の内容と基準）、第3章（考課の方法と手続）、第4章（考課結果の使用）、第5章（考課の組織・管理）、第6章（付則）から構成されている。以下は筆者による規定の全訳文である。

第一章　総則

第1条　事業機関の勤務者の業務遂行状況と業績を評価し、政治・業務資質の向上をさせ、また、昇級、招聘、賞罰、辞退及び給与調整の依拠とするために、本規定を規定する。

第2条　考課は公正、民主、公開、実績を重視する。

第 3 条　考課実施の範囲は、全国事業機関における全ての職員、専門技術者及び労働者である。

第二章　考課の内容と基準

第 4 条　考課の内容は、徳・能・勤・績という四本面から構成され、考課の重点が業績である。
　　　　徳：政治・思想態度と職業道徳態度
　　　　能：業務技術レベル、管理能力の発揮、業務レベルの向上、知識の更新を指す。
　　　　勤：主に、勤務態度、勤勉精神と労働規律の遵守状況を指す。
　　　　績：主に、職責遂行状況、勤務任務の完遂状況、教育活動の社会貢献度を指す。

第 5 条　考課の基準は、持ち場の職責と年度教育活動の任務を基本根拠とし、具体的な基準は政府人事部門の指導のもとで各部門が実際の状況に応じ自主的に設定する。考課基準は明確で、具体的であるべきである。専門と職務が異なるレベルの勤務者に対しては、業務レベルと勤務業績において異なる要求すべきである。

第 6 条　考課の結果は、優秀、合格、不合格の 3 等級に分ける。

第 7 条　職員考課の各等級の基準は以下の通りである。
　　　　優秀：正確に共産党と国家の路線、方針、政策を貫徹し、国家の法律、法規と各制度を遵守し、業務に精通し、勤勉で業績がよい。
　　　　合格：正確に共産党と国家の路線、方針、政策を貫徹し、自主的に国家の法律、法規と各制度を遵守し、業務に熟し、積極的に業務内容を遂行できる。

　　　　不合格：政治・業務資質が低く、組織規律が良くなく、職に適さず、あるいは勤務に熱意がなく、業務内容を遂行できず、あるいは勤務中厳重なミスを犯した場合

第8条　専門技術メンバーに対する考課の基準は以下の通りである。
　　　　優秀：共産党と国家の路線、方針、政策を擁護し、国家の法律、法規及び各制度を模範的に遵守し、勤務態度がよく、勤務遂行能力の向上が速く、業績がよい。
　　　　合格：共産党と国家の路線、方針、政策を擁護し、自主的に国家の法律・法規及び各制度と職業道徳を遵守し、責任感があり、業務が熟練し、職務遂行能力の向上が比較的速い。持ち場の職責を遂行し、業務を遂行できる。勤務上のミスがない。
　　　　不合格：政治・業務資質が低く、組織規律が弱い。適職していない。勤務任務を遂行できない。勤務上のミスが重大である。

第9条　労働者考課の基準は以下の通りである。
　　　　優秀：政治・思想の表現がよい。模範的に法律、規律及び各制度を遵守する。業務に精通し、勤勉である。責任感が強く、勤務業績がよい。
　　　　合格：政治思想の表現がよい。自主的に法律、規律及び各制度を遵守し、業務に熟し、勤務が積極で、活動中のミスがない。持ち場の職責を遂行でき、勤務任務も遂行できる。
　　　　不合格：組織規律が弱い。適格でない者である。持ち場の遂行がよくなく、業務内容を遂行できない。あるいは、積極性が弱く、勤務上の重大なミスもある。

第10条　年度考課は厳格に実行し、優秀等級の人数は通常総人数の10％以内に限定する。多くても15％を超えてはいけない。

第三章　考課の方法と手続

第11条　事業機関における考課は、リーダーと大衆の結合、普段と定期の結合、定性と定量の結合を実行する。

第12条　考課は本単位の法人代表が責任を負う。

第13条　考課は日常考課と年度考課に分ける。

第14条　年度考課の手続は以下の通りである。
　　　　1．被評価者が自己申告する。
　　　　2．主管リーダーは他人の意見を聴取したうえで、本被評価者の普段の表現と本人の申告を基に、書面評定を下し、等級の意見を提出する。
　　　　3．考課グループは、主管リーダーの評定を再審する。
　　　　4．事業機関の責任者が最終の等級を決める。
　　　　5．考課結果を書面という形で被評価者に通知する。

第15条　事業機関責任者の年度考課は、第14条を参照し、上級主管部門により実施する。

第16条　被評価者は、評定結果に対して異議がある場合、通知が到着後の30日以内、再審を要求できる。再審の結果に対してまた、不服の場合、上級主管の人事部門に公訴することもできる。

第17条　年度考課後、その考課結果を被評価者の檔案に保存する。

第四章　考課結果の運用

第18条　事業機関のメンバーは年度考課において合格以上と評価された場合、以下のように取り扱う。

1．関連規定により、昇給を決め、ボーナスを支給する。
2．職員が３年間連続で合格以上と評価された場合、職務昇進の資格がある。２年間連続で優秀と評価された場合、優先的に職務昇進の資格がある。
3．専門技術メンバーが年度考課において合格以上と評価された場合、招聘される資格がある。
4．労働者は２年間連続で優秀と評価された場合、技師として招聘される資格がある。

第19条　年度考課で不合格と評価された場合、以下のように取り扱う。

1．当年度の考課で不合格と評価された場合、ボーナスを支給しない。
2．２年間連続で不合格と評価された場合、降格や解雇する。

第20条　略

第21条　考課結果は、表彰制度の評定と結合する。

第五章　考課の組織管理

第22条　事業機関は年度考課の際、非常設の考課委員会あるいは考課グループを設立し、単位リーダーの責任のもとで考課業務を実施する。

第23条　考課グループや委員会の人選は、単位責任者、人事担当、関連機関

責任者によって組織される。考課の日常業務は本単位の人事機構によって担当される。

第24条　考課組織の職責は以下のとおりである。
　　　　１．関連規定により本年度の考課実施方法を制定する。
　　　　２．本単位の年度考課の組織、指導、監督をする。
　　　　３．主管リーダーが被評価者に対する評価した評定語と等級を審査し、考課意見を詳述する。
　　　　４．被評価者の不服を受理する。

第25条　事業機関の責任者、主管リーダー、考課委員会あるいはグループの評価者は、必ず規定にのっとり、考課しなければならない。

第26条　考課業務の檔案管理制度を設立する。

第27条　政府人事部門は所管の地域における各事業機関の年度考課を総合管理し、監督指導をする。

第六章　付則

第28条　本規定は人事部により解釈する。

第29条　本規定は公布日から実施する。

小学校教員職務試行条例

第一章　総則

第一条：小学校教員の積極性と創造性を発揮し、絶えず教員の政治思想覚悟、文化業務レベルと職責の遂行能力を向上させるために、本条例を制定する。

第二条：小学教員職務は、学校の教育活動の需要によって設置した持ち場である。小学教員職務は、小学高級教員、一級教員、二級教員、三級教員を設置する。各級教員は一定の定数がある。

第三条：小学教員職務は契約制（招聘制）あるいは任命制を実行する。教員職務の採用は、必ず、教員職務評定委員会の教員政治思想、文化専門知識レベル、授業能力、勤務業績と職責遂行状況に対する評定から、相応する職務を認定し、学校あるいは教育行政部門が採用する。職務の採用は、任期があり、通常、3年から5年とする。任期満了後も継続することができる。

第二章　職責

第四条：小学三級教員の職責：
　①高級教員あるいは一級教員の指導のもとで、学校の授業任務を担当し、授業準備・授業・補導・宿題・生徒の考課をする。
　②高級教員あるいは一級教員の指導のもとで、生徒たちに思想品徳教育を行い、担任を担当する。
　③授業研究・検討活動に参加する。

第五条：小学二級教員の職責：
　①学校の授業任務を担当し、授業準備・授業・補導・宿題・生徒の考課をする。
　②生徒たちに対して思想品徳教育を行い、担任を担当する。

③授業研究・検討活動に参加する。
第六条：小学一級教員の職責：
　　　　①学校の授業任務を担当し、授業準備・授業・補導・宿題・生徒の考課をする。
　　　　②生徒たちに思想品徳教育を行い、担任を担当する。
　　　　③授業研究・検討会を組織する。
第七条：小学高級教員の職責：
　　　　①学校の授業・教育任務を担当し、授業準備・授業・補導・宿題・生徒の考課をする。
　　　　②生徒たちに対して政治思想教育を行う。
　　　　③授業・教育研究の活動を指導し、一級、二級、三級教員の指導をする。

第三章　任職条件

第八条：小学教員は中国共産党の管理を擁護し、社会主義祖国を愛し、マルクス主義と共産党の路線、方針、政策を勉強し、良好な思想・道徳があり、法律を遵守し、生徒を愛し、生徒たちを徳育・知育・体育方面で全面的に発達させる。
第九条：小学三級教員の任職条件は、本条例第八条の要求に見合い、一年間以上勤務した教員は、考課において合格で、担当学科の教材、授業法を把握できる。
第十条：小学二級教員の任職条件は、本条例の第八条の要求に適った中等師範学校卒業者が一年間の試用期間満了後、あるいは、小学三級教員として二年間以上勤務し、考課で合格と評価され、また、以下の条件を満たさなければならない教員である。
　　　　①教育学、心理学と授業法の基礎理論知識がある。
　　　　②小学校授業活動に必須の文化専門知識がある。
　　　　③クラス担当が担任できる。

附　章

第十一条：小学一級教員の任職条件は、本条例の第八条の要求に符合し、また、小学二級教員として三年間以上勤務する教員、あるいは、短大卒者で考課を経て以下の条件を満たすと認定される教員である。
　　　　①担当学科の指導要領の原則、内容と授業方法を独立的に把握でき、正確に知識と技能を伝授でき、授業効果がよい。
　　　　②生徒指導の能力があり、担任が担当できる。
第十二条：小学高級教員の任職条件は、本条例第八条の要求に適った小学一級教員として、五年以上勤務する教員、あるいは、本科卒者で考課を経て以下の条件を満たすと評価された教員である。
　　　　①担当学科に対して、詳しい基礎理論と専門知識があり、授業経験が豊富である。
　　　　②小学生教育・指導に詳しく、正確な教育理論知識があり、効果がよい。
第十三条：本条例の第八条の要求に見合い、小学の教育・授業において、特殊業績がある場合、その任職条件は学歴と勤務年数の制限はない。

第四章　考課と評定

第十四条：学校は、教員の政治思想態度、文化専門知識レベル、授業・教育能力、勤務業績と職責の遂行状況に対して、定期と不定期の考課をし、しかも、考課檔案を制定する。その結果は、教員の職務審査、昇進、任命の根拠とする。
第十五条：小学教員職務の評定は、省、地、県三級教育行政部門によって管理し、評定職務の高低に応じ、それぞれ、中学校教員職務評定委員会を立てる。各級別の職務評定委員会が同級教育主管部門によって許可する。学校が初級評定グループを立てる場合、上級教育行政部門によって許可する。
第十六条：小学教員職務を評定する際、教員本人が政治思想、授業・教育活動まとめと職責遂行状況書類を提出し、また、「小学校教員職務

評定申請表」に記入したうえで、専門家評定委員会によって評定される。専門家評定委員会の評定を経て、最終に、主管部門によって決定する。小学高級教員の任職条件は、地級評定委員会によって審査する。小学校一級、二級、三級教員の任職条件は、県級評定委員会によって審査する。

第五章　附則

第十七条：本条例は、全国小学校、幼稚園、盲聾啞学校の小学部などの教育部門で適用する。幼稚園教員職務の任職条件は、各省・自治区・直轄市によって本条例に参照し、別に制定する。

第十八条：国務院各部門所属の小学校教員の職務評定と任命は、国務院関連部門によって管理する。

第十九条：本条例の実施のために、各省、自治区、直轄市は各自の実際に応じ、実施細則を制定する。

第二十条：本条例の解釈は、国家教育委員会にある。

中学校教員職務試行条例

第六章　総則

第一条：中学校教員の積極性と創造性を発揮し、絶えず教員の政治思想覚悟、文化業務レベルと職責の遂行能力を向上させるために本条例を制定する。

第二条：中学教員職務は、学校の教育活動の需要によって設置した持ち場である。中学教員職務は、中学高級教員、一級教員、二級教員、三級教員を設置する。各級教員は一定の定数がある。中学高級教員は高級職務、一級教員は中級職務、二級と三級教員は初級職務とする。

第三条：中学教員職務は契約制（招聘制）あるいは任命制を実行する。教員職務の採用は、必ず教員政治思想、文化専門知識レベル、授業能力、勤務業績と職責遂行状況を評定した上で相応する職務を認定し、学校あるいは教育行政部門が採用する。また、職務の採用は任期があり、通常、三年から五年とする。

第七章　職責

第四条：中学三級教員の職責：
　①中学校一科目の授業任務を担当し、授業準備・授業・補導・宿題・生徒の考課
　②高級教員あるいは一級教員の指導のもとで、生徒たちに対して思想品徳教育を行い、担任を担当する。
　③授業研究・検討活動に参加する。

第五条：中学二級教員の職責：
　①高校あるいは中学校一科目の授業任務を担当し、授業準備・授業・補導・宿題・生徒の考課
　②生徒たちに対して思想品徳教育を行い、担任を担当する。

　　　　③授業研究・検討活動に参加する。
第六条：中学一級教員の職責：
　　　　①高校あるいは中学校一科目の授業任務を担当し、授業準備・授業・
　　　　　補導・宿題・生徒の考課
　　　　②生徒たちに対して思想品徳教育を行い、担任を担当する。
　　　　③授業研究・検討会を組織する。
　　　　④二級、三級教員の指導をする。
第七条：中学高級教員の職責：
　　　　①学校の授業・教育任務を担当する。
　　　　②授業・教育の研究活動を指導する。
　　　　③一級、二級、三級教員の指導をする。

第八章　任職条件

第八条：中学教員は中国共産党の管理を擁護し、社会主義祖国を愛し、マル
　　　　クス主義と共産党の路線、方針、政策を勉強し、良好な思想・道徳
　　　　があり、法律を遵守し、生徒を愛し、生徒たちを徳育・知育・体育
　　　　方面で全面的に発達させる。
第九条：中学三級教員の任職条件は、本条例の第八条の要求に適った高等師
　　　　範学校あるいは他の高等学校の短大卒者、一年間の試用期間満了後、
　　　　考課において、教育学、心理学と授業法に関する基礎知識があり、
　　　　中学校一科目の授業任務を担当できると評価された場合には、中学
　　　　校三級教員として認定される。
第十条：中学校二級教員の任職条件は、本条例の第八条の要求に適った高等
　　　　師範学校と他高等学校本科卒業者が一年間の使用期間が満了後、あ
　　　　るいは、中学校三級教員として、二年以上勤務し、考課で合格と評
　　　　価された教員で、また、以下の条件を満たさなければならない。
　　　　①教育学、心理学と授業法の基礎理論知識がある。
　　　　②一科目を担当する必須の基礎理論と専門知識がある。

　　　　　③クラス担当が担任できる。
第十一条：中学一級教員の任職条件は、本条例の第八条の要求に符合し、また中学校二級教員として四年以上勤務する教員、あるいは、修士卒者で考課を経て以下の条件を満たすと認定される教員。
　　　　　①担当の学科に関する基礎理論と専門知識があり、指導要領の原則、内容を把握でき、正確に知識と技能を伝授できる。
　　　　　②生徒指導の能力がある。
　　　　　③授業・教育研究活動を組織する能力がある。一定の授業研究任務を担当する。
第十二条：中学高級教員の任職条件は、本条例第八条の要求に適った中学一級教員として、五年以上勤務する人、あるいは、博士卒者で、考課を経て、高級教員職責を遂行でき、以下の条件を満たす教員。
　　　　　①当学科に対して、詳しい基礎理論と専門知識があり、授業経験が豊富で、効果がよい。あるいは、生徒の政治・思想教育活動やクラス担任として優れた効果がある。
　　　　　②教育・授業に関する独特の見解があり、一定レベルの論著がある。
第十三条：中学校高級教員が小学校で教育活動をする場合、中学校高級教員として待遇する。
第十四条：本条例第八条の要求に符合し、二科目の授業を担当できる教員は、同じ条件で、一科目を担当する教員より優遇する。
第十五条：本条例の第八条の要求に符合し、中学校の教育、授業において、特殊業績がある場合、その任職条件は学歴と勤務年数の制限はない。

第九章　考課と評定

第十六条：学校は、教員の政治思想態度、文化専門知識レベル、授業・教育能力、勤務業績と職責の遂行状況に対して、定期と不定期の考課

をし、しかも、考課?案を制定する。その結果は、教員の職務審査、昇進、任命の根拠とする。

第十七条：中学教員職務の評定は、省、地、県三級教育行政部門によって管理し、評定職務の高低に応じ、それぞれ、中学校教員職務評定委員会を立てる。また、各級別の職務評定委員会が同級教育主管部門によって許可されなければならない。

第十八条：中学校教員職務を評定する際、教員本人が政治思想、授業・教育活動まとめと職責遂行状況書類を提出し、また、「中学校教員職務評定申請表」に記入する。また、専門家評定委員会の評定を経て、最終に、主管部門が決定する。

第十章　附則

第十九条：本条例は、全国普通中学校、職業中学校、農業中学校、盲聾啞学校などの教育部門で適用する。

第二十条：国務院各部門所属の中学校教員の職務評定と任命は、国務院関連部門が管理する。

第二十一条：本条例の実施のために、各省、自治区、直轄市は各自の実際に応じ、実施細則を制定する。

第二十二条：本条例の解釈は、国家教育委員会にある。

資料Ⅱ　アンケート質問紙

教員評価制度に関するアンケート依頼

　一線の教育現場で教育の発展のためご尽力なさっておられる学校教職員の皆様の労苦に心から敬意を表します。ご多用の折、突然のお願いをさせて頂きますことをお許し下さい。

　私は日本東京大学の留学生です。私の研究しているテーマは教員評価制度（年度考課、職務称号評定、3％奨励・昇格制度）に関する研究です。

　日ごろ勤務なさりながら感じたことを率直に答えて頂きましたら本調査研究に大いに役に立つと思います。

　本内容はコンピュータで一括処理され研究の基礎資料としてのみ使用され、個人名などをはじめとする個人の応答の内容は一切公表することはございません。また、学問的な目的以外には一切使用されないことを約束します。あなたのご意見ともっとも当てはまる項目のひとつに○をつけてください。お答えにくい項目もあるかと存じますが、本研究調査の趣旨をご理解いただきまして、本アンケート調査にご協力をよろしくお願い申し上げます。

（無記名）

Ⅰ　教員の身分、地位、所属等

Q1-1　あなたの性別は？
　　　①女　②男

Q1-2　あなたの学校の性質は？
　　　①小学校　②中学校　③小中一貫学校　④中高一貫制学校

Q1-3　あなたの年齢は？（2006．1．1現在　　　　　　才）
　　1．17-25歳
　　2．26-34歳
　　3．35-43歳
　　4．44-52歳
　　5．53-60歳

Q1-4　身分
　　1．教員
　　2．職員
　　3．中層以上幹部（校長、教頭、党支部書記以外の中層以上幹部）
　　　　A．人事幹部、B．教導主任、C．総務主任、D．教務主任、
　　　　E．安全幹部、F．団委書記、G．大隊補導員
　　4．校長、教頭、党支部書記

Q1-5　あなたの職務称号は？
　　①無職務称号　②三級教員　③二級教員　④一級教員　⑤高級教員

Q1-5　あなたの最終学歴
　　①高校及びそれ以下卒　②中等師範学校　③短大卒　④大学卒
　　⑤修士及びそれ以上卒

Q1-6　あなたの勤務年数は？（2006．1．1現在　　　　　年）
　　1．0-7年
　　2．8-15年
　　3．16-23年
　　4．24-31年
　　5．32-40年

Q1-7　あなたの学校規模（現在の生徒数）
　　　1．500人以下
　　　2．501-1,000人
　　　3．1,001-2,000人
　　　4．2,001-3,000人
　　　5．3,001-4,000人

Q1-8　「教職員代表大会」の年間参加回数　＿＿＿回

Ⅱ　教員研修制度

Q2-1　教員研修の内容、方式及び目的について
　　　①学歴補完　②授業・教育能力の向上　③政治学習　④上級の指示

Q2-2　あなたは教員研修に参加したことがありますか
　　　①よく参加する　②参加する　③どちらともいえない
　　　④あまり参加しない　⑤全く参加しない

　　　参加と答えた方は、次の質問に答えてください。
A　教員研修は、あなたの授業・教育能力の向上に役立っていると思いますか
　　　①とてもそう思う　②そう思う　③どちらともいえない
　　　④あまりそう思わない　⑤全くそう思わない

B　あなたの教員研修の時間は
　　　①勤務時間　②土日　③夏休み・冬休み　④不定期　⑤他

Q2-3　あなたは教員研修制度に期待していますか
　　　①非常に期待　②期待　③どちらともいえない
　　　④あまり期待しない　⑤全く期待しない

Ⅲ　教員給与制度

Q3-1　あなたの月平均給与
　　　①1,000元以下　②1,001－1,500元　③1,501－2,000元
　　　④2,001－2,500元　⑤2,501元以上

Q3-2　今、あなたの報酬は自分の職務の責任・貢献に比べて適切だと思いますか
　　　①とてもそう思う　②そう思う　③どちらともいえない
　　　④あまりそう思わない　⑤全くそう思わない

Q3-3　あなたの報酬は同じ学歴と経歴を持つ他の職種の人に比べて適切だと思いますか
　　　①とてもそう思う　②そう思う　③どちらともいえない
　　　④あまりそう思わない　⑤全くそう思わない

Q3-4　あなたの報酬は同じ経歴の教員に比べて適切だと思いますか
　　　①とてもそう思う　②そう思う　③どちらともいえない
　　　④あまりそう思わない　⑤全くそう思わない

Q3-5　あなたは教員待遇の向上に期待しますか
　　　①非常に期待　②期待　③どちらともいえない
　　　④あまり期待しない　⑤全く期待しない

Q3-6　あなたはチャンスがあれば転職したいと思いますか
　　　①とてもそう思う　②そう思う　③どちらともいえない
　　　④あまりそう思わない　⑤全くそう思わない

Q3-7　あなたの積極性に影響を与えるものは何だと思いますか
　　　①給与待遇　②労働負担　③社会的地位　④学校の雰囲気

Q3-8　あなたは何を追求していますか
　　　①給与待遇の改善　②教育・研究成果の向上　③入党
　　　④高級職務の昇進

Ⅳ　教員評価制度

A　教員職称評定制度

Q4-1　あなたの学校は、職務称号評定制度を実施していますか
　　　①実施している　②実施していない　③知らない

Q4-2　あなたは、現行の職務称号評定制度に問題点があると思いますか
　　　①とてもそう思う　②そう思う　③どちらともいえない
　　　④あまりそう思わない　⑤全くそう思わない

Q4-3　現行の職称評定の実施において、何が重視されていますか
　　　①年功序列　②人脈重視　③学歴重視　④業績重視　⑤その他

Q4-4　原則として、職務称号評定と職務採用が分離されるべきですが、あなたの学校ではすでに"評定と招聘の分離"を実現していると思いますか
　　　①とてもそう思う　②そう思う　③どちらともいえない
　　　④あまりそう思わない　⑤全くそう思わない

Q4-5　現行職称評定制度において"論文"は評価項目とされるべきだと思いますか
　　　①とてもそう思う　②そう思う　③どちらともいえない
　　　④あまりそう思わない　⑤全くそう思わない

Q4-6　現行の職務称号評定は、あなたの勤務意欲を促進したと思いますか
　　　①とてもおう思う　②そう思う　③どちらともいえない
　　　④あまりそう思わない　⑤全くそう思わない

B　教員年度考課制度

Q4-7　あなたの学校は、年終考課制度を実施していますか
　　　①実施している　②実施していない　③知らない

Q4-8　あなたは年度考課で「優秀」と評価されたことがありますか
　　　①よくある　②ある　③どちらともいえない　④あまりない
　　　⑤全くない
　　　「優秀」と評価された教員は続いて答えてください。「優秀」と評価された後、あなたの積極性・意欲を向上させたと思いますか
　　　①とてもそう思う　②そう思う　③どちらともいえない
　　　④あまりそう思わない　⑤全くそう思わない

Q4-9　あなたは現行の人事考課の目的はどこにあると思いますか
　　　①優秀評定、職務称号評定及び3％奨励・昇格のため
　　　②昇給のため　③教員管理の強化
　　　④教職員の積極性・職能成長のため　⑤知らない

Q4-10　現行人事考課制度の内容（徳・能・勤・業績4項）に関して、何が重視されていますか
　　　①徳　②能　③勤　④業績　⑤人脈　⑥その他

Q4-11　国家は「教員職務試行条例」において教員の政治資質に関して明確に規定しています。しかも、教員評価に反映されています。この点

についてあなたはどう思いますか
①評価基準が曖昧であるため評価しにくい
②他者による任意の評価である　③廃止すべきである

Q4-12　あなたは、現行の教員評価制度では教員の自己申告が重視されていると思いますか
　　　①とてもそう思う　②そう思う　③どちらともいえない
　　　④あまりそう思わない　⑤全くそう思わない

Q4-13　あなたは、教員評価は教員の自己申告を重視すべきであると思いますか
　　　①とてもそう思う　②そう思う　③どちらともいえない
　　　④あまりそう思わない　⑤全くそう思わない

Q4-14　あなたは現行の年度考課制度を恐れていますか
　　　①とても恐れている　②恐れている　③どちらともいえない
　　　④あまり恐れていない　⑤全く恐れていない

Q4-15　現行の教員年度考課では、実際何が重視されていますか
　　　①進学率　②年齢　③人脈　④授業

Q4-16　現行の年度考課制度（名誉・利益と関連し、結果を重視する総括的業績評価）は、あなたの総合的な素質を反映できると思いますか
　　　①とてもそう思う　②そう思う　③どちらともいえない
　　　④あまりそう思わない　⑤全くそう思わない

Q4-17　教員評価は利益（給与、職務の昇格・昇進等）にリンクすれば、あなたは教員評価の結果が客観的になると思いますか
　　　①とてもそう思う　②そう思う　③どちらともいえない
　　　④あまりそう思わない　⑤全くそう思わない

Q4-18 あなたは、現行の人事考課制度に対して関心を持っていると思いますか
①とてもそう思う　②そう思う　③どちらともいえない
④あまりそう思わない　⑤全くそう思わない

Q4-19 あなたは、今まで年度考課で「不合格」と評価されたことがありますか
①よくある　②ある　③どちらともいえない　④あまりない
⑤全くない
あると選択した教職員は続いて答えてください。
不合格次数は何回ですか。
①1回　②2回　③3回　④4回　⑤5回以上

Q4-20 あなたは現行の教員評価制度で教員の同僚間評価が重視されていると思いますか
①とてもそう思う　②そう思う　③どちらともいえない
④あまりそう思わない　⑤全くそう思わない

Q4-21 人事考課のプロセスにおいて、保護者の意見が重視されるべきだと思いますか
①とてもそう思う　②そう思う　③どちらともいえない
④あまりそう思わない　⑤全くそう思わない

Q4-22 人事考課のプロセスにおいて、生徒の意見が重視されるべきだと思いますか
①とてもそう思う　②そう思う　③どちらともいえない
④あまりそう思わない　⑤全くそう思わない

Q4-23 現行人事考課制度の結果は教員研修に反映されていると思いますか
①とてもそう思う　②そう思う　③どちらともいえない

④あまりそう思わない　⑤全くそう思わない

Q4-24　教員年度考課の結果は、教員の待遇にリンクすべきだと思いますか
　　　①とてもそう思う　②そう思う　③どちらともいえない
　　　④あまりそう思わない　⑤全くそう思わない

Q4-25　教員昇進の時、選考で作用することは何だと思いますか
　　　①キャリア　②年度考課の結果　③人脈　④その他

Q4-26　人事考課制度の実施を通して、あなた自身の努力が報われ、積極性が向上したと思いますか
　　　①とてもそう思う　②そう思う　③どちらともいえない
　　　④あまりそう思わない　⑤全くそう思わない

Q4-27　現行の人事考課制度が無くても同じようにがんばると思いますか
　　　①とてもそう思う　②そう思う　③どちらともいえない
　　　④あまりそう思わない　⑤全くそう思わない

Q4-28　現行の人事考課制度は教員間の同僚性の形成を阻害していると思いますか
　　　①とてもそう思う　②そう思う　③どちらともいえない
　　　④あまりそう思わない　⑤全くそう思わない

Q4-29　あなたの業務の原動力は何ですか
　　　①興味　②給与　③知識の欲求　④成功の欲求　⑤自己価値の実現

Q4-30　今、学校の質と教員の質を向上するために一番優先されなければならないと思われることは？
　　　①教員研修制度の強化　②教員待遇の向上　③教員管理を強化する

④不適格教員の解雇

Q4-31　教員評価改革の方向は？
　　　　①評価項目を細分化　②教員の職能成長重視　③行政管理強化
　　　　④その他

C　教員３％奨励・昇格制度

Q4-32　あなたの学校は、３％奨励・昇格制度を実施していますか
　　　　①実施している　②実施していない　③知らない

Q4-33　「３％奨励・昇格」と評価されたことがありますか
　　　　①ある　②ない

　　　　あると評価された教職員は続いて答えてください。
　　　　評価された後、あなたの積極性・意欲は向上したと思いますか
　　　　①とてもそう思う　②そう思う　③どちらともいえない
　　　　④あまりそう思わない　⑤全くそう思わない

Q4-34　３％奨励・昇格制度が導入されて以来、あなたの勤務意欲はさらに
　　　　向上したと思いますか
　　　　①とてもそう思う　②そう思う　③どちらともいえない
　　　　④あまりそう思わない　⑤全くそう思わない

Q4-35　あなたは「３％奨励・昇格」制度に問題があると思いますか
　　　　①かなりある　②ある　③どちらともいえない
　　　　④あまりない　⑤全くない

　　　　あると思った方は、問題はどこにあると思いますか

　　　　①定数が少ない　②年功序列　③人脈重視　④校長の独裁管理

Q4-36　あなたは現行の「3％奨励・昇格」制度に対してどう思いますか
　　　　①定数が少ない　②年功序列　③人脈重視　④校長の独裁管理
　　　　⑤業績重視　⑥その他

V　自由記述欄

　あなたが望む理想的な教員評価制度がありましたら、以下にご自由にお書きください。

　　　　以上で終わります。長時間のご協力をありがとうございました。

あとがき

　本書では、これまで一面的ないしは断片的であった中国における教員評価に関する制度をその端緒から現在までの歴史的展開を整理するとともに、現在の教員評価制度の運用実態について、都市規模別（大都市、中小都市、農村部）に分析することで、制度の運用実態は、必ずしも一様ではなく、それぞれ柔軟に取り組まれている、取り組まざるを得ないことを明らかにした。ただ、なぜ、こうしたギャップが生まれるかということに対して、制度と実態の面から捉え直した。しかし、それらが錯綜してしまい、整理しきれていないところが本論文の課題だと私は思っている。

　中国における教員評価の問題は単なる評価制度自体の問題ではなく、教員の確保状況、教員給与、教員の社会的・経済的・政治的地位、教育行財政体制、人事制度、学校の組織文化や管理体制などの外部条件の問題から大きな影響を受けている。教員評価をその目的どおりに機能させていくためには教員評価を取り巻く外部環境の整備が重要な意味を持っている。教員採用や教員給与・待遇の適正化、全教員の社会的地位の向上のほか、優秀な教員の確保、自由な労働力市場、職業選択の自由、国内移転の自由、戸籍制度の緩和、農村と都市間の格差の縮小など社会的環境整備も不可欠である。その他、学校組織の特性、評価者の資質、教員参与の程度、自己評価の重視度も評価の効果にかなり影響を与えていると考えられる。現段階の中国においてこれらの前提的条件は不十分である。

　今後、教員評価をよりよく実施するために、中央と省段階の責任の強化、各地域の教育資源の均等化の実現、財政力の充足、優秀な人材の確保、完備した社会保障体制、広範囲の人事交流体制、法制度の強化などが必要である。

　現実的に、政治的に農村部に多くの財源を移譲することは難しい。つまり、条件がそろっている地域、そろっていない地域がある。しかしながら、全て同一の基準にすることが現実的ではない。こうして、いくら業績主義的評価

であっても、いくら形成的評価をしても、多くの農村部で機能していない。よって、財政力があるかどうかの地域を問わず、総括的評価と形成的評価のバランスを取るような評価モデルを実施する意義がある。共通点としては、教員評価の自己評価を重視すること、教員の学校参加を重視すること、教員個人より教員集団の職能成長の重視が課題である。

　本書では、中国における国の政策・法制度と地方レベルの政策・法制度には大きな乖離があることや、地域間でも大きな違い、格差があること等を、地域別の学校レベルにまで視野を広げて通常では入手困難な実証的データで実証的に明らかにしたこと、そのことにより、現代中国の教育問題の実際と改革課題を明らかにした。しかし、なぜそうした実態が生まれているのか――その原因、理由をそれを生み出す思想や文化、法制度の構造・仕組み等から今後もっと掘り下げる必要がある。

※　　　※　　　※

　本研究成果は、実に東京大学大学院教育行政学研究室チーム及び他の多くの方々の御指導と御協力の賜物である。特に、恩師小川正人教授（筆者の指導教授である）の御教示に与えられるところが極めて大きい。小川正人教授は7年間、父親のように学業に対する要求はいつも厳しく、生活上、いろいろ応援していただき、励ましていただいた。論文の構想、分析枠組み、構成などの指導はもちろんだが、時には適切な日本語の表現までいろいろ指導していただいた。いつも未熟な発表レジュメや論文の原稿のチェックをお願いして、大変ご迷惑を掛けた。しかし、先生はどれほど忙しくても、丁寧に審査していただき、時には通勤や出張の電車中でも私の論文をチェックされていた。この7年間、小川先生のおかげで、私自身は成長してきたが、先生は白髪が多くなった。小川先生のお人柄と研究態度は筆者にとってかけがえのない資源となっている。ここで心から深甚の感謝を申し上げたい。また、教育行政学研究室の勝野正章教授には、いつも優しく励ましていただき、適切なご指導と数々のアドバイスをいただいた。先生はお忙しい中、中国社会科

あとがき

学研究会の発表会にわざわざ同行していただき、いまでも鮮明に記憶に残っている。心から厚く御礼を申し上げたい。また、先輩の押田貴久様からは、本研究の検討を開始した時より本論文をまとめるまで、長期間にわたり終始親切なご指導とあたたかいご鞭撻をいただいた。押田様は、紀要投稿関連のアドバイス、大変すばらしい参考文献のご紹介、論文発表会前と論文発表期間のサポートなど大変力を入れていただいた。さらに、博士論文の構成、未熟な日本語表現のチェック・修正など大変お世話になった。心より深く感謝をささげる。増山幹高教授及び山下絢さんからは私の研究方法について計量経済学及び統計学などの多分野の御教示や私の研究内容に多くの御助言を与えていただき、心から深く謝意を表したい。本研究の内容を高く評価していただき、あたたかいご鞭撻をいただいた東京大学大学院教育学研究科牧野篤教授、岐阜大学教職大学院篠原清昭教授に深く感謝をささげる。また、本学位論文の審査にあたり、東京大学客員教授で放送大学小川正人教授、東京大学・准教授勝野正章、岐阜大学篠原清昭教授、東京大学牧野篤教授、東京大学川本隆史教授、東京大学白石さや教授は、本研究の強み・弱みについてご指導並びにご指摘をいただき、大変ありがとうございました。そして、大学院研究発表会で御指導いただいた教育行政学研究室の諸先輩の方々にもお礼を申し上げたい。この研究の完成を財政面から支援していただきましたウシオ育英文化財団の牛尾治朗会長、CCTV大富の張麗玲社長に心より感謝を致します。

他方、本書作成に当たっては、資料収集面で中国各教育行政機関、学校に貴重な資料をいただいた。また、アンケートやインタビューにお答えいただいた教育有識者、教員の皆様の方々から多くの有益なコメントをいただいた。感謝を申し上げたい。

中国、日本、アメリカ及びイギリスにおける多くの学者の成果が参考になった。ここに記して、感謝の念を伝えたい。

7年間の大学院生活において、楽しいときも苦しいときも辛いときも苦楽を共にし、支え続けてくれた教育行政学研究室ならびに近隣研究室の皆様に感謝いたします。

お名前をお一人ずつ記すことはできないが、いろいろ応援していただいた筆者の先輩、日本人の友人たち、東京大学教育行政学研究メンバーの皆様及び中国の友人達に感謝したい。多くの方に支えられて研究が遂行できたことは感慨もひとしおです。皆様のご指導、ご支援、ご協力がなければ、本論文は誕生しませんでした。本当にありがとうございました。

　最後に私事で恐縮ですが、日本の友人の島田ご家族に感謝したい。島田様は私を応援するボランティアで、私の恩人である。7年間、私を島田ご家族の一員として扱っていただき、学業上では励ましていただき、生活上では精一杯応援していただいた。私の博士号の取得をずっと待っていただいた。しかし、残念ながら、島田氏は私の博士号取得の5ヶ月前に逝去されてしまった。また、長い間、息子のように常に研究を励ましていただき、生活を支援していただきました島田昌彦様、島田道子様に心より感謝を申し上げたい。終生忘れられないことです。

　また、私を応援していた妻及び娘、息子にもお詫びとともに感謝したい。資料収集、論文作成、論文修正などのため、土日でも研究室に閉じこもった時間が大変多く、妻や娘、息子と一緒にいる時間は大変少なかった。普段、表していない感謝の気持ち・お詫びの気持ちとともに、本書を妻に捧げたい。

　最後に、本書の出版を快く引き受けていただいた時潮社社長相良景行様、製作部長相良智毅様に深く感謝申し上げたい。特に本書の出版資金がほとんどなく、彼の献身的な支援がなければ、なり立たなかったはずである。また微に入り細にわたって組み版し、校正の労をとっていただいて心から感謝を申し上げたい。

　この本は多くの皆様のご協力、御助力をいただいて完成した。紙幅の都合もあり、この場をお借りしてその一部の方々にお礼を申し上げることをお許しいただきたい。

　　　　2010年8月18日　中日青年交流センターにて

　　　　　　　　　　　　　　　　　　　　　　　劉　占富

参考文献

【中国語文献（論文・雑誌を含む）】

1. 艾小金「中央と地方関係の思考―国家権力から見たわが国の構造形式」、『浙江社会科学』(2001年第1期)
2. 安文鋳『学校管理研究』(科学普及出版社、1997年)
3. 薄貴利『中央と地方関係の研究』[M]（吉林大学出版社、1991年）
4. 薄貴利・金相文「市場経済条件の下での中央と地方権限調整の基本趨勢」[J]、『政治学研究』1997年3月
5. 薄貴利「中央と地方の権限区画の理論の誤り」[J]、『政治学研究』1999年2月
6. 北京市教育委員会人事処『積極的に小・中学校内部管理体制改革を推進する』(中国紡織出版社、2000年)
7. 北京市人事局『給与・福祉手引』（第8巻、1995年）
8. 北京市人事局『給与・福祉手引』（第13巻、2004年）
9. 北京市人事局『給与福祉関連法規』第8巻、第13巻（京準字［95－0031］）
10. 北京市教育システム人材交流服務センター『給与・福祉実用手引』(2005年)
11. 畢紅衛「イギリス小・中学校教員の養成」、『外国教育研究』2000（5）
12. 布魯姆他『教育評価』(華東師範大学出版社、2001年)
13. 曹延亭『教育統計学基礎』(遼寧人民出版社、1984年)
14. 陳玉昆『教育評価学』(人民教育出版社、1999年)
15. 陳孝彬『教育管理学』(北京師範大学出版社、1999年)
16. 陳秉良『財政学』(中国財政経済出版社、1994年)
17. 陳永明『国際師範教育比較研究』(人民教育出版社、1999年)
18. 陳永明『MPA教育政策と教育法規』(華東師範大学出版社、2003年)
19. 陳永明『当代日本の師範教育』(山西教育出版社、1997年)
20. 陳永明『現代教員論』(上海教育出版社、1999年)
21. 陳永明『教員教育研究』(華東師範大学出版社、2003年)
22. 褚宏啓『中国教育管理評論』(第1巻、第2巻）教育科学出版社、2003年)

23. 陳美玉『教員の専門学習と発展』(台北師範大学書苑、1999年)
24. 陳言貴「農村小・中学校における中堅教員の人材流失現象」、『当代教育科学』(2003年11月)
25. 財政部予算管理司『中国政府間の財政関係』(中国経済出版社、1993年)
26. 陳共『財政学』(中国人民大学出版社、2004年)
27. C.S.Benson『教育財政』(教育経済学百科全書、北京高等教育出版社、2000年)
28. Charlotte Danielson & Thomas L. McGreal『Teacher Evaluation to Enhance Professional Practice』、張民選訳『教員評価―教員の職能成長のために』(中国軽工業出版社、2005年)
29. 褚宏啓『教育人力資源管理』(重慶大学出版社、2003年)
30. 蔡永紅「教員業績評価に関する思考」『高等師範教育研究』(2001年3月)
31. 董奇・趙徳成『発展性教育評価の理論と実践』(中国教育学刊、2003 (8))
32. 鄧英淘『中国予算外資金分析』(中国人民大学出版社、1990年)
33. 都陽『教育の貧困地域の農民労働に対する影響』(中国人口科学) 1999 (6)
34. 杜育紅『教育発展の不平等に関する研究』(北京師範大学出版社、2000年)
35. 鄧小平「共産党と国家管理制度の改革」、『鄧小平文選』[M] (人民出版社、1994年)
36. エンゲルス「集権と自由」、『マルクス・エンゲルス全集』[M].41 (人民出版社、1982年)
37. 馮明「組織中における個人のフィードバックの研究」、『心理学動態』1999 (4)
38. 方福前『公共選択理論：政治的経済学』(中国人民大学出版社、2000年)
39. 傅道春『教員の成長と発展』(教育科学出版社、2001年)
40. 傅維利「地域経済発展の不均衡と発達中地域の教育選択」『教育研究』1995 (4)
41. 範剣平『中国都市部と農村居民の消費構造の変化趨勢』(人民出版社、2001年)
42. 国家基礎教育課程改革グループ曾琦・陳向明他『新課程と評価改革』(教育科学出版社、2001年)
43. 国家基礎教育課程改革グループ曾琦・陳向明他『新過程と教員役目の転換』(教育科学出版社、2001年)

44. 国家教育発展研究中心『中国教育緑書―2004 Green paper on Education in China』(教育科学出版社、2004年)
45. 国連国際教育発展委員会『生存を学ぶ―教育世界の今日と明日』(中国教育科学出版社、1996年)
46. 郭述平他『教育測量』(華東師範大学出版社、1988年)
47. 高如峰「義務教育投資の国際比較と政策提言」、『教育研究』(2001年第5期)
48. 国務院『農村教育活動の強化に関する決定』(2004年)
49. 葛娟『中国農村教員発展研究』(浙江大学出版社、2005年)
50. 国家教育督導事務室編『小・中学校督導評定及び法規』(北京師範大学出版社、2001年)
51. 郭継東『学校人力資源管理』(天津教育出版社、2005年)
52. 国家教育部師範司『師範教育ハンドブック』(東北師範大学出版社、1989年)
53. 国家教育委員会政策法規司編『中華人民共和国教育法規実用要覧』(1949-1996)(広東教育出版社、1996年)
54. 古扎拉蒂『計量経済学』(第3版)(北京人民大学出版社、2000年)
55. 龔偉民「教育評価の発展と評価方式の変化」華東師範大学教科院『教育評価資料集』(1985年)
56. 胡瑞文『中国基礎教育発展研究』(上海教育出版社、1997年)
57. 韓清林「わが国の小・中学校生徒の流失状況分析と対策」『教育研究』1990(2)
58. 黄崴・孟衛青「英・米・法・ドイツ・日本における小中学校教員の法律地位に関する比較研究」『比較教育研究』2004年第6期
59. 何東昌主編『中華人民共和国重要教育文献』(海南出版社、1998年)
60. 何端野『中外の教育法知識』(辽宇出版社、1989年)
61. 胡偉『政府過程』(浙江人民出版社、1998年)
62. 胡克鵬「わが国政治体制改革における中央と地方の関係」―The Relationship between the Central and the Local Government in the Reform of China's Political System、『廊坊師範学院学報』(2007年3期)
63. 黄微『教員教育体制-国際比較研究』(広東高等教育出版社、2002年)
64. 黄恒学『公共経済学』(北京大学出版社、2002年)
65. 韓秀景『危機管理と完全管理』(河北大学学報、1997年)

66. 華東師東師範大学基礎教育の改革と発展研究所：呉遵民「わが国教育の政策決定に関する思考」『教育発展研究（2002年第12期）
67. 胡甲剛・汪成平「イギリスの発展性教員評価」『小中学校管理』（2003年第1期）
68. 黄河清他『教育調査』（華東師範大学出版社、2005年）
69. 胡森『国際教育百科全書』（5巻）（貴州教育出版社、1990年）
70. 季明明他『小・中学教育評価』（北京師範大学出版社、1997年）
71. 金娣・王剛『教育評価と測量』（教育科学出版社、2001年）
72. 焦向英『教員管理手引き』（開明出版社、1996年）
73. 吉林師範大学『日本の経済発展』（吉林人民出版社、1978年）
74. 姜勇「教員専門成長に関して」『教育理論と実践』（2004年第9期）
75. 江峰「教員の専門職問題に関する思考」『高等師範教育研究』（2003第1期）
76. 姜鳳華・侯中太「教員評価の現存問題分析と対策」『小・中学校教育』（2003年9月）
77. 教育部財務司『全国教育経費執行状況統計公告資料』（中国人民大学出版社、2000年）
78. 姜英敏「韓国の教員資格制度」『比較教育研究』、1998（1）
79. 姜鳳華・張秋玲『基礎教育課程改革の背景下での教員評価観』『教育導刊』（広州）、2003（5上）
80. 教育部教育管理情報センター『基礎教育参考』（2005年1-36期）
81. 教育科学研究雑誌社『教育科学研究』（2005年第11期）
82. 教育部「2001年全国教育事業発展統計公報」
83. 蔣文良『現行教育法規』（北京教育出版社、1995年）
84. 孔徳英・苗桂芬「発展性評価—新たな課程評価の理念—」『滄州師範専科学校学報』2003（5）
85. 寇鉄軍『中央土地方の財政関係研究』東北財経大学出版社
86. 練晨「知識人の給与問題」『経済科学』1987（5）
87. 劉要悟『授業評価の基本問題研究』（甘粛文化出版社、1999年）
88. 李進忠「アメリカの教員評価の新たな趨勢」『基礎教育参考』2004年第3期
89. 劉学惠「授業自己評価と教員の専門発展」（江蘇教育学院学報（社科版）、1999年4月）
90. 李家成「教育活動中における他者評価と自己評価」『教育評論』（1999年）

91. 林霞『政治科学』(華夏出版社、2001年)
92. 劉堯「教員評価と学校管理」『小・中学校管理』(2003年第1期)
93. 李子彪・趙海利・王紅『教育財政学研究』(広東人民出版社、2003年)
94. 羅立輝・高翔『教育測量と評価』(雲南教育出版社、1996年)
95. 李連寧他主編『教育法制概論』(教育科学出版社、1997年)
96. 劉本固『教育評価の理論と実践』(浙江教育出版社、2000年)
97. 李聡明『教育評価の理論と方法』(台湾幼師書店、1972年)
98. 劉暁潔「奨励性教員評価」『基礎教育参考』(2005年第12期)
99. 劉志軍『授業評価論』(広西師範大学出版社、2002年)
100. 梁紅京「教員専門成長を促進する評価方法」『小・中学校管理』(2003年第6期)
101. 陸紅軍『勤務者評価と人事管理』(河南人民出版社、1987年)
102. 李盛平他『職位分類と人事管理』(中国経済出版社、1986年)
103. 厲以寧「教育産品の性質と教育の経営」『教育発展研究』(1999年第10期)
104. 厲以寧主編『教育経済学研究』(上海人民出版社、1988年)
105. 李方『現代教育管理技術』(華南理工大学出版社、1995年)
106. 劉川・張承徳他「発展性評価の実践と思考」、中央教育研究所『教育研究』(教育科学出版社、1998年第2期)
107. 李連寧他主編『各国教育法制比較研究』(人民教育出版社、1999年)
108. 羅豪才主編『行政法学』(北京大学出版社、2001年)
109. 頼徳勝『教育と収入分配』(北京師範大学出版社、2001年)
110. 李宝元『人力資本と経済発展』(北京師範大学出版社、2000年)
111. 劉徽「教員の専門化：世界教員教育発展の潮流」『中国教育報』(2002年1月3日号)
112. 劉英潔『中国教育大事典』(上、下)(浙江教育出版社、1993年)
113. 劉本国『教育評価学概論』(東北師範大学出版社、1988年)
114. 李小融・魏龍愉『教学評価』(四川教育出版社、1988年)
115. 劉徳華他『簡明中国教育史』(北京師範大学出版社、1994年)
116. 李祝文他『目標管理の理論と実践』(解放軍出版社、1986年)
117. 李迎生「中国都市部と農村部の二元社会に関する動態考察」『中国社会科学』1993 (2)
118. 李雁冰「教育評価の見直し」『外国教育資料』(2000年)

119. 李永山『中国農村教育焦点問題と対策研究』(中国農業科学技術出版社、2003年)
120. 李連宇「わが国の教育法体系に関する争議」、『中国法学』雑誌 (1988)
121. 李道揆『アメリカ政府とアメリカ政治』(商務印書館、1999年)
122. 李達昌・劉溶滄・王寧主編『財政管理学』経済管理出版社
123. 呂文碩『現代教員資質』(ハルピン工業大学出版社、1989年)
124. 劉玲玲『公共財政学』(清華大学出版社、2000年)
125. 劉宇飛『西方財政学』(北京大学出版社、2000年)
126. 劉溶滄他「地域間財政能力階差と財政転移支給制度」、『新華文摘』(2002年10月)
127. 廖楚暉『教育財政学』(北京大学出版社、2006年3月)
128. 馬海濤「現在の農村の義務教育財政政策に関する研究」、雲南財貿学院『中国教育財政評論』(中国財政経済出版社、2005年)
129. 馬嘯風『中国師範教育史』(首都師範大学出版社、2003年)
130. 馬戎・龍山『中国農村教育問題研究』(福建教育出版社、2000年)
131. 孟旭・馬書義『中国民費教員現象分析』(広西教育出版社、1999年)
132. 毛沢東「論十大関係」、『毛沢東選集』[M].5 (人民出版社、1977年)
133. 梅汝莉『中国教育管理史』(海潮出版社、1995年)
134. 寧虹・劉秀江「教員は研究者になるように—教員専門化発展の重要趨勢」、中央教育研究所『教育研究』(教育科学出版社、2000年第7期)
135. 農業部農村経済研究センター編『中国農村研究報告』(中国財政経済出版社、2002年)
136. 彭新実「日本の教員研修と広域人事交流制度」『外国教育研究』2000 (5)
137. 龐守興「中国当代農村教育改革発展研究」(華東師範大学博士論文)(2000年)
138. 秦宛順『教育投資の政策決定研究』(北京大学出版社、1992年)
139. 喬新平『財政原理と財政比較制度』(上海人民出版社、1995年)
140. 瞿葆奎・鄭金洲『教育基本理論に関する研究』(福建教育出版社、1998年)
141. 全国人民代表大会常務委員会「中華人民共和国法律法規全書」(北京民主法制出版社、1994年)
142. 全国協力グループ『普通学校教員管理』(陝西人民出版社、1987年)
143. 邱沢奇『社会研究方法』(上・下)(華夏出版社、2000年)
144. 人事部専門技術者管理司『専門技術者管理・使用政策法規』(中国人事出版

参考文献

社、2000年)

145. 人事部法律普及グループ『人事管理常用法律規範』(遼寧人民出版社、1998年)
146. 任登中「発展理念を重視し、教員評価を改革する」『求索』(2006年第1期)
147. 孫志軍『中国の農村の教育コスト、収益と家庭教育政策決定』(北京市師範大学出版社、2004年)
148. 上海市教育科学研究院教育発展研究雑誌社『教育発展研究』(2002年1-12期)
149. 上海師範大学『外国小・中学校教育』(2004年)
150. 上海智力研究所「教育発展研究」(1999年第8期)
151. 上海知恵開発研究所『中国義務教育の交付金制度研究』(1998年)
152. 潘百福「教育投資評価」『教育発展研究』2000 (8)
153. 潘百福『地方教育投資研究』(北京師範大学出版社、2003年)
154. 世界銀行学院発展研究『中国と知識経済：21世紀に向けて』(北京大学出版社、2001年)
155. 世界経済年鑑編纂部『世界経済年鑑』(2000−2004年)
156. 蘇明「中国農村基礎教育の財政支持政策に関する研究」、『経済研究参考』(2002年第25期)
157. 孫培青『中国教育史』(華東師範大学出版社、2000年)
158. 潘玉順『現代教育評価』(華東師範大学出版社、2002年)
159. 桑百川・王全火『中国市場経済理論研究』(対外経済貿易大学出版社、2001年)
160. 童之偉『国家構造の形式論』(武漢大学出版社、1997年)
161. Thomasr.Dye, American Federalism:Competition Among Government, 1990
162. 滕越『教員専門発展論』(海洋出版社、2003年)
163. 唐小潔『授業と学習効果評価』(広西教育出版社、2000年)
164. 唐亮『現代中国の党政関係』(慶應義塾大学出版会、1997年)
165. 田淩暉・李亜東「教員招聘制度の深化と完備」『小・中学校管理』(2003年第2期)
166. 佟慶偉『教育活動の量化方法』(中国科学技術出版社、1997年)
167. 泰勒『課程と教授の基本原理』(人民教育出版社、1994年)
168. 台湾師範教育協会『教員の権利と責任』(台北師範大学書苑、1995年)

489

169. 滕大春『今日のアメリカ教育』(人民教育出版社、1980年)
170. 王英潔『比較教育』(広州高等教育出版社、1999年)
171. 王洪斌他『小・中学校教員招聘制度改革に関して』『小・中学校管理』(中国人民大学、2002年)
172. 王広中「わが国小・中学校教員の職業圧力に関する研究」『小・中学校管理』(2003年第3期)
173. 王興利『末位淘汰制の不足』(石炭経済研究、2000年)
174. 王景英・梁紅梅「現在アメリカの小・中学校教員評価の特徴及び示唆」『小中学校管理』(2003年第2期)
175. 王景英『教育評価の理論と実践』(東北師範大学出版社、2002年)
176. 王成全「発展性教員評価の理念・過程と方法」『小中学校管理』(2003年第8期)
177. 王黎「教育公平が教育基本普及後の重要課題である」『教育情報参考』(2004年.No.2)
178. 王蓉『わが国の義務教育経費における地域間の格差研究』(教育経済学国際研究会論文(2001年5月)
179. 万明鋼他「基礎教育を論じる―貧困地区教育研究」『教育研究』1998 (1)
180. 王善邁『教育投入と産出研究』(河北教育出版社、1999年)
181. 王善邁・袁連生主編『2001年中国教育発展報告』(北京師範大学出版社、2002年)
182. 王小飛『英国教員評価制度の新進展』(比較教育研究、2002年)
183. 王斌華『発展性教員評価制度』(華東師範大学出版社、1998年)
184. 王斌華「教員評価:末位淘汰制度」、『小・中学校管理』(2005年第2期)
185. 王芳「教員資格制度と評価制度」(華東師範大学修士論文)(2005年)
186. 王孝玲『教育統計学』(華東師範大学出版社、2001年)
187. 王鋼『MPA定量分析と評価方法』(華東師範大学出版社、2003年)
188. 王桂主編『当代外国教育―教育改革の趨勢』(人民教育出版社、1997年)
189. 王顕明『教育経費と教員給与』(教育科学出版社、1989年)
190. 王玉華・李世光「中央と地方の財政分権研究」―Study on the Division of Power in Finance Between Central and Local Governments、『山東財政学院学報』(2006年6期)
191. 王洺忠「わが国の中央と地方の財政関係研究」―Make a Study of the

Financial Relationship Between the Central and the Local Authorities、『理論導刊』(2000年11期)
192. 王紹光・胡鞍鋼『中国国家能力報告』[M]（遼寧人民出版社、1993年）
193. 王惠岩『政治学原理』(高等教育出版社、1999年)
194. 王麗萍『連邦制と世界秩序』(北京大学出版社、2000年)
195. 呉志宏『教育行政学』(人民教育出版社、2000年)
196. 呉志宏主編『学校管理理論と実践』(北京師範大学出版社、2002年)
197. 呉徳剛『中国教育改革発展報告』(中国共産党中央中央党校出版社、1999年)
198. 呉遵民・小林文人ほか編著『当代社区教育の新視野』(上海教育出版社、2003年)
199. 呉敬璉・周小川等「中国経済体制改革の整体設計」[M]（中国展望出版社、1990年）
200. 温家宝「全国農村教育会議での談話」(2003年9月)
201. 魏国棟・呂達主編『高校新課程解析』(人民教育出版社、2004年)
202. 魏礼群『市場経済における中央・地方関係』(中国経済出版社、1994年)
203. 魏紅英「西方発達国家の中央と地方関係から得た啓発」、『広西社会科学』(2002年第3期)
204. 小・中学校校長資質研究グループ『校長資質』(国防大学出版社、1987年)
205. 小・中学校管理雑誌社『小・中学校管理』(2003年 (1-12期)、2005年(1-12期)
206. 夏雪梅「教員評価：専門職員の視角から」『小・中学校管理』(2005年第2期)
207. 徐広宇「義務教育の産業化」(天津師範大学学報、2000年)
208. 徐輝『当代外国基礎教育の改革』(重慶西南師範大学出版社、2001年)
209. 許明「イギリスの小・中学校教員評価の制度と特徴」『小・中学校管理』(2003年第3期)
210. 許明「近代イギリス師範教育の改革と発展」『高等師範教育研究』1996（4）
211. 項懐誠『中国財政体制』(中国財政経済出版社、1994年)
212. 許建国「農村の義務教育経費の保証システムに関する研究」、雲南財貿学院『中国教育財政評論』(中国財政経済出版社、2005年)
213. 謝明『公共政策分析』(中国人民大学出版社、2002年)
214. 蕭遠軍『教員評価原理と応用』(浙江大学出版社、2004年)
215. 蕭経建『現代家庭経済学』(上海人民出版社、1993年)

216. 謝維和「わが国教員研修方式の制度変革」『中国教育報』(2002年3月2号)
217. 蕭六一他『中国教育行政学』(人民教育出版社、1996年)
218. 蕭宗一「北京市第62中学校の教員評価表」、『学校管理学』(人民教育出版社、1994年)
219. 熊賢君『中国教育行政史』(華中理工大学出版社、1996年)
220. 徐頌陶『国家公務員制度教程』(中国人事出版社、1993年)
221. 辛向陽『中国を読む』(江西人民出版社、2001年)
222. 謝志帰「中央と地方関係を明確にするには、二回の分権が必要」、『江海学刊』(1998年第1期)
223. 厳紅『生徒成長と教員発展を促進する評価改革』(天津教育出版社、2006年)
224. 余国信・陳秋華『地域間財力差異と調節』(中国財政経済出版社、1999年)
225. 育文「中国教育経費に関する思考」『光明日報』1998年8月20日
226. 楊東平「教育公平の理論とわが国の実践」『東方文化』(広州)、2000（6）
227. 楊春茂・陳保和『教員層の法制管理に関する研究』(瀋陽出版社、2000年)
228. 楊春茂『教員層の建設に関して』(北京市師範大学出版社、2000年)
229. 于漪『現代教員学概論』(上海教育出版社、2001年)
230. 袁振国『教育研究方法論』(教育科学出版社、1997年)
231. 袁振国『中国教育政策評価』(教育科学出版社、2001年)
233. 袁振国『授業管理の戦略』(教育科学出版社、2006年)
234. 葉瀾『教員の役と教員発展探索』(教育科学出版社、2001年)
235. 袁連生「わが国義務教育財政の不公平現象」『教育と経済』(2001年第4期)
236. 楊丹丹他「教育財政の公平と効率」『財経科学』(2000年第3期)
237. 楊秀玉「教員発展段階研究」『外国教育資料』1999（6）
238. 姚国琴「教員成長袋」『小・中学校管理』(2003年第9期)
239. 雲南財貿学院『中国教育財政評論』(中国財政経済出版社、2005年)
240. 楊小雲・邢翠微「西洋国家の中央関係のモデル及び得た啓発」、『政治学研究』(1999年第2期)
241. 朱益明等編『小・中学教員資質及び評価』(広西教育出版社、2000年)
242. 中国人事部政策法規司編『専門技術者管理政策法規』(中国人事出版社、1992年)
243. 曾満超『教育政策の経済分析』(人民教育出版社、2000年)
244. 曾満超「中国義務教育財政が直面している挑戦と教育費の転移支給」『北京

大学教育評論』(2003年第1期)
245. 張学敏『貧困と義務―貧困地区義務教育投入研究』(西南師範大学出版社、2002年)
246. 中国共産党中央委員会『全日制小学校暫行規定（草案）』(1963年3月)
247. 中国共産党中央委員会組織部・国家教育部『全国小・中学校校長陣の建設の強化に関する意見』(1992年12月)
248. 張理海・王軍旗他「中国における貧困差異の現状・要因及び解決方策」『中国特色社会主義研究』2001（2）
249. 張玉田『学校教育評価』(中央民族大学出版社、1987年)
250. 張国慶『人事と政策決定・行政管理の組織』(北京師範大学出版社、1991年)
251. 周謙他『教育評価と統計』(科学出版社、1996年)
252. 張貴新主編『小・中学校教員教育研究』(東北師範大学出版社、2001年)
253. 中国教育部発展企画司編『中国教育統計年鑑』(人民教育出版社、2000年)
254. 中国教育部『全国小・中学校校長任職条件と持ち場要求』(試行)(1991年)
255. 中国教育部『中国教育年鑑』(1949－2005)(中国大百科全書出版社)
256. 中国統計局『中国統計年鑑』(2001年)
257. 中央教育研究所『教育研究』(教育科学出版社、(1984年第11期、1985年第1、7、8、9期、1986年第9期、1987年第8、10期、1988年第7、8期、1994年第4、6期、1995年第1期、1996年第2、9期、1997年第2、9期、1998年第2期、1999年　第3、7期、2000年第5、7、8期、2001年第1、5、9期、2002年第1、6、7期、2003年第8期、2004年第2、5、7、8、9、10期)
258. 中国人民大学『小・中学校教育』(2005年10月)
259. 中国教育部基礎教育参考編纂部『基礎教育参考』(2005年第1期)
260. 中央教育研究所『教育情報参考』(2005年第5期)
261. 中国教育科学研究所『教育情報参考』(2004年1-12期、2005年1-12期)
262. 張成福『公共行政学：管理・政治と法律のルート』(中国人民大学出版社、2002年)
263. 佐藤学『課程と教員』(教育科学出版社、2003年)
264. 張煜他主編『学校教員評価の手引き』(中央民族大学出版社、1997年)
265. 趙希斌「海外の発展性教員評価の発展趨勢」『比較教育研究』(2003年第1期)
266. 中国教育部基礎教育司『新課程改革の理念』(高等教育出版社、2004年)

267. 張行濤『校内の教育研究の理論と実践』(天津教育出版社、2006年)
268. 中国科学院中国現代化研究センター『中国現代化報告』(北京師範大学出版社、2004年)
269. 張忠誠『中国の税金制度改革』(中国財政経済出版社、1994年)
270. 周済教育部部長「農村教育現状と目標に関する談話」『中国教育新聞』(2003年9月16日)
271. 鄭暁娟「新たな評価観の構築」『教書育人』(済南) 2003 (2)
272. 朱旭東「外国教員教育の専門化と認可制度」『比較教育研究』2001 (3)
273. 周敬思・王景英他『中学校教員資質調査研究』(東北師範大学出版社、2000年)
274. 査有梁『系統科学と教育科学』(北京人民教育出版社、1993年)
275. 張永軍・張向衆「価値増長評価」『小・中学校管理』(2003年第3期)
276. 中国教育部『小・中学校人事制度改革の深化に関する実施意見』(2004年)
277. 張翔明「新しい教員評価観―発展性教員評価」『福建教育学院学報』(2001年)
278. 張貴新・楊玉宝『教員専門化と教員専門資質発展』(東北師範大学出版社、2002年)
279. 趙希斌「外国発展性教員評価の発展趨勢」『比較教育研究』(2003年1月)
280. 張兆虎『教員層の建設と管理体制研究』(瀋陽出版社、2000年)
281. 鐘啓泉「教員専門化:理念・制度・課題」『教育研究』(2001年第12期)
282. 中国教育と人力資源問題研究グループ『人口大国から人力資源大国へ』(高等教育出版社、2003年)
283. 中国教育部・国家統計局・財政部「2001年全国教育経費執行状況統計公告」(2002年2月30日)
284. 中国国家統計局「2002年国民経済と社会発展統計公告」(2003年2月28日)
285. 中国駐日大使館教育処「日本の義務教育における国家負担金制度」『国外教育研究』、2002 (7)
286. 張鉄民『教育産業論』(広東高等教育出版社、1998年)
287. 朱志「発達国家高校教員採用制度の改革」『中国人事新聞』(1993年3月17日)
288. 張民選「専門知識の顕在化と教員の専門発展」、『教育研究』(2002年第1期)
289. 中国社会科学院公共政策研究中心・香港都市大学アジア研究中心『中国公共政策分析』(2004巻)(中国社会科学出版社、2004年)
290. 中国教育部「中国基礎教育課程改革要綱」(試行) 2001年7月

291. 中国教育部師範教育司『教員専門化の理論と実践』(人民教育出版社、2001年)
292. 中国教育学会・中国高等教育学会『中国教育改革発展20年』(北京師範大学出版社、1999年)
293. 趙康「専門属性及び成熟専門の六条判断基準」、『社会学研究』(2000年第5期)
294. 中国人事部政策法規司編『中国職務称号評定制度改革に関する政策法規』(中国人事出版社、1993年)
295. 装国仁「小・中学校人事給与制度改革の若干の問題」『内モンゴル教育』(1989年)
296. 中国教育部「小・中学校教員在職研修に関する規定」(1999年9月13日)
297. 張力『21世紀に面する教育振興計画指導全書』(開明出版社、1999年)
298. 中国科学院国情分析研究グループ『都市部と農村―中国都市部・農村矛盾と調和発展研究』(科学出版社、1994年)
299. 曾天山「義務教育体制改革に関する思考」『教育研究』1998(2)
300. 周海華他『教育評価と評価体系』(広西教育出版社、1989年)
301. 張緊跟「中央と地方関係の法治化」―
On legal systematization of relationship between central government and local government、『江西行政学院学報』(2002年2期)
302. 張志宇・張鳳奎「超大社会：中央と地方関係研究の新たな視角」―
Super-Large Society:New Perspective of Studies on Relations between Central Government and Local Governments、『中共寧波市委党校学報』(2005年3期)
303. 張鳳凉「論市場経済条件下の中央と地方関係」、『蘭州学刊』(1999年第1期)
304. 趙洵「日本の中央と地方の関係及び変革」、『理論月刊』(2005年3期)
305. 張志堅『中国行政管理体制と改革』[M](中国大百科全書出版社、1994年)
306. 中華人民共和国教育部計画財務司編『中国教育の成果』(人民教育出版社、1984年)

【日本語参考文献（論文を含む）】

1. 青木昌彦・奥野正寛『経済システムの比較制度分析』(東京大学出版会、1996年)
2. 天野正輝『教育評価論の歴史と現代的課題』(晃洋書屋、2002年)
3. 浅野良一「目標管理と業績評価の連動による教員評価制度の充実」『教職研修』34（2）(教育開発研究所、2005年)
4. 青木栄一『教育行政の政府間関係』(多賀出版、2004年)
5. 新井郁男「教員力を向上させる教員評価」『教育展望』52（5）(教育調査研究所、2006年)
6. A・H・マズロー、金井壽宏監訳、大川修二訳『完全なる経営』(日本経済新聞社、2001年)
7. 稲垣美樹夫「愛知県における教員評価問題」中部教育学会『中部教育学会紀要』（5）(2005年)
8. 稲垣美樹夫「愛知 管理・競争・強制をもたらす教員評価制度をもちこませない」クレスコ編集委員会・全日本教職員組合編『クレスコ』5（6）(2005年)
9. 石原享一「中国型市場経済と政府の役割」、中兼和津次編『現代中国の構造変動』(東京大学出版会、2000年)
10. 伊藤修一郎『自治体政策過程の動態―政策イノベーションと波及』(慶応義塾大学出版会、2002年)
11. 浦野東洋一『東京都の教員管理の研究』(同時代社、2002年)
12. 浦野東洋一他「学校評価と教員評価の理論」『学校評議員制度の新たな展開』(学事出版、2001年)
13. 小川正人「教員の職能成長と教員評価」堀尾輝久・浦野東洋一他編『組織としての学校・講座学校第7巻』(柏書房、1996年)
14. 小川正人『義務教育改革：その争点と地域・学校の取り組み』(教育開発研究所、2005年)
15. 小川正人『市町村の教育改革が学校を変える』(岩波書店、2006年)
16. 小川正人『分権改革と教育行政』(ぎょうせい、2000年)
17. 小川正人「戦後日本教育行財政制度の構造・特質と教育政策過程に関する

実証的研究」(東京大学大学院教育学研究科研究報告書、2005年)
18. 小川正人『戦後日本教育財政制度の研究』(九州大学出版会、1991年)
19. 小川正人訳、レオナード・J・シュッパ著『日本の教育政策過程：1971～80年代教育改革の政治システム』(三省堂、2005年)
20. OECD（奥田かんな訳）『教員の現職教育と職能開発』（ミネルヴァ書房、2001年）OECD編著　平井文三監訳『世界の公務員の成果主義給与』（明石書店）
21. 大田直子『イギリスの教育行政制度成立史―パートナーシップ原理の誕生―』(東京大学出版会、1992年)
22. 勝野正章「『能力の開発型教員評価』への転換は可能か」ほんりゅう編集委員会編『ほんりゅう』(1999年)
23. 勝野正章「教職員からみた教員評価―評価を成功させる条件とは」高校教育研究会編『月刊高校教育』38（9）(2005年)
24. 勝野正章「公立学校改革と教員評価・学校評価問題」中部教育学会『中部教育学会紀要』（5）(2005年)
25. 勝野正章「教員評価を力量向上につなげる」高校教育研究会編『月刊高校教育』39（9）(2006年)
26. 勝野正章『教員評価の理念と政策―日本とイギリス』(エイデル研究所、2003年)
27. 勝野正章『いい先生は誰が決めるの―今、生きるILO・ユネスコ勧告』(つなん出版、2004年)
28. 清原正義「大阪府における教員評価の方法と課題」高校教育研究会編『月刊高校教育』38（9）(2005年)
29. 倉科浩彰「長野県における教員評価・学校評価問題」中部教育学会『中部教育学会紀要』（5）(2005年)
30. 岸本弘『思いやりの動機と達成動機』(学文社、1990年)
31. 梶田叡一『教育評価』(有斐閣双書、2002年)
32. 木岡一明『学校評価の問題を読み解く』(教育出版、2004年)
33. 窪田眞二・木岡一明『学校評価の仕組みをどう創るか』(学陽書房、2004年)
34. 古賀一博「米国公立学校における同僚教員評価制度の意義と課題」『教育制度研究』(第7号、2000年)
35. 熊沢誠『能力主義と企業社会』(岩波新書、1997年)

36. 何清漣「中国現代化の落とし穴―噴火口上の中国」(草思社、2002年)
37. 熊達雲『現代中国の法制と法治』(明石書店、2004年)
38. 榊原禎宏他「職能成長に対する教員の自己評価とその形成要因」(京都教育大学教育経営研究会編『現代学校研究論集』第6巻、1988年)
39. 佐藤全・坂本孝徳編『教職に求められる力量と評価・日本と諸外国』(東洋館出版社、1996年)
40. 佐藤全他編『教員の人事行政―日本と諸外国―』(ぎょうせい、1992年)
41. 篠原清昭『中華人民共和国教育法に関する研究』(九州大学出版会、2001年)
42. 篠原清昭「現代中国の教育法体系と教育法理論」、『九州大学大学院教育学研究科紀要』(1998)(第44集)
43. 佐貫浩一『イギリスの教育改革と日本』(高文研、2002年)
44. 佐藤博樹・藤村博之・八代充史『新しい人事労務管理』(有斐閣アルマ、2003年)
45. 坂倉聖宣『私の評価観』(国土社、1989年)
46. 新保敦子「中国における社区教育の現状と課題」、早稲田大学教育学部・学術研究(教育・生涯教育学編第54号)
47. 銭穎一「中国市場経済化の制度的基礎」、青木昌彦・寺西重郎編『転換期の東アジアと日本企業』(東洋経済新報社、2000年)
48. ジーン・ゼラズニー著、数江良一、菅野誠二、大崎朋子訳『マッキンゼー流図解の技術』(東洋経済出版社、2004年)
49. 田中信彦『中国で成功する人事・失敗する人事』(日本経済新聞社、1996年)
50. 田中信彦『日本人の知らない普通の中国人の私的事情』(講談社、1997年)
51. 田島俊雄「中国の財政金融制度改革―属地的経済システムの形成と変容―」、中兼和津次編『現代中国の構造変動』(東京大学出版会、2000年)
52. 陳永明『中国と日本教員教育制度の比較研究』(日本行政出版社、1994年)
53. 陳永明『中国と日本の教員教育制度に関する比較研究』(ぎょうせい、1994年)
54. 千葉正士『アジア法の多元的構造』(成文堂、1998年)
55. 中田康彦「教職員の評価と人事考課制度の教育法理」日本教育法学会『講座現代教育法2』(三省堂、2001年)
56. 中田康彦「職能成長型評価と成績主義型評価の意義と課題」『日本教員教育学会年報』7 (1998年)

57. 中田康彦「外国の人事考課はどうなっているのか」『季刊教育法』124号、（エイデル研究所、2000年）
58. 中田康彦「諸外国の教員評価にどんな特徴をみるか」『教育』（「国土社」643, 1999）東京都教育職員人事研究会編『東京都の教職員人事考課制度』（ぎょうせい、2000年）
59. 中田康彦「教職員の評価と人事考課制度の教育法理」日本教育法学会編『現代教育法：子ども・学校と教育法』（三省堂、2001年）
60. 西穣司「人事考課の意義と課題」佐藤全編『教員の人事考課読本』（教育開発研究所、2000年）
61. 中村圭介『成果主義の真実』（東洋経済新報社、2006年）
62. 長野重史『教育評価論』（第一法規、1981年）
63. 中留武昭『アメリカの学校評価に関する理論的・実証的研究』（第一法規、1994）、佐藤全他『教員の人事行政』（ぎょうせい、1992年）
64. 日本教員教育学会「教員をどこまで『評価』できるか」『講座教員教育学3』（学文社、2002年）
65. 中田スウラ「現代中国における地域教育活動の展開—北京市社区教育・承徳市成人教育活動を中心に—」、『日本社会教育学会紀要』No.32（1996年）
66. 南部稔『現代中国の財政金融政策』（多賀出版、1991年）
67. 富士通株式会社人事課「民間企業の人事考課制度の現状」『季刊：教育法』124号、（エイデル研究所、2000年）
68. 蛭田政弘「教員評価制度実施上の課題」『学校経営』（第一法規、2001年10月号）
69. 堀内孜編『公教育経営学』(学術図書出版、1996年)
70. 堀和郎「新しい教員評価制度の実施状況」『教職研修』34（2）（教育開発研究所、2005年）
71. マスロー著、上田吉一訳「完全なる人間—魂のめざすもの」（誠信書房、1986年）
72. マスロー著、上田吉一訳「人間性の最高価値」（誠信書房、1973年）
73. 宮下与兵衛『学校を変える生徒たち』（かもがわ出版、2003年）
74. 文部科学省『諸外国の教員』（国立印刷局発行、2006年）
75. 牧野篤「中国における学校と地域社会の連携に関する一考察」、『名古屋大学教育学部紀要』（第44巻）(1997年)

76. 端木賜春『中国伝統文化的陥穽』(長征出版社、2005年)
77. 八代尚宏編『市場重視の教育改革』(日本経済新聞社、1999年)
78. 八尾坂修『新たな教員評価の導入と展開』(教育開発研究所、2006年)
79. 八尾坂修『現代の教育改革と学校の自己評価』(ぎょうせい、2001年)
80. 八尾坂修「教員評価をめぐる今日的方向と活路への課題」高校教育研究会編『月刊高校教育』38（9）(2005年)
81. 八尾坂修「学校評価と教員評価の連動」『教職研修』34（12）(教育開発研究所、2006年)
82. 結城忠他『教育法規』(明治図書、2000年)
83. 吉田正美「高知 子ども、教職員のための教員評価は可能か」クレスコ編集委員会・全日本教職員組合編『クレスコ』5（6）(2005年)
84. ラジアー著、樋口美雄他訳『人事と組織の経済学』(日本経済新聞社、1998年)
85. 若井彌一「教育と時事-解説・提言（38）人材育成型教員評価の実践的課題」『教職研修』34（11）教育開発研究所、2006年

【英語参考文献（論文を含む）】

1. Anning, A.,& Edwards, A. *Promoting children's learning from birth to five:Developing new early years professional.* Buckomgham:Open University Press. (1999)
2. Arbaugh, F. Study groups:*Professional growth through collaboration.* The Mathematics Teacher, 96（3）
3. Archer,J., (February 18). *Students' fortune reats with assigned teacher.* Education Week,9. (1998)
4. Australian Commonwealth Government. Ministry of Education, Training and Youth Affairs (2000). *Teachers for the 21st Certury: Making the Difference.*
5. Bourdieu, Pierre. The State Nobility:*Elite School in the Field of Power.* Cambridge:Polity Press. (1996)
6. Bloom,. S., et al., *Handbook on Formative and Summative Evaluation of Student Learning,.* (1971)
7. Brophy, J. *Probing the subtleties of subject matter teaching.* Educational Leadership,49,4-8 (1992)
8. Burke, K. *Designing professional portfllios for change.* Arlington Height, IL:IRI Skylight Publishing. (1997)
9. B. Redfern. *Evaluationg Teachers and Administrators:A Performance Objectives Approach.* USA:Westview Press, Inc. (1980)
10. Bruce Coleman, "*An Integrated System for manpower Planning,*" Business Horizons, October (1970)
11. Clare Elwell. *Tennessee's Value-Added Assessment System*「J」. A Primer for Teachers and Principals. (1996)
12. Council of Chief State School Officers, Interstate School Leaders Licensure Consortium:*Stundards for School Leaders* (Washington, DC:The Council, (1996)
13. C. Galvey-Hjornevik, "*Mentiring Among Teacher:A Review of the*

Literature," Journal of Teacher Education, 37 (1986)
14. Cyril and Doreen. Poster with Maurice Benington, *Teacher Appraisal*. London:Routledge, (1990)
15. Curry, Stacie. Portrolto-Based Teacher Assessment. *Thrust for Educational Leadership*, Jan/Feb2000, 29 (3)
16. Carr, W. &Kemmis, S. Becoming Critical. Education, *Knowledge and Action Research*. New York:The Falmer Press. (1982)
17. Danielson, C. *New trends in teacher evaluation*. Educational Leadership. February. (2001)
18. Dwyer, Carol Anne. *Teaching and Diversity:Meeting The Challenges For Innovative Teacher Assessment*. Jurnal of Teacher Education, Mar/Apr93, 44 (2)
19. Danielson, C.&Mcgreal, T.L. *Teacher evaluation to enhance professional practice*. New York:Educational Testing Service. (2000)
20. Danielson, C. *Enhancing Professional practice:A Framework for Teaching*. Alexandria, VA:Association for Supervision and Curriculum Development. (1996)
21. David Carr. *Professionalism and Ethics in Teaching*. London and New York:Routledge, (2000)
22. Department for Education and Skills. *Performance Management in School*:Model Performance Management Policy [EB/OL].
23. Danielson, Charlotte. *New trends in teacher evaluation*「J」. Education leadership V.58
24. Elliott, Stephen N. *Creationg Meaningful Performance Asessments*. ERIC Digest. (1995)
25. Fullan, M. *The New meaning of Educational Change* [M] ,New York: Teacher College Press, (1991)
26. Yngyi Qian, Barry R. "*Federalism as a Commitment to Preserving Market Incentives*" Weigast (Journal of Economic Perspectives Vol.11, Number 4 Fall. (1997)
27. Gardner, H., *Intelligence Reframed:Multiple Intelligence for the 21st Century*, New York, Basic Books, (1999)

28. Gardner, H., *Frames of mind: The theory of multiple intelligence* (2nd Edition), New York, Basic Books, (1993)
29. Galton, M. *Teaching in the primary school*. London David Fulton. (1989)
30. Gibson, Rex. *Critical Theory and Education*. London: Hodder and Stuoghton, (1986)
31. Gronlund, N.E. *Assessment of Ssudent Achievement*, Allyn and Bacon, (1998)
32. Groof, J.D. (ed.) *The legal Status of teachers in Europe: Mobility and Education*, Uitgeverij Acco Leuver, Amersfoort, (1995)
33. Harris, S. *Remember our first love*. Educational leadership, 1999. 56 (8)
34. Hargreaves, A. & Evans R. (eds.) *Beyond educational reform: bringing teachers back in Buckingham Philadelphia*: Open University Press. (1997)
35. Ian Birch & Ingo Richter ed. Comparative School Law, Pergamon Press. (1990)
36. Iwanicki, Edward F. *Focusing teacher evaluations on student learning*「J」. Educational leadership v.58
37. Joan L. Herman. *The State of Performance Assessment*. New jersey: Hampton Press. (1998)
38. Jonson, Kathleen F., Jones, *Ellen M. promoting Teaching Excellence: A Comparison of Two Performace Based Teacher Asessment Frameworks* [J] .Education. (1998)
39. Joe L. Kincheloe and Shirley R. Steinberg General Editors, *Multiple intelligence reconsidered*, Peter Lang Publishing, Inc., New York. (2004)
40. J. E. Stone. *Value-Added Assessment: An Accountability Revolution*「J」. Preliminary Report. (1998)
41. Jay E. Greene. *School Personnel Administration* (New York; Chilton Book Co., (1971)
42. Jones, M. Gail., Jones, Brett D. Hardin, Belinda. *The Impact of High-stakes Testing on Teachers and Tudents in North Carolina*. Phi Deita Kappan, 1999, 81 (3)

43. Jonson, Kathleen F., Jones, Ellen M., *Promoting Teaching Execllence:A Comparison Of Two Performance-Based Teacher Assessment Frameworks*. Education, Summer98, 118 (4)
44. Kenneth D. Peterson. *Teacher Evaluation:A Comprehensive Guide to New Directions and Practice*. USA:Corwin Press, Inc. (2000)
45. Kyriacou, C. *Effective teaching in schools*. Oxford Basil Blackwell. (1986)
46. Low Association of School Boards, *The lowa School Board Member:A Guide to Better Boardmanship* (Des Moines, IA.)(1980)
47. Mayo, Renate Weidner. *Trends In Teacher Evalualion*. Clearing House, May/Jun97, 70 (5)
48. Meux, M. Teaching *the art of evaluating*. Journal of Aesthetic Education, 8 (1), 85. (1974)
49. National Foundation for Education Research. *Annual Survey of Trends in Education* [R]. Dugest, 2002 (12)
50. N. A. Flanders. Intent, *action and feedback:A preparation for teaching* 「J」. J. Teach. Educ. (1963)
51. National School Public Relations Association. "*New Challenge for School:Age of Information*", Education USA, 24, No.19 (January 4)(1982)
52. OECD/CERI. *staying ahead:In-service Training and Professional Development*. (1998)
53. Peterson, Kenneth D. Wahlquist, Christine. Bone, Kathie. *Using more dada sources to evaluate teacher* [J]. Educational leadership v.58
54. Painter, Bryan. *Using teaching portfolios* 「J」. Educational leadership v.58
55. Painter, Bryan. *Using teaching portfolios*. Educational leadership, 2001, 58 (5)
56. Pophan, W. J. (1993). *Educational evaluation*, Englewood Cliffs: Prentice-Hall.
57. Peterson, K. D. *Teacher evaluation:a comprehensive guide to new directions and pratices*. California:Corwin press. (2000)

58. Paul T. Hill. *Reinventing Public Education*. Chicago:The University of Chicago Press. (1997)
59. Rothberg, Robert A., Fenner, Marilyn. *Teacher Perceptions of Teacher Assessment.*
60. Rothetein, Stanley W. I dentity and Ideology:*Sociocultural Theories of Schooling.* New York:Greenwood Press, (1991)
61. Robert J. Marzano. *Assessing Student Outcomes.* MCPEL Institution. (1994)
62. Ronald J. Jobnston. Human capital investment:*an international compation.* Published:[Paris France]:OECD, (1998)
63. Hehui Jin, Yingyi Qian, Barry R. "*Regional Decentralization and Fiscal Incentives:Federalism, Chinese Style*" Weingast (March)(1999)
64. See Gregg W. Downey, "*How to Get Rid of Your Bad Teachers and Help Your Good Ones Get Better,*" American School Board Journal (june)(1978)
65. See James Lewis, Jr., *Appraising Teacher Performance.* (New York: Parker Publishing Company, (1973)
66. Schon, D, A. *The reflective practitioner:How professionals think in action.* New York:Basic Books. (1983)
67. Suufflebeam, D.L., *The CIPP Model For program Evaluation In Evaluation Models,.* (1983)
68. Stake, R. E. *The countenance of educational evaluation.* Teachers College Record. (1969)
69. Stinnett, T. *Rrofessional Problems of Teacher.* The Macmillan Company. (1968)
70. Schon, D. A. *The reflecive practitioner:How professionals think in action.* New York:Basic Books. (1993)
71. Scriven, M. *The duties of the teacher.* Journal of Personnel Evaluation in Education, 8, 151-184. (1994)
72. Stephen P. Robbins. Personnel:*The Management of Human Resources,* 2nd ed. (Englewood Cliffs, Nj:Prentice Hall)(1982)
73. Tyler, R. W. *Basic principles of curriculum and instruction,* Chicago:

University of Chicago. (1949)
74. Trond Alvik. School-based Evaluation: a Close-up [J]. *Studies in Educational Evaluation*, 1995, (21)
75. Taylor, Lyndal. Reflecting On Teachin8: *The Benefits of Self-EvaIu8tjon. Assessment&Evaluation in Higher Education*, August, (1994)
76. UNESCO, *Education For The Twenty-first Century: Issues And Prospects*, Paris, France. (1998)
77. Withers, G. Getting value from teacher self-evaluation. Shinkfield, A. J. & Stufflebeam, D. *Teacher evaluation: guide to effective practice*. Boston: Kluwer Academic Publishers. (1995)
78. William Sanders. *Value-Added Assessment* 「J」. The School Administrator. (1998)
79. Wright, B & Tuska, S. *From dream to life in the psychology of becoming a teacher school review*, (1968)
80. Worthen, Blainer R. *Educational Evaluation*. Longman, (1987)
81. Yoo, Seung-yoeun. *Using portfolios to reflect on practice*. Educational leadership, 2001, 58 (5)
82. Yoo, Seung-yoeun. *Using portfolios to reflect on practice* 「J」. Educational leadership v.58

[著者主要論文]

（1）2004年
「現代中国における教員評価に関する研究―現行制度の問題と改革課題―」
（東京大学大学院教育学研究科紀要第44巻、pp.429-440）

（2）2006年
「現代中国の教員評価制度」
（東京大学大学院教育学研究科紀要第46巻、pp.469-480）

（3）2006年
「中国における教員給与政策」
（東京大学大学院教育学研究科教育行政学研究室紀要第25号、pp.87-102）

（4）2006年10月14日
「現代中国の教員評価制度」（日本教育行政学会　公開発表）

（5）2007年
「現代中国教員職務称号評定の実態と効果」
（東京大学大学院教育学研究科教育行政学研究室紀要第26号、pp.75-88）

（6）2007年
「現代中国の教員給与・人事評価に関する調査結果」（東京大学大学院教育学研究科教育行政学研究室　教育行政学論叢第26号、pp.265-290）

（7）2007年
「中国教員給与制度の実態と問題」（日本教育政策学会年報14号、pp.166-182）

［著者略歴］

劉　占富（リュウ　センフク）

1973年3月　中国内モンゴル自治区通遼市生まれ
1995年　中国内モンゴル民族師範大学卒
1995年〜1999年　北京市第103中学団委書記、
　　　　　　　　北京市崇文区教育委員会団工委干部
2000年　来日（アジア大学留学生別科）
2001年〜2008年　東京大学大学院教育学研究科研究生、修士課程、
　　　　　　　　博士課程在学
2008年3月　株式会社アイライン入社
2009年3月　東京大学教育学博士学位取得
現在　株式会社アイライン北京代表所所長（中国首席代表）
　　　インターエージェントアジア人材開発研究中心首席研究員
　　　全日本中国人博士協会理事会理事
　　　日華化学株式会社顧問
著者電子メール：liuzhanfu@gmail.com

現代中国における教員評価政策に関する研究
―国の教育法制・政策の地方受容要因と問題―

2010年10月25日　第1版第1刷　　定価＝7780円＋税

著　者　劉　占　富　©
発行人　相　良　景　行
発行所　㈲　時　潮　社

〒174-0063　東京都板橋区前野町 4-62-15
電　話　03-5915-9046
ＦＡＸ　03-5970-4030
郵便振替　00190-7-741179　時潮社
ＵＲＬ　http://www.jichosha.jp

印刷・相良整版印刷　製本・仲佐製本

乱丁本・落丁本はお取り替えします。
ISBN978-4-7888-0657-3

時潮社の本

『資本論』で読む金融・経済危機
オバマ版ニューディールのゆくえ
鎌倉孝夫 著
Ａ５判・並製・242頁・定価2500円（税別）

期待いっぱいのオバマ・グリーンディールは、危機克服の決め手となるか？　各国のなりふり構わぬ大恐慌回避策は、逆に資本主義の危機を増幅させないか？『資本論』研究の泰斗が金融・経済危機の推移を子細に分析し、世界経済の今後を明示する。『労働運動研究』『長周新聞』等書評多数。

現代経済と資本主義の精神
マックス・ウェーバーから現代を読む
相沢幸悦 著
Ａ５判・並製・212頁・2800円（税別）

なぜ、安倍自公内閣は拒否されたのか？　もの造りを忘れて、マネーゲームに踊る日本。憲法「改正」、再び戦争への道が危惧される日本――危うさを克服して、平和で豊かな、この国のかたちを確立するために、偉大な先人に学ぶ。

世界経済危機をどう見るか
相沢幸悦 著
四六判・並製・240頁・定価2800円（税別）

危機からの脱出の道、日本は？　世界経済・金融危機を、資本主義に大転換を迫る「100年に一度の大不況」ととらえ、その原因と本質を明らかにし、これからの経済システムのあり方について考察する。今後の日本経済の核心は、アメリカ型経済・金融モデルからの脱却、地球環境保全とアジア共同体へのシフトにある、と著者は言う。

保育と女性就業の都市空間構造
スウェーデン、アメリカ、日本の国際比較
田中恭子 著
Ａ５判・上製・256頁・定価3800円（税別）

地理学手法を駆使して行った国際比較研究で得た知見に基づいて、著者はこう政策提言する、「少子化克服の鍵は、保育と女性就業が両立し得る地域社会システムの構築にある」と。『経済』『人口学研究』等書評多数。

時潮社の本

イギリス・オポジションの研究
政権交代のあり方とオポジション力
渡辺容一郎 著
Ａ５判・並製・184頁・定価2800円（税別）

日本にイギリス型政権交代は定着するか？ イギリス民主主義の根幹たるオポジションの研究を通して、政権交代や与野党のあり方を考察した。オポジションとは、反対党、野党のこと。本書では、一歩踏み込んで「責任野党」と規定した。

イノベーションと流通構造の国際的変化
業態開発戦略、商品開発戦略から情報化戦略への転換
蓼沼智行 著
Ａ５判・並製・280頁・2800円（税別）

国際的トレーサビリティ・システムの構築へ──イノベーションと構造変化の一般化を図り、流通のグローバル化と国際的トレーサビリティ・システムの新たな構築に向けた動きが内包する社会経済的影響と世界システムの変容への示唆を解明する。

ナレッジ・ベース・ソサエティにみる高等教育
遠隔教育の評価と分析を中心に
澁澤健太郎 著
Ａ５判・並製・176頁・定価2800円（税別）

全国には病気等の諸事情で大学に通学できずに休学や退学を選ぶ学生がいる。遠隔教育システムがあれば、教育を受け続けることができたかもしれない。ICTを駆使した新しい教育、東洋大学における５年間の豊かな経験に基づいて著者は明言する──「遠隔教育によって生涯学習社会構築が可能になる」と。

開発の政治経済学
グローバリゼーションと国際協力の課題
稲葉守満 著
Ａ５判・並製・496頁・定価4500円（税別）

一国の経済的活動の構造的特徴を理解するためには、その社会の歴史的発展パターンと経路、社会の構造と文化的規範、政治構造と文化、社会制度の形成と発展等「構造主義」理論が提起する問題を理解する必要がある。

時潮社の本

グローバル企業経営支援システム
時間発展型統合シミュレーションを用いて
張　静　著
Ａ５判・並製・160頁・定価3500円（税別）

従来の勘とコツによる物流管理方式を脱した新方式、グローバル・カンパニー・マネージメント（GCM）システムを提案。本書では、生産〜物流〜販売〜在庫の一元管理により、グローバル企業の経営の最適化をサポートするGCMを全面的に紹介する。

租税の基礎研究
石川祐三　著
Ａ５判・上製・220頁・2800円（税別）

経済が成長し所得が増えている時には、租税負担率が多少増えても税引き後の可処分所得も増えることがある。だからこそ税制の工夫が肝要である。精密かつ複雑なわが国の租税制度、その仕組みの大枠と基本的な経済効果についてわかりやすく整理し、経済成長のための税制のあり方を考察する、好個の入門書。

イギリス住宅金融の新潮流
斉藤美彦・簗田優　共著
Ａ５判・上製・242頁・定価3200円（税別）

近年大変貌を遂げ、そして世界金融危機の影響を大きく受けたイギリス住宅金融。その歴史的変遷からグローバル化時代の新潮流等について多面的に分析し、住宅金融の原理についても議論を展開する。

経済原論
資本主義経済の原理的解剖
木下富市　著
Ａ５判・上製・226頁・定価3000円（税別）

自然環境から反撃される資本主義、過剰資本が地球を徘徊し恐慌に怯える資本主義。矛盾超克の鍵を探るため資本主義経済の原理を解明する。「資本主義の不可視の闇を、概念の光で照射する─これこそがマルクス経済学の真髄である」（著者）